RAMIN / RULINSKI

Polizeirecht in Sachsen

Vorschriftensammlung mit einer Einleitung

2. Auflage

SV SAXONIA VERLAG für Recht, Wirtschaft und Kultur GmbH

SV SAXONIA VERLAG für Recht, Wirtschaft und Kultur GmbH
Ludwig-Hartmann-Straße 40, 01277 Dresden
Tel. (0351) 485260, Fax (0351) 4852661
E-Mail: office@saxonia-verlag.de
Internet: http://www.laenderrecht.de

Druck: PRINT GROUP Sp. z o. o., ul. Księcia Witolda 7, 71-063 Szczecin (Polen)

ISBN: 978-3-949409-37-0
ISBN Vorauflage: 978-3-949409-07-3

Vorwort[1]

Eine Gesetzessammlung, die genau auf die Bedürfnisse der Ausbildung rechtlicher Grundlagen präventiver polizeilicher Tätigkeit ausgerichtet ist und damit auch für die Praxis die zentralen polizeirechtlichen Normen zusammenfasst, die im beruflichen Alltag von Polizeivollzugsdienst und Polizeibehörden im Freistaat Sachsen von Belang sind, ist unser Anliegen, das wir vorliegend über den SV SAXONIA VERLAG aus Dresden seit 2021 verwirklichen konnten und jetzt in der 2. Auflage fortführen.

Das Ziel unserer Zusammenstellung ist es, alle wesentlichen Vorschriften in einer Gesetzessammlung kompakt zur Verfügung zu stellen, um schnell alle in dem Bereich erforderlichen Regelungen parat zu haben. Hierdurch soll für die Ausbildung der Polizei (des Polizeivollzugsdienstes) im Freistaat Sachsen, insbesondere in unseren Kursen zum Polizeirecht an der Hochschule der Sächsischen Polizei (FH) in Rothenburg/Oberlausitz, aber auch für die Kolleginnen und Kolleginnen in Bautzen und in den Polizeifachschulen in Chemnitz, Leipzig und Schneeberg sowie für die Polizeibehörden und den Polizeivollzugsdienst ein schneller Zugriff auf die aktuellen polizeirechtsrelevanten Vorschriften geschaffen sein.

Durch unsere Aufgabe als Dozenten an der Hochschule der Sächsischen Polizei (FH) sind wir einerseits in der Pflicht, die Aktualität der in der Lehre erforderlichen und verwendeten Vorschriften in dem Bereich im Blick zu haben und zu halten. Diese Aktualität können wir mit Hilfe des SV SAXONIA VERLAGES und der Unterstützung in der Umsetzung durch dessen Geschäftsführer, Herrn Frank Unger, so auch für die Praxis im Polizeivollzugsdienst und in den Polizeibehörden des Freistaates zur Verfügung stellen.

Wir hoffen, dass Ihnen die Gesetzessammlung bei Ihrer Arbeit und Ihren Aufgaben stets hilfreich sein wird und stehen gerne für Anregungen zur Verfügung.

Rothenburg/Oberlausitz im Oktober 2024

Ralf Ramin Jacek Rulinski

1 In dieser Vorschriftensammlung wurde durchgängig die neue Rechtschreibung verwendet. (d. Red.)

Inhalt

Einleitung

Das Polizeirecht stellt eine herausgehobene Materie innerhalb der Rechtsordnung dar. Behörden, die auf deren Grundlage zu handeln befugt sind, sind mit besonderen Kompetenzen ausgestattet und können zu großen Teilen unabhängig von Tages- oder Nachtzeiten an fast allen Orten eingesetzt werden, wozu sie mit besonderen rechtlichen Mitteln ausgestattet sind, um vor allem die Gefahren für die öffentliche Sicherheit und Ordnung effektiv abwenden oder beseitigen zu können. Hierzu ist es erforderlich, aber auch möglich, in speziellen Situationen Maßnahmen auszuüben, die zum Teil gravierend in grundrechtlich geschützte subjektive Rechte von Bürgerinnen und Bürgern eingreifen. Dazu bedarf es eines Rechtsregimes, das die polizeilichen Ziele den subjektiven Rechten der durch polizeiliche Maßnahmen Betroffenen gegenüberstellt und für den jeweils konkreten Fall eine rechtliche Bewertung dahingehend ermöglicht, ob ein polizeilicher Eingriff in die subjektiven Rechte, insbesondere in die Grundrechte der Bürgerinnen und Bürger, gerechtfertigt ist oder eben nicht.

Mit der Polizeirechtsreform 2019, die zum 1. Januar 2020 in Kraft trat, wurde im Freistaat Sachsen ein modernes Polizeirecht installiert, das für den Polizeivollzugsdienst im Wesentlichen über das Sächsische Polizeivollzugsdienstgesetz (SächsPVDG) und für die Polizeibehörden (in anderen Bundesländern zumeist als Ordnungsbehörden bezeichnet) im Sächsischen Polizeibehördengesetz (SächsPBG) die zentralen Normen für die Befugnisse der (Sicherheits-)Behörden des Landes zur Verfügung gestellt hat, die durch das allgemeine Verwaltungsverfahrensrecht sowie das Verwaltungsvollstreckungs- und kostenrecht flankiert werden. Die veränderte Sicherheitslage führte dazu, dass im Bereich des unmittelbaren Zwangs die Befugnisse des Polizeivollzugsdienstes unter anderem zur wirksamen Abwehr terroristischer Gefahren dahingehend erweitert wurden, als dass im SächsPVDG besondere Waffen vorgesehen sind. Vor allem mit dem Ersten Gesetz zur Änderung des Sächsischen Polizeivollzugsdienstgesetzes vom 5. Juli 2024 (SächsGVBl. S. 595 ff.) und der Verordnung des Sächsischen Staatsministeriums des Innern zur Bestellung von gemeindlichen Vollzugsbediensteten für den Vollzug polizeibehördlicher Aufgaben [Gemeindliche-Vollzugsbediensteten-Verordnung – GemVollzVO] (SächsGVBl. 2023 S. 230 f.) erfuhr das zum Jahr 2020 novellierte sächsische Polizeirecht bedeutendere Änderungen und Anpassungen.

I. Grundsätze polizeilicher Eingriffsbefugnisse

Durch die im Polizei- und Ordnungsrecht geregelten Eingriffsbefugnisse der Polizeibehörden und des Polizeivollzugsdienstes, der über die Legaldefinition im § 1 Satz 2 SächsPVDG im Freistaat Sachsen quasi die Polizei im engeren Sinne darstellt, werden im Wesentlichen die Aufgaben und Befugnisse der Ordnungshüter gesetzlich beschrieben und festgelegt. Dabei folgen diese Regelungen hinsichtlich der Eingriffsbefugnisse einem seit dem Ende des 19. Jahrhunderts gewachsenen polizeilichen

Prüfungsschema, dessen Dogmatik sich für alle gegenwärtigen deutschen Gesetze im Bereich des Polizei- und Ordnungsrechts auf die Tradition des Preußischen Polizeiverwaltungsgesetzes zurückführen lassen. In dieser Tradition werden die polizeilichen Aufgaben und Befugnisse auch heute noch durch die Generalermächtigung in der sog. polizeilichen Generalklausel, die sich im § 12 Abs. 1 SächsPBG und im § 12 Abs. 1 SächsPVDG im Freistaat Sachsen wiederfindet oder aber durch Spezialermächtigungen in den im Allgemeinen Polizeirecht aufgeführten Standardmaßnahmen (§§ 18–31 SächsPBG und §§ 13–36 SächsPVDG) bzw. im Besonderen Polizeirecht (insbes. dem Versammlungsrecht) getragen (Graulich, in: Lisken/Denninger, *Handbuch des Polizeirechts*, 7. Auflage 2021, Rn. E-231).

1. Übersicht über polizeiliche Eingriffsbefugnisse

Zwei Grundsätze sind aufgrund der zum Teil nicht unerheblichen Eingriffsmöglichkeit in subjektive Rechte der Bürgerinnen und Bürger durch Polizeirecht fundamental und unterteilen die Regelungen der Materie damit in Aufgabenbeschreibungen und Eingriffsbefugnisse. Zum einen handelt es sich um die verfassungsrechtliche Festlegung, dass ein polizeiliches Handeln nur erfolgen soll, wenn dies zum Aufgabenbereich von Behörden der Polizei gehört, wobei in dem Zusammenhang im Freistaat Sachsen mit Ausnahme der Kriminalitätsbekämpfung über § 2 Abs. 3 SächsPVDG die Festlegung getroffen wird. Zum anderen gilt insbesondere in diesem Rechtsbereich der aus dem Rechtsstaatsprinzip (Art. 20 Abs. 3 GG) hergeleitete Grundsatz des „Vorbehalts des Gesetzes". Dadurch wird in seiner Konsequenz deutlich, dass aus rechtsstaatlichen Erwägungen die vollziehende Gewalt und insbesondere die Polizeibehörden ohne wirksame gesetzliche Grundlage nicht befugt sind, es ihnen sogar verfassungsrechtlich verboten ist, tätig zu werden, soweit dadurch in subjektive Rechte von Grundrechtsträgern eingegriffen wird (BVerfGE 141, 143 [164]).

Aufgabenbeschreibungen legen den Umfang der polizeilichen Handlungspflichten fest und grenzen diesen ab. Dadurch wird der Rahmen vorgegeben, in dem sich die betreffende Behörde als Teil der Exekutive rechtmäßig verhält (Prinzip der Gesetzmäßigkeit der Verwaltung). Im Gegensatz zu den Befugnisnormen werden polizeiliche Eingriffshandlungen durch diese Regelungen nicht legitimiert oder auch nur beschrieben.

Als weitere notwendige Abgrenzung polizeilichen Handelns bedarf es aufgrund der über die Gefahrenabwehr hinausgehenden rechtlichen Kompetenzen der Polizei für den jeweils konkreten Fall der Unterscheidung zwischen einem präventiven oder einem repressiven Tätigwerden des polizeilichen Akteurs.

Repressives polizeiliches Handeln dient der Strafverfolgung und ergibt sich daher aus den Vorschriften des formellen und materiellen Strafrechts, das sich in formeller Hinsicht insbesondere in der Strafprozessordnung und in materieller Hinsicht aus dem Strafgesetzbuch und dem Ordnungswidrigkeitenrecht – in Österreich in dem Sinne auch nachvollziehbar Verwaltungsstrafrecht genannt – ergibt.

Mit dieser Einordnung geht neben der Bestimmung des anzuwendenden Rechts – nur für präventive polizeiliche Tätigkeit sind das SächsPBG und das SächsPVDG anwendbar – auch hervor, dass der Verwaltungsrechtsweg über § 23 Abs. 1 EGGVG für repressives polizeiliches Handeln regelmäßig ausgeschlossen ist.

Gefahrenabwehr (präventiv)	Strafverfolgung (repressiv)
Zuständigkeit: Polizeibehörden, Polizeivollzugsdienst	Zuständigkeit: Staatsanwaltschaft und Strafverfolgungsbehörden (Polizeivollzugsdienst, vgl. § 2 S. 2 SächsPolOrgVO)
Maßgebliche Regeln ergeben sich aus dem Sächsischen Polizeibehördengesetz (SächsPBG) bzw. dem Sächsischen Polizeivollzugsdienstgesetz (SächsPVDG)	Maßgebliche Regeln ergeben sich aus der Strafprozessordnung (StPO) und dem Strafgesetzbuch (StGB) bzw. dem Gesetz über die Ordnungswidrigkeiten (OWiG)
Rechtschutz/rechtliche Bewertung durch Verwaltungsgerichte (§ 40 Abs. 1 VwGO)	Rechtschutz/rechtliche Bewertung durch Strafgericht (Ordentliche Gerichtsbarkeit)

Im Zusammenhang der polizeilichen Eingriffsbefugnisse ist es weiterhin von beachtlicher Bedeutung, dass polizeiliche Maßnahmen regelmäßig Grundrechtsrelevanz besitzen, indem die Betroffenen von polizeilichen Handlungen in ihrer individuellen Freiheit und deren Ausübung betroffen sind. Dem wird im Wesentlichen in dreierlei Hinsicht Rechnung getragen, nämlich dadurch, dass polizeiliche Eingriffe dem Gesetzesvorbehalt unterliegen (s. o.), polizeiliche Maßnahmen vorrangig gegenüber dem Störer (§§ 14, 15 SächsPBG/§§ 6, 7 SächsPVDG), also gegenüber denjenigen zu erfolgen haben, die für die polizeiliche Maßnahme auslösende Gefahrensituation als Verantwortliche anzusehen sind, und dass durch die Maßnahme zur Verfolgung eines polizeilichen Ziels/Zwecks nur im Rahmen des Grundsatzes der Verhältnismäßigkeit in die Grundrechte der betroffenen Personen eingegriffen werden darf (dazu siehe unten 2 d) ee)). Die im Polizeirecht ausgeführten und dadurch für das Handeln der Behörden der Polizei bestimmenden Ermächtigungsgrundlagen sind dabei im konkreten Fall hinsichtlich der Beschränkungsmöglichkeiten auf ihre Eignung als Schranken der betreffenden Grundrechte rechtlich zu bewerten (Graulich, in: Lisken/Denninger, *Handbuch des Polizeirechts*, 7. Auflage 2021, Rn. E-239). Dem erforderlichen Zitiergebot hinsichtlich der Einschränkung von Grundrechten nach Art. 19 Abs. 1 Satz 2 GG und Art. 37 Abs. 1 Satz 2 SächsVerf aufgrund der Ermächtigungsgrundlagen im Sächsischen Polizeirecht tragen die § 10 SächsPBG und § 10 SächsPVDG Rechnung.

2. Polizeirechtliches Prüfungsschema

Die nöthigen Anstalten zur Erhaltung der öffentlichen Ruhe, Sicherheit, und Ordnung, und zur Abwendung der dem Publico, oder einzelnen Mitgliedern desselben, bevorstehenden Gefahr zu treffen, ist das Amt der Polizey. So beschreibt es bereits im Jahr 1794 § 10 des Zweiten Teils, Siebzehnter Titel (§ 10 II 17) des Allgemeinen Landrechts für die preußischen Staaten (ALR). Diese Vorschrift ist quasi die Mutter der polizeirechtlichen Generalklausel, die sich vom rechtlichen Inhalt her in eigentlich allen Gesetzen des Allgemeinen Polizeirechts auch heute noch in Deutschland als sog. Generalklausel wiederfinden lässt. In der Formulierung ist sie zudem auch in fast allen speziellen öffentlich-rechtlichen Gesetzen mit ordnungsrechtlichem Regelungsinhalt zur Gefahrenabwehr zugunsten der jeweiligen Fachbehörden wiederzufinden. Nicht nur deshalb kommt ihr daher richtigerweise der Titel der *General*-Klausel zu. Denn neben der prägnanten Formulierung ergibt sich aus dem hinter der Regelung stehenden Tatbestand und der daraus resultierenden Rechtsfolge das maßgebliche Prüfungsschema für die Beurteilung polizei- und ordnungsrechtlicher Sachverhalte zur Abwendung von Gefahrensituationen und der entsprechenden Möglichkeit eines eingreifenden Handelns der entsprechenden Behörden, so auch der Polizei.

a) Vorprüfung

Im Vorfeld ist dabei zunächst zu überlegen, in welche Grundrechte der Eingriff durch ein bestimmtes polizeiliches Handeln zu erwarten ist und in Abgrenzung zum repressiven polizeilichen Handeln, ob die mutmaßlich zu treffende polizeiliche Maßnahme präventiven Charakter besitzt.

b) Ermächtigungsgrundlage

Aufgrund des Spezialitätsgrundsatzes kommt die Generalklausel des Allgemeinen Polizeirechts – in Sachsen also § 12 Abs. 1 SächsPBG für die Polizeibehörden und § 12 Abs. 1 SächsPVDG für den Polizeivollzugsdienst – als Befugnisnorm nur in Betracht, falls und soweit keine abschließende spezialgesetzliche Regelung zur Gefahrenabwehr existiert. Dementsprechend ist bei der Suche einer Ermächtigungsgrundlage zur Gefahrenabwehr der Dreiklang in folgender Reihenfolge zu prüfen:

1. Existiert eine Ermächtigungsgrundlage aus besonderem Polizeirecht (z. B. aus dem Versammlungsrecht)?

2. Gibt es eine einschlägige Standardmaßnahme aus dem Allgemeinen Polizeirecht, die speziell die konkrete Situation tatbestandlich mit einer entsprechenden Rechtsfolge regelt?

3. Erst danach – subsidiär und quasi als eine gefahrenrechtliche Auffangbefugnis – kommt eine Anwendung der Generalklausel in Betracht.

c) Formelle Rechtmäßigkeit

Danach erfolgt die Prüfung der formellen Rechtmäßigkeit, in der die Zuständigkeit der handelnden Behörde zur Gefahrenabwehr zu bestimmen ist. Für den konkret zu bewertenden Fall erfolgt hier die Prüfung, ob die handelnde Behörde diejenige ist, die gesetzlich mit der Aufgabe betraut ist.

Im Folgenden wird geprüft, ob die sich insbesondere aus dem Verwaltungsverfahrensgesetz ergebenden Erfordernisse (im Sachsen gemäß § 1 Satz 1 SächsVwVZG i. V. m. der entsprechenden Vorschrift des VwVfG des Bundes) eingehalten wurden bzw. bei der Durchführung der Aufgabe eingehalten werden. Dabei sind in der Regel
- die Anhörung nach § 28 VwVfG,
- die Form und die Bestimmtheit der Maßnahme insbesondere nach § 37 VwVfG,
- die Bekanntgabe nach den §§ 41, 43 VwVfG und
- die Begründung der Maßnahme nach § 39 VwVfG

zu beachten, wobei gerade die Begründung keine Wirksamkeitsvoraussetzung für Polizeiverfügungen darstellt; diese kann nach § 45 Abs. 1 Nr. 2 VwVfG nachgeholt werden. Gleiches gilt auch für die Anhörung, soweit sie nicht nach § 28 Abs. 2 VwVfG bereits entbehrlich ist, gemäß § 45 Abs. 1 Nr. 3 VwVfG, wobei die Nachholung gemäß § 45 Abs. 2 VwVfG jeweils bis zum Ende der letzten Tatsacheninstanz erfolgen kann, also bis zum Abschluss des gerichtlichen Berufungsverfahrens.

Nach § 37 Abs. 2 VwVfG ist es zudem möglich, dass eine polizeiliche Maßnahme in der Regel mündlich erfolgt.

d) Materielle Rechtmäßigkeit

aa) Schutzgut des Polizeirechts ist die öffentliche Sicherheit und Ordnung.

Die öffentliche Sicherheit beinhaltet die Unverletzlichkeit der Rechtsordnung, der subjektiven Rechte und Rechtsgüter des Einzelnen sowie des Bestandes, der Einrichtungen und Veranstaltungen des Staates oder sonstiger Träger der Hoheitsgewalt (so auch legaldefiniert im § 4 Nr. 1 SächsPVDG, der gemäß § 3 SächsPBG auch für die Polizeibehörden gilt). Von zentraler Bedeutung ist dabei die Unverletzlichkeit der objektiven Rechtsordnung, die in der Gesamtheit aller rechtlichen Regelungen, also nicht nur förmlicher Gesetze (Parlamentsgesetze), sondern auch von Rechtsverordnungen (beispielsweise Polizeiverordnungen) und anderen auf gesetzlicher Grundlage erlassenen Rechtsvorschriften besteht. Rechtsgüter des Einzelnen sind dessen absolute Rechte, z. B. Leben, Gesundheit, Freiheit, Ehre, Eigentum und Allgemeines Persönlichkeitsrecht. Darüber hinaus sind die Einrichtungen und Veranstaltungen des Staates oder sonstiger Träger der Hoheitsgewalt über den Begriff der öffentlichen Sicherheit zu schützen.

Ferner gilt die öffentliche Ordnung als weiteres Schutzgut. Sie umfasst die Gesamtheit der im Rahmen der verfassungsmäßigen Ordnung liegenden ungeschriebenen Regeln für das Verhalten des Einzelnen in der Öffentlichkeit, deren Beachtung nach den jeweils herrschenden Anschauungen als unerlässliche Voraussetzungen eines geordneten Zusammenlebens betrachtet werden (so auch legaldefiniert im § 4 Nr. 2 SächsPVDG, der gemäß § 3 SächsPBG auch für die Polizeibehörden gilt). Was konkret unter den Begriff der öffentlichen Ordnung fällt, ist nach der herrschenden sozialen und ethischen Anschauung der Staatsbürger zum jeweiligen Zeitpunkt zu bestimmen. Hauptsächlich sind von ihm Gebiete rechtlicher, sittlicher und religiöser Normen umfasst (Graulich, in: Lisken/Denninger, *Handbuch des Polizeirechts,* 7. Auflage 2021, Rn. E-259).

Polizeiliches Handeln darf aber regelmäßig nur erfolgen, soweit die zu erwartende Verletzung eines Schutzgutes einen Bezug zur Öffentlichkeit aufweist; solange sich etwas in der rein privaten Sphäre aus der verobjektivierten Sicht aller Betroffenen abspielt, ist polizeiliches Handeln nicht geboten und damit unzulässig.

bb) Tatbestandlich ist die Gefährdung eines besagten Schutzgutes erforderlich, um ein Handeln der Behörden der Polizei – der Ordnungs- bzw. Polizeibehörden oder des Polizeivollzugsdienstes – zu rechtfertigen. Eine entsprechende Gefahr ist gemäß § 4 Nr. 3 Buchst. a SächsPVDG (ggf. i. V. m. § 3 SächsPBG) eine Sachlage, bei der im Einzelfall die hinreichende Wahrscheinlichkeit besteht, dass in absehbarer Zeit ein Schaden für die öffentliche Sicherheit oder Ordnung eintreten wird. Vom Schutzbereich aus betrachtet stellt jede Verletzung der öffentlichen Sicherheit und Ordnung einen Schaden in diesem Sinne dar. Die Wahrscheinlichkeitsschwelle des Eintritts eines Schadens, um eine für ein Einschreiten der Behörden der Polizei erforderliche (konkrete) Gefahr annehmen zu können, hängt von der Quantität und der Qualität des drohenden Schadens ab (Graulich, in: Lisken/Denninger, *Handbuch des Polizeirechts,* 7. Auflage 2021, Rn. E-261): Je größer dabei der angenommene Schaden erwartet wird, umso geringer muss die Eintrittswahrscheinlichkeit prognostiziert werden und umgekehrt, je weniger groß der angenommene Schaden in der vorausschauenden Betrachtung mutmaßlich sein wird, umso höher muss die Wahrscheinlichkeit des Eintritts angenommen werden (BVerwG NVwZ-RR 1992, 470 [471]). Die Beurteilung der Wahrscheinlichkeit eines Schadenseintritts erfolgt dabei als prognostische Vorhersage zum Zeitpunkt der Entscheidung („ex ante"), mit der Folge, dass es für die Rechtmäßigkeit der Eingriffsverfügung unerheblich ist, wenn sich die Beurteilung der Gefahrensituation im Nachhinein („ex post") als unzutreffend, also nur als eine sog. Anscheinsgefahr erweist (Graulich, in: Lisken/Denninger, *Handbuch des Polizeirechts,* 7. Auflage 2021, Rn. E-261). Eine Gewissheit des Eintritts eines Schadens ist nicht erforderlich, allerdings genügt die bloße Möglichkeit des Schadenseintritts nicht. Der Rang einerseits des Rechtsgutes, in das durch das polizeiliche Handeln eingegriffen werden soll sowie andererseits des polizeilichen Schutzgutes bestimmen dabei den notwenigen Wahrscheinlichkeitsgrad des Schadenseintritts (VGH Mannheim ZUM-RD 2011, 126 [130]). Diese Prüfung erfolgt dabei primär zur Abgrenzung mit einer lediglich „abstrakten Gefahr", also einer Sachlage, bei der bereits nach allgemeiner Lebenserfahrung oder den Erkenntnissen fachkundiger Stellen mit hinreichender Wahrscheinlichkeit typischerweise Gefahren für ein polizeiliches Schutzgut entstehen (§ 4 Nr. 3 Buchst. h SächsPVDG). Abstrakten Gefahrensituationen wird regelmäßig durch den Erlass einer Verordnung (z. B. Polizeiverordnung nach §§ 32 SächsPBG) begegnet und nicht durch polizeirechtliche Verfügung. Letztere erfolgt nur bei darüber hinausgehenden konkreten Gefahrensituationen (Graulich, in: Lisken/Denninger, *Handbuch des Polizeirechts,* 7. Auflage 2021, Rn. E-262).

cc) Die Maßnahmen polizeilichen Handelns folgen einer strikten Reihenfolge, wer zur Beseitigung einer konkreten Gefahrensituation in Anspruch genommen werden darf, also wer richtiger Adressat einer in seine subjektiven Rechte eingreifenden polizeilichen Maßnahme ist. Demnach ist eine polizeiliche Maßnahme zunächst gegen diejenige Person zu richten, die durch ihr Verhalten die infragestehende Gefahrensituation verursacht hat. Nach der Theorie der unmittelbaren Verursachung ist die Person verantwortlich für eine Gefahr, die die Schwelle zur konkreten Gefahrensituation durch ihr Verhalten unmittelbar überschreitet, also in der Regel diejenige, die die letzte Ursache für sie gesetzt hat (VGH Mannheim ZUR 2006, 262 [263]). Das gefahrenverursachende Verhalten kann in einem Handeln, oder, sofern eine Rechtspflicht zu einem Tun besteht, auch in einem Unterlassen liegen. Auf eine Einsichtsfähigkeit des Störers kommt es nicht an, sodass auch Minderjährige unter 14 Jahren oder in der eigenen Willensbildung eingeschränkte Personen durch polizeiliche Maßnahmen in Anspruch genommen werden können, sofern sie die Gefahrensituation geschaffen haben. Darüber hinaus können auch die für diese Personen Aufsichtspflichtigen selbst als Handlungsstörer Adressaten polizeilicher Maßnahmen sein, wenn die sich in ihrer Obhut befindenden Personen eine Gefahrensituation zurechenbar geschaffen haben (vgl. § 14 Abs. 2 SächsPBG und § 6 Abs. 2 SächsPVDG).

Eine besondere Figur des Störers ist der sog. Zweckveranlasser, der selbst nicht unmittelbar polizeirechtswidrig einen anderen oder mehrere durch ein bestimmtes Verhalten seinerseits mit einer gewissen Zwangsläufigkeit zu dessen handlungsstörendem Verhalten veranlasst. Dies kann durch den Zweckveranlasser in vorhersehbarer Weise derart erfolgen, dass dieser die Störung durch den oder die anderen billigend in Kauf nimmt (sog. subjektive Theorie, siehe nur Schenke, in: Schenke/Graulich/Ruthig, *Sicherheitsrecht des Bundes,* 2. Auflage 2019, § 17 BPolG Rn. 22 m.w.N.). Demgegenüber genügt es nach der objektiven Theorie bereits, wenn sich die Störung zwangsläufig durch die mittelbar gesetzte Ursache des Zweckveranlassers einstellt und zwischen der daraus resultierenden Störung durch den unmittelbaren Störer und dem Zweckverantwortlichen und seiner Handlung eine enge sachlich-zeitlich-räumliche Nähe besteht (VGH Mannheim NVwZ-RR 1995, 663).

Als Adressaten polizeilicher Maßnahmen kommen weiterhin diejenigen Personen in Betracht, die aus der ex-ante-Betrachtung objektiv für den gefahrbegründenden Zustand von Sachen oder Tieren als Verantwortliche anzusehen sind (sog. Zustandsstörer bzw. Zustandsverantwortliche). Dabei braucht die die Gefahr verursachende Situation nicht in der Eigenschaft der sicherzustellenden Sache begründet sein, sondern kann sich auch aus dem Verhalten des Inhabers ergeben (OVG Lüneburg NordÖR 2013, 269 [271]).

Nichtverantwortliche sind grundsätzlich nicht Adressaten polizeilicher Gefahrenabwehrmaßnahmen. Sie dürfen nur dann zur Gefahrenabwehr in Anspruch genommen werden, wenn

1. kumulativ eine gegenwärtige Gefahr abzuwehren ist,
2. Maßnahmen gegen die Störer nicht oder nicht rechtzeitig möglich sind oder keinen Erfolg versprechen,
3. die Gefahr nicht oder nicht rechtzeitig durch die Behörden, die Polizei oder durch beauftragte Dritte abgewehrt werden kann und
4. der Nichtstörer ohne erhebliche eigene Gefährdung und ohne Verletzung höherwertiger Pflichten in Anspruch genommen werden kann

(vgl. § 17 Abs. 1 SächsPBG und § 9 Abs. 1 SächsPVDG).

Davon zu unterscheiden ist ein Einschreiten gegen einen sog. Anscheinsstörer. Es handelt sich dabei um eine Person, die aus der ex-ante-Sicht für die Beseitigung einer Gefahrensituation verantwortlich als Störer angesehen wurde, aus der ex-post-Sicht aber keine unmittelbare Ursache für die infragestehende Gefahr gesetzt hat. Ein Einschreiten gegen sie muss entsprechend den Ausführungen zur Anscheinsgefahr möglich sein. Allerdings hat der Anscheinsstörer, der Adressat polizeilicher Maßnahmen geworden ist, einen Anspruch auf Entschädigung, wenn er die dem Anschein zugrundeliegenden Umstände nicht zu verantworten hat (BGH NJW 1994, 2355 [2356]). Gleiches gilt in diesem Fall auch für die Haftung hinsichtlich der entstandenen Kosten des Polizeieinsatzes (VGH Mannheim NVwZ-RR 2012, 387 [389]).

dd) Vom Gesetzeswortlaut her liegt ein polizeiliches Einschreiten regelmäßig im Ermessen der für die Behörden der Polizei Handelnden. Dementsprechend gilt im Gefahrenabwehrrecht anders als beim Strafverfahren das Opportunitätsprinzip. Das Ermessen umfasst dabei das sog. Entschließungsermessen, also die Entscheidung darüber, „ob" in einer konkreten Situation eingegriffen werden soll und das sog. Auswahlermessen, also die Frage „wie" und bei mehreren Stören gegen „wen" der Eingriff erfolgen soll. Verwaltungsgerichtlich ist eine Ermessensentscheidung gemäß § 114 Satz 1 VwGO nur eingeschränkt, nämlich nur hinsichtlich einer fehlerhaften Ermessensausübung, überprüfbar. Allerdings kann das Ermessen auch gebunden oder „auf null" reduziert sein. Ein Untätigbleiben der Behörden der Polizei würde sich für diese Fälle als rechtswidrig darstellen. Bei der Beurteilung eines Entschließungsermessens, also der Frage „ob" eingeschritten werden soll, sind drei Kriterien zu bewerten und können zu einer Ermessenreduzierung „auf null" führen. Nämlich wenn besonders hochwertige Rechtsgüter (Leib, Leben, erhebliche Sachwerte) bedroht sind, eine besonders hohe Wahrscheinlichkeit der Rechtsgutgefährdung vorliegt oder wenn ein Nicht-Einschreiten besonders große und unüberschaubare Gefahren birgt.

ee) Nach § 13 SächsPBG und § 5 SächsPVDG gilt für polizeiliches Handeln, wie auch sonst in der öffentlichen Verwaltung, der Grundsatz der Verhältnismäßigkeit. Die Prüfung erfolgt in Bezug auf das mit der entsprechenden Maßnahme verfolgte polizeiliche Ziel als legitimem Zweck des Eingriffs. Die getroffene Maßnahme muss sich dabei als geeignet, erforderlich und angemessen erweisen.

Eine durchgeführte Maßnahme kann nur dann ein geeignetes Mittel sein und darf damit nur ergriffen werden, wenn sie für die Bekämpfung der Gefahren dienlich ist. Wenn die Maßnahme allein nicht ausreicht, das beabsichtigte polizeiliche Ziel zu erreichen, muss sie dessen Erreichung zumindest fördern.

Polizei und Polizeibehörden haben ferner die zur Gefahrenabwehr erforderliche Maßnahme zu ergreifen. Von mehreren möglichen und gleich geeigneten Maßnahmen ist diejenige zu treffen, die den Einzelnen und die Allgemeinheit voraussichtlich am wenigsten beeinträchtigt (§ 13 Abs. 2 SächsPBG und § 5 Abs. 2 SächsPVDG), was grundsätzlich nach objektiven Kriterien zu bewerten ist. Die Erforderlichkeit wird demensprechend treffend als Grundsatz des mildesten Mittels bezeichnet (u. a. Graulich, in: Lisken/Denninger, *Handbuch des Polizeirechts,* 7. Auflage 2021, Rn. E-36).

Weiterhin muss die Maßnahme angemessen sein, darf also im Verhältnis zum erstrebten Erfolg nicht derartig nachteilig sein und in subjektive Rechte des oder der Betroffenen derart eingreifen, dass sie sich zu dem verfolgten polizeilichen Ziel als unverhältnismäßig im engeren Sinn darstellt.

Auch die Verhältnismäßigkeit der Maßnahme ist aus der ex-ante-Sicht zu beurteilen.

3. Generalermächtigung und Spezialbefugnisse

Die polizeirechtliche Generalklausel steht zu den Spezial- oder Standardbefugnissen im Polizei- und Ordnungsgesetzen in Gesetzeskonkurrenz und ist ihnen gegenüber subsidiär. Ein Rückgriff auf die Generalermächtigung kommt also nur in Betracht soweit spezielle Ermächtigungsgrundlagen des Besonderen Polizeirechts (u. a. Versammlungsrecht) oder aber Standardermächtigungen nicht einschlägig sind (OVG Bremen NVwZ 1999, 314 [315]). Im Bereich des schlicht-hoheitlichen Tätigwerdens (u. a. Streifenfahrten, Warnungen, Hinweise an die Öffentlichkeit) benötigen die Behörden der Polizei mangels eines Eingriffs in subjektive Rechte eines Betroffenen keiner Ermächtigungsgrundlage. Diese Maßnahmen werden von den Polizeibehörden und vom Polizeivollzugsdienst im Rahmen ihrer gesetzlichen Aufgaben nach § 2 SächsPBG bzw. § 2 SächsPVDG ausgeführt (vgl. Schwier in: Schwier/Lohse, Sächsisches Polizeivollzugsdienstgesetz, 6. Auflage 2023, § 12 Rn. 2).

Die Generalklausel besitzt innerhalb des Allgemeinen Polizeirechts zudem eine anerkannte lückenschließende Funktion, die allerdings nur soweit wirkt, wie nicht die Standardbefugnisse (in Sachsen in den §§ 18–31 SächsPBG und §§ 13–36 SächsPVDG) den Bereich bereits regeln. Ihre spezielle gesetzliche Regelung finden die Standardmaßnahmen im Allgemeinen Polizeirecht, weil sie als Typus in der polizeilichen Praxis häufig vorkommen. Sobald der Gesetzgeber entscheidet, etwas zukünftig durch eine Standardmaßnahme zu regeln – so zuletzt z. B. die jetzt in § 20 SächsPVDG geregelte Meldeauflage –, ist diese Maßnahme nicht mehr auf die Generalklausel stützbar. Der Gesetzgeber ist dabei aber nicht gänzlich frei in der Entscheidung, ob er etwas als Standardmaßnahme regelt oder gewisse Maßnahmen bewusst ungeregelt lässt, sodass die Generalklausel weiterhin für einen entsprechenden Eingriff polizeilicherseits möglich bleibt. Denn aus rechtsstaatlichen Erwägungen ist es geboten, Maßnahmen, die im polizeilichen Alltag in einer gewissen Regelmäßigkeit auftauchen, mit einer Standardmaßnahme speziell zu regeln, um so den potenziellen Betroffenen die Folgen dieser Maßnahme durch das Gesetz konkretisiert und damit auch rechtssicher aufzuzeigen. Der Gesetzgeber dokumentiert damit zugleich, dass er diese Maßnahme vom polizeilichen Handeln zur Gefahrenabwehr umfasst sieht. Als positiver Nebeneffekt wird dadurch Handlungssicherheit bei den Bediensteten der Polizeibehörden und des Polizeivollzugsdienstes geschaffen.

II. Vollstreckungsrecht

Wegen der umfangreichen Regelungsmaterie bedarf das Vollstreckungsrecht besonderer Aufmerksamkeit.

1. Gegenstand und Regelungszweck

Die Polizei ist befugt polizeilichen Zwang anzuwenden, sobald der Bürger einer ihm obliegenden Pflicht nicht nachkommt (GRAULICH in LISKEN/DENNINGER, *Handbuch des Polizeirechts,* 7. Auflage 2021, Rn. 899). Gegenstand des polizeilichen Zwangs ist die zwangsweise Durchsetzung öffentlich-rechtlicher Pflichten durch die Polizei (-Behörde) in einem besonderen Verfahren (KINGREEN/POSCHER, *Polizei- und Ordnungsrecht,* 12. Aufl. 2022, S. 366).

Der polizeiliche Zwang ist Bestandteil der Verwaltungsvollstreckung. Aus diesem erwächst der Grundsatz der Selbstvollstreckung eigener Entscheidungen, was auf das Selbsttitulierungsrecht von Verwaltungsakten zurückzuführen ist. Mithin kommt der Verwaltungsvollstreckung eine dienende Funktion zur Rechtsdurchsetzung zu. Zudem ist das Rechtsgebiet geprägt von der Überwindung eines entgegenstehenden Willens, weshalb der Beugefunktion eine zentrale Bedeutung zukommt. Auf diese Funktion sind alle Vollstreckungsmaßnahmen zu beschränken, polizeilicher Zwang hat keinen Straf- oder Sanktionscharakter.

Das polizeiliche Verwaltungsvollstreckungsverfahren umfasst in erster Linie die Erzwingung von Handlungen, Duldungen und Unterlassungen; die im Vollstreckungsrecht ebenfalls geregelte Beitreibung öffentlich-rechtlicher Geldforderungen hat für die Polizei kaum praktische Bedeutung.

2. Systematik

Rechtsanwendern fällt es im ersten Augenblick zumeist schwer, sich einen Überblick über das Vollstreckungsrecht zu verschaffen. Dem kann man durch ein Verständnis für die Regelungssystematik abhelfen.

a) Rechtsgrundlagen

Dass der Staat Zwang zur Durchsetzung seiner öffentlichen Sicherheit und Ordnung anwendet, ist gesetzlich geregelt und Ausdruck des staatlichen Gewaltmonopols. Anders als in zivilrechtlichen Angelegenheiten schafft die Polizei ihren Vollstreckungstitel selbst und bedarf keiner weiteren Entscheidung oder eines gesonderten Erkenntnisverfahrens eines anderen staatlichen (insbesondere gerichtlichen) Organs.

Es gibt unterschiedliche Wege den polizeilichen Zwang zu regeln. Es kann durch ein gesondertes Gesetz erfolgen oder die Materie kann im Polizeigesetz aufgenommen werden (Übersicht in: in Rachor/Gaulich in: Lisken/Denninger, a. a. O., Kap. E Rn. 901). Das sächsische Polizeirecht hat einen Mittelweg gewählt. Auf (sämtliche) sächsische Behörden ist das Verwaltungsvollstreckungsgesetz für den Freistaat Sachsen (SächsVwVG) anzuwenden. Es gilt daher gleichermaßen für den Polizeivollzugsdienst wie auch für Polizeibehörden. Unmittelbarer Zwang ist außerhalb des SächsVwVG im SächsPVDG nahezu abschließend geregelt.

Für den Polizeivollzugsdienst ergibt sich hieraus folgende Regelungssystematik: Für den im 3. Abschnitt in den §§ 39 ff. des SächsPVDG geregelten Zwang hat § 39 Abs. 1 und 2 SächsPVDG zentrale Bedeutung. Er verweist den Rechtsanwender bei den Zwangsmitteln Zwangsgeld (Zwangshaft) und Ersatzvornahme direkt in das SächsVwVG. Für unmittelbaren Zwang findet das SächsPVDG Anwendung. Nur ergänzend finden die Vorschriften des SächsVwVG Anwendung und nur dann, wenn der unmittelbare Zwang der Vollstreckung eines zuvor erlassenen Verwaltungsaktes dient.

Polizeibehörden haben kein eigenes Regelungsregime für den polizeilichen Zwang. Auf sie findet das SächsVwVG unmittelbare Anwendung. Eine Ausnahme gilt für den unmittelbaren Zwang. Nur gemeindliche Vollzugsbedienstete können diesen nach § 9 SächsPBG anwenden; die maßgeblichen Rechtsgrundlagen hierfür sind aus historischen und systematischen Gründen die §§ 39 ff. SächsPVDG und nicht § 25 SächsVwVG (Elzermann, *SächsPBG*, 2. Auflage 2024, § 3 Rn. 12).

Auf gemeindliche Vollzugsbedienstete findet die Gemeindliche-Vollzugsbediensteten-Verordnung (GemVollzVO) vom 26. April 2023 (SächsGVBl. S. 230) Anwendung. Welche Aufgaben gemeindlichen Vollzugsbediensteten übertragen werden können, ist grundsätzlich von der Größe der Gebietskörperschaft abhängig (vgl. § 1 GemVollzVO). Die Mittel des unmittelbaren Zwangs sind in § 2 GemVollzVO abschließend aufgezählt. Ortspolizeibehörden haben die Übertragung der Vollzugsaufgaben öffentlich bekanntzugeben.

b) Sofortige Vollstreckung

Eine Besonderheit im Vergleich zu den zur Vollstreckung berechtigten Behörden ergibt sich für den Polizeivollzugsdienst hinsichtlich der Schnelligkeit und der Effektivität: In der Regel können Maßnahmen von Polizeivollzugsbeamten sofort vollstreckt werden. Ihnen gegenüber entfalten Widerspruch und Klage (i. d. R. Anfechtungsklage) gemäß § 80 Abs. 2 Nr. 2 VwGO keine aufschiebende Wirkung, womit sie bereits vor einer Entscheidung im Widerspruchsverfahren oder einer gerichtlichen Entscheidung vollstreckt werden können.

Polizeibehörden kommen grundsätzlich nicht in den Genuss dieser Privilegierung, da sie mit § 80 Abs. 2 Nr. 2 VwGO nicht angesprochen werden (OVG Münster OVGE 34, 240, [242]). Eine Ausnahme bilden gemeindliche Vollzugsbedienstete: mit ihrer wirksamen Bestellung werden sie nach § 9 Abs. 1 Satz 2 SächsPBG Polizeivollzugsbediensteten gleichgestellt. Die Gleichstellungsfiktion erstreckt sich auch auf § 80 Abs. 2 Nr. 2 VwGO aus (ELZERMANN, a. a. O., § 9 Rn 7).

c) Vollstreckungsarten

Vollstreckungsverfahren werden in gestreckte und verkürzte (oder gekürzte) unterschieden. Beim gestreckten Verfahren wird ein zuvor erlassener Verwaltungsakt vollstreckt, welcher die Anwendung des SächsVwVG eröffnet. Bei verkürzten Verfahren fehlt es an einem zuvor erlassenen Verwaltungsakt, insofern wird eine Maßnahme unmittelbar ausgeführt (Näheres → Vollstreckungsverfahren). Im Freistaat Sachsen ist bedauerlicherweise kein Sofortvollzug vorgesehen, der den polizeilichen Zwang ohne Verwaltungsakt ausdrücklich regelt. Das verkürzte Verfahren wird auf die Konstruktion einer unmittelbaren Ausführung (vgl. § 8 SächsPVDG und § 16 SächsPBG) gestützt.

d) Vollstreckung außerhalb des Verwaltungsrechts

Die Vollstreckung beschränkt sich bei der Polizei nicht auf das Verwaltungsrecht. Korrespondierend mit ihren Aufgaben sind Polizeibedienstete auch Ermittlungspersonen der Staatsanwaltschaft (§ 1 Abs. 1 der VO Ermittlungspersonen Staatsanwaltschaft (VOErmP-StA); für gemeindliche Vollzugsbedienstete: § 1 Abs. 3 Nr. 1 VOErmP-StA). Sie nehmen folglich gemäß § 152 GVG auch Vollzugsaufgaben zur Verfolgung von Straftaten und Ordnungswidrigkeiten (gemeindliche Vollzugsbedienstete nur Letzteres) wahr. Als Vollzugsaufgabe kann der Verfolgungsauftrag gleichfalls zwangsweise durchgesetzt werden. In Ermangelung eigener Regelungen und entgegen OLG Dresden (Beschl. vom 01.08.2001 – 3 Ss 25/01) sind für den Vollzug die Regeln über die Anwendung von unmittelbarem Zwang nach den Vorschriften der §§ 39 ff. SächsPVDG maßgeblich, sofern sie nicht von Spezialregelungen konkretisiert oder verdrängt werden (zum Meinungsstreit: *Rulinski*, SächsVBl. 2022, 305 ff.).

e) Vollzugshilfe

Die organisatorische und funktionale Trennung zwischen Polizei und den allgemeinen bzw. sonstigen Ordnungsbehörden hat zur Folge, dass letztere regelmäßig über keine personellen wie materiellen Mittel für die Anwendung unmittelbaren Zwangs verfügen. Die Rechtsdurchsetzung ist aus Gründen der Rechtstaatlichkeit und Funktionsfähigkeit der Verwaltung geboten. Ist bei der Vollstreckung also mit physischer Gewaltanwendung zu rechnen, werden Vollzugskräfte bislang grundsätzlich durch den Polizeivollzugsdienst zur Verfügung gestellt. Dessen Inanspruchnahme ist im Rahmen der Vollzugshilfe in §§ 2 Abs. 4, 37 f. SächsPVDG geregelt.

Die Vollzugshilfe ist artverwandt mit der Amtshilfe mit der Eigenheit, dass mit der Anwendung unmittelbaren Zwangs gerechnet wird. Von der Vollzugshilfe sind Weisungen abzugrenzen, die in einem Unter- und Überordnungsverhältnis ergehen – so etwa durch die Staatsanwaltschaft im Rahmen der Inanspruchnahme von Polizeivollzugsbeamten als deren Ermittlungspersonen.

Besonderheiten ergeben sich dahingehend, dass die Erlassbehörde für die Rechtmäßigkeit der zu vollstreckenden Entscheidung verantwortlich zeichnet, während für die Art und Weise der Vollstreckung der ausführende Polizeivollzugsdienst verantwortlich ist.

Selbige Prinzipien gelten auch für die Vollstreckungshilfe nach § 4 Abs. 1 Nr. 4 SächsVwVG. Hierzu sind weitergehende Regelungen in den Absätzen 2–4 zu finden.

Polizeibehörden kommt die Aufgabe der Vollzugshilfe expressis verbis nicht zu. Ob in Zukunft die Gebietskörperschaften ihre Vollzugsaufgaben durch gemeindliche Vollzugsbedienstete vollstrecken werden, wird sich in der Praxis zeigen. Dagegen spricht nicht nur der begrenzte Umfang übertragbarer Aufgaben (§ 1 GemVollzVO), sondern auch die Regelung des § 37 Abs. 2 SächsPVDG, wonach der Polizeivollzugsdienst Vollzugshilfeersuchen von Polizeibehörden Priorität einräumen muss. Der Gesetzgeber misst der Vollzugshilfe nach wie vor große Bedeutung zu.

f) Notwehr und Notstand

Die Regelung über die Notwehr und den Notstand im § 39 Abs. 3 SächsPVDG ist zwar üblich, aber dennoch systemfremd. Sie stellt lediglich deklaratorisch fest, dass die persönlichen Rechtfertigungs- und Entschuldigungsgründe weiterhin auf Polizeibedienstete Anwendung finden. Sie führen demgemäß zur Rechtfertigung oder

Entschuldigung rechtswidriger Handlungen im Sinne des Straf- und Zivilrechts. Rechtssystematisch sind sie auch dort zu verorten. Eine Ermächtigungsgrundlage, Handlungspflichten (etwa aus Weisungen) oder sonstige öffentlich-rechtliche Pflichten können hierauf nicht gestützt werden. Bei der Anwendung unmittelbaren Zwangs ergibt sich hingegen eine Besonderheit: Wer sich auf die Notwehr oder den Notstand nach § 39 Abs. 3 SächsPVDG beruft, ist nicht an den abschließenden Katalog in § 40 SächsPVDG (→ unmittelbarer Zwang) gebunden (so zurecht: *Lohse* in: SCHWIER/LOHSE, SächsPVDG, 6. Aufl. 2023, § 40 Rn. 6).

3. Zwangsmittel

Die Aufzählung der gesetzlich vorgesehenen Zwangsmittel ist abschließend. Das Vollstreckungsrecht sieht drei zulässige Zwangsmittel vor: Ersatzvornahme, Zwangsgeld und unmittelbarer Zwang. Zwangshaft ist ein unselbständiges Zwangsmittel; es ist von der Uneinbringlichkeit des Zwangsgeldes abhängig. Vollstreckungsmittel dienen ausschließlich der Beugung eines entgegenstehenden Willens und dürfen nicht als Straf- oder Sanktionsmittel missbraucht werden.

Folgende Zwangsmittel finden im gestreckten Verfahren Anwendung:

1. Ersatzvornahme: Nach § 24 SächsVwVG ist sie die Vornahme einer vertretbaren Handlung anstelle und auf Kosten des Handlungspflichtigen. Innerhalb ihrer ist in Sachsen die Selbst- und Fremdvornahme umfasst.

2. Zwangsgeld: Die schriftliche Festsetzung eines Betrages in Höhe von 5 bis 25 000 Euro (§ 22 SächsVwVG).
   Zwangshaft kommt nach § 23 Abs. 1 Satz 1 SächsVwVG bei Uneinbringlichkeit des Zwangsgeldes in Betracht. Über die Zwangshaft entscheiden ordentliche Gerichte.

3. Unmittelbarer Zwang ist geregelt in § 40 SächsPVDG. Unterschieden wird zwischen körperlicher Gewalt, Hilfsmitteln körperlicher Gewalt und Waffen. Die in den jeweiligen Absätzen enthaltenen Definitionen sind insoweit ergiebig. Hilfsmittel körperlicher Gewalt sind gegen Sachen nicht abschließend aufgezählt; im Gegensatz zu Waffen, deren Aufzählung enumerativ ist. Für zusätzliche Waffen bedarf es daher einer gesetzlichen Grundlage, die der Gesetzgeber mit § 46 SächsPVDG unter dem Begriff „besondere Waffen" eingeführt hat. Demgegenüber schränkt er die Verwendung von Waffen für die Polizeibehörde gleichzeitig ein, indem für gemeindliche Vollzugsbeamte nur der Schlagstock als Waffe zulässig ist (vgl. § 2 GemVollzVO).

Folgende Zwangsmittel finden im verkürzten Verfahren Anwendung:

1. Unmittelbarer Zwang richtet sich nach den bereits erwähnten Grundsätzen (↑). Dass der Ausübung unmittelbaren Zwangs kein Verwaltungsakt vorausgehen muss, ergibt sich aus dem Umkehrschluss des § 39 Abs. 2 SächsPVDG.

2. Unmittelbare Ausführung nach § 8 SächsPVDG bzw. § 16 SächsPBG stellt keine Vollstreckung im eigentlichen Sinne dar, dient aber gleichwohl der Durchsetzung einer Maßnahme. Sie ist mit der Ersatzvornahme verwandt mit dem Unterschied, dass zuvor kein Verwaltungsakt erlassen wurde oder werden konnte.

4. Vollstreckungsverfahren

Der nachfolgende Abschnitt soll Rechtsanwendern den Einstieg in die Lösung vollstreckungsrechtlicher Sachverhalte erleichtern.

Zuallererst muss im Rahmen einer Vorüberlegung geklärt werden, ob es sich um eine Verwaltungsvollstreckung mit oder ohne Verwaltungsakt handelt. Im Anschluss daran muss das konkret angewandte/anzuwendende Zwangsmittel identifiziert werden. Die jeweiligen Verfahrensgrundsätze fallen dementsprechend unterschiedlich aus.

a) Verwaltungsvollstreckung mit Verwaltungsakt (gestrecktes Verfahren)

Die Prüfung im gestreckten Verfahren baut sich zweistufig auf: Titel und Vollstreckung.

Zunächst ist der Titel in Gestalt des zuvor erlassenen Verwaltungsakts auf dessen Wirksamkeit und Vollstreckbarkeit zu prüfen. Die Wirksamkeit der sog. Grundverfügung (bzw. des Grundverwaltungsaktes) richtet sich nach den einzelnen Merkmalen im § 43 VwVfG. Die Vollstreckbarkeit wiederum ist in § 2 SächsVwVG geregelt, der zwei Voraussetzungen enthält: zum einen die materielle Vollstreckbarkeit aus § 2 1. Hs SächsVwVG (vgl. auch § 19 Abs. 1 SächsVwVG) – der Verwaltungsakt also eine Handlung, Duldung oder Unterlassung zum Inhalt hat; zum anderen die formelle Vollstreckbarkeit aus § 2 Nr. 1 oder 2 SächsVwVG. Ist der Verwaltungsakt nicht nach Nr. 1 unanfechtbar geworden, so darf nach Nr. 2 ein gegen ihn gerichteter Rechtsbehelf (Widerspruch oder Klage) keine aufschiebende Wirkung entfalten. Wann ein Rechtsbehelf aufschiebende Wirkung entfaltet, regelt § 80 VwGO; die entscheidende Vorschrift für das Entfallen der aufschiebenden Wirkung von Rechtsbehelfen gegen Vollzugsmaßnahmen der Polizei ist, wie bereits erläutert, § 80 Abs. 2 S. 1 Nr. 2 VwGO. Auf die Rechtmäßigkeit der Grundverfügung kommt es nach h.M. nicht an (zum Meinungsstreit: Ogorek, in: Möstl/Kugelmann, BeckOK-POR NRW, 28. Edition 2024, § 50 Rn. 12 ff.).

An die Prüfung des Titels schließt sich die Prüfung der Rechtmäßigkeit der Vollstreckung an. Grundsätzlich erfolgt sie dreistufig: Androhung, Festsetzung, Durchführung.

Zentrales Element des Vollstreckungsverfahrens bildet die Androhung. Sie dient dazu, den Pflichtigen zu veranlassen, sich selbst zu reflektieren und unter dem Eindruck des zu erwartenden Zwangsmittels einzulenken. Die Voraussetzungen sind unterschiedlich streng ausgestaltet. Das SächsVwVG sieht in § 20 verschiedene Voraussetzungen für Zwangsgeld und Ersatzvornahme vor, auf die nach § 21 SächsVwVG aus Gründen der dort genannten Gefahrenlagen verzichtet werden kann. § 41 Abs. 2 Satz 1 SächsPVDG sieht für den unmittelbaren Zwang die Androhung vor, deren Entbehrlichkeit von unterschiedlichen Voraussetzungen abhängig gemacht wird (vgl. § 41 Abs. 2 S. 2 SächsPVDG). Bei Schusswaffengebrauch ist die Entbehrlichkeit in § 41 Abs. 3 SächsPVDG unter strengere Voraussetzungen gestellt. Mit der letzten Gesetzesänderung (2024) ist die Androhung durch die Erfassung per sog. Body-Cam erweitert worden. Der Androhung als letzter Kommunikationsmöglichkeit mit dem rechtsunterworfenen Bürger kommt mit Blick auf die in demokratischen Staaten anzustrebende Deeskalation eine zentrale Rolle zu und ist daher auszuschöpfen. Dementsprechend ist mit der Entbehrlichkeit sehr restriktiv umzugehen.

Der nächste Prüfungspunkt ist die Festsetzung, die ein förmlicher Verfahrensschritt für das Zwangsmittel des Zwangsgeldes (vgl. § 22 Abs. 2 SächsVwVG) oder für Kosten (vgl. § 24 Abs. 3 SächsVwVG) ist. Die Festsetzung hat schriftlich zu erfolgen, wobei die jeweilige Höhe anzugeben ist. Bei von vornherein nicht in Geldleistung bestehenden Pflichten entfällt die Festsetzung ersatzlos.

Die objektiven Tatbestandsmerkmale des jeweiligen Zwangsmittels sind Gegenstand des Prüfungspunktes Durchführung, wobei nach der rechtmäßigen Anwendung gefragt wird. Die Abarbeitung ist unterschiedlich intensiv. Während Zwangsgeld nur auf die festgesetzte Höhe (vgl. § 22 Abs. 1 SächsVwVG) geprüft werden muss, ist beim Schusswaffengebrauch aus Gründen der mit dessen Anwendung einhergehenden Gefahren vor allem für Leib und Leben der Aufwand wesentlich höher; dementsprechend bedürfen die §§ 43–45 SächsPVDG dort besonderer Aufmerksamkeit.

Schlussendlich ist die Vollstreckung auf Vollstreckungshindernisse zu prüfen. Vollstreckungshindernisse können § 2a SächsVwVG allgemein entnommen (und auf das verkürzte Verfahren übertragen) werden, im Übrigen finden sich Regelungen hierzu in § 19 Abs. 5 Satz 2 SächsVwVG, behelfsmäßig in § 5 Abs. 4 SächsPVDG.

Die übrige Prüfung weicht nicht von einer üblichen Polizeirechtsprüfung ab. In ihr müssen die Adressaten, Ermessen und Verhältnismäßigkeit abgehandelt werden. Der Adressat für Zwangsgeld, Zwangshaft und Ersatzvornahme ergibt sich aus § 3 SächsVwVG; für unmittelbaren Zwang ist auf die Störer nach §§ 6 f. SächsPVDG zurückzugreifen. Hinsichtlich seiner „Voraussetzungen" ist die Rechtsnatur von § 41 Abs. 1 Satz 1–3 SächsPVDG uneindeutig. Lässt man sich von der amtlichen Überschrift leiten, könnte die Vorschrift als Teil der objektiven Tatbestandsmerkmale angesehen werden; vorzugswürdig erscheint hingegen, sie dem Wortlaut nach auf der Rechtsfolgenseite zu verorten und sie als Ermessensbegrenzung und Verhältnismäßigkeitserwägung zu verstehen.

b) Verwaltungsvollstreckung ohne Verwaltungsakt (verkürztes Verfahren)

Kann ein Verwaltungsakt nicht erlassen werden, ist Zwang jedoch geboten, so kann dieser im Wege der sog. unmittelbaren Ausführung angewendet werden. Der Erlass eines Verwaltungsakts muss jedoch unmöglich oder untunlich sein, weil etwa ein Verantwortlicher nicht oder nicht rechtzeitig erreichbar ist oder Maßnahmen gegen ihn keinen Erfolg versprechen.

Die Lösung dieser Ausgangslage, die der Gesetzgeber in § 39 Abs. 2 SächsPVDG berücksichtigt hat, erfolgt unter Zuhilfenahme von § 8 SächsPVDG bzw. § 16 SächsPBG zweistufig: Befugnisrahmen und Vollstreckung.

Der Befugnisrahmen legitimiert die Anwendung von Zwang. Ausreichend geregelt ist der Befugnisrahmen in § 44 Abs. 1 und § 42 SächsPVDG. Beide Vorschriften sind vollwertige Rechtsgrundlagen zur Anwendung von Zwang. Anders sieht es bei einfacher körperlicher Gewalt und den übrigen Hilfsmitteln körperlicher Gewalt aus. § 40 Abs. 1–3 SächsPVDG ist keine Rechtsgrundlage, ebensowenig § 39 SächsPVDG als Zuständigkeitszuweisungs- und Transmissionsnorm. Insofern wird hier auf § 12 Abs. 1 SächsPVDG unter Verweis auf die Prinzipien zur unmittelbaren Ausführung zurückgegriffen.

Die anschließende Prüfung der Rechtmäßigkeit der Vollstreckungsmaßnahme erfolgt analog zu den bereits zum gestreckten Verfahren gemachten Ausführungen mit folgenden Anpassungen:

In Ermangelung eines Verwaltungsakts ist die Anwendung des SächsVwVG nicht eröffnet. Die Prüfung erfolgt (auch für Polizeibehörden ↑) nach dem SächsPVDG.

Wegen ihrer Bedeutung ist die Androhung ebenfalls im verkürzten Verfahren zu prüfen, selbst wenn sie in der Regel den Erlass eines Verwaltungsakts voraussetzt und mit ihm verbunden werden kann (vgl. § 20 Abs. 2 SächsVwVG). Die Prüfung läuft daher grundsätzlich auf die Entbehrlichkeit der Androhung hinaus. Liegen die Voraussetzungen für eine Entbehrlichkeit nicht vor, führt das zur Rechtswidrigkeit der Vollstreckungsmaßnahme.

Beim Adressaten gilt es § 8 SächsPVDG bzw. § 16 SächsPBG zu berücksichtigen. Sie beinhalten die Prüfung, warum ein an sich notwendiger Verwaltungsakt nicht erlassen wurde. Der Gesetzeswortlaut ist insoweit ergiebig, als er fordert, dass der eigentliche Adressat nicht oder nicht rechtzeitig in Anspruch genommen werden konnte. Dem schließt sich das ungeschriebene Tatbestandsmerkmal des fiktiven Verwaltungsakts mit der Frage an, ob ein Verwaltungsakt überhaupt hätte erlassen werden dürfen. Hierdurch soll aus rechtsstaatlichen Gründen sichergestellt werden, dass durch die Maßnahme der Adressat nicht weiter beansprucht wird, als er hätte in seiner Anwesenheit beansprucht werden dürfen.

c) Zuständigkeit, Verfahren und Form

Die Zuständigkeitsregelungen für die Verwaltungsvollstreckung enthält § 39 Abs. 1 SächsPVDG – für unmittelbaren Zwang ist die Polizei originär zuständig. In den übrigen Fällen verweist die Vorschrift auf § 4 SächsVwVG. Besondere Verfahrensvorschriften sind nicht zu beachten, eine Anhörung ist nach § 28 Abs. 5 VwVfG entbehrlich. Formvorschriften sind nur zu beachten, so sie speziell angeordnet werden, etwa die Schriftlichkeit bei einer Festsetzung.

Bundesrecht

Grundgesetz
für die Bundesrepublik Deutschland
(GG)

in der im Bundesgesetzblatt Teil III, Gliederungsnummer 100-1, veröffentlichten bereinigten Fassung, das zuletzt durch Artikel 1 des Gesetzes vom 19. Dezember 2022 (BGBl. I S. 2478) geändert worden ist

– Fassung ab 24. Dezember 2022 –

– Auszüge –

I.
Die Grundrechte

Artikel 1

(1) [1]Die Würde des Menschen ist unantastbar. [2]Sie zu achten und zu schützen ist Verpflichtung aller staatlichen Gewalt.
(2) Das Deutsche Volk bekennt sich darum zu unverletzlichen und unveräußerlichen Menschenrechten als Grundlage jeder menschlichen Gemeinschaft, des Friedens und der Gerechtigkeit in der Welt.
(3) Die nachfolgenden Grundrechte binden Gesetzgebung, vollziehende Gewalt und Rechtsprechung als unmittelbar geltendes Recht.

Artikel 2

(1) Jeder hat das Recht auf die freie Entfaltung seiner Persönlichkeit, soweit er nicht die Rechte anderer verletzt und nicht gegen die verfassungsmäßige Ordnung oder das Sittengesetz verstößt.
(2) [1]Jeder hat das Recht auf Leben und körperliche Unversehrtheit. [2]Die Freiheit der Person ist unverletzlich. [3]In diese Rechte darf nur auf Grund eines Gesetzes eingegriffen werden.

Artikel 3

(1) Alle Menschen sind vor dem Gesetz gleich.
(2) [1]Männer und Frauen sind gleichberechtigt. [2]Der Staat fördert die tatsächliche Durchsetzung der Gleichberechtigung von Frauen und Männern und wirkt auf die Beseitigung bestehender Nachteile hin.
(3) [1]Niemand darf wegen seines Geschlechtes, seiner Abstammung, seiner Rasse, seiner Sprache, seiner Heimat und Herkunft, seines Glaubens, seiner religiösen oder politischen Anschauungen benachteiligt oder bevorzugt werden. [2]Niemand darf wegen seiner Behinderung benachteiligt werden.

Artikel 4

(1) Die Freiheit des Glaubens, des Gewissens und die Freiheit des religiösen und weltanschaulichen Bekenntnisses sind unverletzlich.
(2) Die ungestörte Religionsausübung wird gewährleistet.
(3) [1]Niemand darf gegen sein Gewissen zum Kriegsdienst mit der Waffe gezwungen werden. [2]Das Nähere regelt ein Bundesgesetz.

Artikel 5

(1) [1]Jeder hat das Recht, seine Meinung in Wort, Schrift und Bild frei zu äußern und zu verbreiten und sich aus allgemein zugänglichen Quellen ungehindert zu unterrichten. [2]Die Pressefreiheit und die Freiheit der Berichterstattung durch Rundfunk und Film

werden gewährleistet. [3]Eine Zensur findet nicht statt.
(2) Diese Rechte finden ihre Schranken in den Vorschriften der allgemeinen Gesetze, den gesetzlichen Bestimmungen zum Schutze der Jugend und in dem Recht der persönlichen Ehre.
(3) [1]Kunst und Wissenschaft, Forschung und Lehre sind frei. [2]Die Freiheit der Lehre entbindet nicht von der Treue zur Verfassung.

Artikel 6

(1) Ehe und Familie stehen unter dem besonderen Schutze der staatlichen Ordnung.
(2) [1]Pflege und Erziehung der Kinder sind das natürliche Recht der Eltern und die zuvörderst ihnen obliegende Pflicht. [2]Über ihre Betätigung wacht die staatliche Gemeinschaft.
(3) Gegen den Willen der Erziehungsberechtigten dürfen Kinder nur auf Grund eines Gesetzes von der Familie getrennt werden, wenn die Erziehungsberechtigten versagen oder wenn die Kinder aus anderen Gründen zu verwahrlosen drohen.
(4) Jede Mutter hat Anspruch auf den Schutz und die Fürsorge der Gemeinschaft.
(5) Den unehelichen Kindern sind durch die Gesetzgebung die gleichen Bedingungen für ihre leibliche und seelische Entwicklung und ihre Stellung in der Gesellschaft zu schaffen wie den ehelichen Kindern.

Artikel 7

(1) Das gesamte Schulwesen steht unter der Aufsicht des Staates.
(2) Die Erziehungsberechtigten haben das Recht, über die Teilnahme des Kindes am Religionsunterricht zu bestimmen.
(3) [1]Der Religionsunterricht ist in den öffentlichen Schulen mit Ausnahme der bekenntnisfreien Schulen ordentliches Lehrfach. [2]Unbeschadet des staatlichen Aufsichtsrechtes wird der Religionsunterricht in Übereinstimmung mit den Grundsätzen der Religionsgemeinschaften erteilt. [3]Kein Lehrer darf gegen seinen Willen verpflichtet werden, Religionsunterricht zu erteilen.
(4) [1]Das Recht zur Errichtung von privaten Schulen wird gewährleistet. [2]Private Schulen als Ersatz für öffentliche Schulen bedürfen der Genehmigung des Staates und unterstehen den Landesgesetzen. [3]Die Genehmigung ist zu erteilen, wenn die privaten Schulen in ihren Lehrzielen und Einrichtungen sowie in der wissenschaftlichen Ausbildung ihrer Lehrkräfte nicht hinter den öffentlichen Schulen zurückstehen und eine Sonderung der Schüler nach den Besitzverhältnissen der Eltern nicht gefördert wird. [4]Die Genehmigung ist zu versagen, wenn die wirtschaftliche und rechtliche Stellung der Lehrkräfte nicht genügend gesichert ist.
(5) Eine private Volksschule ist nur zuzulassen, wenn die Unterrichtsverwaltung ein besonderes pädagogisches Interesse anerkennt oder, auf Antrag von Erziehungsberechtigten, wenn sie als Gemeinschaftsschule, als Bekenntnis- oder Weltanschauungsschule errichtet werden soll und eine öffentliche Volksschule dieser Art in der Gemeinde nicht besteht.
(6) Vorschulen bleiben aufgehoben.

Artikel 8

(1) Alle Deutschen haben das Recht, sich ohne Anmeldung oder Erlaubnis friedlich und ohne Waffen zu versammeln.
(2) Für Versammlungen unter freiem Himmel kann dieses Recht durch Gesetz oder auf Grund eines Gesetzes beschränkt werden.

Artikel 9

(1) Alle Deutschen haben das Recht, Vereine und Gesellschaften zu bilden.
(2) Vereinigungen, deren Zwecke oder deren Tätigkeit den Strafgesetzen zuwiderlaufen oder die sich gegen die verfassungsmäßige Ordnung oder gegen den Gedanken der Völkerverständigung richten, sind verboten.
(3) [1]Das Recht, zur Wahrung und Förderung der Arbeits- und Wirtschaftsbedingungen Vereinigungen zu bilden, ist für jedermann und für alle Berufe gewährleistet. [2]Abreden, die dieses Recht einschränken oder zu behindern suchen, sind nichtig, hierauf gerichtete

Maßnahmen sind rechtswidrig. [3]Maßnahmen nach den Artikeln 12a, 35 Abs. 2 und 3, Artikel 87a Abs. 4 und Artikel 91 dürfen sich nicht gegen Arbeitskämpfe richten, die zur Wahrung und Förderung der Arbeits- und Wirtschaftsbedingungen von Vereinigungen im Sinne des Satzes 1 geführt werden.

Artikel 10

(1) Das Briefgeheimnis sowie das Post- und Fernmeldegeheimnis sind unverletzlich.
(2) [1]Beschränkungen dürfen nur auf Grund eines Gesetzes angeordnet werden. [2]Dient die Beschränkung dem Schutze der freiheitlichen demokratischen Grundordnung oder des Bestandes oder der Sicherung des Bundes oder eines Landes, so kann das Gesetz bestimmen, dass sie dem Betroffenen nicht mitgeteilt wird und dass an die Stelle des Rechtsweges die Nachprüfung durch von der Volksvertretung bestellte Organe und Hilfsorgane tritt.

Artikel 11

(1) Alle Deutschen genießen Freizügigkeit im ganzen Bundesgebiet.
(2) Dieses Recht darf nur durch Gesetz oder auf Grund eines Gesetzes und nur für die Fälle eingeschränkt werden, in denen eine ausreichende Lebensgrundlage nicht vorhanden ist und der Allgemeinheit daraus besondere Lasten entstehen würden oder in denen es zur Abwehr einer drohenden Gefahr für den Bestand oder die freiheitliche demokratische Grundordnung des Bundes oder eines Landes, zur Bekämpfung von Seuchengefahr, Naturkatastrophen oder besonders schweren Unglücksfällen, zum Schutze der Jugend vor Verwahrlosung oder um strafbaren Handlungen vorzubeugen, erforderlich ist.

Artikel 12

(1) [1]Alle Deutschen haben das Recht, Beruf, Arbeitsplatz und Ausbildungsstätte frei zu wählen. [2]Die Berufsausübung kann durch Gesetz oder auf Grund eines Gesetzes geregelt werden.
(2) Niemand darf zu einer bestimmten Arbeit gezwungen werden, außer im Rahmen einer herkömmlichen allgemeinen, für alle gleichen öffentlichen Dienstleistungspflicht.
(3) Zwangsarbeit ist nur bei einer gerichtlich angeordneten Freiheitsentziehung zulässig.

Artikel 12a

(1) Männer können vom vollendeten achtzehnten Lebensjahr an zum Dienst in den Streitkräften, im Bundesgrenzschutz oder in einem Zivilschutzverband verpflichtet werden.
(2) [1]Wer aus Gewissensgründen den Kriegsdienst mit der Waffe verweigert, kann zu einem Ersatzdienst verpflichtet werden. [2]Die Dauer des Ersatzdienstes darf die Dauer des Wehrdienstes nicht übersteigen. [3]Das Nähere regelt ein Gesetz, das die Freiheit der Gewissensentscheidung nicht beeinträchtigen darf und auch eine Möglichkeit des Ersatzdienstes vorsehen muss, die in keinem Zusammenhang mit den Verbänden der Streitkräfte und des Bundesgrenzschutzes steht.
(3) [1]Wehrpflichtige, die nicht zu einem Dienst nach Absatz 1 oder 2 herangezogen sind, können im Verteidigungsfalle durch Gesetz oder auf Grund eines Gesetzes zu zivilen Dienstleistungen für Zwecke der Verteidigung einschließlich des Schutzes der Zivilbevölkerung in Arbeitsverhältnisse verpflichtet werden; Verpflichtungen in öffentlich-rechtliche Dienstverhältnisse sind nur zur Wahrnehmung polizeilicher Aufgaben oder solcher hoheitlichen Aufgaben der öffentlichen Verwaltung, die nur in einem öffentlich-rechtlichen Dienstverhältnis erfüllt werden können, zulässig. [2]Arbeitsverhältnisse nach Satz 1 können bei den Streitkräften, im Bereich ihrer Versorgung sowie bei der öffentlichen Verwaltung begründet werden; Verpflichtungen in Arbeitsverhältnisse im Bereiche der Versorgung der Zivilbevölkerung sind nur zulässig, um ihren lebensnotwendigen Bedarf zu decken oder ihren Schutz sicherzustellen.
(4) [1]Kann im Verteidigungsfalle der Bedarf an zivilen Dienstleistungen im zivilen Sanitäts- und Heilwesen sowie in der ortsfesten militärischen Lazarettorganisation nicht auf

freiwilliger Grundlage gedeckt werden, so können Frauen vom vollendeten achtzehnten bis zum vollendeten fünfundfünfzigsten Lebensjahr durch Gesetz oder auf Grund eines Gesetzes zu derartigen Dienstleistungen herangezogen werden. [2]Sie dürfen auf keinen Fall zum Dienst mit der Waffe verpflichtet werden.

(5) [1]Für die Zeit vor dem Verteidigungsfalle können Verpflichtungen nach Absatz 3 nur nach Maßgabe des Artikels 80a Abs. 1 begründet werden. [2]Zur Vorbereitung auf Dienstleistungen nach Absatz 3, für die besondere Kenntnisse oder Fertigkeiten erforderlich sind, kann durch Gesetz oder auf Grund eines Gesetzes die Teilnahme an Ausbildungsveranstaltungen zur Pflicht gemacht werden. [3]Satz 1 findet insoweit keine Anwendung.

(6) [1]Kann im Verteidigungsfalle der Bedarf an Arbeitskräften für die in Absatz 3 Satz 2 genannten Bereiche auf freiwilliger Grundlage nicht gedeckt werden, so kann zur Sicherung dieses Bedarfs die Freiheit der Deutschen, die Ausübung eines Berufs oder den Arbeitsplatz aufzugeben, durch Gesetz oder auf Grund eines Gesetzes eingeschränkt werden. [2]Vor Eintritt des Verteidigungsfalles gilt Absatz 5 Satz 1 entsprechend.

Artikel 13

(1) Die Wohnung ist unverletzlich.

(2) Durchsuchungen dürfen nur durch den Richter, bei Gefahr im Verzuge auch durch die in den Gesetzen vorgesehenen anderen Organe angeordnet und nur in der dort vorgeschriebenen Form durchgeführt werden.

(3) [1]Begründen bestimmte Tatsachen den Verdacht, dass jemand eine durch Gesetz einzeln bestimmte besonders schwere Straftat begangen hat, so dürfen zur Verfolgung der Tat auf Grund richterlicher Anordnung technische Mittel zur akustischen Überwachung von Wohnungen, in denen der Beschuldigte sich vermutlich aufhält, eingesetzt werden, wenn die Erforschung des Sachverhalts auf andere Weise unverhältnismäßig erschwert oder aussichtslos wäre. [2]Die Maßnahme ist zu befristen. [3]Die Anordnung erfolgt durch einen mit drei Richtern besetzten Spruchkörper. [4]Bei Gefahr im Verzuge kann sie auch durch einen einzelnen Richter getroffen werden.

(4) [1]Zur Abwehr dringender Gefahren für die öffentliche Sicherheit, insbesondere einer gemeinen Gefahr oder einer Lebensgefahr, dürfen technische Mittel zur Überwachung von Wohnungen nur auf Grund richterlicher Anordnung eingesetzt werden. [2]Bei Gefahr im Verzuge kann die Maßnahme auch durch eine andere gesetzlich bestimmte Stelle angeordnet werden; eine richterliche Entscheidung ist unverzüglich nachzuholen.

(5) [1]Sind technische Mittel ausschließlich zum Schutze der bei einem Einsatz in Wohnungen tätigen Personen vorgesehen, kann die Maßnahme durch eine gesetzlich bestimmte Stelle angeordnet werden. [2]Eine anderweitige Verwertung der hierbei erlangten Erkenntnisse ist nur zum Zwecke der Strafverfolgung oder der Gefahrenabwehr und nur zulässig, wenn zuvor die Rechtmäßigkeit der Maßnahme richterlich festgestellt ist; bei Gefahr im Verzuge ist die richterliche Entscheidung unverzüglich nachzuholen.

(6) [1]Die Bundesregierung unterrichtet den Bundestag jährlich über den nach Absatz 3 sowie über den im Zuständigkeitsbereich des Bundes nach Absatz 4 und, soweit richterlich überprüfungsbedürftig, nach Absatz 5 erfolgten Einsatz technischer Mittel. [2]Ein vom Bundestag gewähltes Gremium übt auf der Grundlage dieses Berichts die parlamentarische Kontrolle aus. [3]Die Länder gewährleisten eine gleichwertige parlamentarische Kontrolle.

(7) Eingriffe und Beschränkungen dürfen im Übrigen nur zur Abwehr einer gemeinen Gefahr oder einer Lebensgefahr für einzelne Personen, auf Grund eines Gesetzes auch zur Verhütung dringender Gefahren für die öffentliche Sicherheit und Ordnung, insbesondere zur Behebung der Raumnot, zur Bekämpfung von Seuchengefahr oder zum Schutze gefährdeter Jugendlicher vorgenommen werden.

Artikel 14

(1) [1]Das Eigentum und das Erbrecht werden gewährleistet. [2]Inhalt und Schranken werden durch die Gesetze bestimmt.
(2) [1]Eigentum verpflichtet. [2]Sein Gebrauch soll zugleich dem Wohle der Allgemeinheit dienen.
(3) [1]Eine Enteignung ist nur zum Wohle der Allgemeinheit zulässig. [2]Sie darf nur durch Gesetz oder auf Grund eines Gesetzes erfolgen, das Art und Ausmaß der Entschädigung regelt. [3]Die Entschädigung ist unter gerechter Abwägung der Interessen der Allgemeinheit und der Beteiligten zu bestimmen. [4]Wegen der Höhe der Entschädigung steht im Streitfalle der Rechtsweg vor den ordentlichen Gerichten offen.

Artikel 15

[1]Grund und Boden, Naturschätze und Produktionsmittel können zum Zwecke der Vergesellschaftung durch ein Gesetz, das Art und Ausmaß der Entschädigung regelt, in Gemeineigentum oder in andere Formen der Gemeinwirtschaft überführt werden. [2]Für die Entschädigung gilt Artikel 14 Abs. 3 Satz 3 und 4 entsprechend.

Artikel 16

(1) [1]Die deutsche Staatsangehörigkeit darf nicht entzogen werden. [2]Der Verlust der Staatsangehörigkeit darf nur auf Grund eines Gesetzes und gegen den Willen des Betroffenen nur dann eintreten, wenn der Betroffene dadurch nicht staatenlos wird.
(2) [1]Kein Deutscher darf an das Ausland ausgeliefert werden. [2]Durch Gesetz kann eine abweichende Regelung für Auslieferungen an einen Mitgliedstaat der Europäischen Union oder an einen internationalen Gerichtshof getroffen werden, soweit rechtsstaatliche Grundsätze gewahrt sind.

Artikel 16a

(1) Politisch Verfolgte genießen Asylrecht.
(2) [1]Auf Absatz 1 kann sich nicht berufen, wer aus einem Mitgliedstaat der Europäischen Gemeinschaften oder aus einem anderen Drittstaat einreist, in dem die Anwendung des Abkommens über die Rechtsstellung der Flüchtlinge und der Konvention zum Schutze der Menschenrechte und Grundfreiheiten sichergestellt ist. [2]Die Staaten außerhalb der Europäischen Gemeinschaften, auf die die Voraussetzungen des Satzes 1 zutreffen, werden durch Gesetz, das der Zustimmung des Bundesrates bedarf, bestimmt. [3]In den Fällen des Satzes 1 können aufenthaltsbeendende Maßnahmen unabhängig von einem hiergegen eingelegten Rechtsbehelf vollzogen werden.
(3) [1]Durch Gesetz, das der Zustimmung des Bundesrates bedarf, können Staaten bestimmt werden, bei denen auf Grund der Rechtslage, der Rechtsanwendung und der allgemeinen politischen Verhältnisse gewährleistet erscheint, dass dort weder politische Verfolgung noch unmenschliche oder erniedrigende Bestrafung oder Behandlung stattfindet. [2]Es wird vermutet, dass ein Ausländer aus einem solchen Staat nicht verfolgt wird, solange er nicht Tatsachen vorträgt, die die Annahme begründen, dass er entgegen dieser Vermutung politisch verfolgt wird.
(4) [1]Die Vollziehung aufenthaltsbeendender Maßnahmen wird in den Fällen des Absatzes 3 und in anderen Fällen, die offensichtlich unbegründet sind oder als offensichtlich unbegründet gelten, durch das Gericht nur ausgesetzt, wenn ernstliche Zweifel an der Rechtmäßigkeit der Maßnahme bestehen; der Prüfungsumfang kann eingeschränkt werden und verspätetes Vorbringen unberücksichtigt bleiben. [2]Das Nähere ist durch Gesetz zu bestimmen.
(5) Die Absätze 1 bis 4 stehen völkerrechtlichen Verträgen von Mitgliedstaaten der Europäischen Gemeinschaften untereinander und mit dritten Staaten nicht entgegen, die unter Beachtung der Verpflichtungen aus dem Abkommen über die Rechtsstellung der Flüchtlinge und der Konvention zum Schutze der Menschenrechte und Grundfreiheiten, deren Anwendung in den Vertragsstaaten sichergestellt sein muss, Zuständigkeitsregelungen

für die Prüfung von Asylbegehren einschließlich der gegenseitigen Anerkennung von Asylentscheidungen treffen.

Artikel 17

Jedermann hat das Recht, sich einzeln oder in Gemeinschaft mit anderen schriftlich mit Bitten oder Beschwerden an die zuständigen Stellen und an die Volksvertretung zu wenden.

Artikel 17a

(1) Gesetze über Wehrdienst und Ersatzdienst können bestimmen, dass für die Angehörigen der Streitkräfte und des Ersatzdienstes während der Zeit des Wehr- oder Ersatzdienstes das Grundrecht, seine Meinung in Wort, Schrift und Bild frei zu äußern und zu verbreiten (Artikel 5 Abs. 1 Satz 1 erster Halbsatz), das Grundrecht der Versammlungsfreiheit (Artikel 8) und das Petitionsrecht (Artikel 17), soweit es das Recht gewährt, Bitten oder Beschwerden in Gemeinschaft mit anderen vorzubringen, eingeschränkt werden.
(2) Gesetze, die der Verteidigung einschließlich des Schutzes der Zivilbevölkerung dienen, können bestimmen, dass die Grundrechte der Freizügigkeit (Artikel 11) und der Unverletzlichkeit der Wohnung (Artikel 13) eingeschränkt werden.

Artikel 18

[1]Wer die Freiheit der Meinungsäußerung, insbesondere die Pressefreiheit (Artikel 5 Abs. 1), die Lehrfreiheit (Artikel 5 Abs. 3), die Versammlungsfreiheit (Artikel 8), die Vereinigungsfreiheit (Artikel 9), das Brief-, Post- und Fernmeldegeheimnis (Artikel 10), das Eigentum (Artikel 14) oder das Asylrecht (Artikel 16a) zum Kampfe gegen die freiheitliche demokratische Grundordnung missbraucht, verwirkt diese Grundrechte. [2]Die Verwirkung und ihr Ausmaß werden durch das Bundesverfassungsgericht ausgesprochen.

Artikel 19

(1) [1]Soweit nach diesem Grundgesetz ein Grundrecht durch Gesetz oder auf Grund eines Gesetzes eingeschränkt werden kann, muss das Gesetz allgemein und nicht nur für den Einzelfall gelten. [2]Außerdem muss das Gesetz das Grundrecht unter Angabe des Artikels nennen.
(2) In keinem Falle darf ein Grundrecht in seinem Wesensgehalt angetastet werden.
(3) Die Grundrechte gelten auch für inländische juristische Personen, soweit sie ihrem Wesen nach auf diese anwendbar sind.
(4) [1]Wird jemand durch die öffentliche Gewalt in seinen Rechten verletzt, so steht ihm der Rechtsweg offen. [2]Soweit eine andere Zuständigkeit nicht begründet ist, ist der ordentliche Rechtsweg gegeben. [3]Artikel 10 Abs. 2 Satz 2 bleibt unberührt.

II.
Der Bund und die Länder

Artikel 20

(1) Die Bundesrepublik Deutschland ist ein demokratischer und sozialer Bundesstaat.
(2) [1]Alle Staatsgewalt geht vom Volke aus. [2]Sie wird vom Volke in Wahlen und Abstimmungen und durch besondere Organe der Gesetzgebung, der vollziehenden Gewalt und der Rechtsprechung ausgeübt.
(3) Die Gesetzgebung ist an die verfassungsmäßige Ordnung, die vollziehende Gewalt und die Rechtsprechung sind an Gesetz und Recht gebunden.
(4) Gegen jeden, der es unternimmt, diese Ordnung zu beseitigen, haben alle Deutschen das Recht zum Widerstand, wenn andere Abhilfe nicht möglich ist.

Artikel 20a

Der Staat schützt auch in Verantwortung für die künftigen Generationen die natürlichen Lebensgrundlagen und die Tiere im Rahmen der verfassungsmäßigen Ordnung durch die Gesetzgebung und nach Maßgabe von Gesetz und Recht durch die vollziehende Gewalt und die Rechtsprechung.

Artikel 30

Die Ausübung der staatlichen Befugnisse und die Erfüllung der staatlichen Aufgaben ist Sache der Länder, soweit dieses Grundgesetz keine andere Regelung trifft oder zulässt.

VII.
Die Gesetzgebung des Bundes

Artikel 70

(1) Die Länder haben das Recht der Gesetzgebung, soweit dieses Grundgesetz nicht dem Bunde Gesetzgebungsbefugnisse verleiht.
(2) Die Abgrenzung der Zuständigkeit zwischen Bund und Ländern bemisst sich nach den Vorschriften dieses Grundgesetzes über die ausschließliche und die konkurrierende Gesetzgebung.

IX.
Die Rechtsprechung

Artikel 104[1]

(1) [1]Die Freiheit der Person kann nur auf Grund eines förmlichen Gesetzes und nur unter Beachtung der darin vorgeschriebenen Formen beschränkt werden. [2]Festgehaltene Personen dürfen weder seelisch noch körperlich misshandelt werden.
(2) [1]Über die Zulässigkeit und Fortdauer einer Freiheitsentziehung hat nur der Richter zu entscheiden. [2]Bei jeder nicht auf richterlicher Anordnung beruhenden Freiheitsentziehung ist unverzüglich eine richterliche Entscheidung herbeizuführen. [3]Die Polizei darf aus eigener Machtvollkommenheit niemanden länger als bis zum Ende des Tages nach dem Ergreifen in eigenem Gewahrsam halten. [4]Das Nähere ist gesetzlich zu regeln.
(3) [1]Jeder wegen des Verdachtes einer strafbaren Handlung vorläufig Festgenommene ist spätestens am Tage nach der Festnahme dem Richter vorzuführen, der ihm die Gründe der Festnahme mitzuteilen, ihn zu vernehmen und ihm Gelegenheit zu Einwendungen zu geben hat. [2]Der Richter hat unverzüglich entweder einen mit Gründen versehenen schriftlichen Haftbefehl zu erlassen oder die Freilassung anzuordnen.
(4) Von jeder richterlichen Entscheidung über die Anordnung oder Fortdauer einer Freiheitsentziehung ist unverzüglich ein Angehöriger des Festgehaltenen oder eine Person seines Vertrauens zu benachrichtigen.

1 Anm. der Hrsg.: Art. 17 Abs. 1 Satz 2 SächsVerf erweitert Art. 104 Abs. 1 Satz 1 GG für den Freistaat Sachsen durch folgenden Wortlaut: Die Person muss unverzüglich über die Gründe der Freiheitsbeschränkung unterrichtet werden.

Verwaltungsverfahrensgesetz
(VwVfG)
in der Fassung der Bekanntmachung vom 23. Januar 2003 (BGBl. I S. 102), das zuletzt durch Artikel 2 des Gesetzes vom 15. Juli 2024 (BGBl. 2024 I Nr. 236) geändert worden ist

– Fassung ab 1. Januar 2025 –

– Auszüge –

TEIL I
Anwendungsbereich, örtliche Zuständigkeit, elektronische Kommunikation, Amtshilfe, europäische Verwaltungszusammenarbeit

Abschnitt 2
Amtshilfe

§ 4
Amtshilfepflicht

(1) Jede Behörde leistet anderen Behörden auf Ersuchen ergänzende Hilfe (Amtshilfe).

(2) Amtshilfe liegt nicht vor, wenn

1. Behörden einander innerhalb eines bestehenden Weisungsverhältnisses Hilfe leisten;
2. die Hilfeleistung in Handlungen besteht, die der ersuchten Behörde als eigene Aufgabe obliegen.

§ 5
Voraussetzungen und Grenzen der Amtshilfe

(1) Eine Behörde kann um Amtshilfe insbesondere dann ersuchen, wenn sie

1. aus rechtlichen Gründen die Amtshandlung nicht selbst vornehmen kann;
2. aus tatsächlichen Gründen, besonders weil die zur Vornahme der Amtshandlung erforderlichen Dienstkräfte oder Einrichtungen fehlen, die Amtshandlung nicht selbst vornehmen kann;
3. zur Durchführung ihrer Aufgaben auf die Kenntnis von Tatsachen angewiesen ist, die ihr unbekannt sind und die sie selbst nicht ermitteln kann;
4. zur Durchführung ihrer Aufgaben Urkunden oder sonstige Beweismittel benötigt, die sich im Besitz der ersuchten Behörde befinden;
5. die Amtshandlung nur mit wesentlich größerem Aufwand vornehmen könnte als die ersuchte Behörde.

(2) [1]Die ersuchte Behörde darf Hilfe nicht leisten, wenn

1. sie hierzu aus rechtlichen Gründen nicht in der Lage ist;
2. durch die Hilfeleistung dem Wohl des Bundes oder eines Landes erhebliche Nachteile bereitet würden.

[2]Die ersuchte Behörde ist insbesondere zur Vorlage von Urkunden oder Akten sowie zur Erteilung von Auskünften nicht verpflichtet, wenn die Vorgänge nach einem Gesetz oder ihrem Wesen nach geheim gehalten werden müssen.

(3) Die ersuchte Behörde braucht Hilfe nicht zu leisten, wenn

1. eine andere Behörde die Hilfe wesentlich einfacher oder mit wesentlich geringerem Aufwand leisten kann;
2. sie die Hilfe nur mit unverhältnismäßig großem Aufwand leisten könnte;
3. sie unter Berücksichtigung der Aufgaben der ersuchenden Behörde durch die Hilfeleistung die Erfüllung ihrer eigenen Aufgaben ernstlich gefährden würde.

(4) Die ersuchte Behörde darf die Hilfe nicht deshalb verweigern, weil sie das Ersuchen aus anderen als den in Absatz 3 genannten

Gründen oder weil sie die mit der Amtshilfe zu verwirklichende Maßnahme für unzweckmäßig hält.
(5) [1]Hält die ersuchte Behörde sich zur Hilfe nicht für verpflichtet, so teilt sie der ersuchenden Behörde ihre Auffassung mit. [2]Besteht diese auf der Amtshilfe, so entscheidet über die Verpflichtung zur Amtshilfe die gemeinsame fachlich zuständige Aufsichtsbehörde oder, sofern eine solche nicht besteht, die für die ersuchte Behörde fachlich zuständige Aufsichtsbehörde.

§ 6
Auswahl der Behörde

Kommen für die Amtshilfe mehrere Behörden in Betracht, so soll nach Möglichkeit eine Behörde der untersten Verwaltungsstufe des Verwaltungszweigs ersucht werden, dem die ersuchende Behörde angehört.

§ 7
Durchführung der Amtshilfe

(1) Die Zulässigkeit der Maßnahme, die durch die Amtshilfe verwirklicht werden soll, richtet sich nach dem für die ersuchende Behörde, die Durchführung der Amtshilfe nach dem für die ersuchte Behörde geltenden Recht.
(2) [1]Die ersuchende Behörde trägt gegenüber der ersuchten Behörde die Verantwortung für die Rechtmäßigkeit der zu treffenden Maßnahme. [2]Die ersuchte Behörde ist für die Durchführung der Amtshilfe verantwortlich.

§ 8
Kosten der Amtshilfe

(1) [1]Die ersuchende Behörde hat der ersuchten Behörde für die Amtshilfe keine Verwaltungsgebühr zu entrichten. [2]Auslagen hat sie der ersuchten Behörde auf Anforderung zu erstatten, wenn sie im Einzelfall 35 Euro übersteigen. [3]Leisten Behörden desselben Rechtsträgers einander Amtshilfe, so werden die Auslagen nicht erstattet.
(2) Nimmt die ersuchte Behörde zur Durchführung der Amtshilfe eine kostenpflichtige Amtshandlung vor, so stehen ihr die von einem Dritten hierfür geschuldeten Kosten (Verwaltungsgebühren, Benutzungsgebühren und Auslagen) zu.

ABSCHNITT 3
Europäische Verwaltungszusammenarbeit

§ 8a
Grundsätze der Hilfeleistung

(1) Jede Behörde leistet Behörden anderer Mitgliedstaaten der Europäischen Union auf Ersuchen Hilfe, soweit dies nach Maßgabe von Rechtsakten der Europäischen Gemeinschaft geboten ist.
(2) [1]Behörden anderer Mitgliedstaaten der Europäischen Union können um Hilfe ersucht werden, soweit dies nach Maßgabe von Rechtsakten der Europäischen Gemeinschaft zugelassen ist. [2]Um Hilfe ist zu ersuchen, soweit dies nach Maßgabe von Rechtsakten der Europäischen Gemeinschaft geboten ist.
(3) Die §§ 5, 7 und 8 Absatz 2 sind entsprechend anzuwenden, soweit Rechtsakte der Europäischen Gemeinschaft nicht entgegenstehen.

§ 8b
Form und Behandlung der Ersuchen

(1) [1]Ersuchen sind in deutscher Sprache an Behörden anderer Mitgliedstaaten der Europäischen Union zu richten; soweit erforderlich, ist eine Übersetzung beizufügen. [2]Die Ersuchen sind gemäß den gemeinschaftsrechtlichen Vorgaben und unter Angabe des maßgeblichen Rechtsakts zu begründen.
(2) [1]Ersuchen von Behörden anderer Mitgliedstaaten der Europäischen Union dürfen nur erledigt werden, wenn sich ihr Inhalt in deutscher Sprache aus den Akten ergibt. [2]Soweit erforderlich, soll bei Ersuchen in einer anderen Sprache von der ersuchenden Behörde eine Übersetzung verlangt werden.
(3) Ersuchen von Behörden anderer Mitgliedstaaten der Europäischen Union können abgelehnt werden, wenn sie nicht ordnungs-

gemäß und unter Angabe des maßgeblichen Rechtsakts begründet sind und die erforderliche Begründung nach Aufforderung nicht nachgereicht wird.

(4) [1]Einrichtungen und Hilfsmittel der Kommission zur Behandlung von Ersuchen sollen genutzt werden. [2]Informationen sollen elektronisch übermittelt werden.

§ 8c
Kosten der Hilfeleistung

Ersuchende Behörden anderer Mitgliedstaaten der Europäischen Union haben Verwaltungsgebühren oder Auslagen nur zu erstatten, soweit dies nach Maßgabe von Rechtsakten der Europäischen Gemeinschaft verlangt werden kann.

§ 8d
Mitteilungen von Amts wegen

(1) [1]Die zuständige Behörde teilt den Behörden anderer Mitgliedstaaten der Europäischen Union und der Kommission Angaben über Sachverhalte und Personen mit, soweit dies nach Maßgabe von Rechtsakten der Europäischen Gemeinschaft geboten ist. [2]Dabei sollen die hierzu eingerichteten Informationsnetze genutzt werden.

(2) Übermittelt eine Behörde Angaben nach Absatz 1 an die Behörde eines anderen Mitgliedstaats der Europäischen Union, unterrichtet sie den Betroffenen über die Tatsache der Übermittlung, soweit Rechtsakte der Europäischen Gemeinschaft dies vorsehen; dabei ist auf die Art der Angaben sowie auf die Zweckbestimmung und die Rechtsgrundlage der Übermittlung hinzuweisen.

§ 8e
Anwendbarkeit

[1]Die Regelungen dieses Abschnitts sind mit Inkrafttreten des jeweiligen Rechtsaktes der Europäischen Gemeinschaft, wenn dieser unmittelbare Wirkung entfaltet, im Übrigen mit Ablauf der jeweiligen Umsetzungsfrist anzuwenden. [2]Sie gelten auch im Verhältnis zu den anderen Vertragsstaaten des Abkommens über den Europäischen Wirtschaftsraum, soweit Rechtsakte der Europäischen Gemeinschaft auch auf diese Staaten anzuwenden sind.

TEIL II
Allgemeine Vorschriften über das Verwaltungsverfahren

Abschnitt 1
Verfahrensgrundsätze

§ 9
Begriff des Verwaltungsverfahrens

Das Verwaltungsverfahren im Sinne dieses Gesetzes ist die nach außen wirkende Tätigkeit der Behörden, die auf die Prüfung der Voraussetzungen, die Vorbereitung und den Erlass eines Verwaltungsaktes oder auf den Abschluss eines öffentlich-rechtlichen Vertrags gerichtet ist; es schließt den Erlass des Verwaltungsaktes oder den Abschluss des öffentlich-rechtlichen Vertrags ein.

§ 10
Nichtförmlichkeit des Verwaltungsverfahrens

[1]Das Verwaltungsverfahren ist an bestimmte Formen nicht gebunden, soweit keine besonderen Rechtsvorschriften für die Form des Verfahrens bestehen. [2]Es ist einfach, zweckmäßig und zügig durchzuführen.

§ 11
Beteiligungsfähigkeit

Fähig, am Verfahren beteiligt zu sein, sind
1. natürliche und juristische Personen,
2. Vereinigungen, soweit ihnen ein Recht zustehen kann,
3. Behörden.

§ 12
Handlungsfähigkeit

(1) Fähig zur Vornahme von Verfahrenshandlungen sind

1. natürliche Personen, die nach bürgerlichem Recht geschäftsfähig sind,
2. natürliche Personen, die nach bürgerlichem Recht in der Geschäftsfähigkeit beschränkt sind, soweit sie für den Gegenstand des Verfahrens durch Vorschriften des bürgerlichen Rechts als geschäftsfähig oder durch Vorschriften des öffentlichen Rechts als handlungsfähig anerkannt sind,
3. juristische Personen und Vereinigungen (§ 11 Nr. 2) durch ihre gesetzlichen Vertreter oder durch besonders Beauftragte,
4. Behörden durch ihre Leiter, deren Vertreter oder Beauftragte.

(2) Betrifft ein Einwilligungsvorbehalt nach § 1825 des Bürgerlichen Gesetzbuchs den Gegenstand des Verfahrens, so ist ein geschäftsfähiger Betreuter nur insoweit zur Vornahme von Verfahrenshandlungen fähig, als er nach den Vorschriften des bürgerlichen Rechts ohne Einwilligung des Betreuers handeln kann oder durch Vorschriften des öffentlichen Rechts als handlungsfähig anerkannt ist.

(3) Die §§ 53 und 55 der Zivilprozessordnung gelten entsprechend.

§ 13
Beteiligte

(1) Beteiligte sind
1. Antragsteller und Antragsgegner,
2. diejenigen, an die die Behörde den Verwaltungsakt richten will oder gerichtet hat,
3. diejenigen, mit denen die Behörde einen öffentlich-rechtlichen Vertrag schließen will oder geschlossen hat,
4. diejenigen, die nach Absatz 2 von der Behörde zu dem Verfahren hinzugezogen worden sind.

(2) [1]Die Behörde kann von Amts wegen oder auf Antrag diejenigen, deren rechtliche Interessen durch den Ausgang des Verfahrens berührt werden können, als Beteiligte hinzuziehen. [2]Hat der Ausgang des Verfahrens rechtsgestaltende Wirkung für einen Dritten, so ist dieser auf Antrag als Beteiligter zu dem Verfahren hinzuzuziehen; soweit er der Behörde bekannt ist, hat diese ihn von der Einleitung des Verfahrens zu benachrichtigen.

(3) Wer anzuhören ist, ohne dass die Voraussetzungen des Absatzes 1 vorliegen, wird dadurch nicht Beteiligter.

§ 14
Bevollmächtigte und Beistände

(1) [1]Ein Beteiligter kann sich durch einen Bevollmächtigten vertreten lassen. [2]Die Vollmacht ermächtigt zu allen das Verwaltungsverfahren betreffenden Verfahrenshandlungen, sofern sich aus ihrem Inhalt nicht etwas anderes ergibt. [3]Der Bevollmächtigte hat auf Verlangen seine Vollmacht schriftlich nachzuweisen. [4]Ein Widerruf der Vollmacht wird der Behörde gegenüber erst wirksam, wenn er ihr zugeht.

(2) Die Vollmacht wird weder durch den Tod des Vollmachtgebers noch durch eine Veränderung in seiner Handlungsfähigkeit oder seiner gesetzlichen Vertretung aufgehoben; der Bevollmächtigte hat jedoch, wenn er für den Rechtsnachfolger im Verwaltungsverfahren auftritt, dessen Vollmacht auf Verlangen schriftlich beizubringen.

(3) [1]Ist für das Verfahren ein Bevollmächtigter bestellt, so soll sich die Behörde an ihn wenden. [2]Sie kann sich an den Beteiligten selbst wenden, soweit er zur Mitwirkung verpflichtet ist. [3]Wendet sich die Behörde an den Beteiligten, so soll der Bevollmächtigte verständigt werden. [4]Vorschriften über die Zustellung an Bevollmächtigte bleiben unberührt.

(4) [1]Ein Beteiligter kann zu Verhandlungen und Besprechungen mit einem Beistand erscheinen. [2]Das von dem Beistand Vorgetragene gilt als von dem Beteiligten vorgebracht, soweit dieser nicht unverzüglich widerspricht.

(5) Bevollmächtigte und Beistände sind zurückzuweisen, wenn sie entgegen § 3 des Rechtsdienstleistungsgesetzes Rechtsdienstleistungen erbringen.

(6) [1]Bevollmächtigte und Beistände können vom Vortrag zurückgewiesen werden, wenn sie hierzu ungeeignet sind; vom mündlichen Vortrag können sie nur zurückgewiesen werden, wenn sie zum sachgemäßen Vortrag

nicht fähig sind. [2]Nicht zurückgewiesen werden können Personen, die nach § 67 Abs. 2 Satz 1 und 2 Nr. 3 bis 7 der Verwaltungsgerichtsordnung zur Vertretung im verwaltungsgerichtlichen Verfahren befugt sind.

(7) [1]Die Zurückweisung nach den Absätzen 5 und 6 ist auch dem Beteiligten, dessen Bevollmächtigter oder Beistand zurückgewiesen wird, mitzuteilen. [2]Verfahrenshandlungen des zurückgewiesenen Bevollmächtigten oder Beistands, die dieser nach der Zurückweisung vornimmt, sind unwirksam.

§ 15
Bestellung eines Empfangsbevollmächtigten

[1]Ein Beteiligter ohne Wohnsitz oder gewöhnlichen Aufenthalt, Sitz oder Geschäftsleitung im Inland hat der Behörde auf Verlangen innerhalb einer angemessenen Frist einen Empfangsbevollmächtigten im Inland zu benennen. [2]Unterlässt er dies, gilt ein an ihn gerichtetes Schriftstück am siebenten Tage nach der Aufgabe zur Post und ein elektronisch übermitteltes Dokument am vierten Tage nach der Absendung als zugegangen. [3]Dies gilt nicht, wenn feststeht, dass das Dokument den Empfänger nicht oder zu einem späteren Zeitpunkt erreicht hat. [4]Auf die Rechtsfolgen der Unterlassung ist der Beteiligte hinzuweisen.

§ 16
Bestellung eines Vertreters von Amts wegen

(1) Ist ein Vertreter nicht vorhanden, so hat das Betreuungsgericht, für einen minderjährigen Beteiligten das Familiengericht auf Ersuchen der Behörde einen geeigneten Vertreter zu bestellen

1. für einen Beteiligten, dessen Person unbekannt ist;
2. für einen abwesenden Beteiligten, dessen Aufenthalt unbekannt ist oder der an der Besorgung seiner Angelegenheiten verhindert ist;
3. für einen Beteiligten ohne Aufenthalt im Inland, wenn er der Aufforderung der Behörde, einen Vertreter zu bestellen, innerhalb der ihm gesetzten Frist nicht nachgekommen ist;
4. für einen Beteiligten, der infolge einer psychischen Krankheit oder körperlichen, geistigen oder seelischen Behinderung nicht in der Lage ist, in dem Verwaltungsverfahren selbst tätig zu werden;
5. bei herrenlosen Sachen, auf die sich das Verfahren bezieht, zur Wahrung der sich in Bezug auf die Sache ergebenden Rechte und Pflichten.

(2) Für die Bestellung des Vertreters ist in den Fällen des Absatzes 1 Nr. 4 das Gericht zuständig, in dessen Bezirk der Beteiligte seinen gewöhnlichen Aufenthalt hat; im Übrigen ist das Gericht zuständig, in dessen Bezirk die ersuchende Behörde ihren Sitz hat.

(3) [1]Der Vertreter hat gegen den Rechtsträger der Behörde, die um seine Bestellung ersucht hat, Anspruch auf eine angemessene Vergütung und auf die Erstattung seiner baren Auslagen. [2]Die Behörde kann von dem Vertretenen Ersatz ihrer Aufwendungen verlangen. [3]Sie bestimmt die Vergütung und stellt die Auslagen und Aufwendungen fest.

(4) Im Übrigen gelten für die Bestellung und für das Amt des Vertreters in den Fällen des Absatzes 1 Nr. 4 die Vorschriften über die Betreuung, in den übrigen Fällen die Vorschriften über die Pflegschaft entsprechend.

§ 17
Vertreter bei gleichförmigen Eingaben

(1) [1]Bei Anträgen und Eingaben, die in einem Verwaltungsverfahren von mehr als 50 Personen auf Unterschriftslisten unterzeichnet oder in Form vervielfältigter gleichlautender Texte eingereicht worden sind (gleichförmige Eingaben), gilt für das Verfahren derjenige Unterzeichner als Vertreter der übrigen Unterzeichner, der darin mit seinem Namen, seinem Beruf und seiner Anschrift als Vertreter bezeichnet ist, soweit er nicht von ihnen als Bevollmächtigter bestellt worden ist. [2]Vertreter kann nur eine natürliche Person sein.

(2) [1]Die Behörde kann gleichförmige Eingaben, die die Angaben nach Absatz 1 Satz 1 nicht deutlich sichtbar auf jeder mit einer

Unterschrift versehenen Seite enthalten oder dem Erfordernis des Absatzes 1 Satz 2 nicht entsprechen, unberücksichtigt lassen. [2]Will die Behörde so verfahren, so hat sie dies durch ortsübliche Bekanntmachung mitzuteilen. [3]Die Behörde kann ferner gleichförmige Eingaben insoweit unberücksichtigt lassen, als Unterzeichner ihren Namen oder ihre Anschrift nicht oder unleserlich angegeben haben.

(3) [1]Die Vertretungsmacht erlischt, sobald der Vertreter oder der Vertretene dies der Behörde schriftlich erklärt; der Vertreter kann eine solche Erklärung nur hinsichtlich aller Vertretenen abgeben. [2]Gibt der Vertretene eine solche Erklärung ab, so soll er der Behörde zugleich mitteilen, ob er seine Eingabe aufrechterhält und ob er einen Bevollmächtigten bestellt hat.

(4) [1]Endet die Vertretungsmacht des Vertreters, so kann die Behörde die nicht mehr Vertretenen auffordern, innerhalb einer angemessenen Frist einen gemeinsamen Vertreter zu bestellen. [2]Sind mehr als 50 Personen aufzufordern, so kann die Behörde die Aufforderung ortsüblich bekannt machen. [3]Wird der Aufforderung nicht fristgemäß entsprochen, so kann die Behörde von Amts wegen einen gemeinsamen Vertreter bestellen.

§ 18
Vertreter für Beteiligte bei gleichem Interesse

(1) [1]Sind an einem Verwaltungsverfahren mehr als 50 Personen im gleichen Interesse beteiligt, ohne vertreten zu sein, so kann die Behörde sie auffordern, innerhalb einer angemessenen Frist einen gemeinsamen Vertreter zu bestellen, wenn sonst die ordnungsmäßige Durchführung des Verwaltungsverfahrens beeinträchtigt wäre. [2]Kommen sie der Aufforderung nicht fristgemäß nach, so kann die Behörde von Amts wegen einen gemeinsamen Vertreter bestellen. [3]Vertreter kann nur eine natürliche Person sein.

(2) [1]Die Vertretungsmacht erlischt, sobald der Vertreter oder der Vertretene dies der Behörde schriftlich erklärt; der Vertreter kann eine solche Erklärung nur hinsichtlich aller Vertretenen abgeben. [2]Gibt der Vertretene eine solche Erklärung ab, so soll er der Behörde zugleich mitteilen, ob er seine Eingabe aufrechterhält und ob er einen Bevollmächtigten bestellt hat.

§ 19
Gemeinsame Vorschriften für Vertreter bei gleichförmigen Eingaben und bei gleichem Interesse

(1) [1]Der Vertreter hat die Interessen der Vertretenen sorgfältig wahrzunehmen. [2]Er kann alle das Verwaltungsverfahren betreffenden Verfahrenshandlungen vornehmen. [3]An Weisungen ist er nicht gebunden.

(2) § 14 Abs. 5 bis 7 gilt entsprechend.

(3) [1]Der von der Behörde bestellte Vertreter hat gegen deren Rechtsträger Anspruch auf angemessene Vergütung und auf Erstattung seiner baren Auslagen. [2]Die Behörde kann von den Vertretenen zu gleichen Anteilen Ersatz ihrer Aufwendungen verlangen. [3]Sie bestimmt die Vergütung und stellt die Auslagen und Aufwendungen fest.

§ 20
Ausgeschlossene Personen

(1) [1]In einem Verwaltungsverfahren darf für eine Behörde nicht tätig werden,

1. wer selbst Beteiligter ist;
2. wer Angehöriger eines Beteiligten ist;
3. wer einen Beteiligten kraft Gesetzes oder Vollmacht allgemein oder in diesem Verwaltungsverfahren vertritt;
4. wer Angehöriger einer Person ist, die einen Beteiligten in diesem Verfahren vertritt;
5. wer bei einem Beteiligten gegen Entgelt beschäftigt ist oder bei ihm als Mitglied des Vorstands, des Aufsichtsrates oder eines gleichartigen Organs tätig ist; dies gilt nicht für den, dessen Anstellungskörperschaft Beteiligte ist;
6. wer außerhalb seiner amtlichen Eigenschaft in der Angelegenheit ein Gutachten abgegeben hat oder sonst tätig geworden ist.

[2]Dem Beteiligten steht gleich, wer durch die Tätigkeit oder durch die Entscheidung einen unmittelbaren Vorteil oder Nachteil erlangen kann. [3]Dies gilt nicht, wenn der Vor- oder Nachteil nur darauf beruht, dass jemand einer Berufs- oder Bevölkerungsgruppe angehört, deren gemeinsame Interessen durch die Angelegenheit berührt werden.

(2) Absatz 1 gilt nicht für Wahlen zu einer ehrenamtlichen Tätigkeit und für die Abberufung von ehrenamtlich Tätigen.

(3) Wer nach Absatz 1 ausgeschlossen ist, darf bei Gefahr im Verzug unaufschiebbare Maßnahmen treffen.

(4) [1]Hält sich ein Mitglied eines Ausschusses (§ 88) für ausgeschlossen oder bestehen Zweifel, ob die Voraussetzungen des Absatzes 1 gegeben sind, ist dies dem Vorsitzenden des Ausschusses mitzuteilen. [2]Der Ausschuss entscheidet über den Ausschluss. [3]Der Betroffene darf an dieser Entscheidung nicht mitwirken. [4]Das ausgeschlossene Mitglied darf bei der weiteren Beratung und Beschlussfassung nicht zugegen sein.

(5) [1]Angehörige im Sinne des Absatzes 1 Nr. 2 und 4 sind:

1. der Verlobte,
2. der Ehegatte,
2a. der Lebenspartner,
3. Verwandte und Verschwägerte gerader Linie,
4. Geschwister,
5. Kinder der Geschwister,
6. Ehegatten der Geschwister und Geschwister der Ehegatten,
6a. Lebenspartner der Geschwister und Geschwister der Lebenspartner,
7. Geschwister der Eltern,
8. Personen, die durch ein auf längere Dauer angelegtes Pflegeverhältnis mit häuslicher Gemeinschaft wie Eltern und Kind miteinander verbunden sind (Pflegeeltern und Pflegekinder).

[2]Angehörige sind die in Satz 1 aufgeführten Personen auch dann, wenn

1. in den Fällen der Nummern 2, 3 und 6 die die Beziehung begründende Ehe nicht mehr besteht;
1a. in den Fällen der Nummern 2a, 3 und 6a die die Beziehung begründende Lebenspartnerschaft nicht mehr besteht;
2. in den Fällen der Nummern 3 bis 7 die Verwandtschaft oder Schwägerschaft durch Annahme als Kind erloschen ist;
3. im Falle der Nummer 8 die häusliche Gemeinschaft nicht mehr besteht, sofern die Personen weiterhin wie Eltern und Kind miteinander verbunden sind.

§ 21
Besorgnis der Befangenheit

(1) [1]Liegt ein Grund vor, der geeignet ist, Misstrauen gegen eine unparteiische Amtsausübung zu rechtfertigen, oder wird von einem Beteiligten das Vorliegen eines solchen Grundes behauptet, so hat, wer in einem Verwaltungsverfahren für eine Behörde tätig werden soll, den Leiter der Behörde oder den von diesem Beauftragten zu unterrichten und sich auf dessen Anordnung der Mitwirkung zu enthalten. [2]Betrifft die Besorgnis der Befangenheit den Leiter der Behörde, so trifft diese Anordnung die Aufsichtsbehörde, sofern sich der Behördenleiter nicht selbst einer Mitwirkung enthält.

(2) Für Mitglieder eines Ausschusses (§ 88) gilt § 20 Abs. 4 entsprechend.

§ 22
Beginn des Verfahrens

[1]Die Behörde entscheidet nach pflichtgemäßem Ermessen, ob und wann sie ein Verwaltungsverfahren durchführt. [2]Dies gilt nicht, wenn die Behörde auf Grund von Rechtsvorschriften

1. von Amts wegen oder auf Antrag tätig werden muss;
2. nur auf Antrag tätig werden darf und ein Antrag nicht vorliegt.

§ 23
Amtssprache

(1) Die Amtssprache ist deutsch.

(2) [1]Werden bei einer Behörde in einer fremden Sprache Anträge gestellt oder Eingaben,

Belege, Urkunden oder sonstige Dokumente vorgelegt, soll die Behörde unverzüglich die Vorlage einer Übersetzung verlangen. [2]In begründeten Fällen kann die Vorlage einer beglaubigten oder von einem öffentlich bestellten oder beeidigten Dolmetscher oder Übersetzer angefertigten Übersetzung verlangt werden. [3]Wird die verlangte Übersetzung nicht unverzüglich vorgelegt, so kann die Behörde auf Kosten des Beteiligten selbst eine Übersetzung beschaffen. [4]Hat die Behörde Dolmetscher oder Übersetzer herangezogen, erhalten diese in entsprechender Anwendung des Justizvergütungs- und -entschädigungsgesetzes eine Vergütung.

(3) Soll durch eine Anzeige, einen Antrag oder die Abgabe einer Willenserklärung eine Frist in Lauf gesetzt werden, innerhalb deren die Behörde in einer bestimmten Weise tätig werden muss, und gehen diese in einer fremden Sprache ein, so beginnt der Lauf der Frist erst mit dem Zeitpunkt, in dem der Behörde eine Übersetzung vorliegt.

(4) [1]Soll durch eine Anzeige, einen Antrag oder eine Willenserklärung, die in fremder Sprache eingehen, zugunsten eines Beteiligten eine Frist gegenüber der Behörde gewahrt, ein öffentlich-rechtlicher Anspruch geltend gemacht oder eine Leistung begehrt werden, so gelten die Anzeige, der Antrag oder die Willenserklärung als zum Zeitpunkt des Eingangs bei der Behörde abgegeben, wenn auf Verlangen der Behörde innerhalb einer von dieser zu setzenden angemessenen Frist eine Übersetzung vorgelegt wird. [2]Andernfalls ist der Zeitpunkt des Eingangs der Übersetzung maßgebend, soweit sich nicht aus zwischenstaatlichen Vereinbarungen etwas anderes ergibt. [3]Auf diese Rechtsfolge ist bei der Fristsetzung hinzuweisen.

§ 24
Untersuchungsgrundsatz

(1) [1]Die Behörde ermittelt den Sachverhalt von Amts wegen. [2]Sie bestimmt Art und Umfang der Ermittlungen; an das Vorbringen und an die Beweisanträge der Beteiligten ist sie nicht gebunden. [3]Setzt die Behörde automatische Einrichtungen zum Erlass von Verwaltungsakten ein, muss sie für den Einzelfall bedeutsame tatsächliche Angaben des Beteiligten berücksichtigen, die im automatischen Verfahren nicht ermittelt würden.

(2) Die Behörde hat alle für den Einzelfall bedeutsamen, auch die für die Beteiligten günstigen Umstände zu berücksichtigen.

(3) Die Behörde darf die Entgegennahme von Erklärungen oder Anträgen, die in ihren Zuständigkeitsbereich fallen, nicht deshalb verweigern, weil sie die Erklärung oder den Antrag in der Sache für unzulässig oder unbegründet hält.

§ 25
Beratung, Auskunft, frühe Öffentlichkeitsbeteiligung

(1) [1]Die Behörde soll die Abgabe von Erklärungen, die Stellung von Anträgen oder die Berichtigung von Erklärungen oder Anträgen anregen, wenn diese offensichtlich nur versehentlich oder aus Unkenntnis unterblieben oder unrichtig abgegeben oder gestellt worden sind. [2]Sie erteilt, soweit erforderlich, Auskunft über die den Beteiligten im Verwaltungsverfahren zustehenden Rechte und die ihnen obliegenden Pflichten.

(2) [1]Die Behörde erörtert, soweit erforderlich, bereits vor Stellung eines Antrags mit dem zukünftigen Antragsteller, welche Nachweise und Unterlagen von ihm zu erbringen sind und in welcher Weise das Verfahren beschleunigt werden kann. [2]Soweit es der Verfahrensbeschleunigung dient, soll sie dem Antragsteller nach Eingang des Antrags unverzüglich Auskunft über die voraussichtliche Verfahrensdauer und die Vollständigkeit der Antragsunterlagen geben.

(3) [1]Die Behörde wirkt darauf hin, dass der Träger bei der Planung von Vorhaben, die nicht nur unwesentliche Auswirkungen auf die Belange einer größeren Zahl von Dritten haben können, die betroffene Öffentlichkeit frühzeitig über die Ziele des Vorhabens, die Mittel, es zu verwirklichen, und die voraussichtlichen Auswirkungen des Vorhabens unterrichtet (frühe Öffentlichkeitsbeteiligung). [2]Die frühe Öffentlichkeitsbeteiligung soll möglichst bereits vor Stellung eines An-

trags stattfinden. [3]Der betroffenen Öffentlichkeit soll Gelegenheit zur Äußerung und zur Erörterung gegeben werden. [4]Das Ergebnis der vor Antragstellung durchgeführten frühen Öffentlichkeitsbeteiligung soll der betroffenen Öffentlichkeit und der Behörde spätestens mit der Antragstellung, im Übrigen unverzüglich mitgeteilt werden. [5]Satz 1 gilt nicht, soweit die betroffene Öffentlichkeit bereits nach anderen Rechtsvorschriften vor der Antragstellung zu beteiligen ist. [6]Beteiligungsrechte nach anderen Rechtsvorschriften bleiben unberührt.

§ 26
Beweismittel

(1) [1]Die Behörde bedient sich der Beweismittel, die sie nach pflichtgemäßem Ermessen zur Ermittlung des Sachverhalts für erforderlich hält. [2]Sie kann insbesondere

1. Auskünfte jeder Art einholen,
2. Beteiligte anhören, Zeugen und Sachverständige vernehmen oder die schriftliche oder elektronische Äußerung von Beteiligten, Sachverständigen und Zeugen einholen,
3. Urkunden und Akten beiziehen,
4. den Augenschein einnehmen.

(2) [1]Die Beteiligten sollen bei der Ermittlung des Sachverhalts mitwirken. [2]Sie sollen insbesondere ihnen bekannte Tatsachen und Beweismittel angeben. [3]Eine weitergehende Pflicht, bei der Ermittlung des Sachverhalts mitzuwirken, insbesondere eine Pflicht zum persönlichen Erscheinen oder zur Aussage, besteht nur, soweit sie durch Rechtsvorschrift besonders vorgesehen ist.

(3) [1]Für Zeugen und Sachverständige besteht eine Pflicht zur Aussage oder zur Erstattung von Gutachten, wenn sie durch Rechtsvorschrift vorgesehen ist. [2]Falls die Behörde Zeugen und Sachverständige herangezogen hat, erhalten sie auf Antrag in entsprechender Anwendung des Justizvergütungs- und -entschädigungsgesetzes eine Entschädigung oder Vergütung.

§ 27
Versicherung an Eides statt

(1) [1]Die Behörde darf bei der Ermittlung des Sachverhalts eine Versicherung an Eides statt nur verlangen und abnehmen, wenn die Abnahme der Versicherung über den betreffenden Gegenstand und in dem betreffenden Verfahren durch Gesetz oder Rechtsverordnung vorgesehen und die Behörde durch Rechtsvorschrift für zuständig erklärt worden ist. [2]Eine Versicherung an Eides statt soll nur gefordert werden, wenn andere Mittel zur Erforschung der Wahrheit nicht vorhanden sind, zu keinem Ergebnis geführt haben oder einen unverhältnismäßigen Aufwand erfordern. [3]Von eidesunfähigen Personen im Sinne des § 393 der Zivilprozessordnung darf eine eidesstattliche Versicherung nicht verlangt werden.

(2) [1]Wird die Versicherung an Eides statt von einer Behörde zur Niederschrift aufgenommen, so sind zur Aufnahme nur der Behördenleiter, sein allgemeiner Vertreter sowie Angehörige des öffentlichen Dienstes befugt, welche die Befähigung zum Richteramt haben. [2]Andere Angehörige des öffentlichen Dienstes kann der Behördenleiter oder sein allgemeiner Vertreter hierzu allgemein oder im Einzelfall schriftlich ermächtigen.

(3) [1]Die Versicherung besteht darin, dass der Versichernde die Richtigkeit seiner Erklärung über den betreffenden Gegenstand bestätigt und erklärt: „Ich versichere an Eides statt, dass ich nach bestem Wissen die reine Wahrheit gesagt und nichts verschwiegen habe." [2]Bevollmächtigte und Beistände sind berechtigt, an der Aufnahme der Versicherung an Eides statt teilzunehmen.

(4) [1]Vor der Aufnahme der Versicherung an Eides statt ist der Versichernde über die Bedeutung der eidesstattlichen Versicherung und die strafrechtlichen Folgen einer unrichtigen oder unvollständigen eidesstattlichen Versicherung zu belehren. [2]Die Belehrung ist in der Niederschrift zu vermerken.

(5) [1]Die Niederschrift hat ferner die Namen der anwesenden Personen sowie den Ort und den Tag der Niederschrift zu enthalten. [2]Die Niederschrift ist demjenigen, der die eides-

stattliche Versicherung abgibt, zur Genehmigung vorzulesen oder auf Verlangen zur Durchsicht vorzulegen. [3]Die erteilte Genehmigung ist zu vermerken und von dem Versichernden zu unterschreiben. [4]Die Niederschrift ist sodann von demjenigen, der die Versicherung an Eides statt aufgenommen hat, sowie von dem Schriftführer zu unterschreiben.

§ 27a
Bekanntmachung im Internet

(1) [1]Ist durch Rechtsvorschrift eine öffentliche oder ortsübliche Bekanntmachung angeordnet, so ist diese dadurch zu bewirken, dass der Inhalt der Bekanntmachung auch auf einer Internetseite der Behörde oder ihres Verwaltungsträgers zugänglich gemacht wird. [2]Soweit durch Rechtsvorschrift nichts anderes bestimmt ist, ist für die Einhaltung einer vorgeschriebenen Frist die Zugänglichmachung im Internet nach Satz 1 maßgeblich.
(2) Absatz 1 gilt nicht, wenn eine Zugänglichmachung im Internet, insbesondere aus technischen Gründen, nicht möglich ist.

§ 27b
Zugänglichmachung auszulegender Dokumente

(1) [1]Ist durch Rechtsvorschrift die Auslegung von Dokumenten zur Einsicht angeordnet, so ist sie dadurch zu bewirken, dass die Dokumente zugänglich gemacht werden

1. auf einer Internetseite der für die Auslegung zuständigen Behörde oder ihres Verwaltungsträgers und
2. auf mindestens eine andere Weise.

[2]Ist eine Veröffentlichung der auszulegenden Unterlagen im Internet, insbesondere aus technischen Gründen, nicht möglich, so wird die angeordnete Auslegung zur Einsicht durch die andere Zugangsmöglichkeit nach Satz 1 Nummer 2 bewirkt.
(2) In der Bekanntmachung der Auslegung sind anzugeben

1. der Zeitraum der Auslegung,
2. die Internetseite, auf der die Zugänglichmachung erfolgt, sowie
3. Art und Ort der anderen Zugangsmöglichkeit.

(3) Die Behörde kann verlangen, dass die Dokumente, die für die Auslegung einzureichen sind, in einem verkehrsüblichen elektronischen Format eingereicht werden.
(4) Sind in den auszulegenden Dokumenten Geheimnisse nach § 30 enthalten, so ist derjenige, der diese Dokumente einreichen muss, verpflichtet,

1. diese Geheimnisse zu kennzeichnen und
2. der Behörde zum Zwecke der Auslegung zusätzlich eine Darstellung vorzulegen, die den Inhalt der betreffenden Teile der Dokumente ohne Preisgabe der Geheimnisse beschreibt.

§ 27c
Erörterung mit Verfahrensbeteiligten oder der Öffentlichkeit

(1) Ist durch Rechtsvorschrift eine Erörterung, insbesondere ein Erörterungstermin, eine mündliche Verhandlung oder eine Antragskonferenz angeordnet, kann sie ersetzt werden

1. durch eine Onlinekonsultation oder
2. mit Einwilligung der zur Teilnahme Berechtigten durch eine Video- oder Telefonkonferenz.

(2) [1]Bei einer Onlinekonsultation ist den zur Teilnahme Berechtigten innerhalb einer vorher bekannt zu machenden Frist Gelegenheit zu geben, sich schriftlich oder elektronisch zu äußern. [2]Die Frist soll mindestens eine Woche betragen. [3]Werden für die Onlinekonsultation Informationen zur Verfügung gestellt, so gilt § 27b Absatz 4 entsprechend.
(3) Sonstige Regelungen, die die Durchführung einer Erörterung nach Absatz 1 betreffen, bleiben unberührt.

§ 28
Anhörung Beteiligter

(1) Bevor ein Verwaltungsakt erlassen wird, der in Rechte eines Beteiligten eingreift, ist diesem Gelegenheit zu geben, sich zu den für die Entscheidung erheblichen Tatsachen zu äußern.

(2) Von der Anhörung kann abgesehen werden, wenn sie nach den Umständen des Einzelfalls nicht geboten ist, insbesondere wenn
1. eine sofortige Entscheidung wegen Gefahr im Verzug oder im öffentlichen Interesse notwendig erscheint;
2. durch die Anhörung die Einhaltung einer für die Entscheidung maßgeblichen Frist in Frage gestellt würde;
3. von den tatsächlichen Angaben eines Beteiligten, die dieser in einem Antrag oder einer Erklärung gemacht hat, nicht zu seinen Ungunsten abgewichen werden soll;
4. die Behörde eine Allgemeinverfügung oder gleichartige Verwaltungsakte in größerer Zahl oder Verwaltungsakte mit Hilfe automatischer Einrichtungen erlassen will;
5. Maßnahmen in der Verwaltungsvollstreckung getroffen werden sollen.

(3) Eine Anhörung unterbleibt, wenn ihr ein zwingendes öffentliches Interesse entgegensteht.

§ 29
Akteneinsicht durch Beteiligte

(1) [1]Die Behörde hat den Beteiligten Einsicht in die das Verfahren betreffenden Akten zu gestatten, soweit deren Kenntnis zur Geltendmachung oder Verteidigung ihrer rechtlichen Interessen erforderlich ist. [2]Satz 1 gilt bis zum Abschluss des Verwaltungsverfahrens nicht für Entwürfe zu Entscheidungen sowie die Arbeiten zu ihrer unmittelbaren Vorbereitung. [3]Soweit nach den §§ 17 und 18 eine Vertretung stattfindet, haben nur die Vertreter Anspruch auf Akteneinsicht.

(2) Die Behörde ist zur Gestattung der Akteneinsicht nicht verpflichtet, soweit durch sie die ordnungsgemäße Erfüllung der Aufgaben der Behörde beeinträchtigt, das Bekanntwerden des Inhalts der Akten dem Wohl des Bundes oder eines Landes Nachteile bereiten würde oder soweit die Vorgänge nach einem Gesetz oder ihrem Wesen nach, namentlich wegen der berechtigten Interessen der Beteiligten oder dritter Personen, geheim gehalten werden müssen.

(3) [1]Die Akteneinsicht erfolgt bei der Behörde, die die Akten führt. [2]Im Einzelfall kann die Einsicht auch bei einer anderen Behörde oder bei einer diplomatischen oder berufskonsularischen Vertretung der Bundesrepublik Deutschland im Ausland erfolgen; weitere Ausnahmen kann die Behörde, die die Akten führt, gestatten.

§ 30
Geheimhaltung

Die Beteiligten haben Anspruch darauf, dass ihre Geheimnisse, insbesondere die zum persönlichen Lebensbereich gehörenden Geheimnisse sowie die Betriebs- und Geschäftsgeheimnisse, von der Behörde nicht unbefugt offenbart werden.

ABSCHNITT 2
Fristen, Termine, Wiedereinsetzung

§ 31
Fristen und Termine

(1) Für die Berechnung von Fristen und für die Bestimmung von Terminen gelten die §§ 187 bis 193 des Bürgerlichen Gesetzbuchs entsprechend, soweit nicht durch die Absätze 2 bis 5 etwas anderes bestimmt ist.

(2) Der Lauf einer Frist, die von einer Behörde gesetzt wird, beginnt mit dem Tag, der auf die Bekanntgabe der Frist folgt, außer wenn dem Betroffenen etwas anderes mitgeteilt wird.

(3) [1]Fällt das Ende einer Frist auf einen Sonntag, einen gesetzlichen Feiertag oder einen Sonnabend, so endet die Frist mit dem Ablauf des nächstfolgenden Werktags. [2]Dies gilt nicht, wenn dem Betroffenen unter Hinweis auf diese Vorschrift ein bestimmter Tag als Ende der Frist mitgeteilt worden ist.

(4) Hat eine Behörde Leistungen nur für einen bestimmten Zeitraum zu erbringen, so endet dieser Zeitraum auch dann mit dem Ablauf seines letzten Tages, wenn dieser auf einen Sonntag, einen gesetzlichen Feiertag oder einen Sonnabend fällt.

(5) Der von einer Behörde gesetzte Termin ist auch dann einzuhalten, wenn er auf einen Sonntag, gesetzlichen Feiertag oder Sonnabend fällt.
(6) Ist eine Frist nach Stunden bestimmt, so werden Sonntage, gesetzliche Feiertage oder Sonnabende mitgerechnet.
(7) [1]Fristen, die von einer Behörde gesetzt sind, können verlängert werden. [2]Sind solche Fristen bereits abgelaufen, so können sie rückwirkend verlängert werden, insbesondere wenn es unbillig wäre, die durch den Fristablauf eingetretenen Rechtsfolgen bestehen zu lassen. [3]Die Behörde kann die Verlängerung der Frist nach § 36 mit einer Nebenbestimmung verbinden.

§ 32
Wiedereinsetzung in den vorigen Stand

(1) [1]War jemand ohne Verschulden verhindert, eine gesetzliche Frist einzuhalten, so ist ihm auf Antrag Wiedereinsetzung in den vorigen Stand zu gewähren. [2]Das Verschulden eines Vertreters ist dem Vertretenen zuzurechnen.
(2) [1]Der Antrag ist innerhalb von zwei Wochen nach Wegfall des Hindernisses zu stellen. [2]Die Tatsachen zur Begründung des Antrags sind bei der Antragstellung oder im Verfahren über den Antrag glaubhaft zu machen. [3]Innerhalb der Antragsfrist ist die versäumte Handlung nachzuholen. [4]Ist dies geschehen, so kann Wiedereinsetzung auch ohne Antrag gewährt werden.
(3) Nach einem Jahr seit dem Ende der versäumten Frist kann die Wiedereinsetzung nicht mehr beantragt oder die versäumte Handlung nicht mehr nachgeholt werden, außer wenn dies vor Ablauf der Jahresfrist infolge höherer Gewalt unmöglich war.
(4) Über den Antrag auf Wiedereinsetzung entscheidet die Behörde, die über die versäumte Handlung zu befinden hat.
(5) Die Wiedereinsetzung ist unzulässig, wenn sich aus einer Rechtsvorschrift ergibt, dass sie ausgeschlossen ist.

ABSCHNITT 3
Amtliche Beglaubigung

§ 33
Beglaubigung von Dokumenten

(1) [1]Jede Behörde ist befugt, Abschriften von Urkunden, die sie selbst ausgestellt hat, zu beglaubigen. [2]Darüber hinaus sind die von der Bundesregierung durch Rechtsverordnung bestimmten Behörden im Sinne des § 1 Abs. 1 Nr. 1 und die nach Landesrecht zuständigen Behörden befugt, Abschriften zu beglaubigen, wenn die Urschrift von einer Behörde ausgestellt ist oder die Abschrift zur Vorlage bei einer Behörde benötigt wird, sofern nicht durch Rechtsvorschrift die Erteilung beglaubigter Abschriften aus amtlichen Registern und Archiven anderen Behörden ausschließlich vorbehalten ist; die Rechtsverordnung bedarf nicht der Zustimmung des Bundesrates.
(2) Abschriften dürfen nicht beglaubigt werden, wenn Umstände zu der Annahme berechtigen, dass der ursprüngliche Inhalt des Schriftstücks, dessen Abschrift beglaubigt werden soll, geändert worden ist, insbesondere wenn dieses Schriftstück Lücken, Durchstreichungen, Einschaltungen, Änderungen, unleserliche Wörter, Zahlen oder Zeichen, Spuren der Beseitigung von Wörtern, Zahlen und Zeichen enthält oder wenn der Zusammenhang eines aus mehreren Blättern bestehenden Schriftstücks aufgehoben ist.
(3) [1]Eine Abschrift wird beglaubigt durch einen Beglaubigungsvermerk, der unter die Abschrift zu setzen ist. [2]Der Vermerk muss enthalten

1. die genaue Bezeichnung des Schriftstücks, dessen Abschrift beglaubigt wird,
2. die Feststellung, dass die beglaubigte Abschrift mit dem vorgelegten Schriftstück übereinstimmt,
3. den Hinweis, dass die beglaubigte Abschrift nur zur Vorlage bei der angegebenen Behörde erteilt wird, wenn die Urschrift nicht von einer Behörde ausgestellt worden ist,
4. den Ort und den Tag der Beglaubigung, die Unterschrift des für die Beglaubi-

gung zuständigen Bediensteten und das Dienstsiegel.

(4) Die Absätze 1 bis 3 gelten entsprechend für die Beglaubigung von

1. Ablichtungen, Lichtdrucken und ähnlichen in technischen Verfahren hergestellten Vervielfältigungen,
2. auf fototechnischem Wege von Schriftstücken hergestellten Negativen, die bei einer Behörde aufbewahrt werden,
3. Ausdrucken elektronischer Dokumente,
4. elektronischen Dokumenten,
   a) die zur Abbildung eines Schriftstücks hergestellt wurden,
   b) die ein anderes technisches Format als das Ausgangsdokument, das verbunden ist mit einer qualifizierten elektronischen Signatur oder einem qualifizierten elektronischen Siegel einer Behörde, erhalten haben.

(5) [1]Der Beglaubigungsvermerk muss zusätzlich zu den Angaben nach Absatz 3 Satz 2 bei der Beglaubigung

1. des Ausdrucks eines elektronischen Dokuments, das mit einer qualifizierten elektronischen Signatur oder einem qualifizierten elektronischen Siegel einer Behörde verbunden ist, die Feststellungen enthalten,
   a) wen die Signaturprüfung als Inhaber der Signatur ausweist oder welche Behörde die Signaturprüfung als Inhaber des Siegels ausweist,
   b) welchen Zeitpunkt die Signaturprüfung für die Anbringung der Signatur oder des Siegels ausweist und
   c) welche Zertifikate mit welchen Daten dieser Signatur oder diesem Siegel zu Grunde lagen;
2. eines elektronischen Dokuments den Namen des für die Beglaubigung zuständigen Bediensteten und die Bezeichnung der Behörde, die die Beglaubigung vornimmt, enthalten; die Unterschrift des für die Beglaubigung zuständigen Bediensteten und das Dienstsiegel nach Absatz 3 Satz 2 Nummer 4 werden durch eine dauerhaft überprüfbare qualifizierte elektronische Signatur oder durch ein dauerhaft überprüfbares qualifiziertes elektronisches Siegel der Behörde ersetzt.

[2]Wird ein elektronisches Dokument, das ein anderes technisches Format erhalten hat als das Ausgangsdokument, das mit einer qualifizierten elektronischen Signatur oder mit einem qualifizierten elektronischen Siegel einer Behörde verbunden ist, nach Satz 1 Nummer 2 beglaubigt, so muss der Beglaubigungsvermerk zusätzlich die Feststellungen nach Satz 1 Nummer 1 für das Ausgangsdokument enthalten.

(6) Die nach Absatz 4 hergestellten Dokumente stehen, sofern sie beglaubigt sind, beglaubigten Abschriften gleich.

(7) Jede Behörde soll von Urkunden, die sie selbst ausgestellt hat, auf Verlangen ein elektronisches Dokument nach Absatz 4 Nummer 4 Buchstabe a oder eine elektronische Abschrift fertigen und beglaubigen.

§ 34
Beglaubigung von Unterschriften

(1) [1]Die von der Bundesregierung durch Rechtsverordnung bestimmten Behörden im Sinne des § 1 Abs. 1 Nr. 1 und die nach Landesrecht zuständigen Behörden sind befugt, Unterschriften zu beglaubigen, wenn das unterzeichnete Schriftstück zur Vorlage bei einer Behörde oder bei einer sonstigen Stelle, der auf Grund einer Rechtsvorschrift das unterzeichnete Schriftstück vorzulegen ist, benötigt wird. [2]Dies gilt nicht für

1. Unterschriften ohne zugehörigen Text,
2. Unterschriften, die der öffentlichen Beglaubigung (§ 129 des Bürgerlichen Gesetzbuchs) bedürfen.

(2) Eine Unterschrift soll nur beglaubigt werden, wenn sie in Gegenwart des beglaubigenden Bediensteten vollzogen oder anerkannt wird.

(3) [1]Der Beglaubigungsvermerk ist unmittelbar bei der Unterschrift, die beglaubigt werden soll, anzubringen. [2]Er muss enthalten

1. die Bestätigung, dass die Unterschrift echt ist,
2. die genaue Bezeichnung desjenigen, dessen Unterschrift beglaubigt wird, sowie die Angabe, ob sich der für die Beglaubi-

gung zuständige Bedienstete Gewissheit über diese Person verschafft hat und ob die Unterschrift in seiner Gegenwart vollzogen oder anerkannt worden ist,
3. den Hinweis, dass die Beglaubigung nur zur Vorlage bei der angegebenen Behörde oder Stelle bestimmt ist,
4. den Ort und den Tag der Beglaubigung, die Unterschrift des für die Beglaubigung zuständigen Bediensteten und das Dienstsiegel.

(4) Die Absätze 1 bis 3 gelten für die Beglaubigung von Handzeichen entsprechend.
(5) Die Rechtsverordnungen nach Absatz 1 und 4 bedürfen nicht der Zustimmung des Bundesrates.

TEIL III
Verwaltungsakt

ABSCHNITT 1
Zustandekommen des Verwaltungsaktes

§ 35
Begriff des Verwaltungsaktes

[1]Verwaltungsakt ist jede Verfügung, Entscheidung oder andere hoheitliche Maßnahme, die eine Behörde zur Regelung eines Einzelfalls auf dem Gebiet des öffentlichen Rechts trifft und die auf unmittelbare Rechtswirkung nach außen gerichtet ist. [2]Allgemeinverfügung ist ein Verwaltungsakt, der sich an einen nach allgemeinen Merkmalen bestimmten oder bestimmbaren Personenkreis richtet oder die öffentlich-rechtliche Eigenschaft einer Sache oder ihre Benutzung durch die Allgemeinheit betrifft.

§ 35a
Vollständig automatisierter Erlass eines Verwaltungsaktes

Ein Verwaltungsakt kann vollständig durch automatische Einrichtungen erlassen werden, sofern dies durch Rechtsvorschrift zugelassen ist und weder ein Ermessen noch ein Beurteilungsspielraum besteht.

§ 36
Nebenbestimmungen zum Verwaltungsakt

(1) Ein Verwaltungsakt, auf den ein Anspruch besteht, darf mit einer Nebenbestimmung nur versehen werden, wenn sie durch Rechtsvorschrift zugelassen ist oder wenn sie sicherstellen soll, dass die gesetzlichen Voraussetzungen des Verwaltungsaktes erfüllt werden.
(2) Unbeschadet des Absatzes 1 darf ein Verwaltungsakt nach pflichtgemäßem Ermessen erlassen werden mit
1. einer Bestimmung, nach der eine Vergünstigung oder Belastung zu einem bestimmten Zeitpunkt beginnt, endet oder für einen bestimmten Zeitraum gilt (Befristung);
2. einer Bestimmung, nach der der Eintritt oder der Wegfall einer Vergünstigung oder einer Belastung von dem ungewissen Eintritt eines zukünftigen Ereignisses abhängt (Bedingung);
3. einem Vorbehalt des Widerrufs

oder verbunden werden mit

4. einer Bestimmung, durch die dem Begünstigten ein Tun, Dulden oder Unterlassen vorgeschrieben wird (Auflage);
5. einem Vorbehalt der nachträglichen Aufnahme, Änderung oder Ergänzung einer Auflage.

(3) Eine Nebenbestimmung darf dem Zweck des Verwaltungsaktes nicht zuwiderlaufen.

§ 37
Bestimmtheit und Form des Verwaltungsaktes; Rechtsbehelfsbelehrung

(1) Ein Verwaltungsakt muss inhaltlich hinreichend bestimmt sein.
(2) [1]Ein Verwaltungsakt kann schriftlich, elektronisch, mündlich oder in anderer Weise erlassen werden. [2]Ein mündlicher Verwaltungsakt ist schriftlich oder elektronisch zu bestätigen, wenn hieran ein berechtig-

tes Interesse besteht und der Betroffene dies unverzüglich verlangt. [3]Ein elektronischer Verwaltungsakt ist unter denselben Voraussetzungen schriftlich zu bestätigen; § 3a Absatz 2 und 3 findet insoweit keine Anwendung.

(3) [1]Ein schriftlicher oder elektronischer Verwaltungsakt muss die erlassende Behörde erkennen lassen und die Unterschrift oder die Namenswiedergabe des Behördenleiters, seines Vertreters oder seines Beauftragten enthalten. [2]Wird für einen Verwaltungsakt, für den durch Rechtsvorschrift die Schriftform angeordnet ist, die elektronische Form verwendet, muss auch das der Signatur zugrunde liegende qualifizierte Zertifikat oder ein zugehöriges qualifiziertes Attributzertifikat die erlassende Behörde erkennen lassen. [3]Im Fall des § 3a Absatz 3 Nummer 3 Buchstabe b muss die Bestätigung nach § 5 Absatz 5 des De-Mail-Gesetzes die erlassende Behörde als Nutzer des De-Mail-Kontos erkennen lassen.

(4) Für einen Verwaltungsakt kann für die nach § 3a Absatz 2 erforderliche Signatur oder für das nach § 3a Absatz 3 Nummer 3 Buchstabe a erforderliche Siegel durch Rechtsvorschrift die dauerhafte Überprüfbarkeit vorgeschrieben werden.

(5) [1]Bei einem schriftlichen Verwaltungsakt, der mit Hilfe automatischer Einrichtungen erlassen wird, können abweichend von Absatz 3 Unterschrift und Namenswiedergabe fehlen. [2]Zur Inhaltsangabe können Schlüsselzeichen verwendet werden, wenn derjenige, für den der Verwaltungsakt bestimmt ist oder der von ihm betroffen wird, auf Grund der dazu gegebenen Erläuterungen den Inhalt des Verwaltungsaktes eindeutig erkennen kann.

(6) [1]Einem schriftlichen oder elektronischen Verwaltungsakt, der der Anfechtung unterliegt, ist eine Erklärung beizufügen, durch die der Beteiligte über den Rechtsbehelf, der gegen den Verwaltungsakt gegeben ist, über die Behörde oder das Gericht, bei denen der Rechtsbehelf einzulegen ist, den Sitz und über die einzuhaltende Frist belehrt wird (Rechtsbehelfsbelehrung). [2]Die Rechtsbehelfsbelehrung ist auch der schriftlichen oder elektronischen Bestätigung eines Verwaltungsaktes und der Bescheinigung nach § 42a Absatz 3 beizufügen.

§ 38
Zusicherung

(1) [1]Eine von der zuständigen Behörde erteilte Zusage, einen bestimmten Verwaltungsakt später zu erlassen oder zu unterlassen (Zusicherung), bedarf zu ihrer Wirksamkeit der schriftlichen Form. [2]Ist vor dem Erlass des zugesicherten Verwaltungsaktes die Anhörung Beteiligter oder die Mitwirkung einer anderen Behörde oder eines Ausschusses auf Grund einer Rechtsvorschrift erforderlich, so darf die Zusicherung erst nach Anhörung der Beteiligten oder nach Mitwirkung dieser Behörde oder des Ausschusses gegeben werden.

(2) Auf die Unwirksamkeit der Zusicherung finden, unbeschadet des Absatzes 1 Satz 1, § 44, auf die Heilung von Mängeln bei der Anhörung Beteiligter und der Mitwirkung anderer Behörden oder Ausschüsse § 45 Abs. 1 Nr. 3 bis 5 sowie Abs. 2, auf die Rücknahme § 48, auf den Widerruf, unbeschadet des Absatzes 3, § 49 entsprechende Anwendung.

(3) Ändert sich nach Abgabe der Zusicherung die Sach- oder Rechtslage derart, dass die Behörde bei Kenntnis der nachträglich eingetretenen Änderung die Zusicherung nicht gegeben hätte oder aus rechtlichen Gründen nicht hätte geben dürfen, ist die Behörde an die Zusicherung nicht mehr gebunden.

§ 39
Begründung des Verwaltungsaktes

(1) [1]Ein schriftlicher oder elektronischer sowie ein schriftlich oder elektronisch bestätigter Verwaltungsakt ist mit einer Begründung zu versehen. [2]In der Begründung sind die wesentlichen tatsächlichen und rechtlichen Gründe mitzuteilen, die die Behörde zu ihrer Entscheidung bewogen haben. [3]Die Begründung von Ermessensentscheidungen soll auch die Gesichtspunkte erkennen lassen, von denen die Behörde bei der Ausübung ihres Ermessens ausgegangen ist.

(2) Einer Begründung bedarf es nicht,

1. soweit die Behörde einem Antrag entspricht oder einer Erklärung folgt und der Verwaltungsakt nicht in Rechte eines anderen eingreift;
2. soweit demjenigen, für den der Verwaltungsakt bestimmt ist oder der von ihm betroffen wird, die Auffassung der Behörde über die Sach- und Rechtslage bereits bekannt oder auch ohne Begründung für ihn ohne weiteres erkennbar ist;
3. wenn die Behörde gleichartige Verwaltungsakte in größerer Zahl oder Verwaltungsakte mit Hilfe automatischer Einrichtungen erlässt und die Begründung nach den Umständen des Einzelfalls nicht geboten ist;
4. wenn sich dies aus einer Rechtsvorschrift ergibt;
5. wenn eine Allgemeinverfügung öffentlich bekannt gegeben wird.

§ 40
Ermessen

Ist die Behörde ermächtigt, nach ihrem Ermessen zu handeln, hat sie ihr Ermessen entsprechend dem Zweck der Ermächtigung auszuüben und die gesetzlichen Grenzen des Ermessens einzuhalten.

§ 41
Bekanntgabe des Verwaltungsaktes

(1) [1]Ein Verwaltungsakt ist demjenigen Beteiligten bekannt zu geben, für den er bestimmt ist oder der von ihm betroffen wird. [2]Ist ein Bevollmächtigter bestellt, so kann die Bekanntgabe ihm gegenüber vorgenommen werden.

(2) [1]Ein schriftlicher Verwaltungsakt, der im Inland durch die Post übermittelt wird, gilt am vierten Tag nach der Aufgabe zur Post als bekannt gegeben. [2]Ein Verwaltungsakt, der im Inland oder in das Ausland elektronisch übermittelt wird, gilt am vierten Tag nach der Absendung als bekannt gegeben. [3]Dies gilt nicht, wenn der Verwaltungsakt nicht oder zu einem späteren Zeitpunkt zugegangen ist; im Zweifel hat die Behörde den Zugang des Verwaltungsaktes und den Zeitpunkt des Zugangs nachzuweisen.

(2a) [1]Mit Einwilligung des Beteiligten kann ein elektronischer Verwaltungsakt dadurch bekannt gegeben werden, dass er vom Beteiligten oder von seinem Bevollmächtigten über öffentlich zugängliche Netze abgerufen wird. [2]Die Behörde hat zu gewährleisten, dass der Abruf nur nach Authentifizierung der berechtigten Person möglich ist und der elektronische Verwaltungsakt von ihr gespeichert werden kann. [3]Der Verwaltungsakt gilt am Tag nach dem Abruf als bekannt gegeben. [4]Wird der Verwaltungsakt nicht innerhalb von zehn Tagen nach Absendung einer Benachrichtigung über die Bereitstellung abgerufen, wird diese beendet. [5]In diesem Fall ist die Bekanntgabe nicht bewirkt; die Möglichkeit einer erneuten Bereitstellung zum Abruf oder der Bekanntgabe auf andere Weise bleibt unberührt.

(3) [1]Ein Verwaltungsakt darf öffentlich bekannt gegeben werden, wenn dies durch Rechtsvorschrift zugelassen ist. [2]Eine Allgemeinverfügung darf auch dann öffentlich bekannt gegeben werden, wenn eine Bekanntgabe an die Beteiligten untunlich ist.

(4) [1]Die öffentliche Bekanntgabe eines schriftlichen oder elektronischen Verwaltungsaktes wird dadurch bewirkt, dass sein verfügender Teil ortsüblich bekannt gemacht wird. [2]In der ortsüblichen Bekanntmachung ist anzugeben, wo der Verwaltungsakt und seine Begründung eingesehen werden können. [3]Der Verwaltungsakt gilt zwei Wochen nach der ortsüblichen Bekanntmachung als bekannt gegeben. [4]In einer Allgemeinverfügung kann ein hiervon abweichender Tag, jedoch frühestens der auf die Bekanntmachung folgende Tag bestimmt werden.

(5) Vorschriften über die Bekanntgabe eines Verwaltungsaktes mittels Zustellung bleiben unberührt.

§ 42
Offenbare Unrichtigkeiten im Verwaltungsakt

[1]Die Behörde kann Schreibfehler, Rechenfehler und ähnliche offenbare Unrichtigkeiten in

einem Verwaltungsakt jederzeit berichtigen. [2]Bei berechtigtem Interesse des Beteiligten ist zu berichtigen. [3]Die Behörde ist berechtigt, die Vorlage des Dokuments zu verlangen, das berichtigt werden soll.

§ 42a
Genehmigungsfiktion

(1) [1]Eine beantragte Genehmigung gilt nach Ablauf einer für die Entscheidung festgelegten Frist als erteilt (Genehmigungsfiktion), wenn dies durch Rechtsvorschrift angeordnet und der Antrag hinreichend bestimmt ist. [2]Die Vorschriften über die Bestandskraft von Verwaltungsakten und über das Rechtsbehelfsverfahren gelten entsprechend.
(2) [1]Die Frist nach Absatz 1 Satz 1 beträgt drei Monate, soweit durch Rechtsvorschrift nichts Abweichendes bestimmt ist. [2]Die Frist beginnt mit Eingang der vollständigen Unterlagen. [3]Sie kann einmal angemessen verlängert werden, wenn dies wegen der Schwierigkeit der Angelegenheit gerechtfertigt ist. [4]Die Fristverlängerung ist zu begründen und rechtzeitig mitzuteilen.
(3) Auf Verlangen ist demjenigen, dem der Verwaltungsakt nach § 41 Abs. 1 hätte bekannt gegeben werden müssen, der Eintritt der Genehmigungsfiktion schriftlich zu bescheinigen.

ABSCHNITT 2
Bestandskraft des Verwaltungsaktes

§ 43
Wirksamkeit des Verwaltungsaktes

(1) [1]Ein Verwaltungsakt wird gegenüber demjenigen, für den er bestimmt ist oder der von ihm betroffen wird, in dem Zeitpunkt wirksam, in dem er ihm bekannt gegeben wird. [2]Der Verwaltungsakt wird mit dem Inhalt wirksam, mit dem er bekannt gegeben wird.
(2) Ein Verwaltungsakt bleibt wirksam, solange und soweit er nicht zurückgenommen, widerrufen, anderweitig aufgehoben oder durch Zeitablauf oder auf andere Weise erledigt ist.
(3) Ein nichtiger Verwaltungsakt ist unwirksam.

§ 44
Nichtigkeit des Verwaltungsaktes

(1) Ein Verwaltungsakt ist nichtig, soweit er an einem besonders schwerwiegenden Fehler leidet und dies bei verständiger Würdigung aller in Betracht kommenden Umstände offensichtlich ist.
(2) Ohne Rücksicht auf das Vorliegen der Voraussetzungen des Absatzes 1 ist ein Verwaltungsakt nichtig,
1. der schriftlich oder elektronisch erlassen worden ist, die erlassende Behörde aber nicht erkennen lässt;
2. der nach einer Rechtsvorschrift nur durch die Aushändigung einer Urkunde erlassen werden kann, aber dieser Form nicht genügt;
3. den eine Behörde außerhalb ihrer durch § 3 Abs. 1 Nr. 1 begründeten Zuständigkeit erlassen hat, ohne dazu ermächtigt zu sein;
4. den aus tatsächlichen Gründen niemand ausführen kann;
5. der die Begehung einer rechtswidrigen Tat verlangt, die einen Straf- oder Bußgeldtatbestand verwirklicht;
6. der gegen die guten Sitten verstößt.

(3) Ein Verwaltungsakt ist nicht schon deshalb nichtig, weil
1. Vorschriften über die örtliche Zuständigkeit nicht eingehalten worden sind, außer wenn ein Fall des Absatzes 2 Nr. 3 vorliegt;
2. eine nach § 20 Abs. 1 Satz 1 Nr. 2 bis 6 ausgeschlossene Person mitgewirkt hat;
3. ein durch Rechtsvorschrift zur Mitwirkung berufener Ausschuss den für den Erlass des Verwaltungsaktes vorgeschriebenen Beschluss nicht gefasst hat oder nicht beschlussfähig war;
4. die nach einer Rechtsvorschrift erforderliche Mitwirkung einer anderen Behörde unterblieben ist.

(4) Betrifft die Nichtigkeit nur einen Teil des Verwaltungsaktes, so ist er im Ganzen nichtig, wenn der nichtige Teil so wesentlich ist,

dass die Behörde den Verwaltungsakt ohne den nichtigen Teil nicht erlassen hätte.
(5) Die Behörde kann die Nichtigkeit jederzeit von Amts wegen feststellen; auf Antrag ist sie festzustellen, wenn der Antragsteller hieran ein berechtigtes Interesse hat.

§ 45
Heilung von Verfahrens- und Formfehlern

(1) Eine Verletzung von Verfahrens- oder Formvorschriften, die nicht den Verwaltungsakt nach § 44 nichtig macht, ist unbeachtlich, wenn
1. der für den Erlass des Verwaltungsaktes erforderliche Antrag nachträglich gestellt wird;
2. die erforderliche Begründung nachträglich gegeben wird;
3. die erforderliche Anhörung eines Beteiligten nachgeholt wird;
4. der Beschluss eines Ausschusses, dessen Mitwirkung für den Erlass des Verwaltungsaktes erforderlich ist, nachträglich gefasst wird;
5. die erforderliche Mitwirkung einer anderen Behörde nachgeholt wird.

(2) Handlungen nach Absatz 1 können bis zum Abschluss der letzten Tatsacheninstanz eines verwaltungsgerichtlichen Verfahrens nachgeholt werden.
(3) [1]Fehlt einem Verwaltungsakt die erforderliche Begründung oder ist die erforderliche Anhörung eines Beteiligten vor Erlass des Verwaltungsaktes unterblieben und ist dadurch die rechtzeitige Anfechtung des Verwaltungsaktes versäumt worden, so gilt die Versäumung der Rechtsbehelfsfrist als nicht verschuldet. [2]Das für die Wiedereinsetzungsfrist nach § 32 Abs. 2 maßgebende Ereignis tritt im Zeitpunkt der Nachholung der unterlassenen Verfahrenshandlung ein.

§ 46
Folgen von Verfahrens- und Formfehlern

Die Aufhebung eines Verwaltungsaktes, der nicht nach § 44 nichtig ist, kann nicht allein deshalb beansprucht werden, weil er unter Verletzung von Vorschriften über das Verfahren, die Form oder die örtliche Zuständigkeit zustande gekommen ist, wenn offensichtlich ist, dass die Verletzung die Entscheidung in der Sache nicht beeinflusst hat.

§ 47
Umdeutung eines fehlerhaften Verwaltungsaktes

(1) Ein fehlerhafter Verwaltungsakt kann in einen anderen Verwaltungsakt umgedeutet werden, wenn er auf das gleiche Ziel gerichtet ist, von der erlassenden Behörde in der geschehenen Verfahrensweise und Form rechtmäßig hätte erlassen werden können und wenn die Voraussetzungen für dessen Erlass erfüllt sind.
(2) [1]Absatz 1 gilt nicht, wenn der Verwaltungsakt, in den der fehlerhafte Verwaltungsakt umzudeuten wäre, der erkennbaren Absicht der erlassenden Behörde widerspräche oder seine Rechtsfolgen für den Betroffenen ungünstiger wären als die des fehlerhaften Verwaltungsaktes. [2]Eine Umdeutung ist ferner unzulässig, wenn der fehlerhafte Verwaltungsakt nicht zurückgenommen werden dürfte.
(3) Eine Entscheidung, die nur als gesetzlich gebundene Entscheidung ergehen kann, kann nicht in eine Ermessensentscheidung umgedeutet werden.
(4) § 28 ist entsprechend anzuwenden.

§ 48
Rücknahme eines rechtswidrigen Verwaltungsaktes

(1) [1]Ein rechtswidriger Verwaltungsakt kann, auch nachdem er unanfechtbar geworden ist, ganz oder teilweise mit Wirkung für die Zukunft oder für die Vergangenheit zurückgenommen werden. [2]Ein Verwaltungsakt, der ein Recht oder einen rechtlich erheblichen Vorteil begründet oder bestätigt hat (begünstigender Verwaltungsakt), darf nur unter den Einschränkungen der Absätze 2 bis 4 zurückgenommen werden.
(2) [1]Ein rechtswidriger Verwaltungsakt, der eine einmalige oder laufende Geldleistung

oder teilbare Sachleistung gewährt oder hierfür Voraussetzung ist, darf nicht zurückgenommen werden, soweit der Begünstigte auf den Bestand des Verwaltungsaktes vertraut hat und sein Vertrauen unter Abwägung mit dem öffentlichen Interesse an einer Rücknahme schutzwürdig ist. [2]Das Vertrauen ist in der Regel schutzwürdig, wenn der Begünstigte gewährte Leistungen verbraucht oder eine Vermögensdisposition getroffen hat, die er nicht mehr oder nur unter unzumutbaren Nachteilen rückgängig machen kann. [3]Auf Vertrauen kann sich der Begünstigte nicht berufen, wenn er

1. den Verwaltungsakt durch arglistige Täuschung, Drohung oder Bestechung erwirkt hat;
2. den Verwaltungsakt durch Angaben erwirkt hat, die in wesentlicher Beziehung unrichtig oder unvollständig waren;
3. die Rechtswidrigkeit des Verwaltungsaktes kannte oder infolge grober Fahrlässigkeit nicht kannte.

[4]In den Fällen des Satzes 3 wird der Verwaltungsakt in der Regel mit Wirkung für die Vergangenheit zurückgenommen.

(3) [1]Wird ein rechtswidriger Verwaltungsakt, der nicht unter Absatz 2 fällt, zurückgenommen, so hat die Behörde dem Betroffenen auf Antrag den Vermögensnachteil auszugleichen, den dieser dadurch erleidet, dass er auf den Bestand des Verwaltungsaktes vertraut hat, soweit sein Vertrauen unter Abwägung mit dem öffentlichen Interesse schutzwürdig ist. [2]Absatz 2 Satz 3 ist anzuwenden. [3]Der Vermögensnachteil ist jedoch nicht über den Betrag des Interesses hinaus zu ersetzen, das der Betroffene an dem Bestand des Verwaltungsaktes hat. [4]Der auszugleichende Vermögensnachteil wird durch die Behörde festgesetzt. [5]Der Anspruch kann nur innerhalb eines Jahres geltend gemacht werden; die Frist beginnt, sobald die Behörde den Betroffenen auf sie hingewiesen hat.

(4) [1]Erhält die Behörde von Tatsachen Kenntnis, welche die Rücknahme eines rechtswidrigen Verwaltungsaktes rechtfertigen, so ist die Rücknahme nur innerhalb eines Jahres seit dem Zeitpunkt der Kenntnisnahme zulässig. [2]Dies gilt nicht im Falle des Absatzes 2 Satz 3 Nr. 1.

(5) Über die Rücknahme entscheidet nach Unanfechtbarkeit des Verwaltungsaktes die nach § 3 zuständige Behörde; dies gilt auch dann, wenn der zurückzunehmende Verwaltungsakt von einer anderen Behörde erlassen worden ist.

§ 49
Widerruf eines rechtmäßigen Verwaltungsaktes

(1) Ein rechtmäßiger nicht begünstigender Verwaltungsakt kann, auch nachdem er unanfechtbar geworden ist, ganz oder teilweise mit Wirkung für die Zukunft widerrufen werden, außer wenn ein Verwaltungsakt gleichen Inhalts erneut erlassen werden müsste oder aus anderen Gründen ein Widerruf unzulässig ist.

(2) [1]Ein rechtmäßiger begünstigender Verwaltungsakt darf, auch nachdem er unanfechtbar geworden ist, ganz oder teilweise mit Wirkung für die Zukunft nur widerrufen werden,

1. wenn der Widerruf durch Rechtsvorschrift zugelassen oder im Verwaltungsakt vorbehalten ist;
2. wenn mit dem Verwaltungsakt eine Auflage verbunden ist und der Begünstigte diese nicht oder nicht innerhalb einer ihm gesetzten Frist erfüllt hat;
3. wenn die Behörde auf Grund nachträglich eingetretener Tatsachen berechtigt wäre, den Verwaltungsakt nicht zu erlassen, und wenn ohne den Widerruf das öffentliche Interesse gefährdet würde;
4. wenn die Behörde auf Grund einer geänderten Rechtsvorschrift berechtigt wäre, den Verwaltungsakt nicht zu erlassen, soweit der Begünstigte von der Vergünstigung noch keinen Gebrauch gemacht oder auf Grund des Verwaltungsaktes noch keine Leistungen empfangen hat, und wenn ohne den Widerruf das öffentliche Interesse gefährdet würde;
5. um schwere Nachteile für das Gemeinwohl zu verhüten oder zu beseitigen.

[2]§ 48 Abs. 4 gilt entsprechend.

(3) [1]Ein rechtmäßiger Verwaltungsakt, der eine einmalige oder laufende Geldleistung oder teilbare Sachleistung zur Erfüllung eines bestimmten Zwecks gewährt oder hierfür Voraussetzung ist, kann, auch nachdem er unanfechtbar geworden ist, ganz oder teilweise auch mit Wirkung für die Vergangenheit widerrufen werden,

1. wenn die Leistung nicht, nicht alsbald nach der Erbringung oder nicht mehr für den in dem Verwaltungsakt bestimmten Zweck verwendet wird;
2. wenn mit dem Verwaltungsakt eine Auflage verbunden ist und der Begünstigte diese nicht oder nicht innerhalb einer ihm gesetzten Frist erfüllt hat.

[2]§ 48 Abs. 4 gilt entsprechend.

(4) Der widerrufene Verwaltungsakt wird mit dem Wirksamwerden des Widerrufs unwirksam, wenn die Behörde keinen anderen Zeitpunkt bestimmt.

(5) Über den Widerruf entscheidet nach Unanfechtbarkeit des Verwaltungsaktes die nach § 3 zuständige Behörde; dies gilt auch dann, wenn der zu widerrufende Verwaltungsakt von einer anderen Behörde erlassen worden ist.

(6) [1]Wird ein begünstigender Verwaltungsakt in den Fällen des Absatzes 2 Nr. 3 bis 5 widerrufen, so hat die Behörde den Betroffenen auf Antrag für den Vermögensnachteil zu entschädigen, den dieser dadurch erleidet, dass er auf den Bestand des Verwaltungsaktes vertraut hat, soweit sein Vertrauen schutzwürdig ist. [2]§ 48 Abs. 3 Satz 3 bis 5 gilt entsprechend. [3]Für Streitigkeiten über die Entschädigung ist der ordentliche Rechtsweg gegeben.

§ 49a
Erstattung, Verzinsung

(1) [1]Soweit ein Verwaltungsakt mit Wirkung für die Vergangenheit zurückgenommen oder widerrufen worden oder infolge Eintritts einer auflösenden Bedingung unwirksam geworden ist, sind bereits erbrachte Leistungen zu erstatten. [2]Die zu erstattende Leistung ist durch schriftlichen Verwaltungsakt festzusetzen.

(2) [1]Für den Umfang der Erstattung mit Ausnahme der Verzinsung gelten die Vorschriften des Bürgerlichen Gesetzbuchs über die Herausgabe einer ungerechtfertigten Bereicherung entsprechend. [2]Auf den Wegfall der Bereicherung kann sich der Begünstigte nicht berufen, soweit er die Umstände kannte oder infolge grober Fahrlässigkeit nicht kannte, die zur Rücknahme, zum Widerruf oder zur Unwirksamkeit des Verwaltungsaktes geführt haben.

(3) [1]Der zu erstattende Betrag ist vom Eintritt der Unwirksamkeit des Verwaltungsaktes an mit fünf Prozentpunkten über dem Basiszinssatz jährlich zu verzinsen. [2]Von der Geltendmachung des Zinsanspruchs kann insbesondere dann abgesehen werden, wenn der Begünstigte die Umstände, die zur Rücknahme, zum Widerruf oder zur Unwirksamkeit des Verwaltungsaktes geführt haben, nicht zu vertreten hat und den zu erstattenden Betrag innerhalb der von der Behörde festgesetzten Frist leistet.

(4) [1]Wird eine Leistung nicht alsbald nach der Auszahlung für den bestimmten Zweck verwendet, so können für die Zeit bis zur zweckentsprechenden Verwendung Zinsen nach Absatz 3 Satz 1 verlangt werden. [2]Entsprechendes gilt, soweit eine Leistung in Anspruch genommen wird, obwohl andere Mittel anteilig oder vorrangig einzusetzen sind. [3]§ 49 Abs. 3 Satz 1 Nr. 1 bleibt unberührt.

§ 50
Rücknahme und Widerruf im Rechtsbehelfsverfahren

§ 48 Abs. 1 Satz 2 und Abs. 2 bis 4 sowie § 49 Abs. 2 bis 4 und 6 gelten nicht, wenn ein begünstigender Verwaltungsakt, der von einem Dritten angefochten worden ist, während des Vorverfahrens oder während des verwaltungsgerichtlichen Verfahrens aufgehoben wird, soweit dadurch dem Widerspruch oder der Klage abgeholfen wird.

§ 51
Wiederaufgreifen des Verfahrens

(1) Die Behörde hat auf Antrag des Betroffenen über die Aufhebung oder Änderung eines unanfechtbaren Verwaltungsaktes zu entscheiden, wenn
1. sich die dem Verwaltungsakt zugrunde liegende Sach- oder Rechtslage nachträglich zugunsten des Betroffenen geändert hat;
2. neue Beweismittel vorliegen, die eine dem Betroffenen günstigere Entscheidung herbeigeführt haben würden;
3. Wiederaufnahmegründe entsprechend § 580 der Zivilprozessordnung gegeben sind.

(2) Der Antrag ist nur zulässig, wenn der Betroffene ohne grobes Verschulden außerstande war, den Grund für das Wiederaufgreifen in dem früheren Verfahren, insbesondere durch Rechtsbehelf, geltend zu machen.
(3) [1]Der Antrag muss binnen drei Monaten gestellt werden. [2]Die Frist beginnt mit dem Tage, an dem der Betroffene von dem Grund für das Wiederaufgreifen Kenntnis erhalten hat.
(4) Über den Antrag entscheidet die nach § 3 zuständige Behörde; dies gilt auch dann, wenn der Verwaltungsakt, dessen Aufhebung oder Änderung begehrt wird, von einer anderen Behörde erlassen worden ist.
(5) Die Vorschriften des § 48 Abs. 1 Satz 1 und des § 49 Abs. 1 bleiben unberührt.

§ 52
Rückgabe von Urkunden und Sachen

[1]Ist ein Verwaltungsakt unanfechtbar widerrufen oder zurückgenommen oder ist seine Wirksamkeit aus einem anderen Grund nicht oder nicht mehr gegeben, so kann die Behörde die auf Grund dieses Verwaltungsaktes erteilten Urkunden oder Sachen, die zum Nachweis der Rechte aus dem Verwaltungsakt oder zu deren Ausübung bestimmt sind, zurückfordern. [2]Der Inhaber und, sofern er nicht der Besitzer ist, auch der Besitzer dieser Urkunden oder Sachen sind zu ihrer Herausgabe verpflichtet. [3]Der Inhaber oder der Besitzer kann jedoch verlangen, dass ihm die Urkunden oder Sachen wieder ausgehändigt werden, nachdem sie von der Behörde als ungültig gekennzeichnet sind; dies gilt nicht bei Sachen, bei denen eine solche Kennzeichnung nicht oder nicht mit der erforderlichen Offensichtlichkeit oder Dauerhaftigkeit möglich ist.

ABSCHNITT 3
Verjährungsrechtliche Wirkungen des Verwaltungsaktes

§ 53
Hemmung der Verjährung durch Verwaltungsakt

(1) [1]Ein Verwaltungsakt, der zur Feststellung oder Durchsetzung des Anspruchs eines öffentlich-rechtlichen Rechtsträgers erlassen wird, hemmt die Verjährung dieses Anspruchs. [2]Die Hemmung endet mit Eintritt der Unanfechtbarkeit des Verwaltungsaktes oder sechs Monate nach seiner anderweitigen Erledigung.
(2) [1]Ist ein Verwaltungsakt im Sinne des Absatzes 1 unanfechtbar geworden, beträgt die Verjährungsfrist 30 Jahre. [2]Soweit der Verwaltungsakt einen Anspruch auf künftig fällig werdende regelmäßig wiederkehrende Leistungen zum Inhalt hat, bleibt es bei der für diesen Anspruch geltenden Verjährungsfrist.

TEIL IV
Öffentlich-rechtlicher Vertrag

§ 54
Zulässigkeit des öffentlich-rechtlichen Vertrags

[1]Ein Rechtsverhältnis auf dem Gebiet des öffentlichen Rechts kann durch Vertrag begründet, geändert oder aufgehoben werden (öffentlich-rechtlicher Vertrag), soweit Rechtsvorschriften nicht entgegenstehen. [2]Insbesondere kann die Behörde, anstatt einen Verwaltungsakt zu erlassen, einen öffentlich-rechtlichen Vertrag mit demjenigen

schließen, an den sie sonst den Verwaltungsakt richten würde.

§ 55
Vergleichsvertrag

Ein öffentlich-rechtlicher Vertrag im Sinne des § 54 Satz 2, durch den eine bei verständiger Würdigung des Sachverhalts oder der Rechtslage bestehende Ungewissheit durch gegenseitiges Nachgeben beseitigt wird (Vergleich), kann geschlossen werden, wenn die Behörde den Abschluss des Vergleichs zur Beseitigung der Ungewissheit nach pflichtgemäßem Ermessen für zweckmäßig hält.

§ 56
Austauschvertrag

(1) [1]Ein öffentlich-rechtlicher Vertrag im Sinne des § 54 Satz 2, in dem sich der Vertragspartner der Behörde zu einer Gegenleistung verpflichtet, kann geschlossen werden, wenn die Gegenleistung für einen bestimmten Zweck im Vertrag vereinbart wird und der Behörde zur Erfüllung ihrer öffentlichen Aufgaben dient. [2]Die Gegenleistung muss den gesamten Umständen nach angemessen sein und im sachlichen Zusammenhang mit der vertraglichen Leistung der Behörde stehen.
(2) Besteht auf die Leistung der Behörde ein Anspruch, so kann nur eine solche Gegenleistung vereinbart werden, die bei Erlass eines Verwaltungsaktes Inhalt einer Nebenbestimmung nach § 36 sein könnte.

§ 57
Schriftform

Ein öffentlich-rechtlicher Vertrag ist schriftlich zu schließen, soweit nicht durch Rechtsvorschrift eine andere Form vorgeschrieben ist.

§ 58
Zustimmung von Dritten und Behörden

(1) Ein öffentlich-rechtlicher Vertrag, der in Rechte eines Dritten eingreift, wird erst wirksam, wenn der Dritte schriftlich zustimmt.
(2) Wird anstatt eines Verwaltungsaktes, bei dessen Erlass nach einer Rechtsvorschrift die Genehmigung, die Zustimmung oder das Einvernehmen einer anderen Behörde erforderlich ist, ein Vertrag geschlossen, so wird dieser erst wirksam, nachdem die andere Behörde in der vorgeschriebenen Form mitgewirkt hat.

§ 59
Nichtigkeit des öffentlich-rechtlichen Vertrags

(1) Ein öffentlich-rechtlicher Vertrag ist nichtig, wenn sich die Nichtigkeit aus der entsprechenden Anwendung von Vorschriften des Bürgerlichen Gesetzbuchs ergibt.
(2) Ein Vertrag im Sinne des § 54 Satz 2 ist ferner nichtig, wenn
1. ein Verwaltungsakt mit entsprechendem Inhalt nichtig wäre;
2. ein Verwaltungsakt mit entsprechendem Inhalt nicht nur wegen eines Verfahrens- oder Formfehlers im Sinne des § 46 rechtswidrig wäre und dies den Vertragschließenden bekannt war;
3. die Voraussetzungen zum Abschluss eines Vergleichsvertrags nicht vorlagen und ein Verwaltungsakt mit entsprechendem Inhalt nicht nur wegen eines Verfahrens- oder Formfehlers im Sinne des § 46 rechtswidrig wäre;
4. sich die Behörde eine nach § 56 unzulässige Gegenleistung versprechen lässt.

(3) Betrifft die Nichtigkeit nur einen Teil des Vertrags, so ist er im Ganzen nichtig, wenn nicht anzunehmen ist, dass er auch ohne den nichtigen Teil geschlossen worden wäre.

§ 60
Anpassung und Kündigung in besonderen Fällen

(1) [1]Haben die Verhältnisse, die für die Festsetzung des Vertragsinhalts maßgebend gewesen sind, sich seit Abschluss des Vertrags so wesentlich geändert, dass einer Vertragspartei das Festhalten an der ursprünglichen vertraglichen Regelung nicht zuzumuten ist, so kann diese Vertragspartei eine Anpassung

des Vertragsinhalts an die geänderten Verhältnisse verlangen oder, sofern eine Anpassung nicht möglich oder einer Vertragspartei nicht zuzumuten ist, den Vertrag kündigen. [2]Die Behörde kann den Vertrag auch kündigen, um schwere Nachteile für das Gemeinwohl zu verhüten oder zu beseitigen.
(2) [1]Die Kündigung bedarf der Schriftform, soweit nicht durch Rechtsvorschrift eine andere Form vorgeschrieben ist. [2]Sie soll begründet werden.

§ 61
Unterwerfung unter die sofortige Vollstreckung

(1) [1]Jeder Vertragschließende kann sich der sofortigen Vollstreckung aus einem öffentlich-rechtlichen Vertrag im Sinne des § 54 Satz 2 unterwerfen. [2]Die Behörde muss hierbei von dem Behördenleiter, seinem allgemeinen Vertreter oder einem Angehörigen des öffentlichen Dienstes, der die Befähigung zum Richteramt hat, vertreten werden.
(2) [1]Auf öffentlich-rechtliche Verträge im Sinne des Absatzes 1 Satz 1 ist das Verwaltungs-Vollstreckungsgesetz des Bundes entsprechend anzuwenden, wenn Vertragschließender eine Behörde im Sinne des § 1 Abs. 1 Nr. 1 ist. [2]Will eine natürliche oder juristische Person des Privatrechts oder eine nichtrechtsfähige Vereinigung die Vollstreckung wegen einer Geldforderung betreiben, so ist § 170 Abs. 1 bis 3 der Verwaltungsgerichtsordnung entsprechend anzuwenden. [3]Richtet sich die Vollstreckung wegen der Erzwingung einer Handlung, Duldung oder Unterlassung gegen eine Behörde im Sinne des § 1 Abs. 1 Nr. 2, so ist § 172 der Verwaltungsgerichtsordnung entsprechend anzuwenden.

§ 62
Ergänzende Anwendung von Vorschriften

[1]Soweit sich aus den §§ 54 bis 61 nichts Abweichendes ergibt, gelten die übrigen Vorschriften dieses Gesetzes. [2]Ergänzend gelten die Vorschriften des Bürgerlichen Gesetzbuchs entsprechend.

Teil VI
Rechtsbehelfsverfahren

§ 79
Rechtsbehelfe gegen Verwaltungsakte

Für förmliche Rechtsbehelfe gegen Verwaltungsakte gelten die Verwaltungsgerichtsordnung und die zu ihrer Ausführung ergangenen Rechtsvorschriften, soweit nicht durch Gesetz etwas anderes bestimmt ist; im Übrigen gelten die Vorschriften dieses Gesetzes.

§ 80
Erstattung von Kosten im Vorverfahren

(1) [1]Soweit der Widerspruch erfolgreich ist, hat der Rechtsträger, dessen Behörde den angefochtenen Verwaltungsakt erlassen hat, demjenigen, der Widerspruch erhoben hat, die zur zweckentsprechenden Rechtsverfolgung oder Rechtsverteidigung notwendigen Aufwendungen zu erstatten. [2]Dies gilt auch, wenn der Widerspruch nur deshalb keinen Erfolg hat, weil die Verletzung einer Verfahrens- oder Formvorschrift nach § 45 unbeachtlich ist. [3]Soweit der Widerspruch erfolglos geblieben ist, hat derjenige, der den Widerspruch eingelegt hat, die zur zweckentsprechenden Rechtsverfolgung oder Rechtsverteidigung notwendigen Aufwendungen der Behörde, die den angefochtenen Verwaltungsakt erlassen hat, zu erstatten; dies gilt nicht, wenn der Widerspruch gegen einen Verwaltungsakt eingelegt wird, der im Rahmen

1. eines bestehenden oder früheren öffentlich-rechtlichen Dienst- oder Amtsverhältnisses oder
2. einer bestehenden oder früheren gesetzlichen Dienstpflicht oder einer Tätigkeit, die an Stelle der gesetzlichen Dienstpflicht geleistet werden kann,

erlassen wurde. [4]Aufwendungen, die durch das Verschulden eines Erstattungsberechtigten entstanden sind, hat dieser selbst zu tragen; das Verschulden eines Vertreters ist dem Vertretenen zuzurechnen.
(2) Die Gebühren und Auslagen eines Rechtsanwalts oder eines sonstigen Bevollmächtig-

ten im Vorverfahren sind erstattungsfähig, wenn die Zuziehung eines Bevollmächtigten notwendig war.

(3) [1]Die Behörde, die die Kostenentscheidung getroffen hat, setzt auf Antrag den Betrag der zu erstattenden Aufwendungen fest; hat ein Ausschuss oder Beirat (§ 73 Abs. 2 der Verwaltungsgerichtsordnung) die Kostenentscheidung getroffen, so obliegt die Kostenfestsetzung der Behörde, bei der der Ausschuss oder Beirat gebildet ist. [2]Die Kostenentscheidung bestimmt auch, ob die Zuziehung eines Rechtsanwalts oder eines sonstigen Bevollmächtigten notwendig war.

(4) Die Absätze 1 bis 3 gelten auch für Vorverfahren bei Maßnahmen des Richterdienstrechts.

Verwaltungsgerichtsordnung
(VwGO)
in der Fassung der Bekanntmachung vom 19. März 1991 (BGBl. I S. 686), die zuletzt durch Artikel 5 des Gesetzes vom 24. Oktober 2024 (BGBl. 2024 I Nr. 328) geändert worden ist

– Fassung ab 1. Januar 2025 –

– Auszüge –

TEIL I
Gerichtsverfassung

6. ABSCHNITT
Verwaltungsrechtsweg und Zuständigkeit

§ 40

(1) [1]Der Verwaltungsrechtsweg ist in allen öffentlich-rechtlichen Streitigkeiten nichtverfassungsrechtlicher Art gegeben, soweit die Streitigkeiten nicht durch Bundesgesetz einem anderen Gericht ausdrücklich zugewiesen sind. [2]Öffentlich-rechtliche Streitigkeiten auf dem Gebiet des Landesrechts können einem anderen Gericht auch durch Landesgesetz zugewiesen werden.
(2) [1]Für vermögensrechtliche Ansprüche aus Aufopferung für das gemeine Wohl und aus öffentlich-rechtlicher Verwahrung sowie für Schadensersatzansprüche aus der Verletzung öffentlich-rechtlicher Pflichten, die nicht auf einem öffentlich-rechtlichen Vertrag beruhen, ist der ordentliche Rechtsweg gegeben; dies gilt nicht für Streitigkeiten über das Bestehen und die Höhe eines Ausgleichsanspruchs im Rahmen des Artikels 14 Abs. 1 Satz 2 des Grundgesetzes. [2]Die besonderen Vorschriften des Beamtenrechts sowie über den Rechtsweg bei Ausgleich von Vermögensnachteilen wegen Rücknahme rechtswidriger Verwaltungsakte bleiben unberührt.

§ 41
(weggefallen)

§ 42

(1) Durch Klage kann die Aufhebung eines Verwaltungsakts (Anfechtungsklage) sowie die Verurteilung zum Erlass eines abgelehnten oder unterlassenen Verwaltungsakts (Verpflichtungsklage) begehrt werden.
(2) Soweit gesetzlich nichts anderes bestimmt ist, ist die Klage nur zulässig, wenn der Kläger geltend macht, durch den Verwaltungsakt oder seine Ablehnung oder Unterlassung in seinen Rechten verletzt zu sein.

§ 43

(1) Durch Klage kann die Feststellung des Bestehens oder Nichtbestehens eines Rechtsverhältnisses oder der Nichtigkeit eines Verwaltungsakts begehrt werden, wenn der Kläger ein berechtigtes Interesse an der baldigen Feststellung hat (Feststellungsklage).
(2) [1]Die Feststellung kann nicht begehrt werden, soweit der Kläger seine Rechte durch Gestaltungs- oder Leistungsklage verfolgen kann oder hätte verfolgen können. [2]Dies gilt nicht, wenn die Feststellung der Nichtigkeit eines Verwaltungsakts begehrt wird.

§ 44

Mehrere Klagebegehren können vom Kläger in einer Klage zusammen verfolgt werden, wenn sie sich gegen denselben Beklagten richten, im Zusammenhang stehen und dasselbe Gericht zuständig ist.

§ 44a

[1]Rechtsbehelfe gegen behördliche Verfahrenshandlungen können nur gleichzeitig mit den gegen die Sachentscheidung zulässigen Rechtsbehelfen geltend gemacht werden. [2]Dies gilt nicht, wenn behördliche Verfahrenshandlungen vollstreckt werden können oder gegen einen Nichtbeteiligten ergehen.

§ 45

Das Verwaltungsgericht entscheidet im ersten Rechtszug über alle Streitigkeiten, für die der Verwaltungsrechtsweg offensteht.

§ 46

Das Oberverwaltungsgericht entscheidet über das Rechtsmittel

1. der Berufung gegen Urteile des Verwaltungsgerichts und
2. der Beschwerde gegen andere Entscheidungen des Verwaltungsgerichts.

§ 47

(1) Das Oberverwaltungsgericht entscheidet im Rahmen seiner Gerichtsbarkeit auf Antrag über die Gültigkeit

1. von Satzungen, die nach den Vorschriften des Baugesetzbuchs erlassen worden sind, sowie von Rechtsverordnungen auf Grund des § 246 Abs. 2 des Baugesetzbuchs
2. von anderen im Rang unter dem Landesgesetz stehenden Rechtsvorschriften, sofern das Landesrecht dies bestimmt.

(2) [1]Den Antrag kann jede natürliche oder juristische Person, die geltend macht, durch die Rechtsvorschrift oder deren Anwendung in ihren Rechten verletzt zu sein oder in absehbarer Zeit verletzt zu werden, sowie jede Behörde innerhalb eines Jahres nach Bekanntmachung der Rechtsvorschrift stellen. [2]Er ist gegen die Körperschaft, Anstalt oder Stiftung zu richten, welche die Rechtsvorschrift erlassen hat. [3]Das Oberverwaltungsgericht kann dem Land und anderen juristischen Personen des öffentlichen Rechts, deren Zuständigkeit durch die Rechtsvorschrift berührt wird, Gelegenheit zur Äußerung binnen einer zu bestimmenden Frist geben. [4]§ 65 Abs. 1 und 4 und § 66 sind entsprechend anzuwenden.

(3) Das Oberverwaltungsgericht prüft die Vereinbarkeit der Rechtsvorschrift mit Landesrecht nicht, soweit gesetzlich vorgesehen ist, dass die Rechtsvorschrift ausschließlich durch das Verfassungsgericht eines Landes nachprüfbar ist.

(4) Ist ein Verfahren zur Überprüfung der Gültigkeit der Rechtsvorschrift bei einem Verfassungsgericht anhängig, so kann das Oberverwaltungsgericht anordnen, dass die Verhandlung bis zur Erledigung des Verfahrens vor dem Verfassungsgericht auszusetzen sei.

(5) [1]Das Oberverwaltungsgericht entscheidet durch Urteil oder, wenn es eine mündliche Verhandlung nicht für erforderlich hält, durch Beschluss. [2]Kommt das Oberverwaltungsgericht zu der Überzeugung, dass die Rechtsvorschrift ungültig ist, so erklärt es sie für unwirksam; in diesem Fall ist die Entscheidung allgemein verbindlich und die Entscheidungsformel vom Antragsgegner ebenso zu veröffentlichen wie die Rechtsvorschrift bekanntzumachen wäre. [3]Für die Wirkung der Entscheidung gilt § 183 entsprechend.

(6) Das Gericht kann auf Antrag eine einstweilige Anordnung erlassen, wenn dies zur Abwehr schwerer Nachteile oder aus anderen wichtigen Gründen dringend geboten ist.

§ 48

(1) [1]Das Oberverwaltungsgericht entscheidet im ersten Rechtszug über sämtliche Streitigkeiten, die betreffen

1. die Errichtung, den Betrieb, die sonstige Innehabung, die Veränderung, die Stilllegung, den sicheren Einschluss und den Abbau von Anlagen im Sinne der §§ 7 und 9a Abs. 3 des Atomgesetzes,

1a. das Bestehen und die Höhe von Ausgleichsansprüchen auf Grund der §§ 7e und 7f des Atomgesetzes,

2. die Bearbeitung, Verarbeitung und sonstige Verwendung von Kernbrennstoffen außerhalb von Anlagen der in

§ 7 des Atomgesetzes bezeichneten Art (§ 9 des Atomgesetzes) und die wesentliche Abweichung oder die wesentliche Veränderung im Sinne des § 9 Abs. 1 Satz 2 des Atomgesetzes sowie die Aufbewahrung von Kernbrennstoffen außerhalb der staatlichen Verwahrung (§ 6 des Atomgesetzes),

3. die Errichtung, den Betrieb und die Änderung von Kraftwerken mit Feuerungsanlagen für feste, flüssige und gasförmige Brennstoffe mit einer Feuerungswärmeleistung von mehr als dreihundert Megawatt,

3a. die Errichtung, den Betrieb und die Änderung von Anlagen zur Nutzung von Windenergie an Land mit einer Gesamthöhe von mehr als 50 Metern sowie Anlagen von Windenergie auf See im Küstenmeer,

3b. die Errichtung, den Betrieb und die Änderung von Kraft-Wärme-Kopplungsanlagen im Sinne des Kraft-Wärme-Kopplungsgesetzes ab einer Feuerungswärmeleistung von 50 Megawatt,

4. Planfeststellungsverfahren gemäß § 43 des Energiewirtschaftsgesetzes, soweit nicht die Zuständigkeit des Bundesverwaltungsgerichts nach § 50 Absatz 1 Nummer 6 begründet ist,

4a. Planfeststellungs- oder Plangenehmigungsverfahren für die Errichtung, den Betrieb und die Änderung von Einrichtungen nach § 66 Absatz 1 des Windenergie-auf-See-Gesetzes, soweit nicht die Zuständigkeit des Bundesverwaltungsgerichts nach § 50 Absatz 1 Nummer 6 begründet ist,

5. Verfahren für die Errichtung, den Betrieb und die wesentliche Änderung von ortsfesten Anlagen zur Verbrennung oder thermischen Zersetzung von Abfällen mit einer jährlichen Durchsatzleistung (effektive Leistung) von mehr als einhunderttausend Tonnen und von ortsfesten Anlagen, in denen ganz oder teilweise Abfälle im Sinne des § 48 des Kreislaufwirtschaftsgesetzes gelagert oder abgelagert werden,

6. das Anlegen, die Erweiterung oder Änderung und den Betrieb von Verkehrsflughäfen und von Verkehrslandeplätzen mit beschränktem Bauschutzbereich,

7. Planfeststellungsverfahren für den Bau oder die Änderung der Strecken von Straßenbahnen, Magnetschwebebahnen und von öffentlichen Eisenbahnen sowie für den Bau oder die Änderung von Rangier- und Containerbahnhöfen,

8. Planfeststellungsverfahren für den Bau oder die Änderung von Bundesfernstraßen und Landesstraßen,

9. Planfeststellungsverfahren für den Neubau oder den Ausbau von Bundeswasserstraßen,

10. Planfeststellungsverfahren für Maßnahmen des öffentlichen Küsten- oder Hochwasserschutzes,

11. Planfeststellungsverfahren nach § 68 Absatz 1 des Wasserhaushaltsgesetzes oder nach landesrechtlichen Vorschriften für die Errichtung, die Erweiterung oder die Änderung von Häfen, die für Wasserfahrzeuge mit mehr als 1 350 Tonnen Tragfähigkeit zugänglich sind, unbeschadet der Nummer 9,

12. Planfeststellungsverfahren nach § 68 Absatz 1 des Wasserhaushaltsgesetzes für die Errichtung, die Erweiterung oder die Änderung von Wasserkraftanlagen mit einer elektrischen Nettoleistung von mehr als 100 Megawatt,

12a. Gewässerbenutzungen im Zusammenhang mit der aufgrund des Kohleverstromungsbeendigungsgesetzes vorgesehenen Einstellung von Braunkohletagebauen,

12b. Planfeststellungsverfahren für Gewässerausbauten im Zusammenhang mit der aufgrund des Kohleverstromungsbeendigungsgesetzes vorgesehenen Einstellung von Braunkohletagebauen,

13. Planfeststellungsverfahren nach dem Bundesberggesetz,

14. Zulassungen von
    a) Rahmenbetriebsplänen,
    b) Hauptbetriebsplänen,
    c) Sonderbetriebsplänen und

d) Abschlussbetriebsplänen
sowie Grundabtretungsbeschlüsse, jeweils im Zusammenhang mit der aufgrund des Kohleverstromungsbeendigungsgesetzes vorgesehenen Einstellung von Braunkohletagebauen, und

15. Planfeststellungsverfahren nach § 65 Absatz 1 in Verbindung mit Anlage 1 Nummer 19.7 des Gesetzes über die Umweltverträglichkeitsprüfung für die Errichtung und den Betrieb oder die Änderung von Dampf- oder Warmwasserpipelines.

[2]Satz 1 gilt auch für Streitigkeiten über Genehmigungen, die anstelle einer Planfeststellung erteilt werden, sowie für Streitigkeiten über sämtliche für das Vorhaben erforderlichen Genehmigungen und Erlaubnisse, auch soweit sie Nebeneinrichtungen betreffen, die mit ihm in einem räumlichen und betrieblichen Zusammenhang stehen. [3]Die Länder können durch Gesetz vorschreiben, dass über Streitigkeiten, die Besitzeinweisungen in den Fällen des Satzes 1 betreffen, das Oberverwaltungsgericht im ersten Rechtszug entscheidet.

(2) Das Oberverwaltungsgericht entscheidet im ersten Rechtszug ferner über Klagen gegen die von einer obersten Landesbehörde nach § 3 Abs. 2 Nr. 1 des Vereinsgesetzes ausgesprochenen Vereinsverbote und nach § 8 Abs. 2 Satz 1 des Vereinsgesetzes erlassenen Verfügungen.

(3) Abweichend von § 21e Absatz 4 des Gerichtsverfassungsgesetzes soll das Präsidium des Oberverwaltungsgerichts anordnen, dass ein Spruchkörper, der in einem Verfahren nach Absatz 1 Satz 1 Nummer 3 bis 15 tätig geworden ist, für dieses nach einer Änderung der Geschäftsverteilung zuständig bleibt.

§ 49

Das Bundesverwaltungsgericht entscheidet über das Rechtsmittel

1. der Revision gegen Urteile des Oberverwaltungsgerichts nach § 132,
2. der Revision gegen Urteile des Verwaltungsgerichts nach §§ 134 und 135,
3. der Beschwerde nach § 99 Abs. 2 und § 133 Abs. 1 dieses Gesetzes sowie nach § 17a Abs. 4 Satz 4 des Gerichtsverfassungsgesetzes.

§ 50

(1) Das Bundesverwaltungsgericht entscheidet im ersten und letzten Rechtszug

1. über öffentlich-rechtliche Streitigkeiten nichtverfassungsrechtlicher Art zwischen dem Bund und den Ländern und zwischen verschiedenen Ländern,
2. über Klagen gegen die vom Bundesminister des Innern, für Bau und Heimat nach § 3 Abs. 2 Nr. 2 des Vereinsgesetzes ausgesprochenen Vereinsverbote und nach § 8 Abs. 2 Satz 1 des Vereinsgesetzes erlassenen Verfügungen,
3. über Streitigkeiten gegen Abschiebungsanordnungen nach § 58a des Aufenthaltsgesetzes und ihre Vollziehung sowie den Erlass eines Einreise- und Aufenthaltsverbots auf dieser Grundlage,
4. über Klagen, denen Vorgänge im Geschäftsbereich des Bundesnachrichtendienstes zugrunde liegen,
5. über Klagen gegen Maßnahmen und Entscheidungen nach § 12 Absatz 3a des Abgeordnetengesetzes, nach den Vorschriften des Elften Abschnitts des Abgeordnetengesetzes, nach § 6b des Bundesministergesetzes und nach § 7 des Gesetzes über die Rechtsverhältnisse der Parlamentarischen Staatssekretäre in Verbindung mit § 6b des Bundesministergesetzes,
6. über sämtliche Streitigkeiten, die Planfeststellungsverfahren und Plangenehmigungsverfahren für Vorhaben betreffen, die in dem Allgemeinen Eisenbahngesetz, dem Bundeswasserstraßengesetz, dem Energieleitungsausbaugesetz, dem Bundesbedarfsplangesetz, dem § 43e Absatz 4 des Energiewirtschaftsgesetzes, dem § 76 Absatz 1 des Windenergie-auf-See-Gesetzes oder dem Magnetschwebebahnplanungsgesetz bezeichnet sind, über sämtliche Streitigkeiten zu Verfahren im Sinne des § 17e Absatz 1 des Bun-

desfernstraßengesetzes, über sämtliche Streitigkeiten, die Vorhaben zur Errichtung und zur Anbindung von Terminals zum Import von Wasserstoff und Derivaten betreffen, sowie über die ihm nach dem LNG-Beschleunigungsgesetz zugewiesenen Verfahren,
7. über die ihm nach dem Energiesicherungsgesetz zugewiesenen Verfahren.

(2) In Verfahren nach Absatz 1 Nummer 6 ist § 48 Absatz 3 entsprechend anzuwenden.

(3) Hält das Bundesverwaltungsgericht nach Absatz 1 Nr. 1 eine Streitigkeit für verfassungsrechtlich, so legt es die Sache dem Bundesverfassungsgericht zur Entscheidung vor.

§ 51

(1) Ist gemäß § 5 Abs. 2 des Vereinsgesetzes das Verbot des Gesamtvereins an Stelle des Verbots eines Teilvereins zu vollziehen, so ist ein Verfahren über eine Klage dieses Teilvereins gegen das ihm gegenüber erlassene Verbot bis zum Erlass der Entscheidung über eine Klage gegen das Verbot des Gesamtvereins auszusetzen.

(2) Eine Entscheidung des Bundesverwaltungsgerichts bindet im Falle des Absatzes 1 die Oberverwaltungsgerichte.

(3) Das Bundesverwaltungsgericht unterrichtet die Oberverwaltungsgerichte über die Klage eines Vereins nach § 50 Abs. 1 Nr. 2.

§ 52

Für die örtliche Zuständigkeit gilt folgendes:

1. In Streitigkeiten, die sich auf unbewegliches Vermögen oder ein ortsgebundenes Recht oder Rechtsverhältnis beziehen, ist nur das Verwaltungsgericht örtlich zuständig, in dessen Bezirk das Vermögen oder der Ort liegt.
2. [1]Bei Anfechtungsklagen gegen den Verwaltungsakt einer Bundesbehörde oder einer bundesunmittelbaren Körperschaft, Anstalt oder Stiftung des öffentlichen Rechts ist das Verwaltungsgericht örtlich zuständig, in dessen Bezirk die Bundesbehörde, die Körperschaft, Anstalt oder Stiftung ihren Sitz hat, vorbehaltlich der Nummern 1 und 4. [2]Dies gilt auch bei Verpflichtungsklagen in den Fällen des Satzes 1. [3]In Streitigkeiten nach dem Asylgesetz ist jedoch das Verwaltungsgericht örtlich zuständig, in dessen Bezirk der Ausländer nach dem Asylgesetz seinen Aufenthalt zu nehmen hat; ist eine örtliche Zuständigkeit danach nicht gegeben, bestimmt sie sich nach Nummer 3. [4]Soweit ein Land, in dem der Ausländer seinen Aufenthalt zu nehmen hat, von der Möglichkeit nach § 83 Absatz 3 des Asylgesetzes Gebrauch gemacht hat, ist das Verwaltungsgericht örtlich zuständig, das nach dem Landesrecht für Streitigkeiten nach dem Asylgesetz betreffend den Herkunftsstaat des Ausländers zuständig ist. [5]Für Klagen gegen den Bund auf Gebieten, die in die Zuständigkeit der diplomatischen und konsularischen Auslandsvertretungen der Bundesrepublik Deutschland fallen, auf dem Gebiet der Visumangelegenheiten auch, wenn diese in die Zuständigkeit des Bundesamts für Auswärtige Angelegenheiten fallen, ist das Verwaltungsgericht örtlich zuständig, in dessen Bezirk die Bundesregierung ihren Sitz hat.
3. [1]Bei allen anderen Anfechtungsklagen vorbehaltlich der Nummern 1 und 4 ist das Verwaltungsgericht örtlich zuständig, in dessen Bezirk der Verwaltungsakt erlassen wurde. [2]Ist er von einer Behörde, deren Zuständigkeit sich auf mehrere Verwaltungsgerichtsbezirke erstreckt, oder von einer gemeinsamen Behörde mehrerer oder aller Länder erlassen, so ist das Verwaltungsgericht zuständig, in dessen Bezirk der Beschwerte seinen Sitz oder Wohnsitz hat. [3]Fehlt ein solcher innerhalb des Zuständigkeitsbereichs der Behörde, so bestimmt sich die Zuständigkeit nach Nummer 5. [4]Bei Anfechtungsklagen gegen Verwaltungsakte einer von den Ländern mit der Vergabe von Studienplätzen beauftragten Behörde ist jedoch das Verwaltungsgericht örtlich zuständig, in dessen Bezirk die Behörde ihren Sitz hat. [5]Dies gilt auch bei Ver-

pflichtungsklagen in den Fällen der Sätze 1, 2 und 4.

4. [1]Für alle Klagen aus einem gegenwärtigen oder früheren Beamten-, Richter-, Wehrpflicht-, Wehrdienst- oder Zivildienstverhältnis und für Streitigkeiten, die sich auf die Entstehung eines solchen Verhältnisses beziehen, ist das Verwaltungsgericht örtlich zuständig, in dessen Bezirk der Kläger oder Beklagte seinen dienstlichen Wohnsitz oder in Ermangelung dessen seinen Wohnsitz hat. [2]Hat der Kläger oder Beklagte keinen dienstlichen Wohnsitz oder keinen Wohnsitz innerhalb des Zuständigkeitsbereichs der Behörde, die den ursprünglichen Verwaltungsakt erlassen hat, so ist das Gericht örtlich zuständig, in dessen Bezirk diese Behörde ihren Sitz hat. [3]Die Sätze 1 und 2 gelten für Klagen nach § 79 des Gesetzes zur Regelung der Rechtsverhältnisse der unter Artikel 131 des Grundgesetzes fallenden Personen entsprechend.
5. In allen anderen Fällen ist das Verwaltungsgericht örtlich zuständig, in dessen Bezirk der Beklagte seinen Sitz, Wohnsitz oder in Ermangelung dessen seinen Aufenthalt hat oder seinen letzten Wohnsitz oder Aufenthalt hatte.

§ 53

(1) Das zuständige Gericht innerhalb der Verwaltungsgerichtsbarkeit wird durch das nächsthöhere Gericht bestimmt,

1. wenn das an sich zuständige Gericht in einem einzelnen Fall an der Ausübung der Gerichtsbarkeit rechtlich oder tatsächlich verhindert ist,
2. wenn es wegen der Grenzen verschiedener Gerichtsbezirke ungewiss ist, welches Gericht für den Rechtsstreit zuständig ist,
3. wenn der Gerichtsstand sich nach § 52 richtet und verschiedene Gerichte in Betracht kommen,
4. wenn verschiedene Gerichte sich rechtskräftig für zuständig erklärt haben,
5. wenn verschiedene Gerichte, von denen eines für den Rechtsstreit zuständig ist, sich rechtskräftig für unzuständig erklärt haben.

(2) Wenn eine örtliche Zuständigkeit nach § 52 nicht gegeben ist, bestimmt das Bundesverwaltungsgericht das zuständige Gericht.

(3) [1]Jeder am Rechtsstreit Beteiligte und jedes mit dem Rechtsstreit befasste Gericht kann das im Rechtszug höhere Gericht oder das Bundesverwaltungsgericht anrufen. [2]Das angerufene Gericht kann ohne mündliche Verhandlung entscheiden.

TEIL II
Verfahren

8. ABSCHNITT
Besondere Vorschriften für Anfechtungs- und Verpflichtungsklagen

§ 68

(1) [1]Vor Erhebung der Anfechtungsklage sind Rechtmäßigkeit und Zweckmäßigkeit des Verwaltungsakts in einem Vorverfahren nachzuprüfen. [2]Einer solchen Nachprüfung bedarf es nicht, wenn ein Gesetz dies bestimmt oder wenn

1. der Verwaltungsakt von einer obersten Bundesbehörde oder von einer obersten Landesbehörde erlassen worden ist, außer wenn ein Gesetz die Nachprüfung vorschreibt, oder
2. der Abhilfebescheid oder der Widerspruchsbescheid erstmalig eine Beschwer enthält.

(2) Für die Verpflichtungsklage gilt Absatz 1 entsprechend, wenn der Antrag auf Vornahme des Verwaltungsakts abgelehnt worden ist.

§ 69

Das Vorverfahren beginnt mit der Erhebung des Widerspruchs.

§ 70

(1) [1]Der Widerspruch ist innerhalb eines Monats, nachdem der Verwaltungsakt dem Beschwerten bekanntgegeben worden ist, schriftlich, in elektronischer Form nach § 3a Absatz 2 des Verwaltungsverfahrensgesetzes, schriftformersetzend nach § 3a Absatz 3 des Verwaltungsverfahrensgesetzes und § 9a Absatz 5 des Onlinezugangsgesetzes oder zur Niederschrift bei der Behörde zu erheben, die den Verwaltungsakt erlassen hat. [2]Die Frist wird auch durch Einlegung bei der Behörde, die den Widerspruchsbescheid zu erlassen hat, gewahrt.
(2) §§ 58 und 60 Abs. 1 bis 4 gelten entsprechend.

§ 71
Anhörung

Ist die Aufhebung oder Änderung eines Verwaltungsakts im Widerspruchsverfahren erstmalig mit einer Beschwer verbunden, soll der Betroffene vor Erlass des Abhilfebescheids oder des Widerspruchsbescheids gehört werden.

§ 72

Hält die Behörde den Widerspruch für begründet, so hilft sie ihm ab und entscheidet über die Kosten.

§ 73

(1) [1]Hilft die Behörde dem Widerspruch nicht ab, so ergeht ein Widerspruchsbescheid. [2]Diesen erlässt
1. die nächsthöhere Behörde, soweit nicht durch Gesetz eine andere höhere Behörde bestimmt wird,
2. wenn die nächsthöhere Behörde eine oberste Bundes- oder oberste Landesbehörde ist, die Behörde, die den Verwaltungsakt erlassen hat,
3. in Selbstverwaltungsangelegenheiten die Selbstverwaltungsbehörde, soweit nicht durch Gesetz anderes bestimmt wird.

[3]Abweichend von Satz 2 Nr. 1 kann durch Gesetz bestimmt werden, dass die Behörde, die den Verwaltungsakt erlassen hat, auch für die Entscheidung über den Widerspruch zuständig ist.
(2) [1]Vorschriften, nach denen im Vorverfahren des Absatzes 1 Ausschüsse oder Beiräte an die Stelle einer Behörde treten, bleiben unberührt. [2]Die Ausschüsse oder Beiräte können abweichend von Absatz 1 Nr. 1 auch bei der Behörde gebildet werden, die den Verwaltungsakt erlassen hat.
(3) [1]Der Widerspruchsbescheid ist zu begründen, mit einer Rechtsmittelbelehrung zu versehen und zuzustellen. [2]Zugestellt wird von Amts wegen nach den Vorschriften des Verwaltungszustellungsgesetzes. [3]Der Widerspruchsbescheid bestimmt auch, wer die Kosten trägt.

§ 74

(1) [1]Die Anfechtungsklage muss innerhalb eines Monats nach Zustellung des Widerspruchsbescheids erhoben werden. [2]Ist nach § 68 ein Widerspruchsbescheid nicht erforderlich, so muss die Klage innerhalb eines Monats nach Bekanntgabe des Verwaltungsakts erhoben werden.
(2) Für die Verpflichtungsklage gilt Absatz 1 entsprechend, wenn der Antrag auf Vornahme des Verwaltungsakts abgelehnt worden ist.

§ 75

[1]Ist über einen Widerspruch oder über einen Antrag auf Vornahme eines Verwaltungsakts ohne zureichenden Grund in angemessener Frist sachlich nicht entschieden worden, so ist die Klage abweichend von § 68 zulässig. [2]Die Klage kann nicht vor Ablauf von drei Monaten seit der Einlegung des Widerspruchs oder seit dem Antrag auf Vornahme des Verwaltungsakts erhoben werden, außer wenn wegen besonderer Umstände des Falles eine kürzere Frist geboten ist. [3]Liegt ein zureichender Grund dafür vor, dass über den Widerspruch noch nicht entschieden oder der beantragte Verwaltungsakt noch nicht erlassen

ist, so setzt das Gericht das Verfahren bis zum Ablauf einer von ihm bestimmten Frist, die verlängert werden kann, aus. [4]Wird dem Widerspruch innerhalb der vom Gericht gesetzten Frist stattgegeben oder der Verwaltungsakt innerhalb dieser Frist erlassen, so ist die Hauptsache für erledigt zu erklären.

§ 80

(1) [1]Widerspruch und Anfechtungsklage haben aufschiebende Wirkung. [2]Das gilt auch bei rechtsgestaltenden und feststellenden Verwaltungsakten sowie bei Verwaltungsakten mit Doppelwirkung (§ 80a).

(2) [1]Die aufschiebende Wirkung entfällt nur

1. bei der Anforderung von öffentlichen Abgaben und Kosten,
2. bei unaufschiebbaren Anordnungen und Maßnahmen von Polizeivollzugsbeamten,
3. in anderen durch Bundesgesetz oder für Landesrecht durch Landesgesetz vorgeschriebenen Fällen, insbesondere für Widersprüche und Klagen Dritter gegen Verwaltungsakte, die Investitionen oder die Schaffung von Arbeitsplätzen betreffen,

3a. für Widersprüche und Klagen Dritter gegen Verwaltungsakte, die die Zulassung von Vorhaben betreffend Bundesverkehrswege und Mobilfunknetze zum Gegenstand haben und die nicht unter Nummer 3 fallen,

4. in den Fällen, in denen die sofortige Vollziehung im öffentlichen Interesse oder im überwiegenden Interesse eines Beteiligten von der Behörde, die den Verwaltungsakt erlassen oder über den Widerspruch zu entscheiden hat, besonders angeordnet wird.

[2]Die Länder können auch bestimmen, dass Rechtsbehelfe keine aufschiebende Wirkung haben, soweit sie sich gegen Maßnahmen richten, die in der Verwaltungsvollstreckung durch die Länder nach Bundesrecht getroffen werden.

(3) [1]In den Fällen des Absatzes 2 Satz 1 Nummer 4 ist das besondere Interesse an der sofortigen Vollziehung des Verwaltungsakts schriftlich zu begründen. [2]Einer besonderen Begründung bedarf es nicht, wenn die Behörde bei Gefahr im Verzug, insbesondere bei drohenden Nachteilen für Leben, Gesundheit oder Eigentum vorsorglich eine als solche bezeichnete Notstandsmaßnahme im öffentlichen Interesse trifft.

(4) [1]Die Behörde, die den Verwaltungsakt erlassen oder über den Widerspruch zu entscheiden hat, kann in den Fällen des Absatzes 2 die Vollziehung aussetzen, soweit nicht bundesgesetzlich etwas anderes bestimmt ist. [2]Bei der Anforderung von öffentlichen Abgaben und Kosten kann sie die Vollziehung auch gegen Sicherheit aussetzen. [3]Die Aussetzung soll bei öffentlichen Abgaben und Kosten erfolgen, wenn ernstliche Zweifel an der Rechtmäßigkeit des angegriffenen Verwaltungsakts bestehen oder wenn die Vollziehung für den Abgaben- oder Kostenpflichtigen eine unbillige, nicht durch überwiegende öffentliche Interessen gebotene Härte zur Folge hätte.

(5) [1]Auf Antrag kann das Gericht der Hauptsache die aufschiebende Wirkung in den Fällen des Absatzes 2 Satz 1 Nummer 1 bis 3a ganz oder teilweise anordnen, im Falle des Absatzes 2 Satz 1 Nummer 4 ganz oder teilweise wiederherstellen. [2]Der Antrag ist schon vor Erhebung der Anfechtungsklage zulässig. [3]Ist der Verwaltungsakt im Zeitpunkt der Entscheidung schon vollzogen, so kann das Gericht die Aufhebung der Vollziehung anordnen. [4]Die Wiederherstellung der aufschiebenden Wirkung kann von der Leistung einer Sicherheit oder von anderen Auflagen abhängig gemacht werden. [5]Sie kann auch befristet werden.

(6) [1]In den Fällen des Absatzes 2 Satz 1 Nummer 1 ist der Antrag nach Absatz 5 nur zulässig, wenn die Behörde einen Antrag auf Aussetzung der Vollziehung ganz oder zum Teil abgelehnt hat. [2]Das gilt nicht, wenn

1. die Behörde über den Antrag ohne Mitteilung eines zureichenden Grundes in angemessener Frist sachlich nicht entschieden hat oder
2. eine Vollstreckung droht.

(7) [1]Das Gericht der Hauptsache kann Beschlüsse über Anträge nach Absatz 5 jeder-

zeit ändern oder aufheben. [2]Jeder Beteiligte kann die Änderung oder Aufhebung wegen veränderter oder im ursprünglichen Verfahren ohne Verschulden nicht geltend gemachter Umstände beantragen.
(8) In dringenden Fällen kann der Vorsitzende entscheiden.

§ 80b

(1) [1]Die aufschiebende Wirkung des Widerspruchs und der Anfechtungsklage endet mit der Unanfechtbarkeit oder, wenn die Anfechtungsklage im ersten Rechtszug abgewiesen worden ist, drei Monate nach Ablauf der gesetzlichen Begründungsfrist des gegen die abweisende Entscheidung gegebenen Rechtsmittels. [2]Dies gilt auch, wenn die Vollziehung durch die Behörde ausgesetzt oder die aufschiebende Wirkung durch das Gericht wiederhergestellt oder angeordnet worden ist, es sei denn, die Behörde hat die Vollziehung bis zur Unanfechtbarkeit ausgesetzt.
(2) Das Rechtsmittelgericht kann auf Antrag anordnen, dass die aufschiebende Wirkung fortdauert.
(3) § 80 Abs. 5 bis 8 und die §§ 80a und 80c gelten entsprechend.

§ 80c

(1) [1]In Verfahren nach § 48 Absatz 1 Satz 1 Nummer 3 bis 15 und § 50 Absatz 1 Nummer 6 gelten für die Anordnung oder Wiederherstellung der aufschiebenden Wirkung (§§ 80 und 80a) ergänzend die Absätze 2 bis 4. [2]Von Satz 1 ausgenommen sind in § 48 Absatz 1 Satz 1 Nummer 6 das Anlegen von Verkehrsflughäfen und von Verkehrslandeplätzen mit beschränktem Bauschutzbereich sowie in § 48 Absatz 1 Satz 1 Nummer 13 Planfeststellungsverfahren für Braunkohletagebaue.
(2) [1]Das Gericht kann einen Mangel des angefochtenen Verwaltungsaktes außer Acht lassen, wenn offensichtlich ist, dass dieser in absehbarer Zeit behoben sein wird. [2]Ein solcher Mangel kann insbesondere sein

1. eine Verletzung von Verfahrens- oder Formvorschriften oder
2. ein Mangel bei der Abwägung im Rahmen der Planfeststellung oder der Plangenehmigung.

[3]Das Gericht soll eine Frist zur Behebung des Mangels setzen. [4]Verstreicht die Frist, ohne dass der Mangel behoben worden ist, gilt § 80 Absatz 7 entsprechend. [5]Satz 1 gilt grundsätzlich nicht für Verfahrensfehler gemäß § 4 Absatz 1 des Umwelt-Rechtsbehelfsgesetzes.
(3) [1]Entscheidet das Gericht im Rahmen einer Vollzugsfolgenabwägung, soll es die Anordnung oder Wiederherstellung der aufschiebenden Wirkung in der Regel auf diejenigen Maßnahmen des angefochtenen Verwaltungsaktes beschränken, bei denen dies erforderlich ist, um anderenfalls drohende irreversible Nachteile zu verhindern. [2]Es kann die beschränkte Anordnung oder Wiederherstellung der aufschiebenden Wirkung von der Leistung einer Sicherheit durch den Begünstigten des angefochtenen Verwaltungsaktes abhängig machen.
(4) Das Gericht hat im Rahmen einer Vollzugsfolgenabwägung die Bedeutung von Vorhaben besonders zu berücksichtigen, wenn ein Bundesgesetz feststellt, dass diese im überragenden öffentlichen Interesse liegen.

10. ABSCHNITT
Urteile und andere Entscheidungen

§ 107

Über die Klage wird, soweit nichts anderes bestimmt ist, durch Urteil entschieden.

§ 108

(1) [1]Das Gericht entscheidet nach seiner freien, aus dem Gesamtergebnis des Verfahrens gewonnenen Überzeugung. [2]In dem Urteil sind die Gründe anzugeben, die für die richterliche Überzeugung leitend gewesen sind.
(2) Das Urteil darf nur auf Tatsachen und Beweisergebnisse gestützt werden, zu denen die Beteiligten sich äußern konnten.

§ 109

Über die Zulässigkeit der Klage kann durch Zwischenurteil vorab entschieden werden.

§ 110

Ist nur ein Teil des Streitgegenstands zur Entscheidung reif, so kann das Gericht ein Teilurteil erlassen.

§ 111

[1]Ist bei einer Leistungsklage ein Anspruch nach Grund und Betrag streitig, so kann das Gericht durch Zwischenurteil über den Grund vorab entscheiden. [2]Das Gericht kann, wenn der Anspruch für begründet erklärt ist, anordnen, dass über den Betrag zu verhandeln ist.

§ 112

Das Urteil kann nur von den Richtern und ehrenamtlichen Richtern gefällt werden, die an der dem Urteil zugrunde liegenden Verhandlung teilgenommen haben.

§ 113

(1) [1]Soweit der Verwaltungsakt rechtswidrig und der Kläger dadurch in seinen Rechten verletzt ist, hebt das Gericht den Verwaltungsakt und den etwaigen Widerspruchsbescheid auf. [2]Ist der Verwaltungsakt schon vollzogen, so kann das Gericht auf Antrag auch aussprechen, dass und wie die Verwaltungsbehörde die Vollziehung rückgängig zu machen hat. [3]Dieser Ausspruch ist nur zulässig, wenn die Behörde dazu in der Lage und diese Frage spruchreif ist. [4]Hat sich der Verwaltungsakt vorher durch Zurücknahme oder anders erledigt, so spricht das Gericht auf Antrag durch Urteil aus, dass der Verwaltungsakt rechtswidrig gewesen ist, wenn der Kläger ein berechtigtes Interesse an dieser Feststellung hat.

(2) [1]Begehrt der Kläger die Änderung eines Verwaltungsakts, der einen Geldbetrag festsetzt oder eine darauf bezogene Feststellung trifft, kann das Gericht den Betrag in anderer Höhe festsetzen oder die Feststellung durch eine andere ersetzen. [2]Erfordert die Ermittlung des festzusetzenden oder festzustellenden Betrags einen nicht unerheblichen Aufwand, kann das Gericht die Änderung des Verwaltungsakts durch Angabe der zu Unrecht berücksichtigten oder nicht berücksichtigten tatsächlichen oder rechtlichen Verhältnisse so bestimmen, dass die Behörde den Betrag auf Grund der Entscheidung errechnen kann. [3]Die Behörde teilt den Beteiligten das Ergebnis der Neuberechnung unverzüglich formlos mit; nach Rechtskraft der Entscheidung ist der Verwaltungsakt mit dem geänderten Inhalt neu bekanntzugeben.

(3) [1]Hält das Gericht eine weitere Sachaufklärung für erforderlich, kann es, ohne in der Sache selbst zu entscheiden, den Verwaltungsakt und den Widerspruchsbescheid aufheben, soweit nach Art oder Umfang die noch erforderlichen Ermittlungen erheblich sind und die Aufhebung auch unter Berücksichtigung der Belange der Beteiligten sachdienlich ist. [2]Auf Antrag kann das Gericht bis zum Erlass des neuen Verwaltungsakts eine einstweilige Regelung treffen, insbesondere bestimmen, dass Sicherheiten geleistet werden oder ganz oder zum Teil bestehen bleiben und Leistungen zunächst nicht zurückgewährt werden müssen. [3]Der Beschluss kann jederzeit geändert oder aufgehoben werden. [4]Eine Entscheidung nach Satz 1 kann nur binnen sechs Monaten seit Eingang der Akten der Behörde bei Gericht ergehen.

(4) Kann neben der Aufhebung eines Verwaltungsakts eine Leistung verlangt werden, so ist im gleichen Verfahren auch die Verurteilung zur Leistung zulässig.

(5) [1]Soweit die Ablehnung oder Unterlassung des Verwaltungsakts rechtswidrig und der Kläger dadurch in seinen Rechten verletzt ist, spricht das Gericht die Verpflichtung der Verwaltungsbehörde aus, die beantragte Amtshandlung vorzunehmen, wenn die Sache spruchreif ist. [2]Andernfalls spricht es die Verpflichtung aus, den Kläger unter Beachtung der Rechtsauffassung des Gerichts zu bescheiden.

§ 114

[1]Soweit die Verwaltungsbehörde ermächtigt ist, nach ihrem Ermessen zu handeln, prüft das Gericht auch, ob der Verwaltungsakt oder die Ablehnung oder Unterlassung des Verwaltungsakts rechtswidrig ist, weil die gesetzlichen Grenzen des Ermessens überschritten sind oder von dem Ermessen in einer dem Zweck der Ermächtigung nicht entsprechenden Weise Gebrauch gemacht ist. [2]Die Verwaltungsbehörde kann ihre Ermessenserwägungen hinsichtlich des Verwaltungsaktes auch noch im verwaltungsgerichtlichen Verfahren ergänzen.

§ 115

§§ 113 und 114 gelten entsprechend, wenn nach § 79 Abs. 1 Nr. 2 und Abs. 2 der Widerspruchsbescheid Gegenstand der Anfechtungsklage ist.

§ 116

(1) [1]Das Urteil wird, wenn eine mündliche Verhandlung stattgefunden hat, in der Regel in dem Termin, in dem die mündliche Verhandlung geschlossen wird, verkündet, in besonderen Fällen in einem sofort anzuberaumenden Termin, der nicht über zwei Wochen hinaus angesetzt werden soll. [2]Das Urteil ist den Beteiligten zuzustellen.
(2) Statt der Verkündung ist die Zustellung des Urteils zulässig; dann ist das Urteil binnen zwei Wochen nach der mündlichen Verhandlung der Geschäftsstelle zu übermitteln.
(3) Entscheidet das Gericht ohne mündliche Verhandlung, so wird die Verkündung durch Zustellung an die Beteiligten ersetzt.

§ 117

(1) [1]Das Urteil ergeht «Im Namen des Volkes». [2]Es ist schriftlich abzufassen und von den Richtern, die bei der Entscheidung mitgewirkt haben, zu unterzeichnen. [3]Ist ein Richter verhindert, seine Unterschrift beizufügen, so wird dies mit dem Hinderungsgrund vom Vorsitzenden oder, wenn er verhindert ist, vom dienstältesten beisitzenden Richter unter dem Urteil vermerkt. [4]Der Unterschrift der ehrenamtlichen Richter bedarf es nicht.
(2) Das Urteil enthält
1. die Bezeichnung der Beteiligten, ihrer gesetzlichen Vertreter und der Bevollmächtigten nach Namen, Beruf, Wohnort und ihrer Stellung im Verfahren,
2. die Bezeichnung des Gerichts und die Namen der Mitglieder, die bei der Entscheidung mitgewirkt haben,
3. die Urteilsformel,
4. den Tatbestand,
5. die Entscheidungsgründe,
6. die Rechtsmittelbelehrung.

(3) [1]Im Tatbestand ist der Sach- und Streitstand unter Hervorhebung der gestellten Anträge seinem wesentlichen Inhalt nach gedrängt darzustellen. [2]Wegen der Einzelheiten soll auf Schriftsätze, Protokolle und andere Unterlagen verwiesen werden, soweit sich aus ihnen der Sach- und Streitstand ausreichend ergibt.
(4) [1]Ein Urteil, das bei der Verkündung noch nicht vollständig abgefasst war, ist vor Ablauf von zwei Wochen, vom Tag der Verkündung an gerechnet, vollständig abgefasst der Geschäftsstelle zu übermitteln. [2]Kann dies ausnahmsweise nicht geschehen, so ist innerhalb dieser zwei Wochen das von den Richtern unterschriebene Urteil ohne Tatbestand, Entscheidungsgründe und Rechtsmittelbelehrung der Geschäftsstelle zu übermitteln; Tatbestand, Entscheidungsgründe und Rechtsmittelbelehrung sind alsbald nachträglich niederzulegen, von den Richtern besonders zu unterschreiben und der Geschäftsstelle zu übermitteln.
(5) Das Gericht kann von einer weiteren Darstellung der Entscheidungsgründe absehen, soweit es der Begründung des Verwaltungsakts oder des Widerspruchsbescheids folgt und dies in seiner Entscheidung feststellt.
(6) [1]Der Urkundsbeamte der Geschäftsstelle hat auf dem Urteil den Tag der Zustellung und im Falle des § 116 Abs. 1 Satz 1 den Tag der Verkündung zu vermerken und diesen Vermerk zu unterschreiben. [2]Werden die Akten elektronisch geführt, hat der Urkundsbeamte der Geschäftsstelle den Vermerk in ei-

nem gesonderten Dokument festzuhalten. [3]Das Dokument ist mit dem Urteil untrennbar zu verbinden.

§ 118

(1) Schreibfehler, Rechenfehler und ähnliche offenbare Unrichtigkeiten im Urteil sind jederzeit vom Gericht zu berichtigen.
(2) [1]Über die Berichtigung kann ohne vorgängige mündliche Verhandlung entschieden werden. [2]Der Berichtigungsbeschluss wird auf dem Urteil und den Ausfertigungen vermerkt. [3]Ist das Urteil elektronisch abgefasst, ist auch der Beschluss elektronisch abzufassen und mit dem Urteil untrennbar zu verbinden.

§ 119

(1) Enthält der Tatbestand des Urteils andere Unrichtigkeiten oder Unklarheiten, so kann die Berichtigung binnen zwei Wochen nach Zustellung des Urteils beantragt werden.
(2) [1]Das Gericht entscheidet ohne Beweisaufnahme durch Beschluss. [2]Der Beschluss ist unanfechtbar. [3]Bei der Entscheidung wirken nur die Richter mit, die beim Urteil mitgewirkt haben. [4]Ist ein Richter verhindert, so entscheidet bei Stimmengleichheit die Stimme des Vorsitzenden. [5]Der Berichtigungsbeschluss wird auf dem Urteil und den Ausfertigungen vermerkt. [6]Ist das Urteil elektronisch abgefasst, ist auch der Beschluss elektronisch abzufassen und mit dem Urteil untrennbar zu verbinden.

§ 120

(1) Wenn ein nach dem Tatbestand von einem Beteiligten gestellter Antrag oder die Kostenfolge bei der Entscheidung ganz oder zum Teil übergangen ist, so ist auf Antrag das Urteil durch nachträgliche Entscheidung zu ergänzen.
(2) Die Entscheidung muss binnen zwei Wochen nach Zustellung des Urteils beantragt werden.
(3) [1]Die mündliche Verhandlung hat nur den nicht erledigten Teil des Rechtsstreits zum Gegenstand. [2]Von der Durchführung einer mündlichen Verhandlung kann abgesehen werden, wenn mit der Ergänzung des Urteils nur über einen Nebenanspruch oder über die Kosten entschieden werden soll und wenn die Bedeutung der Sache keine mündliche Verhandlung erfordert.

§ 121

Rechtskräftige Urteile binden, soweit über den Streitgegenstand entschieden worden ist,
1. die Beteiligten und ihre Rechtsnachfolger und
2. im Fall des § 65 Abs. 3 die Personen, die einen Antrag auf Beiladung nicht oder nicht fristgemäß gestellt haben.

§ 122

(1) §§ 88, 108 Abs. 1 Satz 1, §§ 118, 119 und 120 gelten entsprechend für Beschlüsse.
(2) [1]Beschlüsse sind zu begründen, wenn sie durch Rechtsmittel angefochten werden können oder über einen Rechtsbehelf entscheiden. [2]Beschlüsse über die Aussetzung der Vollziehung (§§ 80, 80a) und über einstweilige Anordnungen (§ 123) sowie Beschlüsse nach Erledigung des Rechtsstreits in der Hauptsache (§ 161 Abs. 2) sind stets zu begründen. [3]Beschlüsse, die über ein Rechtsmittel entscheiden, bedürfen keiner weiteren Begründung, soweit das Gericht das Rechtsmittel aus den Gründen der angefochtenen Entscheidung als unbegründet zurückweist.

11. ABSCHNITT
Einstweilige Anordnung

§ 123

(1) [1]Auf Antrag kann das Gericht, auch schon vor Klageerhebung, eine einstweilige Anordnung in Bezug auf den Streitgegenstand treffen, wenn die Gefahr besteht, dass durch eine Veränderung des bestehenden Zustands die Verwirklichung eines Rechts des Antragstellers vereitelt oder wesentlich erschwert werden könnte. [2]Einstweilige Anordnungen

sind auch zur Regelung eines vorläufigen Zustands in Bezug auf ein streitiges Rechtsverhältnis zulässig, wenn diese Regelung, vor allem bei dauernden Rechtsverhältnissen, um wesentliche Nachteile abzuwenden oder drohende Gewalt zu verhindern oder aus anderen Gründen nötig erscheint.

(2) [1]Für den Erlass einstweiliger Anordnungen ist das Gericht der Hauptsache zuständig. [2]Dies ist das Gericht des ersten Rechtszugs und, wenn die Hauptsache im Berufungsverfahren anhängig ist, das Berufungsgericht. [3]§ 80 Abs. 8 ist entsprechend anzuwenden.

(3) Für den Erlass einstweiliger Anordnungen gelten §§ 920, 921, 923, 926, 928 bis 932, 938, 939, 941 und 945 der Zivilprozessordnung entsprechend.

(4) Das Gericht entscheidet durch Beschluss.

(5) Die Vorschriften der Absätze 1 bis 3 gelten nicht für die Fälle der §§ 80 und 80a.

Landesrecht

Verfassung
des Freistaates Sachsen
Vom 27. Mai 1992 (SächsGVBl. S. 243), die durch das Gesetz vom 11. Juli 2013 (SächsGVBl. S. 502) geändert worden ist

– Fassung ab 1. Januar 2014 –

– Auszüge –

1. ABSCHNITT
Die Grundlagen des Staates

Artikel 1
[Verfassungsgrundsätze]

[1]Der Freistaat Sachsen ist ein Land der Bundesrepublik Deutschland. [2]Er ist ein demokratischer, dem Schutz der natürlichen Lebensgrundlagen und der Kultur verpflichteter sozialer Rechtsstaat.

Artikel 3
[Ausübung und Teilung der Staatsgewalt]

(1) [1]Alle Staatsgewalt geht vom Volk aus. [2]Sie wird vom Volk in Wahlen und Abstimmungen sowie durch besondere Organe der Gesetzgebung, der vollziehenden Gewalt und der Rechtsprechung ausgeübt.
(2) [1]Die Gesetzgebung steht dem Landtag oder unmittelbar dem Volk zu. [2]Die vollziehende Gewalt liegt in der Hand von Staatsregierung und Verwaltung. [3]Die Rechtsprechung wird durch unabhängige Richter ausgeübt.
(3) Die Gesetzgebung ist an die verfassungsmäßige Ordnung, die vollziehende Gewalt und die Rechtsprechung sind an Gesetz und Recht gebunden.

2. ABSCHNITT
Die Grundrechte

Artikel 14
[Menschenwürde]

(1) [1]Die Würde des Menschen ist unantastbar. [2]Sie zu achten und zu schützen ist Verpflichtung aller staatlichen Gewalt.
(2) Die Unantastbarkeit der Würde des Menschen ist Quelle aller Grundrechte.

Artikel 15
[Allgemeine Handlungsfreiheit]

Jeder Mensch hat das Recht auf die freie Entfaltung seiner Persönlichkeit, soweit er nicht die Rechte anderer verletzt und nicht gegen die verfassungsmäßige Ordnung oder das Sittengesetz verstößt.

Artikel 16
[Recht auf Leben und körperliche Unversehrtheit, Freiheit der Person]

(1) [1]Jeder Mensch hat das Recht auf Leben und körperliche Unversehrtheit. [2]Die Freiheit der Person ist unverletzlich. [3]In diese Rechte darf nur auf Grund eines Gesetzes eingegriffen werden.
(2) Niemand darf grausamer, unmenschlicher oder erniedrigender Behandlung oder Strafe und ohne seine freiwillige und ausdrückliche Zustimmung wissenschaftlichen oder anderen Experimenten unterworfen werden.

Artikel 17
[Rechtsgarantien bei Freiheitsentziehung]

(1) [1]Die Freiheit der Person kann nur auf Grund eines förmlichen Gesetzes und nur unter Beachtung der darin vorgeschriebenen Formen beschränkt werden. [2]Die betroffene Person muß unverzüglich über die Gründe der Freiheitsbeschränkung unterrichtet werden.
(2) [1]Über die Zulässigkeit und Fortdauer einer Freiheitsentziehung hat nur der Richter zu entscheiden. [2]Bei jeder nicht auf richterlicher Anordnung beruhenden Freiheitsentziehung ist unverzüglich eine richterliche Entscheidung herbeizuführen. [3]Die Polizei darf aus eigener Machtvollkommenheit niemanden länger als bis zum Ende des Tages nach dem Ergreifen in eigenem Gewahrsam halten. [4]Das Nähere bestimmt ein Gesetz.
(3) [1]Jede wegen des Verdachtes einer strafbaren Handlung vorläufig festgenommene Person ist spätestens am Tag nach der Festnahme dem Richter vorzuführen, der ihr die Gründe der Festnahme mitzuteilen, sie zu vernehmen und ihr Gelegenheit zu Einwendungen zu geben hat. [2]Der Richter hat unverzüglich entweder einen mit Gründen versehenen schriftlichen Haftbefehl zu erlassen oder die Freilassung anzuordnen.
(4) Von jeder richterlichen Entscheidung über die Anordnung oder Fortdauer einer Freiheitsentziehung ist unverzüglich eine Vertrauensperson oder ein Familienmitglied der festgehaltenen Person zu benachrichtigen.

Artikel 18
[Gleichheitsgrundsatz]

(1) Alle Menschen sind vor dem Gesetz gleich.
(2) Frauen und Männer sind gleichberechtigt.
(3) Niemand darf wegen seines Geschlechtes, seiner Abstammung, seiner Rasse, seiner Sprache, seiner Heimat und Herkunft, seines Glaubens, seiner religiösen oder politischen Anschauungen benachteiligt oder bevorzugt werden.

Artikel 19
[Glaubens-, Gewissens- und Bekenntnisfreiheit]

(1) Die Freiheit des Glaubens, des Gewissens und die Freiheit des religiösen und weltanschaulichen Bekenntnisses sind unverletzlich.
(2) Die ungestörte Religionsausübung wird gewährleistet.

Artikel 20
[Meinungs-, Presse- und Rundfunkfreiheit]

(1) [1]Jede Person hat das Recht, ihre Meinung in Wort, Schrift und Bild frei zu äußern und zu verbreiten und sich aus allgemein zugänglichen Quellen ungehindert zu unterrichten. [2]Die Pressefreiheit und die Freiheit der Berichterstattung durch Rundfunk und Film werden gewährleistet. [3]Eine Zensur findet nicht statt.
(2) Unbeschadet des Rechtes, Rundfunk in privater Trägerschaft zu betreiben, werden Bestand und Entwicklung des öffentlichrechtlichen Rundfunks gewährleistet.
(3) Diese Rechte finden ihre Schranken in den Vorschriften der allgemeinen Gesetze, den gesetzlichen Bestimmungen zum Schutz der Jugend und in dem Recht der persönlichen Ehre.

Artikel 21
[Kunst- und Wissenschaftsfreiheit]

[1]Kunst und Wissenschaft, Forschung und Lehre sind frei. [2]Die Freiheit der Lehre entbindet nicht von der Treue zur Verfassung.

Artikel 22
[Schutz von Ehe und Familie]

(1) Ehe und Familie stehen unter dem besonderen Schutz des Landes.
(2) Wer in häuslicher Gemeinschaft Kinder erzieht oder für Hilfsbedürftige sorgt, verdient Förderung und Entlastung.
(3) [1]Pflege und Erziehung der Kinder sind das natürliche Recht der Eltern und die zuerst ih-

nen obliegende Pflicht. [2]Über ihre Betätigung wacht das Land.
(4) Gegen den Willen der Erziehungsberechtigten dürfen Kinder nur auf Grund eines Gesetzes von der Familie getrennt werden, wenn die Erziehungsberechtigten versagen oder wenn die Kinder aus anderen Gründen zu verwahrlosen drohen.
(5) Jede Mutter hat Anspruch auf den Schutz und die Fürsorge der Gemeinschaft.

Artikel 23
[Versammlungsfreiheit]

(1) Alle haben das Recht, sich ohne Anmeldung oder Erlaubnis friedlich und ohne Waffen zu versammeln.
(2) Für Versammlungen unter freiem Himmel kann dieses Recht durch Gesetz oder auf Grund eines Gesetzes beschränkt werden.

Artikel 24
[Vereinigungsfreiheit]

(1) Alle Bürger haben das Recht, Vereinigungen zu bilden.
(2) Vereinigungen, deren Zwecke oder deren Tätigkeit den Strafgesetzen zuwiderlaufen oder die sich gegen die verfassungsmäßige Ordnung oder gegen den Gedanken der Völkerverständigung richten, sind verboten.

Artikel 25
[Koalitionsfreiheit]

[1]Das Recht, zur Wahrung und Förderung der Arbeits- und Wirtschaftsbedingungen Vereinigungen zu bilden, ist für jede Person und für alle Berufe gewährleistet. [2]Abreden, die dieses Recht einschränken oder zu behindern suchen, sind nichtig; hierauf gerichtete Maßnahmen sind rechtswidrig.

Artikel 26
[Mitbestimmung in Betrieben und Dienststellen]

[1]In Betrieben, Dienststellen und Einrichtungen des Landes sind Vertretungsorgane der Beschäftigten zu bilden. [2]Diese haben nach Maßgabe der Gesetze das Recht auf Mitbestimmung.

Artikel 27
[Brief-, Post- und Fernmeldegeheimnis]

(1) Das Briefgeheimnis sowie das Post- und Fernmeldegeheimnis sind unverletzlich.
(2) [1]Beschränkungen dürfen nur auf Grund eines Gesetzes angeordnet werden. [2]Dient die Beschränkung dem Schutz der freiheitlichen demokratischen Grundordnung oder des Bestandes oder der Sicherung des Bundes oder eines Landes, so kann das Gesetz bestimmen, dass sie dem Betroffenen nicht mitgeteilt wird und dass an die Stelle des Rechtsweges die Nachprüfung durch von der Volksvertretung bestellte Organe und Hilfsorgane tritt. [3]Für diesen Fall ist vorzusehen, dass die Beschränkungsmaßnahmen dem Betroffenen nach ihrem Abschluss mitzuteilen sind, wenn eine Gefährdung des Zweckes der Beschränkung ausgeschlossen werden kann.

Artikel 28
[Berufsfreiheit]

(1) [1]Beruf und Arbeitsplatz können frei gewählt werden, soweit Bundesrecht nicht entgegensteht. [2]Die Berufsausübung kann durch Gesetz oder auf Grund eines Gesetzes geregelt werden.
(2) Erwerbsmäßige Kinderarbeit ist grundsätzlich verboten.
(3) Niemand darf zu einer bestimmten Arbeit gezwungen werden, außer im Rahmen einer herkömmlichen allgemeinen, für alle gleichen öffentlichen Dienstleistungspflicht.

Artikel 29
[Ausbildungs- und Bildungsfreiheit]

(1) Alle Bürger haben das Recht, die Ausbildungsstätte frei zu wählen.
(2) Alle Bürger haben das Recht auf gleichen Zugang zu den öffentlichen Bildungseinrichtungen.

Artikel 30
[Unverletzlichkeit der Wohnung]

(1) Die Wohnung ist unverletzlich.
(2) Durchsuchungen dürfen nur durch den Richter, bei Gefahr im Verzug auch durch die in den Gesetzen vorgesehenen anderen Organe angeordnet und nur in der dort vorgeschriebenen Form durchgeführt werden.
(3) Eingriffe und Beschränkungen dürfen im Übrigen nur zur Abwehr einer gemeinen Gefahr oder einer Lebensgefahr für einzelne Personen, auf Grund eines Gesetzes auch zur Verhütung dringender Gefahren für die öffentliche Sicherheit und Ordnung, insbesondere zur Behebung der Raumnot, zur Bekämpfung von Seuchengefahr oder zum Schutz gefährdeter Jugendlicher vorgenommen werden.

Artikel 31
[Eigentum und Erbrecht]

(1) [1]Das Eigentum und das Erbrecht werden gewährleistet. [2]Inhalt und Schranken werden durch die Gesetze bestimmt.
(2) [1]Eigentum verpflichtet. [2]Sein Gebrauch soll zugleich dem Wohl der Allgemeinheit dienen, insbesondere die natürlichen Lebensgrundlagen schonen.

Artikel 32
[Enteignung, Überführung in Gemeinwirtschaft]

(1) [1]Eine Enteignung ist nur zum Wohl der Allgemeinheit zulässig. [2]Sie darf nur durch Gesetz oder auf Grund eines Gesetzes erfolgen, das Art und Ausmaß der Entschädigung regelt.
(2) Grund und Boden, Naturschätze und Produktionsmittel können zum Zweck der Vergesellschaftung durch ein Gesetz, das Art und Ausmaß der Entschädigung regelt, in Gemeineigentum oder in andere Formen der Gemeinwirtschaft überführt werden.
(3) Die Entschädigung ist unter gerechter Abwägung der Interessen der Allgemeinheit und der Beteiligten zu bestimmen.

Artikel 33
[Recht auf Datenschutz]

[1]Jeder Mensch hat das Recht, über die Erhebung, Verwendung und Weitergabe seiner personenbezogenen Daten selbst zu bestimmen. [2]Sie dürfen ohne freiwillige und ausdrückliche Zustimmung der berechtigten Person nicht erhoben, gespeichert, verwendet oder weitergegeben werden. [3]In dieses Recht darf nur durch Gesetz oder auf Grund eines Gesetzes eingegriffen werden.

Artikel 34
[Auskunft über Umweltdaten]

Jede Person hat das Recht auf Auskunft über die Daten, welche die natürliche Umwelt in ihrem Lebensraum betreffen, soweit sie durch das Land erhoben oder gespeichert worden sind und soweit nicht Bundesrecht, rechtlich geschützte Interessen Dritter oder überwiegende Belange der Allgemeinheit entgegenstehen.

Artikel 35
[Petitionsrecht]

[1]Jede Person hat das Recht, sich einzeln oder in Gemeinschaft mit anderen schriftlich mit Bitten oder Beschwerden an die zuständigen Stellen und an die Volksvertretung zu wenden. [2]Es besteht Anspruch auf begründeten Bescheid in angemessener Frist.

Artikel 36
[Grundrechtsbindung der staatlichen Gewalt]

Die in dieser Verfassung niedergelegten Grundrechte binden Gesetzgebung, vollziehende Gewalt und Rechtsprechung als unmittelbar geltendes Recht.

Artikel 37
[Einschränkung von Grundrechten]

(1) [1]Soweit nach dieser Verfassung ein Grundrecht durch Gesetz oder auf Grund eines Gesetzes eingeschränkt werden kann, muss

das Gesetz allgemein und nicht nur für den Einzelfall gelten. [2]Außerdem muss das Gesetz das Grundrecht unter Angabe des Artikels nennen.

(2) In keinem Fall darf ein Grundrecht in seinem Wesensgehalt angetastet werden.

(3) Die Grundrechte gelten auch für juristische Personen mit Sitz innerhalb der Bundesrepublik Deutschland, soweit sie ihrem Wesen nach auf diese anwendbar sind.

Artikel 38
[Rechtsweggarantie]

[1]Wird jemand durch die öffentliche Gewalt in seinen Rechten verletzt, so steht ihm der Rechtsweg offen. [2]Soweit eine andere Zuständigkeit nicht begründet ist, ist der ordentliche Rechtsweg gegeben. [3]Artikel 27 Absatz 2 Satz 2 bleibt unberührt.

Gesetz
über die Aufgaben, Befugnisse, Datenverarbeitung und Organisation des Polizeivollzugsdienstes im Freistaat Sachsen (Sächsisches Polizeivollzugsdienstgesetz – SächsPVDG)[1, 2]

Vom 11. Mai 2019 (SächsGVBl. S. 358), das durch das Gesetz vom 5. Juli 2024 (SächsGVBl. S. 595) geändert worden ist

– Fassung ab 30. Juli 2024 –

INHALTSÜBERSICHT

1 Erlassen als Artikel 1 des Gesetzes zur Neustrukturierung des Polizeirechtes des Freistaates Sachsen (d. Red.)
2 Dieses Gesetz dient der Umsetzung der Richtlinie (EU) 2016/680 des Europäischen Parlaments und des Rates vom 27. April 2016 zum Schutz natürlicher Personen bei der Verarbeitung personenbezogener Daten durch die zuständigen Behörden zum Zwecke der Verhütung, Ermittlung, Aufdeckung oder Verfolgung von Straftaten oder der Strafvollstreckung sowie zum freien Datenverkehr und zur Aufhebung des Rahmenbeschlusses 2008/977/JI des Rates (ABl. L 119 vom 4.5.2016, S. 89, L 127 vom 23.5.2018, S. 9).

TEIL 1
Allgemeines

§ 1
Anwendungsbereich

[1]Die Vorschriften dieses Gesetzes finden Anwendung für die Erfüllung von Aufgaben des Polizeivollzugsdienstes nach § 2 im Freistaat Sachsen. [2]Polizei im Sinne dieses Gesetzes ist der Polizeivollzugsdienst mit den Bediensteten, die Aufgaben des Polizeivollzugs wahrnehmen.

§ 2
Aufgaben der Polizei

(1) [1]Die Polizei hat die Aufgabe, Gefahren für die öffentliche Sicherheit oder Ordnung abzuwehren (Gefahrenabwehr). [2]Sie schützt die freiheitliche demokratische Grundordnung und gewährleistet die ungehinderte Ausübung der Grundrechte und der staatsbürgerlichen Rechte. [3]Die Polizei hat im Rahmen dieser Aufgabe auch zu erwartende Straftaten zu verhindern und vorbeugend zu bekämpfen. [4]Die Polizei hat ferner Vorbereitungen zu treffen, um künftige Gefahren abwehren zu können.
(2) Der Schutz privater Rechte obliegt der Polizei nach diesem Gesetz nur auf Antrag der berechtigten Person, wenn gerichtlicher Schutz nicht rechtzeitig zu erlangen ist und ohne polizeiliche Hilfe die Verwirklichung des Rechts vereitelt oder wesentlich erschwert würde.
(3) Die Polizei wird in Erfüllung der Aufgabe der Gefahrenabwehr außer in den Fällen des Absatzes 1 Satz 3 nur tätig, soweit die Gefahrenabwehr durch die Polizeibehörden gemäß § 1 Absatz 1 des Sächsischen Polizeibehördengesetzes vom 11. Mai 2019 (SächsGVBl. S. 358, 389), in der jeweils geltenden Fassung, nicht oder nicht rechtzeitig möglich erscheint.
(4) Die Polizei leistet anderen Behörden und Gerichten Vollzugshilfe.
(5) Die Polizei hat ferner die ihr durch andere Rechtsvorschriften zugewiesenen Aufgaben zu erfüllen.

§ 3
Tätigwerden für andere Stellen

[1]Ist zur Wahrnehmung einer polizeilichen Aufgabe im Sinne des § 2 Absatz 1 nach gesetzlicher Vorschrift eine andere Stelle zuständig und erscheint deren rechtzeitiges Tätigwerden bei Gefahr im Verzug nicht erreichbar, hat die Polizei die notwendigen vorläufigen Maßnahmen zu treffen. [2]Die zuständige Stelle ist unverzüglich zu unterrichten.

§ 4
Begriffsbestimmungen

Im Sinne der nachfolgenden Vorschriften bedeutet:
1. öffentliche Sicherheit: die Unverletzlichkeit der Rechtsordnung, der subjektiven Rechte und Rechtsgüter einzelner Personen sowie des Bestandes, der Einrichtungen und Veranstaltungen des Staates oder sonstiger Träger der Hoheitsgewalt;
2. öffentliche Ordnung: die Gesamtheit der im Rahmen der verfassungsmäßigen Ordnung liegenden ungeschriebenen Regeln für das Verhalten von Personen in der Öffentlichkeit, deren Beachtung nach den jeweils herrschenden Anschauungen als unerlässliche Voraussetzung eines geordneten Zusammenlebens betrachtet wird;
3. a) Gefahr: eine Sachlage, bei der im Einzelfall die hinreichende Wahrscheinlichkeit besteht, dass in absehbarer

Zeit ein Schaden für die öffentliche Sicherheit oder Ordnung eintreten wird;
b) gegenwärtige Gefahr: eine Sachlage, bei der das schädigende Ereignis bereits begonnen hat oder unmittelbar oder in allernächster Zeit mit einer an Sicherheit grenzenden Wahrscheinlichkeit bevorsteht;
c) erhebliche Gefahr: eine Sachlage, bei der im Einzelfall die hinreichende Wahrscheinlichkeit besteht, dass in absehbarer Zeit ein Schaden für ein bedeutsames Rechtsgut, wie Bestand oder Sicherheit des Bundes oder eines Landes, Leben, Gesundheit, Freiheit einer Person oder bedeutende Sach- und Vermögenswerte, eintritt;
d) dringende Gefahr: eine im Hinblick auf das Ausmaß des zu erwartenden Schadens und die Wahrscheinlichkeit des Schadenseintritts erhöhte Gefahr;
e) Gefahr für die Gesundheit: eine Sachlage, bei der die Herbeiführung beziehungsweise die Steigerung eines pathologischen Zustandes droht;
f) Gefahr für Leib oder Leben: eine Sachlage, bei der eine nicht nur leichte Körperverletzung oder der Tod einzutreten droht;
g) Gefahr einer schwerwiegenden Verletzung der körperlichen Unversehrtheit: eine Sachlage, bei der im Einzelfall die hinreichende Wahrscheinlichkeit besteht, dass in absehbarer Zeit eine schwere Körperverletzung (§ 226 des Strafgesetzbuches) einzutreten droht;
h) abstrakte Gefahr: eine Sachlage, bei der nach allgemeiner Lebenserfahrung oder den Erkenntnissen fachkundiger Stellen mit hinreichender Wahrscheinlichkeit typischerweise Gefahren für ein polizeiliches Schutzgut entstehen;
i) Abwehr einer Gefahr: auch die Beseitigung einer Störung, wenn der Eintritt weiteren Schadens für ein polizeiliches Schutzgut droht;

4. Straftat von erheblicher Bedeutung:
   a) Verbrechen und
   b) Vergehen, die im Einzelfall nach Art und Schwere geeignet sind, den Rechtsfrieden besonders zu stören, soweit sie
      aa) sich gegen Leib, Leben oder Freiheit einer Person richten,
      bb) auf den Gebieten des unerlaubten Waffen- oder Betäubungsmittelverkehrs, der Geld- und Wertzeichenfälschung (§§ 146 bis 152b des Strafgesetzbuches), der Vorteilsannahme oder Vorteilsgewährung und der Bestechlichkeit oder Bestechung (§§ 331 bis 335 des Strafgesetzbuches) oder des Staatsschutzes (§§ 74a und 120 des Gerichtsverfassungsgesetzes in der Fassung der Bekanntmachung vom 9. Mai 1975 [BGBl. I S. 1077], das zuletzt durch Artikel 1 des Gesetzes vom 12. Juli 2018 [BGBl. I S. 1151] geändert worden ist, in der jeweils geltenden Fassung) begangen werden oder
      cc) gewerbs-, gewohnheits-, serien- oder bandenmäßig oder sonst organisiert begangen werden;
5. terroristische Straftat:
   a) eine Straftat nach § 129a des Strafgesetzbuches,
   b) eine Straftat nach § 129b des Strafgesetzbuches, soweit sich dieser auf § 129a des Strafgesetzbuches bezieht, und
   c) die in § 129a Absatz 1 und 2 Nummer 2 bis 5 des Strafgesetzbuches bezeichneten Straftaten, sofern die Begehung der Straftat dazu bestimmt ist,
      aa) die Bevölkerung auf erhebliche Weise einzuschüchtern,
      bb) eine Behörde oder eine internationale Organisation rechtswidrig mit Gewalt oder durch Drohung mit Gewalt zu nötigen oder
      cc) die politischen, verfassungsrechtlichen, wirtschaftlichen oder

sozialen Grundstrukturen eines Staates, eines Landes oder einer internationalen Organisation zu beseitigen oder erheblich zu beeinträchtigen;

die Straftat muss durch die Art ihrer Begehung oder durch ihre Auswirkungen einen Staat, ein Land oder eine internationale Organisation erheblich schädigen können;

6. Ordnungswidrigkeiten von erheblicher Bedeutung: Ordnungswidrigkeiten, bei deren Begehung ein Schaden für ein bedeutsames Rechtsgut, wie Bestand oder Sicherheit des Bundes oder eines Landes, Leben, Gesundheit, Freiheit einer Person oder bedeutende Sach- und Vermögenswerte, zu befürchten ist oder wenn die Vorschrift ein sonst bedeutsames Interesse der Allgemeinheit schützt;
7. Informationssystem: ein Verarbeitungssystem, in dem die Polizei zur Erfüllung von Aufgaben personenbezogene Daten ganz oder teilweise automatisiert verarbeitet oder nichtautomatisiert verarbeitet, soweit die Daten in einem Dateisystem gespeichert sind;
8. Kontakt- und Begleitperson: eine Person, die mit einer anderen Person, bei der Tatsachen die Annahme rechtfertigen, dass sie Straftaten von erheblicher Bedeutung begehen wird, nicht nur flüchtig oder in zufälligem Kontakt steht und Tatsachen die Annahme rechtfertigen, dass
   a) sie von der Vorbereitung einer solchen Straftat Kenntnis hat,
   b) sie aus der Tat Vorteile zieht oder
   c) die andere Person sich ihrer zur Begehung der Straftat bedienen könnte.

§ 5
Grundsatz der Verhältnismäßigkeit

(1) [1]Die zu treffende Maßnahme muss geeignet sein. [2]Die Maßnahme ist geeignet, wenn anzunehmen ist, dass sie den erstrebten Erfolg herbeiführt oder zumindest fördert.
(2) Von mehreren möglichen und geeigneten Maßnahmen hat die Polizei diejenige zu treffen, die die einzelne Person und die Allgemeinheit voraussichtlich am wenigsten beeinträchtigt.
(3) [1]Die Maßnahme muss angemessen sein. [2]Sie darf nicht zu einem Nachteil führen, der zu dem angestrebten Erfolg erkennbar außer Verhältnis steht.
(4) Die Maßnahme ist nur solange zulässig, bis ihr Zweck erreicht ist oder sich zeigt, dass er nicht erreicht werden kann.
(5) Soweit das Erfordernis besteht, mehrere Maßnahmen gegen eine Person zu treffen, müssen die Maßnahmen auch in ihrer Gesamtwirkung verhältnismäßig im Sinne der Absätze 1 bis 4 sein.

§ 6
Verantwortlichkeit für eigenes oder fremdes Verhalten

(1) Verursacht eine Person eine Gefahr, sind die Maßnahmen gegen sie zu richten.
(2) [1]Ist die Person noch nicht 14 Jahre alt, können Maßnahmen auch gegen die aufsichtspflichtige Person gerichtet werden. [2]Ist für die Person eine Betreuerin oder ein Betreuer bestellt, kann die Polizei ihre Maßnahme auch gegenüber der Betreuerin oder dem Betreuer im Rahmen des Aufgabenkreises, für den die Bestellung besteht, treffen.
(3) Verursacht eine Person, die zu einer Verrichtung bestellt ist, die Gefahr in Ausführung der Verrichtung, können Maßnahmen auch gegen die Person gerichtet werden, die zu der Verrichtung bestellt hat.

§ 7
Verantwortlichkeit für Tiere und den Zustand von Sachen[3]

(1) [1]Geht von einem Tier oder einer Sache eine Gefahr aus, sind die Maßnahmen gegen den Inhaber der tatsächlichen Gewalt zu richten. [2]Die nachfolgenden für Sachen geltenden Vorschriften sind auch auf Tiere anzuwenden.

3 Anm. der Hrsg.: § 90a BGB: Tiere sind keine Sachen. Sie werden durch besondere Gesetze geschützt. Auf sie sind die für Sachen geltenden Vorschriften entsprechend anzuwenden, soweit nicht etwas anderes bestimmt ist.

(2) [1]Maßnahmen können auch gegen den Eigentümer oder andere Berechtigte gerichtet werden. [2]Dies gilt nicht, wenn der Inhaber der tatsächlichen Gewalt diese ohne den Willen des Eigentümers oder anderer berechtigter Personen ausübt.
(3) Geht die Gefahr von einer herrenlosen Sache aus, können Maßnahmen gegen denjenigen gerichtet werden, der das Eigentum an der Sache aufgegeben hat.

§ 8
Unmittelbare Ausführung einer Maßnahme

(1) [1]Die Polizei kann eine Maßnahme selbst oder durch einen beauftragten Dritten unmittelbar ausführen, wenn der Zweck der Maßnahme durch Inanspruchnahme der Verantwortlichen nach § 6 oder § 7 nicht oder nicht rechtzeitig erreicht werden kann. [2]Die von der Maßnahme betroffene Person ist unverzüglich zu unterrichten.
(2) Für die unmittelbare Ausführung einer Maßnahme nach Absatz 1 erhebt die Polizei von den Verantwortlichen nach den §§ 6 und 7 Kosten (Gebühren und Auslagen).

§ 9
Inanspruchnahme nicht verantwortlicher Personen

(1) Die Polizei kann Maßnahmen gegen andere Personen als die Verantwortlichen nach § 6 oder § 7 richten, wenn
1. eine gegenwärtige Gefahr abzuwehren ist,
2. Maßnahmen gegen die Verantwortlichen nach § 6 oder § 7 nicht oder nicht rechtzeitig möglich sind oder keinen Erfolg versprechen,
3. die Polizei die Gefahr nicht oder nicht rechtzeitig selbst oder durch beauftragte Dritte abwehren kann und
4. die Personen ohne erhebliche eigene Gefährdung und ohne Verletzung höherwertiger Pflichten in Anspruch genommen werden können.

(2) Die Maßnahmen dürfen nur aufrechterhalten werden, solange die Voraussetzungen des Absatzes 1 vorliegen.

§ 10
Einschränkung von Grundrechten

Auf Grund dieses Gesetzes können die Grundrechte auf
1. Leben und körperliche Unversehrtheit (Artikel 2 Absatz 2 Satz 1 des Grundgesetzes für die Bundesrepublik Deutschland, Artikel 16 Absatz 1 Satz 1 der Verfassung des Freistaates Sachsen),
2. Freiheit der Person (Artikel 2 Absatz 2 Satz 2 des Grundgesetzes für die Bundesrepublik Deutschland, Artikel 16 Absatz 1 Satz 2 der Verfassung des Freistaates Sachsen),
3. Wahrung des Brief-, Post- und Fernmeldegeheimnisses (Artikel 10 Absatz 1 des Grundgesetzes für die Bundesrepublik Deutschland, Artikel 27 Absatz 1 der Verfassung des Freistaates Sachsen),
4. Freizügigkeit (Artikel 11 Absatz 1 des Grundgesetzes für die Bundesrepublik Deutschland),
5. Versammlungsfreiheit (Artikel 8 Absatz 1 des Grundgesetzes für die Bundesrepublik Deutschland, Artikel 23 Absatz 1 der Verfassung des Freistaates Sachsen),
6. Unverletzlichkeit der Wohnung (Artikel 13 Absatz 1 des Grundgesetzes für die Bundesrepublik Deutschland, Artikel 30 Absatz 1 der Verfassung des Freistaates Sachsen) und
7. informationelle Selbstbestimmung (Artikel 33 der Verfassung des Freistaates Sachsen)

eingeschränkt werden.

§ 11
Ausweispflicht

[1]Auf Verlangen der betroffenen Person haben sich Polizeibedienstete bei der Ausübung ihrer Tätigkeit auszuweisen. [2]Dies gilt nicht, wenn die Umstände es nicht zulassen oder dadurch der Zweck der Maßnahme gefährdet wird.

TEIL 2
Allgemeine Befugnisse, Entschädigung

Abschnitt 1
Maßnahmen

§ 12
Allgemeine Befugnisse

(1) Die Polizei kann die notwendigen Maßnahmen treffen, um eine Gefahr für die öffentliche Sicherheit oder Ordnung abzuwehren, soweit die Befugnisse nicht besonders geregelt sind.
(2) [1]Zur Erfüllung von nach anderen Rechtsvorschriften zugewiesenen Aufgaben hat die Polizei die dort vorgesehenen Befugnisse. [2]Soweit diese Rechtsvorschriften keine Befugnisse regeln oder keine abschließenden Regelungen der Befugnisse enthalten, trifft die Polizei die notwendigen Maßnahmen zur Gefahrenabwehr nach diesem Gesetz.

§ 13
Befragung, Auskunftspflicht

(1) [1]Die Polizei kann eine Person befragen, wenn Tatsachen die Annahme rechtfertigen, dass die Person sachdienliche Angaben, die zur Erfüllung einer bestimmten polizeilichen Aufgabe erforderlich sind, machen kann. [2]Für die Dauer der Befragung kann die Person angehalten werden.
(2) Eine Person, deren Befragung nach Absatz 1 Satz 1 zulässig ist, ist verpflichtet, auf Verlangen ihren Namen, Vornamen, Tag und Ort der Geburt, Wohnanschrift und Staatsangehörigkeit anzugeben.
(3) [1]Eine über Absatz 2 hinausgehende Auskunftspflicht besteht, soweit dies zur Abwehr einer erheblichen Gefahr erforderlich ist. [2]In entsprechender Anwendung der §§ 52 bis 53a und 55 Absatz 1 der Strafprozessordnung ist die betroffene Person zur Verweigerung der Auskunft mit Ausnahme der Angaben nach Absatz 2 berechtigt. [3]Dies gilt nicht, soweit die Auskunft zur Abwehr einer Gefahr für Leben oder Freiheit einer Person oder einer erheblichen Gesundheitsgefahr zwingend erforderlich ist. [4]Geistliche sind auch in diesem Fall nicht verpflichtet, Auskunft über Tatsachen zu geben, die ihnen in ihrer seelsorgerischen Eigenschaft anvertraut wurden oder bekannt geworden sind. [5]Die weitere Verarbeitung von nach Satz 3 erhobenen Daten ist nur zu dem Zweck zulässig, zu dem die Daten erhoben wurden. [6]Die betroffene Person ist vor der Befragung über ihr Recht zur Verweigerung der Auskunft zu belehren.
(4) [1]Soweit eine Auskunftspflicht besteht, dürfen zur Herbeiführung einer Aussage nur die Zwangsmittel Zwangsgeld und Zwangshaft angewendet werden. [2]Die §§ 68a und 136a der Strafprozessordnung gelten entsprechend.

§ 14
Vorladung

(1) [1]Die Polizei kann eine Person schriftlich oder mündlich vorladen, wenn dies für ihre Befragung oder zur Durchführung erkennungsdienstlicher Maßnahmen erforderlich ist. [2]Bei der Vorladung ist deren Grund anzugeben. [3]Bei der Festsetzung des Zeitpunktes soll auf die beruflichen Verpflichtungen und die sonstigen Lebensverhältnisse der betroffenen Person Rücksicht genommen werden.
(2) Leistet die betroffene Person der Vorladung ohne hinreichenden Grund keine Folge, kann sie zwangsweise durchgesetzt werden, wenn
1. die Angaben zur Abwehr einer erheblichen Gefahr erforderlich sind oder
2. dies zur Durchführung erkennungsdienstlicher Maßnahmen erforderlich ist.

(3) Für die Entschädigung und Vergütung von Personen, die als Zeuginnen, Zeugen oder als Sachverständige herangezogen werden, gilt das Justizvergütungs- und -entschädigungsgesetz vom 5. Mai 2004 (BGBl. I S. 718, 776), das zuletzt durch Artikel 5 Absatz 2 des Gesetzes vom 11. Oktober 2016 (BGBl. I S. 2222) geändert worden ist, in der jeweils geltenden Fassung, entsprechend.

§ 15
Identitätsfeststellung, Prüfung von Berechtigungsscheinen

(1) [1]Die Polizei kann die Identität einer Person feststellen:
1. zur Abwehr einer Gefahr,
2. wenn sie sich an einem Ort aufhält, von dem auf Grund von Tatsachen anzunehmen ist, dass dort regelmäßig Personen Straftaten verabreden, vorbereiten oder verüben, sich unter Verstoß gegen Aufenthaltsanordnungen oder Kontaktverbote treffen oder sich dort Straftäter verbergen; dies gilt auch für Orte, an denen Personen der Prostitution nachgehen und durch gegen sie gerichtete Straftaten gefährdet sind,
3. wenn sie sich in einer Verkehrs- oder Versorgungsanlage oder -einrichtung, einem öffentlichen Verkehrsmittel, einem Amtsgebäude oder einem besonders gefährdeten Objekt oder in unmittelbarer Nähe hiervon aufhält und Tatsachen die Annahme rechtfertigen, dass in oder an Objekten dieser Art Straftaten begangen werden sollen,
4. stichprobenhaft zum Zweck der vorbeugenden Bekämpfung der grenzüberschreitenden Kriminalität im Grenzgebiet zur Republik Polen und zur Tschechischen Republik bis zu einer Tiefe von 30 Kilometern, darüber hinaus in öffentlichen Anlagen, Einrichtungen oder Verkehrsmitteln des internationalen Verkehrs oder in unmittelbarer Nähe hiervon, auf Bundesfernstraßen und auf anderen Straßen, soweit deren erhebliche Bedeutung für die grenzüberschreitende Kriminalität durch die Polizei vor der Durchführung der Maßnahme durch dokumentierte Erkenntnisse dargelegt und die Umsetzung in einem dienststellenübergreifenden Kontrollkonzept geregelt ist,
5. wenn sie an einer Kontrollstelle angetroffen wird, die von der Polizei eingerichtet worden ist, um Straftaten von erheblicher Bedeutung oder gemäß § 28 des Sächsischen Versammlungsgesetzes vom 25. Januar 2012 (SächsGVBl. S. 54), das zuletzt durch Artikel 7 des Gesetzes vom 11. Mai 2019 (SächsGVBl. S. 358) geändert worden ist, in der jeweils geltenden Fassung, zu verhindern,
6. wenn sie sich innerhalb eines Kontrollbereichs aufhält, der von der Polizei bestimmt worden ist, um Straftaten im Sinne des § 100a der Strafprozessordnung oder nach § 28 des Sächsischen Versammlungsgesetzes zu verhindern, da Tatsachen die Annahme rechtfertigen, dass dann dort Straftaten dieser Art bevorstehen; die Bestimmung eines Kontrollbereichs darf längstens für sieben Tage erfolgen, bedarf der Zustimmung des Staatsministeriums des Innern und der öffentlichen Bekanntgabe durch die anordnende Dienststelle; die öffentliche Bekanntgabe kann unterbleiben, wenn der Kontrollbereich nicht für länger als 48 Stunden bestimmt wird, sonst die Wahrnehmung der polizeilichen Aufgabe gefährdet wäre und besondere gebietsbezogene Maßnahmen zu dessen Abgrenzung vorgenommen werden,
7. wenn sie sich an Orten aufhält, für die durch Rechtsverordnung nach § 42 des Waffengesetzes vom 11. Oktober 2002 (BGBl. I S. 3970, 4592; 2003 I S. 1957), das zuletzt durch Artikel 1 des Gesetzes vom 30. Juni 2017 (BGBl. I S. 2133) geändert worden ist, in der jeweils geltenden Fassung, das Führen von Waffen im Sinne des § 1 Absatz 2 des Waffengesetzes verboten oder beschränkt worden ist oder
8. zum Schutz privater Rechte.

[2]Der betroffenen Person ist im Fall des Satzes 1 Nummer 2 auf Verlangen unverzüglich eine Bescheinigung über die Identitätsfeststellung und ihren Grund auszustellen.

(2) [1]Zur Feststellung der Identität kann die Polizei die erforderlichen Maßnahmen treffen. [2]Sie kann
1. die betroffene Person anhalten,
2. die betroffene Person nach ihren Personalien befragen,
3. verlangen, dass die betroffene Person mitgeführte Ausweispapiere zur Prüfung aushändigt,

4. die betroffene Person und von ihr mitgeführte Sachen nach Gegenständen durchsuchen, die zur Identitätsfeststellung dienen können,
5. die betroffene Person festhalten,
6. die betroffene Person zur Dienststelle bringen und
7. unter den Voraussetzungen des § 16 Absatz 2 Nummer 1 erkennungsdienstliche Maßnahmen durchführen.

[3]Maßnahmen nach Satz 2 Nummer 4 bis 6 dürfen nur getroffen werden, wenn die Identität auf andere Weise nicht oder nur unter erheblichen Schwierigkeiten festgestellt werden kann oder wenn tatsächliche Anhaltspunkte dafür bestehen, dass Angaben unrichtig sind.

(3) Die Polizei kann verlangen, dass ein Berechtigungsschein vorgezeigt und zur Prüfung ausgehändigt wird, wenn die betroffene Person auf Grund einer Rechtsvorschrift verpflichtet ist, diesen Berechtigungsschein mitzuführen.

§ 16
Erkennungsdienstliche Maßnahmen

(1) Erkennungsdienstliche Maßnahmen sind insbesondere
1. die Abnahme von Finger- und Handflächenabdrücken,
2. die Aufnahme von Lichtbildern,
3. die Feststellung äußerlicher körperlicher Merkmale sowie
4. Messungen und ähnliche Maßnahmen.

(2) Die Polizei kann erkennungsdienstliche Maßnahmen ohne Einwilligung der betroffenen Person vornehmen, wenn
1. eine nach § 15 Absatz 1 Satz 1 zulässige Identitätsfeststellung auf andere Weise nicht oder nur unter erheblichen Schwierigkeiten zuverlässig durchgeführt werden kann oder
2. dies zur vorbeugenden Bekämpfung von Straftaten erforderlich ist, weil die betroffene Person verdächtig ist, eine Tat begangen zu haben, die mit Strafe bedroht ist und wegen der Art und Ausführung der Tat die Gefahr der Wiederholung besteht.

(3) [1]Ist die Identität festgestellt oder der Verdacht entfallen und ist die weitere Aufbewahrung der erkennungsdienstlichen Unterlagen nicht nach anderen Rechtsvorschriften zulässig, sind diese zu vernichten. [2]Sind die Unterlagen an andere Stellen übermittelt worden, sind diese über die erfolgte Vernichtung zu unterrichten.

§ 17
Medizinische und molekulargenetische Untersuchungen

(1) [1]Zur Feststellung der Identität von unbekannten Toten oder von Personen, deren körperliche oder geistige Verfassung nicht nur vorübergehend beeinträchtigt ist und die deshalb nicht identifiziert werden können (unbekannte hilflose Personen), können
1. unbekannten Toten oder unbekannten hilflosen Personen Körperzellen entnommen werden und
2. Proben von Spurenmaterial von vermissten Personen genommen werden

und zum Zweck des Abgleichs molekulargenetische Untersuchungen erfolgen, soweit die Identitätsfeststellung auf andere Weise nicht möglich ist. [2]§ 81f Absatz 2 der Strafprozessordnung gilt entsprechend.

(2) [1]Die molekulargenetischen Untersuchungen sind auf die Feststellung des DNA-Identifizierungsmusters und des Geschlechts zu beschränken. [2]Entnommene Körperzellen sind unverzüglich zu vernichten, wenn sie für die Untersuchung nicht mehr benötigt werden. [3]Die DNA-Identifizierungsmuster können zum Zweck des Abgleichs gespeichert werden. [4]Sie sind unverzüglich zu löschen, wenn sie zur Identitätsfeststellung nicht mehr benötigt werden.

(3) Medizinische und molekulargenetische Untersuchungen bedürfen einer richterlichen Anordnung auf Antrag der Polizei.

§ 18
Platzverweisung

[1]Die Polizei kann zur Abwehr einer Gefahr für die öffentliche Sicherheit eine Person vorübergehend von einem Ort verweisen oder

ihr vorübergehend das Betreten eines Ortes verbieten (Platzverweisung). [2]Dies gilt insbesondere für Personen, die den Einsatz der Feuerwehr oder der Hilfs- und Rettungsdienste behindern.

§ 19 Wohnungsverweisung und Kontaktverbot

(1) Die Polizei kann eine Person für die Dauer von höchstens 14 Tagen aus ihrer Wohnung, einschließlich dem unmittelbar angrenzenden Bereich, verweisen (Wohnungsverweisung), ihr die Rückkehr in diesen Bereich untersagen und ein Kontaktverbot zur gefährdeten Person erteilen, wenn dies zur Abwehr einer von der zu verweisenden Person ausgehenden gegenwärtigen Gefahr für Leben, Gesundheit oder Freiheit für eine in derselben Wohnung lebende Person erforderlich ist.

(2) Die Polizei unterrichtet die gefährdete Person unverzüglich über die Dauer und den Umfang einer Maßnahme nach Absatz 1 sowie über Beratungsangebote und die Möglichkeit, Schutz nach dem Gewaltschutzgesetz vom 11. Dezember 2001 (BGBl. I S. 3513), das durch Artikel 4 des Gesetzes vom 1. März 2017 (BGBl. I S. 386) geändert worden ist, in der jeweils geltenden Fassung, zu beantragen.

(3) [1]Stellt die gefährdete Person während der Dauer der Maßnahme nach Absatz 1 einen Antrag nach dem Gewaltschutzgesetz, verlängert die Polizei auf Mitteilung der gefährdeten Person die Dauer der Maßnahme nach Absatz 1 um zehn Tage. [2]Absatz 2 gilt entsprechend. [3]Die Anordnung nach Absatz 1 wird mit dem Zeitpunkt der gerichtlichen Entscheidung oder des gerichtlichen Vergleichs unwirksam.

§ 20 Meldeauflage

(1) [1]Die Polizei kann gegenüber einer Person zum Zweck der Verhütung von Straftaten anordnen, sich an bestimmten Tagen zu bestimmten Zeiten bei näher zu bestimmenden Dienststellen zu melden (Meldeauflage), wenn Tatsachen die Annahme rechtfertigen, dass sie im Zusammenhang mit einem zeitlich oder örtlich begrenzten Geschehen innerhalb absehbarer Zeit eine ihrer Art nach konkretisierte Straftat begehen wird. [2]Soweit nicht die Erfüllung der polizeilichen Aufgabe erheblich erschwert oder gefährdet wird, sind die schutzwürdigen Belange Dritter und der betroffenen Person bei der Anordnung der Meldeauflage zu berücksichtigen.

(2) [1]Die Meldeauflage ist auf höchstens einen Monat zu befristen. [2]Eine Verlängerung um jeweils nicht mehr als einen Monat ist zulässig, soweit die Anordnungsvoraussetzungen fortbestehen. [3]Die Verlängerung darf nur durch das Amtsgericht angeordnet werden. [4]Die Anordnung sowie deren Verlängerung sind sofort vollziehbar.

§ 21 Aufenthaltsanordnung und Kontaktverbot[4]

(1) Die Polizei kann zum Zweck der Verhütung von Straftaten einer Person für höchstens drei Monate den Aufenthalt in einem Gemeindegebiet oder -gebietsteil untersagen, wenn Tatsachen die Annahme rechtfertigen, dass die Person dort innerhalb absehbarer Zeit eine ihrer Art nach konkretisierte Straftat von erheblicher Bedeutung begehen wird.

(2) Für die Dauer von höchstens zwei Monaten kann einer Person zum Zweck der Verhütung von Straftaten untersagt werden, sich ohne Erlaubnis der zuständigen Polizeidienststelle von ihrem Wohn- oder Aufenthaltsort oder aus einem bestimmten Bereich zu entfernen (Aufenthaltsgebot) oder sich in bestimmten Bereichen aufzuhalten (Aufenthaltsverbot), wenn

1. *Tatsachen die Annahme rechtfertigen, dass die betroffene Person innerhalb absehbarer Zeit eine ihrer Art nach konkretisierte Straftat gegen den Bestand oder die Sicherheit des Bundes oder eines Landes, Leben, Gesundheit oder Freiheit einer Person oder Sachen von*

4 § 21 Absatz 2 und Absatz 3: beachte die Entscheidung des Verfassungsgerichtshofs des Freistaates Sachsen vom 25. Januar 2024 (siehe unten Seite 206)

bedeutendem Wert, deren Erhaltung im öffentlichen Interesse geboten ist, begehen wird, oder

2. *das Verhalten der betroffenen Person die konkrete Wahrscheinlichkeit begründet, dass sie in überschaubarer Zukunft eine terroristische Straftat begehen wird.*

(3) Unter den Voraussetzungen des Absatzes 2 Nummer 1 oder Nummer 2 kann zum Zweck der Verhütung von Straftaten einer Person für höchstens zwei Monate auch der Kontakt mit bestimmten Personen oder Personen einer bestimmten Gruppe untersagt werden, bei denen Tatsachen die Annahme rechtfertigen, dass diese von der Vorbereitung der drohenden Straftat Kenntnis haben, diese aus der Tat Vorteile ziehen werden oder die Person sich ihrer zur Begehung bedienen wird (Kontaktverbot).

(4) [1]Maßnahmen nach den Absätzen 2 und 3 bedürfen der Anordnung durch das Amtsgericht. [2]Die Anordnung ist sofort vollziehbar. [3]Bei Gefahr im Verzug kann die Anordnung durch die Präsidentin oder den Präsidenten des Landeskriminalamtes oder einer Polizeidirektion oder durch von diesen hierzu beauftragte Bedienstete getroffen werden. [4]In diesem Fall ist die gerichtliche Entscheidung unverzüglich nachzuholen. [5]Soweit die Anordnung nicht binnen drei Tagen durch das Gericht bestätigt wird, tritt sie außer Kraft. [6]Die Maßnahme ist zu beenden, wenn die Bestätigung durch das Gericht abgelehnt wird.

(5) Im Antrag nach Absatz 4 Satz 1 sind anzugeben:

1. die Person, gegen die sich die Maßnahme richtet, mit Name und Anschrift,
2. Art, Umfang und Dauer der Maßnahme, einschließlich
   a) im Fall des Aufenthaltsgebots nach Absatz 2 eine Bezeichnung der Bereiche, von denen sich die Person ohne Erlaubnis der zuständigen Polizeidienststelle nicht entfernen, oder im Fall des Aufenthaltsverbots nach Absatz 2 eine Bezeichnung der Bereiche, an denen sich die Person ohne Erlaubnis der zuständigen Polizeidienststelle nicht aufhalten darf, und
   b) im Fall des Kontaktverbots nach Absatz 3 eine Bezeichnung der Personen oder der Gruppe, mit denen oder mit der der betroffenen Person der Kontakt untersagt ist, soweit möglich mit Name und Anschrift,
3. der Sachverhalt und
4. die Begründung.

(6) [1]Die Anordnung ergeht schriftlich. [2]In ihr sind anzugeben:

1. die Person, gegen die sich die Maßnahme richtet, mit Name und Anschrift,
2. Art, Umfang und Dauer der Maßnahme, einschließlich
   a) im Fall des Aufenthaltsgebots nach Absatz 2 eine Bezeichnung der Bereiche, von denen sich die Person ohne Erlaubnis der zuständigen Polizeidienststelle nicht entfernen, oder im Fall des Aufenthaltsverbots nach Absatz 2 eine Bezeichnung der Bereiche, an denen sich die Person ohne Erlaubnis der zuständigen Polizeidienststelle nicht aufhalten darf, und
   b) im Fall des Kontaktverbots nach Absatz 3 eine Bezeichnung der Personen oder der Gruppe, mit denen oder mit der der betroffenen Person der Kontakt untersagt ist, soweit möglich mit Name und Anschrift sowie
3. die wesentlichen Gründe.

(7) [1]Maßnahmen nach den Absätzen 1 bis 3 sind auf den zur Verhütung der Straftaten erforderlichen Umfang zu beschränken. [2]Sie dürfen nicht den freien Zu- oder Abgang zur oder von der Wohnung der betroffenen Person oder die Wahrnehmung anderer berechtigter Interessen beschränken. [3]Die Vorschriften des Versammlungsrechts bleiben unberührt. [4]Die Maßnahmen sind zu befristen. [5]Eine Verlängerung um jeweils nicht mehr als drei Monate ist möglich, soweit die Voraussetzungen fortbestehen. [6]Liegen die Voraussetzungen nicht mehr vor, ist die Maßnahme unverzüglich zu beenden.

(8) [1]Die Erforderlichkeit, die praktische Anwendung und die Auswirkungen der Maßnahmen nach den Absätzen 2 und 3 werden nach einem Erfahrungszeitraum von drei Jahren, spätestens jedoch zum 31. Dezember 2024, durch die Staatsregierung geprüft. [2]Die

Staatsregierung berichtet dem Landtag über das Ergebnis der Evaluierung.

§ 22 Gewahrsam

(1) Die Polizei kann eine Person in Gewahrsam nehmen, wenn

1. dies zum Schutz der Person gegen eine Gefahr für Leib oder Leben erforderlich ist, insbesondere weil die Person sich erkennbar in einem die freie Willensbestimmung ausschließenden Zustand oder sonst in hilfloser Lage befindet oder eine Selbsttötung droht,
2. dies unerlässlich ist, um die unmittelbar bevorstehende Begehung oder Fortsetzung einer Straftat oder einer Ordnungswidrigkeit von erheblicher Bedeutung zu verhindern,
3. dies unerlässlich ist, um vollziehbare Platzverweisungen, Aufenthaltsanordnungen, Kontaktverbote oder Wohnungsverweisungen durchzusetzen, oder
4. dies unerlässlich ist, um Maßnahmen der Identitätsfeststellung durchzuführen.

(2) [1]Die Polizei kann Minderjährige, die sich der Obhut der Sorgeberechtigten entzogen haben, in Gewahrsam nehmen, um sie den Sorgeberechtigten oder dem Jugendamt zuzuführen. [2]Gewahrsamsräume sind hierfür nicht zu nutzen.

(3) Die Polizei kann eine Person, die aus dem Vollzug von Gewahrsam, Festnahmen, angeordneter Haft, Freiheitsstrafe oder freiheitsentziehenden Maßregeln der Besserung und Sicherung entwichen ist oder sich sonst ohne Erlaubnis außerhalb einer Vollzugsanstalt befindet, vorläufig in Gewahrsam nehmen.

§ 23 Richterliche Entscheidung zum Gewahrsam

(1) [1]Nimmt die Polizei eine Person nach § 22 Absatz 1 oder Absatz 2 in Gewahrsam, hat sie unverzüglich eine richterliche Entscheidung über die Zulässigkeit und Fortdauer des Gewahrsams herbeizuführen. [2]Der Herbeiführung der richterlichen Entscheidung bedarf es nicht, wenn anzunehmen ist, dass die Entscheidung erst nach Wegfall des Grundes des Gewahrsams ergehen würde.

(2) [1]Für die Entscheidung ist das Amtsgericht zuständig, in dessen Bezirk die Person in Gewahrsam gehalten wird. [2]Für das Verfahren gelten die Vorschriften der Bücher 1 und 7 des Gesetzes über das Verfahren in Familiensachen und in den Angelegenheiten der freiwilligen Gerichtsbarkeit vom 17. Dezember 2008 (BGBl. I S. 2586, 2587), das zuletzt durch Artikel 13 des Gesetzes vom 18. Dezember 2018 (BGBl. I S. 2639) geändert worden ist, in der jeweils geltenden Fassung, entsprechend.

§ 24 Behandlung festgehaltener oder in Gewahrsam genommener Personen

(1) Wird eine Person gemäß § 14 Absatz 2 oder § 15 Absatz 2 Satz 2 Nummer 5, 6 oder 7 festgehalten oder nach § 22 in Gewahrsam genommen, sind ihr unverzüglich der Grund der Maßnahme und im Fall der Gewahrsamnahme der zulässige Rechtsbehelf bekanntzugeben sowie Gelegenheit zur Beiziehung eines Bevollmächtigten zu geben.

(2) [1]Der in Gewahrsam genommenen Person ist unverzüglich Gelegenheit zu geben, eine Angehörige oder einen Angehörigen oder eine Person ihres Vertrauens zu benachrichtigen, soweit dadurch der Zweck des Gewahrsams nicht gefährdet wird. [2]Die Polizei hat die Benachrichtigung zu übernehmen, wenn die in Gewahrsam genommene Person hierzu nicht in der Lage ist und die Benachrichtigung ihrem mutmaßlichen Willen nicht widerspricht. [3]Ist die in Gewahrsam genommene Person minderjährig oder ist für sie eine Betreuerin oder ein Betreuer bestellt, ist in jedem Fall unverzüglich eine sorgeberechtigte Person oder die Betreuerin oder der Betreuer zu benachrichtigen, es sei denn, der Aufgabenkreis der Betreuerin oder des Betreuers wird durch die Ingewahrsamnahme nicht berührt. [4]Ausländische Staatsangehörige sind darüber zu belehren, dass sie die Unterrichtung der konsularischen Vertretung

ihres Heimatstaates verlangen und dieser Mitteilungen zukommen lassen können.

(3) [1]Der in Gewahrsam genommenen Person dürfen nur solche Beschränkungen auferlegt werden, die der Zweck des Gewahrsams oder die Sicherheit oder Ordnung im Gewahrsam erfordern. [2]Sie ist getrennt von anderen in Gewahrsam genommenen Personen, insbesondere von Untersuchungs- und Strafgefangenen, unterzubringen, sofern die Umstände dies zulassen. [3]Gibt ihr Gesundheitszustand Anlass zu Besorgnis, ist eine ärztliche Untersuchung zu veranlassen.

§ 25
Datenerhebung durch den Einsatz technischer Mittel in polizeilichem Gewahrsam

(1) [1]Die Polizei kann in ihren Gewahrsamseinrichtungen durch den offenen Einsatz technischer Mittel Bilder übertragen, soweit Tatsachen die Annahme rechtfertigen, dass dies zum Schutz der in Gewahrsam genommenen Personen oder des zur Durchführung des Gewahrsams eingesetzten Personals oder zur Verhütung von Straftaten in polizeilich genutzten Einrichtungen erforderlich ist. [2]Aus Gewahrsamszellen ist im Einzelfall die Bildübertragung zulässig, soweit Tatsachen die Annahme rechtfertigen, dass dies zur Abwehr einer gegenwärtigen erheblichen Selbst- oder Fremdgefährdung erforderlich ist.

(2) [1]Der Schutz der Intimsphäre der in Gewahrsam genommenen Person ist zu wahren. [2]Bei der Bildübertragung aus Gewahrsamszellen soll die Überwachung nur durch Personen gleichen Geschlechts erfolgen; Abweichungen sind insbesondere zulässig, wenn die sofortige Überwachung nach den Umständen zum Schutz gegen eine Gefahr für Leib oder Leben erforderlich erscheint. [3]Die Datenerhebung ist durch ein optisches oder akustisches Signal anzuzeigen. [4]Die für den Einsatz der Bildübertragung maßgeblichen Gründe sind zu dokumentieren.

§ 26
Beendigung der Freiheitsentziehung

Die in Gewahrsam genommene Person ist zu entlassen:

1. sobald der Grund für die Maßnahme der Polizei entfallen ist,
2. wenn die Fortdauer der Freiheitsentziehung durch richterliche Entscheidung für unzulässig erklärt wird oder
3. spätestens bis zum Ende des Tages nach dem Ergreifen, wenn nicht vorher die Fortdauer der Freiheitsentziehung durch richterliche Entscheidung angeordnet wurde; in der richterlichen Entscheidung ist die höchstzulässige Dauer der Freiheitsentziehung zu bestimmen; sie darf im Fall von § 22 Absatz 1 Nummer 2 nicht mehr als 14 Tage und in den übrigen Fällen nicht mehr als drei Tage betragen.

§ 27
Durchsuchung und Untersuchung von Personen

(1) Die Polizei kann eine Person durchsuchen, wenn

1. sie nach diesem Gesetz oder anderen Rechtsvorschriften festgehalten oder in Gewahrsam genommen werden kann,
2. Tatsachen die Annahme rechtfertigen, dass sie Tiere oder Sachen mit sich führt, die nach § 31 sichergestellt werden dürfen,
3. sie sich erkennbar in einem die freie Willensbildung ausschließendem Zustand oder sonst in hilfloser Lage befindet und dies zur Feststellung und zur Abwehr einer sie betreffenden Gefahr erforderlich ist,
4. sie sich an einem Ort im Sinne des § 15 Absatz 1 Satz 1 Nummer 2 aufhält,
5. sie sich in einem Objekt im Sinne des § 15 Absatz 1 Satz 1 Nummer 3 oder in dessen unmittelbarer Nähe aufhält und Tatsachen die Annahme rechtfertigen, dass in oder an Objekten dieser Art Straftaten begangen werden sollen, oder

6. sie zur gezielten Kontrolle ausgeschrieben ist und die Maßnahme zur Verhütung der Straftat erforderlich ist.

(2) Die Polizei kann eine Person, deren Identität nach diesem Gesetz oder anderen Rechtsvorschriften festgestellt werden soll, nach Waffen, Sprengmitteln und anderen gefährlichen Werkzeugen durchsuchen, wenn dies nach den Umständen zur Sicherung eines Polizeibediensteten oder zum Schutz Dritter gegen eine Gefahr für Leben oder Gesundheit erforderlich erscheint.

(3) Personen dürfen nur von Personen gleichen Geschlechts, einer Ärztin oder einem Arzt durchsucht werden; dies gilt nicht, wenn die sofortige Durchsuchung nach den Umständen zum Schutz gegen eine Gefahr für Leib oder Leben erforderlich erscheint.

(4) [1]Die Polizei kann eine Person körperlich untersuchen lassen, wenn Tatsachen die Annahme rechtfertigen, dass von ihr eine Gefahr für Leib oder Leben einer anderen Person ausgegangen ist, weil es zu einer Übertragung besonders gefährlicher Krankheitserreger gekommen sein kann und die Kenntnis des Untersuchungsergebnisses zur Abwehr der Gefahr erforderlich ist. [2]Zu diesem Zweck sind Entnahmen von Blutproben oder andere, von der Intensität her vergleichbare körperliche Eingriffe, die von einer Ärztin oder einem Arzt nach den Regeln der ärztlichen Kunst zu Untersuchungszwecken vorgenommen werden, ohne Einwilligung der betroffenen Person zulässig, wenn kein Nachteil für deren Gesundheit zu befürchten ist. [3]Besonders gefährliche Krankheitserreger sind insbesondere der Hepatitis B-, C- oder D-Virus, der Humane Immundefizienz-Virus (HIV), der Rabiesvirus (Tollwut), der Marburg-Virus, der Ebola-Virus oder der SARS-Erreger.

(5) [1]Die körperliche Untersuchung bedarf der Anordnung durch das Amtsgericht. [2]Die Anordnung ist sofort vollziehbar. [3]Bei Gefahr im Verzug kann die Anordnung durch die Präsidentin oder den Präsidenten des Landeskriminalamtes oder einer Polizeidirektion oder durch von diesen hierzu beauftragte Bedienstete getroffen werden. [4]In diesem Fall ist die gerichtliche Entscheidung unverzüglich nachzuholen. [5]Die bei der Untersuchung gewonnenen Daten dürfen zu einem anderen Zweck nur zur Abwehr von schwerwiegenden Gesundheitsgefährdungen verwendet werden. [6]Sind die durch die Maßnahme erlangten personenbezogenen Daten nicht mehr erforderlich, sind sie unverzüglich zu löschen.

§ 28
Durchsuchung von Sachen

Die Polizei kann eine Sache durchsuchen, wenn

1. sie von einer Person mitgeführt wird, die nach § 27 durchsucht oder untersucht werden darf,
2. Tatsachen die Annahme rechtfertigen, dass sich in der Sache eine Person befindet, die
   a) in Gewahrsam genommen werden darf,
   b) widerrechtlich festgehalten wird oder
   c) sich in einem die freie Willensbildung ausschließenden Zustand oder sonst in hilfloser Lage befindet und für die dadurch eine Gefahr für Leib oder Leben besteht,
3. Tatsachen die Annahme rechtfertigen, dass sich in ihr Sachen oder Tiere befinden, die nach § 31 sichergestellt werden dürfen,
4. sie sich an einem Ort im Sinne des § 15 Absatz 1 Satz 1 Nummer 2 befindet,
5. sie sich in einem Objekt im Sinne des § 15 Absatz 1 Satz 1 Nummer 3 oder in dessen unmittelbarer Nähe befindet und Tatsachen die Annahme rechtfertigen, dass in oder an Objekten dieser Art Straftaten begangen werden sollen,
6. es sich um ein Land-, Wasser- oder Luftfahrzeug handelt, in dem sich eine Person befindet, deren Identität nach § 15 Absatz 1 Satz 1 Nummer 4, 5 oder Nummer 6 festgestellt werden darf oder die zur gezielten Kontrolle ausgeschrieben ist; die Durchsuchung kann sich auch auf die in diesem Fahrzeug enthaltenen oder mit dem Fahrzeug verbundenen Sachen erstrecken, oder

7. sie von einer Person mitgeführt wird, deren Identität nach § 15 Absatz 1 Satz 1 Nummer 4, 5 oder Nummer 6 festgestellt werden darf.

§ 29
Betreten und Durchsuchung von Wohnungen[5]

(1) [1]Die Polizei kann eine Wohnung ohne Einwilligung des Inhabers betreten und durchsuchen,

1. wenn Tatsachen die Annahme rechtfertigen, dass sich in ihr eine Person befindet, die nach § 14 Absatz 2 vorgeführt oder nach § 22 in Gewahrsam genommen werden darf,
2. wenn dies zur Abwehr einer gegenwärtigen Gefahr für Leib, Leben oder Freiheit einer Person oder für bedeutende Sach- oder Vermögenswerte erforderlich ist,
3. um eine mutmaßlich widerrechtlich festgehaltene Person aufzufinden, wenn ein Wohnungsinhaber wegen einer Straftat gegen Leib oder Leben, die Freiheit oder die sexuelle Selbstbestimmung verurteilt wurde, soweit wegen der Straftat noch eine Eintragung im Bundeszentralregister vorhanden ist, und wenn Tatsachen die Annahme rechtfertigen, dass ein über die räumliche Nähe zum Wohnort hinausgehender Bezug zwischen der Verurteilung des Wohnungsinhabers und dem Verschwinden der betreffenden Person besteht; das Gleiche gilt, wenn der Wohnungsinhaber wegen einer solchen Straftat nur deshalb nicht verurteilt worden ist, weil seine Schuldunfähigkeit erwiesen oder nicht auszuschließen war, oder
4. wenn Tatsachen die Annahme rechtfertigen, dass sich in ihr Sachen oder Tiere befinden, die nach § 31 sichergestellt werden dürfen.

[2]Die Wohnung umfasst die Wohn- und Nebenräume, Arbeits-, Betriebs- und Geschäftsräume, auch während der Geschäftszeiten, sowie anderes umfriedetes Besitztum.

(2) [1]Rechtfertigen Tatsachen die Annahme, dass sich in einem Gebäude oder einer Gebäudegruppe eine Person befindet, die widerrechtlich festgehalten wird oder hilflos ist und für die dadurch eine Gefahr für Leib oder Leben besteht, kann die Polizei Wohnungen in diesem Gebäude oder dieser Gebäudegruppe ohne Einwilligung der Inhaber betreten und durchsuchen, wenn die Gefahr auf andere Weise nicht beseitigt werden kann. [2]Durchsuchungen während der Nachtzeit sind nur zulässig, wenn sie zur Abwehr der Gefahren nach Satz 1 unumgänglich notwendig sind.

(3) [1]Während der Nachtzeit darf eine Wohnung nur in den Fällen des Absatzes 1 Satz 1 Nummer 2 und Absatz 4 betreten und durchsucht werden. [2]Diese Einschränkung gilt nicht, wenn von der Wohnung eine erhebliche, die Gesundheit Dritter beeinträchtigende Störung ausgeht. [3]Die Nachtzeit umfasst in dem Zeitraum vom 1. April bis 30. September die Stunden von 21.00 Uhr bis 4.00 Uhr und in dem Zeitraum vom 1. Oktober bis 31. März die Stunden von 21.00 Uhr bis 6.00 Uhr.

(4) Wohnungen dürfen zur Abwehr von dringenden Gefahren für den Bestand oder die Sicherheit des Bundes oder eines Landes, für Leib, Leben oder Freiheit einer Person oder für bedeutende Sach- und Vermögenswerte jederzeit betreten werden, wenn auf Grund von Tatsachen anzunehmen ist, dass

1. dort Personen Straftaten von erheblicher Bedeutung verabreden, vorbereiten oder verüben oder
2. sich dort Straftäter verbergen

und die Abwehr der Gefahr nur dadurch ermöglicht wird.

(5) Arbeits-, Betriebs- und Geschäftsräume sowie andere Räume und Grundstücke, die der Öffentlichkeit zugänglich sind oder zugänglich waren und den Anwesenden zum weiteren Aufenthalt zur Verfügung stehen, dürfen zur Abwehr von Gefahren für die öffentliche Sicherheit oder Ordnung während der Arbeits-, Geschäfts- oder Aufenthaltszeit und im Übrigen nach Maßgabe der Absätze 1 und 3 betreten werden.

---

5 Anm. der Hrsg.: Entgegen § 29 Abs. 3 Satz 3 SächsPVDG umfasst die Nachtzeit ganzjährig die Stunden von 21.00 Uhr bis 6.00 Uhr, (so aus BVerfG NJW 2018, 2619 ff.; NJW 2019, 1428 ff.; so jetzt auch § 104 Abs. 3 StPO).

§ 30 Verfahren bei der Durchsuchung von Wohnungen

(1) [1]Wohnungen dürfen außer bei Gefahr im Verzug nur auf Grund richterlicher Anordnung des Amtsgerichts durchsucht werden, in dessen Bezirk die Wohnung liegt. [2]Für das Verfahren gelten die Vorschriften des Buches 1 des Gesetzes über das Verfahren in Familiensachen und in den Angelegenheiten der freiwilligen Gerichtsbarkeit entsprechend. [3]Die gerichtliche Entscheidung kann ohne vorherige Anhörung der betroffenen Person ergehen und bedarf zu ihrer Wirksamkeit nicht der Bekanntgabe an sie. [4]Gegen die gerichtliche Entscheidung findet die Beschwerde statt. [5]Die Beschwerde ist binnen einer Frist von zwei Wochen einzulegen; die Beschwerde hat keine aufschiebende Wirkung.
(2) [1]Der Wohnungsinhaber hat das Recht bei der Durchsuchung der Wohnung anwesend zu sein. [2]Ist er abwesend, ist, soweit möglich und soweit hierdurch keine schutzwürdigen Belange des Wohnungsinhabers verletzt werden, eine Person, die ihn vertritt, eine Zeugin oder ein Zeuge hinzuzuziehen.
(3) Dem Wohnungsinhaber oder der Person, die ihn vertritt, sind der Grund der Durchsuchung und der zulässige Rechtsbehelf unverzüglich bekannt zu geben.
(4) [1]Über die Durchsuchung ist eine Niederschrift zu fertigen. [2]Sie muss die verantwortliche Polizeidienststelle, den Grund, die Zeit, den Ort und das Ergebnis der Durchsuchung enthalten. [3]Die Niederschrift ist von einer oder einem der durchsuchenden Bediensteten und dem Wohnungsinhaber oder der hinzugezogenen Person zu unterzeichnen. [4]Wird die Unterschrift verweigert, ist hierüber ein Vermerk aufzunehmen. [5]Dem Wohnungsinhaber oder der Person, die ihn vertritt, ist auf Verlangen eine Durchschrift der Niederschrift auszuhändigen.
(5) Ist die Anfertigung der Niederschrift oder die Aushändigung einer Durchschrift nach den besonderen Umständen des Falles nicht möglich oder würde sie den Zweck der Durchsuchung gefährden, sind dem Wohnungsinhaber oder der Person, die ihn vertritt, lediglich die Durchsuchung unter Angabe der verantwortlichen Polizeidienststelle sowie Zeit und Ort der Durchsuchung schriftlich zu bestätigen.

§ 31 Sicherstellung

(1) Die Polizei kann eine Sache sicherstellen,
1. um eine gegenwärtige Gefahr abzuwehren,
2. um den Eigentümer oder rechtmäßigen Inhaber der tatsächlichen Gewalt vor Verlust oder Beschädigung der Sache zu schützen oder
3. wenn sie von einer Person mitgeführt wird, die nach diesem Gesetz oder anderen Rechtsvorschriften festgehalten wird, und die Sache verwendet werden kann, um
   a) sich zu töten oder zu verletzen,
   b) Leben oder Gesundheit anderer zu schädigen,
   c) fremde Sachen zu beschädigen,
   d) fremdes Eigentum zu entwenden oder
   e) sich oder anderen die Flucht zu ermöglichen oder zu erleichtern.

(2) Für Tiere gilt Absatz 1 entsprechend.

§ 32 Verwahrung

(1) [1]Sichergestellte Sachen sind in Verwahrung zu nehmen. [2]Lässt die Beschaffenheit der Sache das nicht zu oder erscheint die Verwahrung bei der Polizei unzweckmäßig, ist die Sache auf andere geeignete Weise aufzubewahren oder zu sichern. [3]In diesem Fall kann die Verwahrung auch Dritten übertragen werden. [4]Wird eine sichergestellte Sache verwahrt, hat die Polizei nach Möglichkeit Wertminderungen vorzubeugen.
(2) [1]Der betroffenen Person ist eine Bescheinigung auszustellen, die den Grund der Sicherstellung erkennen lässt und die sichergestellte Sache bezeichnet. [2]Kann nach den Umständen des Falles eine Bescheinigung nicht ausgestellt werden, ist über die Sicherstellung eine Niederschrift aufzunehmen, die

auch erkennen lässt, warum eine Bescheinigung nicht ausgestellt worden ist. [3]Der Eigentümer oder eine sonstige berechtigte Person ist unverzüglich zu unterrichten.

(3) Für Tiere gelten die Absätze 1 bis 2 entsprechend.

§ 33
Verwertung, Unbrauchbarmachung und Vernichtung

(1) Die Verwertung einer sichergestellten Sache ist zulässig, wenn
1. ihr Verderb oder eine wesentliche Minderung ihres Wertes droht,
2. ihre Verwahrung, Pflege oder Erhaltung mit unverhältnismäßig hohen Kosten oder Schwierigkeiten verbunden ist,
3. sie infolge ihrer Beschaffenheit nicht so verwahrt werden kann, dass weitere Gefahren für die öffentliche Sicherheit oder Ordnung ausgeschlossen sind,
4. sie nach einer Frist von einem Jahr nicht an den Eigentümer oder eine sonst berechtigte Person herausgegeben werden könnte, ohne dass die Voraussetzungen der Sicherstellung erneut eintreten würden, oder
5. die betroffene Person, der Eigentümer oder eine sonst berechtigte Person sie nicht innerhalb einer angemessenen Frist abholt, obwohl ihm eine Mitteilung über die Frist mit dem Hinweis zugestellt worden ist, dass die Sache verwertet wird, wenn sie nicht innerhalb der Frist abgeholt wird.

(2) Ist die betroffene Person, der Eigentümer oder eine sonst berechtigte Person bekannt und erreichbar, soll er vor der Verwertung gehört werden.

(3) [1]Die Sache wird durch öffentliche Versteigerung (§ 383 Absatz 3 des Bürgerlichen Gesetzbuches) verwertet. [2]Bleibt die Versteigerung erfolglos, erscheint sie von vornherein aussichtslos oder würden die Kosten der Versteigerung voraussichtlich den zu erwartenden Erlös übersteigen, kann die Sache freihändig verkauft werden. [3]Der Erlös tritt an die Stelle der verwerteten Sache. [4]Kann die Sache innerhalb angemessener Frist nicht verwertet werden, darf sie einem gemeinnützigen Zweck zugeführt werden.

(4) [1]Sichergestellte Sachen können unbrauchbar gemacht oder vernichtet werden, wenn
1. im Fall einer Verwertung die Gründe, die zu ihrer Sicherstellung berechtigen, fortbestehen oder Sicherstellungsgründe erneut entstehen würden, oder
2. die Verwertung aus anderen Gründen nicht möglich ist.

[2]Absatz 2 gilt entsprechend.

(5) Für Tiere gelten die Absätze 1 bis 4 entsprechend.

§ 34
Herausgabe sichergestellter Sachen oder des Erlöses, Kosten

(1) [1]Sobald die Voraussetzungen für die Sicherstellung weggefallen sind, ist die Sache an denjenigen herauszugeben, bei dem sie sichergestellt worden ist. [2]Ist die Herausgabe an ihn nicht möglich, kann sie an einen anderen herausgegeben werden, der seine Berechtigung glaubhaft macht. [3]Die Herausgabe ist ausgeschlossen, wenn dadurch erneut die Voraussetzungen für eine Sicherstellung eintreten würden. [4]Im Fall des § 31 Absatz 1 Nummer 2 ist die Sache herauszugeben, wenn der Eigentümer oder der rechtmäßige Inhaber der tatsächlichen Gewalt dies verlangt oder wenn ein Schutz nicht mehr erforderlich ist, spätestens jedoch nach zwei Wochen. [5]Soweit durch Rechtsvorschriften nichts anderes bestimmt wird, darf die Sicherstellung von leerstehendem Wohnraum zur Beseitigung oder Verhinderung von Obdachlosigkeit nicht länger als zwölf Monate aufrechterhalten werden. [6]Für andere Sachen darf die Sicherstellung nicht länger als sechs Monate aufrechterhalten werden, es sei denn, es liegen die Voraussetzungen von Satz 3 vor.

(2) [1]Ist die Sache verwertet worden, ist der Erlös herauszugeben. [2]Ist eine sonst berechtigte Person nicht vorhanden oder nicht zu ermitteln, ist der Erlös nach den Vorschriften des Bürgerlichen Gesetzbuches zu hinterlegen. [3]Der Anspruch auf Herausgabe des Erlöses erlischt drei Jahre nach Ablauf des Jahres, in dem die Sache verwertet worden ist.

(3) [1]Für die Sicherstellung, Verwahrung, Verwertung, Unbrauchbarmachung oder Vernichtung werden Kosten (Gebühren und Auslagen) erhoben, zu deren Ersatz der Eigentümer oder der rechtmäßige Inhaber der tatsächlichen Gewalt verpflichtet ist. [2]Ist eine Sache verwertet worden, können die Kosten aus dem Erlös gedeckt werden.
(4) § 983 des Bürgerlichen Gesetzbuches bleibt unberührt.

§ 35
Zurückbehaltungsbefugnis, Ermächtigung Dritter zum Empfang von Zahlungen

(1) Die Polizei kann die Herausgabe von Sachen, deren Besitz sie auf Grund einer polizeilichen Maßnahme nach § 8 Absatz 1 Satz 1, § 31 oder § 39 Absatz 2 in Verbindung mit § 24 Absatz 1 Satz 1 des Verwaltungsvollstreckungsgesetzes für den Freistaat Sachsen in der Fassung der Bekanntmachung vom 10. September 2003 (SächsGVBl. S. 614, 913), das zuletzt durch das Gesetz vom 6. Oktober 2013 (SächsGVBl. S. 802) geändert worden ist, in der jeweils geltenden Fassung, erlangt hat, von der Zahlung der entstandenen Kosten abhängig machen.
(2) [1]Wurde die Verwahrung einer dritten Person übertragen, kann die Polizei diese schriftlich ermächtigen, Zahlungen auf die ihr entstandenen Kosten in Empfang zu nehmen. [2]Die dritte Person hat die Zahlungen der Polizei unverzüglich mitzuteilen.

§ 36
Tarnpapiere

Zur Abwehr von Gefahren für Leib, Leben oder Freiheit

1. von Zeuginnen und Zeugen, bei denen
   a) Maßnahmen nach dem Zeugenschutz-Harmonisierungsgesetz vom 11. Dezember 2001 (BGBl. I S. 3510), das zuletzt durch Artikel 7 des Gesetzes vom 10. Dezember 2019 (BGBl. I S. 2121) geändert worden ist, in der jeweils geltenden Fassung, beendet wurden oder
   b) bei denen nach rechtskräftigem Verfahrensabschluss Schutzmaßnahmen erforderlich werden,
2. oder der Angehörigen von Zeuginnen und Zeugen

können geeignete Tarnpapiere verwendet werden.

ABSCHNITT 2
Vollzugshilfe

§ 37
Vollzugshilfe

(1) Die Polizei leistet anderen Behörden und Gerichten auf Ersuchen Vollzugshilfe, wenn unmittelbarer Zwang anzuwenden ist und die ersuchende Stelle nicht über die hierzu erforderlichen Dienstkräfte verfügt oder ihre Maßnahmen nicht auf andere Weise durchsetzen kann.
(2) Vollzugshilfeersuchen der Polizeibehörden gehen Vollzugshilfeersuchen anderer Behörden grundsätzlich vor.
(3) [1]Die Polizei ist nur für die Art und Weise der Durchführung verantwortlich. [2]Im Übrigen gelten die Grundsätze der Amtshilfe entsprechend.
(4) Die Verpflichtung zur Amtshilfe bleibt unberührt.
(5) [1]Vollzugshilfeersuchen sind schriftlich zu stellen; Grund und Rechtsgrundlage der Maßnahme sind anzugeben. [2]In Eilfällen kann das Ersuchen formlos gestellt werden; es ist auf Verlangen unverzüglich schriftlich zu bestätigen. [3]Die ersuchende Behörde ist von der Ausführung des Ersuchens zu unterrichten.

§ 38
Vollzugshilfe bei Freiheitsentziehung

(1) Hat das Vollzugshilfeersuchen eine Freiheitsentziehung zum Inhalt, ist auch die richterliche Entscheidung über die Freiheitsentziehung vorzulegen oder in dem Ersuchen zu bezeichnen.
(2) Ist eine vorherige richterliche Entscheidung nicht ergangen, hat die Polizei die fest-

gehaltene Person zu entlassen, wenn die ersuchende Stelle diese nicht übernimmt oder die richterliche Entscheidung nicht unverzüglich nachträglich beantragt.
(3) Die §§ 24 und 26 Nummer 3 gelten entsprechend.

ABSCHNITT 3 Zwang

§ 39 Allgemeines

(1) Die Polizei wendet unmittelbaren Zwang nach den Vorschriften dieses Gesetzes und die Zwangsmittel Zwangsgeld, Zwangshaft sowie Ersatzvornahme nach den Vorschriften des Verwaltungsvollstreckungsgesetzes für den Freistaat Sachsen an.
(2) Für die Anwendung unmittelbaren Zwangs zur Vollstreckung von Verwaltungsakten gelten im Übrigen die Vorschriften des Verwaltungsvollstreckungsgesetzes für den Freistaat Sachsen.
(3) Gesetzliche Notwehr- und Notstandsrechte bleiben unberührt.

§ 40 Begriff und Mittel des unmittelbaren Zwangs

(1) Unmittelbarer Zwang ist die Einwirkung auf Personen oder Sachen durch körperliche Gewalt, Hilfsmittel der körperlichen Gewalt oder Waffengebrauch.
(2) Körperliche Gewalt ist jede unmittelbare körperliche Einwirkung auf Personen oder Sachen.
(3) [1]Als Hilfsmittel der körperlichen Gewalt können insbesondere Fesseln, Wasserwerfer, technische Sperren, Diensthunde, Dienstpferde, Dienstfahrzeuge, Reizstoffe und zum Sprengen von Sachen bestimmte explosive Stoffe (Sprengmittel) eingesetzt werden. [2]Das Staatsministerium des Innern kann den Einsatz weiterer Hilfsmittel der körperlichen Gewalt zulassen.
(4) [1]Als Waffen sind Schlagstock, Pistole, Revolver, Gewehr und Maschinenpistole zugelassen. [2]Als Waffen von Spezialeinheiten können durch das Staatsministerium des Innern Vorrichtungen für den Abschuss besonderer Formen von Projektilen zugelassen werden, die darauf ausgerichtet sind, die betroffene Person zu überwältigen, ohne sie dabei tödlich zu verletzen. [3]Für die Verwendung durch Spezialeinheiten sind Maschinengewehre und Handgranaten als besondere Waffen zugelassen.

§ 41 Voraussetzungen des unmittelbaren Zwangs, Androhung

(1) [1]Unmittelbarer Zwang darf nur angewendet werden, wenn der polizeiliche Zweck auf andere Weise nicht erreichbar erscheint. [2]Gegen Personen darf unmittelbarer Zwang nur angewendet werden, wenn der polizeiliche Zweck durch unmittelbaren Zwang gegen Sachen nicht erreichbar erscheint. [3]Das angewendete Mittel muss insbesondere nach Art und Maß dem Verhalten, dem Alter und dem Zustand der betroffenen Person angemessen sein. [4]Gegenüber einer Menschenmenge darf unmittelbarer Zwang nur angewendet werden, wenn seine Anwendung gegen einzelne Personen in der Menschenmenge offensichtlich keinen Erfolg verspricht.
(2) [1]Unmittelbarer Zwang ist vor seiner Anwendung anzudrohen und die Maßnahme einschließlich die Androhung sind über ein körpernah getragenes Aufzeichnungsgerät im Sinne des § 57 Absatz 4 zu erfassen, soweit ein solches mitgeführt wird; § 57 Absatz 6 bis 8 gilt entsprechend. [2]Von Androhung und Aufzeichnung kann abgesehen werden, wenn die Umstände diese Maßnahmen nicht zulassen, insbesondere wenn die sofortige Anwendung des Zwangsmittels zur Abwehr einer gegenwärtigen Gefahr notwendig ist. [3]Als Androhung des Schusswaffengebrauchs gilt auch die Abgabe eines Warnschusses.
(3) Schusswaffen dürfen nur dann ohne Androhung gebraucht werden, wenn das zur Abwehr einer gegenwärtigen Gefahr für Leib oder Leben erforderlich ist.
(4) [1]Gegenüber einer Menschenmenge ist die Anwendung unmittelbaren Zwangs mög-

lichst so rechtzeitig anzudrohen, dass sich Unbeteiligte noch entfernen können. [2]Der Gebrauch der Schusswaffe gegen Personen in einer Menschenmenge ist stets anzudrohen. [3]Die Androhung ist vor dem Gebrauch zu wiederholen.

(5) Bei Gebrauch von technischen Sperren und Dienstpferden kann von der Androhung abgesehen werden.

§ 42
Fesselung von Personen

Eine Person, die nach diesem Gesetz oder anderen Rechtsvorschriften festgehalten wird, darf gefesselt werden, wenn Tatsachen die Annahme rechtfertigen, dass sie

1. Polizeibedienstete oder Dritte angreift,
2. Widerstand leisten oder Sachen beschädigen wird, fliehen wird oder befreit werden soll oder
3. sich töten oder verletzen wird.

§ 43
Allgemeine Bestimmungen zum Schusswaffengebrauch

(1) [1]Schusswaffen dürfen nur gebraucht werden, wenn andere Maßnahmen des unmittelbaren Zwangs erfolglos angewendet wurden oder offensichtlich keinen Erfolg versprechen. [2]Gegen Personen ist ihr Gebrauch nur zulässig, wenn der Zweck nicht durch Schusswaffengebrauch gegen Sachen erreicht werden kann.

(2) [1]Schusswaffen dürfen gegen Personen nur gebraucht werden, um diese angriffs- oder fluchtunfähig zu machen. [2]Ein Schuss, der mit an Sicherheit grenzender Wahrscheinlichkeit tödlich wirken wird, ist nur zulässig, wenn er das einzige Mittel zur Abwehr einer gegenwärtigen Gefahr für das Leben oder eine schwerwiegende Verletzung der körperlichen Unversehrtheit ist.

(3) [1]Gegen Personen, die dem äußeren Eindruck oder der Kenntnis nach noch nicht 14 Jahre alt sind, dürfen Schusswaffen nicht gebraucht werden. [2]Dies gilt nicht, wenn der Schusswaffengebrauch das einzige Mittel zur Abwehr einer gegenwärtigen Gefahr für Leib oder Leben ist.

(4) [1]Der Schusswaffengebrauch ist unzulässig, wenn für die Polizeibedienstete oder den Polizeibediensteten erkennbar Unbeteiligte mit hoher Wahrscheinlichkeit gefährdet werden. [2]Dies gilt nicht, wenn der Waffengebrauch das einzige Mittel zur Abwehr einer gegenwärtigen Gefahr für das Leben ist.

§ 44
Schusswaffengebrauch gegen Personen

(1) Schusswaffen dürfen gegen Personen nur gebraucht werden,

1. um eine gegenwärtige Gefahr für Leib oder Leben abzuwehren,
2. um die unmittelbar bevorstehende Begehung oder Fortsetzung einer rechtswidrigen Tat zu verhindern, die sich den Umständen nach als ein Verbrechen oder als ein Vergehen unter Anwendung oder Mitführung von Schusswaffen oder Explosivmitteln darstellt,
3. um eine Person anzuhalten, die sich der Festnahme oder Identitätsfeststellung durch Flucht zu entziehen versucht, wenn sie
   a) eines Verbrechens dringend verdächtig ist oder
   b) eines Vergehens dringend verdächtig ist und Tatsachen die Annahme rechtfertigen, dass sie Schusswaffen oder Explosivmittel mit sich führt,
4. um die Flucht einer Person zu vereiteln oder um die Ergreifung einer Person zu bewirken, wenn diese in amtlichem Gewahrsam zu halten oder amtlichem Gewahrsam zuzuführen ist:
   a) wegen eines Verbrechens oder auf Grund des dringenden Verdachts eines Verbrechens oder
   b) wegen eines Vergehens oder auf Grund des dringenden Verdachts eines Vergehens, sofern Tatsachen die Annahme rechtfertigen, dass sie Schusswaffen oder Explosivmittel mit sich führt, oder

5. um die gewaltsame Befreiung einer Person aus amtlichem Gewahrsam zu verhindern.

(2) Schusswaffen dürfen nach Absatz 1 Nummer 4 nicht gebraucht werden, wenn es sich um den Vollzug eines Jugendarrestes oder eines Strafarrestes handelt oder wenn die Flucht aus einer offenen Anstalt verhindert werden soll.

(3) Das Recht zum Gebrauch von Schusswaffen auf Grund anderer gesetzlicher Vorschriften bleibt unberührt.

§ 45
Schusswaffengebrauch gegen Personen in einer Menschenmenge

(1) [1]Der Schusswaffengebrauch gegen Personen in einer Menschenmenge ist unzulässig, wenn für die Polizeibedienstete oder den Polizeibediensteten erkennbar ist, dass Unbeteiligte mit hoher Wahrscheinlichkeit gefährdet werden. [2]Dies gilt nicht, wenn der Schusswaffengebrauch das einzige Mittel zur Abwehr einer gegenwärtigen Gefahr für das Leben ist.

(2) Unbeteiligte sind nicht Personen in einer Menschenmenge, die Gewalttaten begehen oder durch Handlungen erkennbar billigen oder unterstützen, wenn diese Personen sich aus der Menschenmenge trotz wiederholter Androhung nach § 41 Absatz 4 nicht entfernen.

§ 46
Besondere Waffen

(1) Besondere Waffen dürfen gegen Personen nur in den Fällen des § 44 Absatz 1 Nummer 1, 2 und 5 und nur nach Freigabe der Landespolizeipräsidentin, des Landespolizeipräsidenten oder der Person, die sie oder ihn im Amt vertritt, gebraucht werden, wenn

1. der Einsatz dieser Waffen erforderlich ist, um eine von den Personen ausgehende Gefahr für das Leben der eingesetzten Polizeibediensteten oder unbeteiligter Dritter abzuwehren oder
2. diese Personen von Schusswaffen oder Explosivmitteln Gebrauch gemacht haben und der vorherige Gebrauch anderer Schusswaffen erfolglos geblieben ist oder ungeeignet erscheint.

(2) [1]Besondere Waffen dürfen nur gebraucht werden, um einen Angriff abzuwehren. [2]Sie dürfen gegen Personen in einer Menschenmenge nicht angewendet werden.

(3) Die Vorschriften über Schusswaffen gelten auch für Maschinengewehre direkt und für Handgranaten entsprechend.

ABSCHNITT 4
Entschädigung

§ 47
Zur Entschädigung verpflichtende Maßnahmen

(1) Ein Schaden, den jemand durch Maßnahmen der Polizei erleidet, ist zu ersetzen, wenn er

1. in Folge einer rechtmäßigen Inanspruchnahme nach § 9 oder
2. durch rechtswidrige Maßnahmen

entstanden ist.

(2) Der Ausgleich ist auch Personen zu gewähren, die mit Zustimmung der Polizei bei der Erfüllung der polizeilichen Aufgabe mitgewirkt oder Sachen zur Verfügung gestellt haben und dadurch einen Schaden erlitten haben.

(3) Im Fall des Absatzes 1 Nummer 1 besteht kein Ersatzanspruch, soweit die erforderliche Maßnahme zum Schutz der Person oder des Vermögens der geschädigten Person getroffen worden ist.

(4) Soweit die Entschädigungspflicht wegen rechtmäßiger Maßnahmen der Polizei in anderen gesetzlichen Vorschriften geregelt ist, finden diese Anwendung.

§ 48
Art, Inhalt und Umfang der Entschädigungsleistung

(1) [1]Die Entschädigung nach § 47 wird grundsätzlich nur für Vermögensschäden gewährt. [2]Für entgangenen Gewinn, der über den Ausfall des gewöhnlichen Verdienstes oder Nutzungsentgeltes hinausgeht, und für

Nachteile, die nicht in unmittelbarem Zusammenhang mit der polizeilichen Maßnahme stehen, ist Entschädigung nur zu gewähren, wenn und soweit dies zur Abwendung einer unbilligen Härte geboten erscheint.

(2) Bei einer Verletzung des Körpers oder der Gesundheit oder bei einer Freiheitsentziehung ist auch der Schaden, der nicht Vermögensschaden ist, angemessen auszugleichen; dieser Anspruch ist nicht übertragbar und nicht vererblich, es sei denn, dass er rechtshängig geworden oder durch Vertrag anerkannt worden ist.

(3) [1]Die Entschädigung wird in Geld gewährt. [2]Hat die zur Entschädigung verpflichtende Maßnahme die Aufhebung oder Minderung der Erwerbstätigkeit oder eine Vermehrung der Bedürfnisse oder den Verlust oder die Beeinträchtigung eines Rechts auf Unterhalt zur Folge, ist die Entschädigung durch Entrichtung einer Rente zu gewähren. [3]§ 760 des Bürgerlichen Gesetzbuches ist anzuwenden. [4]Statt der Rente kann eine Kapitalabfindung verlangt werden, wenn ein wichtiger Grund vorliegt. [5]Der Anspruch wird nicht dadurch ausgeschlossen, dass eine andere Person der geschädigten Person Unterhalt zu gewähren hat.

(4) Stehen der geschädigten Person Ansprüche gegen Dritte zu, ist, soweit diese Ansprüche nach Inhalt und Umfang dem Entschädigungsanspruch entsprechen, die Entschädigung nur gegen Abtretung dieser Ansprüche zu gewähren.

(5) [1]Bei der Bemessung der Entschädigung sind alle Umstände zu berücksichtigen, insbesondere Art und Vorhersehbarkeit des Schadens und ob die geschädigte Person oder sein Vermögen durch die Maßnahme der Polizei geschützt worden ist. [2]Haben Umstände, die die oder der Geschädigte zu vertreten hat, zur Entstehung oder Vergrößerung des Schadens beigetragen, hängen die Verpflichtung zur Entschädigung und der Umfang der Entschädigung insbesondere davon ab, inwieweit der Schaden vorwiegend durch die Polizei oder Geschädigte verursacht worden ist.

§ 49
Ansprüche mittelbar Geschädigter

(1) [1]Im Fall der Tötung sind die Kosten der Bestattung demjenigen zu ersetzen, dem die Verpflichtung obliegt, diese Kosten zu tragen. [2]§ 48 Absatz 5 gilt entsprechend.

(2) [1]Stand die getötete Person zu einer dritten Person in einem Verhältnis, auf Grund dessen die getötete Person dieser gegenüber kraft Gesetzes unterhaltspflichtig war oder unterhaltspflichtig werden konnte, und ist der dritten Person infolge der Tötung das Recht auf Unterhalt entzogen, kann die dritte Person insoweit eine angemessene Entschädigung verlangen, als die getötete Person während der mutmaßlichen Dauer ihres Lebens zur Gewährung des Unterhalts verpflichtet gewesen wäre. [2]§ 48 Absatz 3 Satz 3 bis 5 und Absatz 5 ist entsprechend anzuwenden. [3]Die Entschädigung kann auch dann verlangt werden, wenn die dritte Person zur Zeit der Verletzung gezeugt, aber noch nicht geboren war.

§ 50
Entschädigungspflichtiger

Entschädigungspflichtiger ist der Freistaat Sachsen.

§ 51
Rückgriff gegen verantwortliche Personen

(1) Der Freistaat Sachsen kann von den Verantwortlichen nach § 6 oder § 7 Ersatz der Aufwendungen verlangen, wenn er auf Grund des § 47 eine Entschädigung gewährt hat.

(2) Sind mehrere Personen nebeneinander verantwortlich, haften sie als Gesamtschuldner.

§ 52
Rechtsweg für Entschädigungsansprüche

Für die Ansprüche nach den §§ 47 bis 51 ist der ordentliche Rechtsweg gegeben.

TEIL 3
Befugnisse zur Datenverarbeitung

Abschnitt 1
Allgemeine Grundsätze

§ 53
Anwendbare Vorschriften

(1) Soweit die Polizei personenbezogene Daten zur Erfüllung von Aufgaben verarbeitet, die in den Anwendungsbereich von § 1 des Sächsischen Datenschutz-Umsetzungsgesetzes vom 11. Mai 2019 (SächsGVBl. S. 358, 398), in der jeweils geltenden Fassung, fallen, gilt das Sächsische Datenschutz-Umsetzungsgesetz, soweit dieses Gesetz keine abschließenden Regelungen enthält.

(2) Soweit die Polizei im Übrigen personenbezogene Daten zur Erfüllung ihrer Aufgaben verarbeitet, gelten die Verordnung (EU) 2016/679 des Europäischen Parlaments und des Rates vom 27. April 2016 zum Schutz natürlicher Personen bei der Verarbeitung personenbezogener Daten, zum freien Datenverkehr und zur Aufhebung der Richtlinie 95/46/EG (ABl. L 119 vom 4.5.2016, S. 1, L 314 vom 22.11.2016, S. 72, L 127 vom 23.5.2018, S. 2), das Sächsische Datenschutzdurchführungsgesetz vom 26. April 2018 (SächsGVBl. S. 198, 199), in der jeweils geltenden Fassung, sowie die §§ 95 und 96.

§ 54
Grundsätze der Datenverarbeitung

(1) [1]Die Verarbeitung besonderer Kategorien personenbezogener Daten (§ 2 Nummer 15 des Sächsischen Datenschutz-Umsetzungsgesetzes) ist zulässig, soweit dies zur Erfüllung von Aufgaben unbedingt erforderlich ist. [2]Im Übrigen gilt § 4 Absatz 2 des Sächsischen Datenschutz-Umsetzungsgesetzes.

(2) [1]Bei der Verarbeitung personenbezogener Daten ist soweit möglich zu unterscheiden:

1. nach den in § 28 des Sächsischen Datenschutz-Umsetzungsgesetzes genannten Kategorien betroffener Personen und
2. danach, ob die personenbezogenen Daten auf Tatsachen oder auf persönlicher Einschätzung beruhen; im Übrigen gilt § 29 des Sächsischen Datenschutz-Umsetzungsgesetzes.

[2]Für die Verarbeitung personenbezogener Daten gelten im Übrigen die allgemeinen Grundsätze nach § 3 Absatz 2 des Sächsischen Datenschutz-Umsetzungsgesetzes.

ABSCHNITT 2
Allgemeine und besondere Befugnisse zur Datenerhebung

Unterabschnitt 1
Allgemeine Befugnisse zur Datenerhebung

§ 55
Grundsätze der Datenerhebung

(1) Die Polizei darf personenbezogene Daten nur erheben, soweit dies durch dieses Gesetz oder andere Rechtsvorschriften zugelassen wird.

(2) [1]Personenbezogene Daten sind grundsätzlich bei der betroffenen Person mit ihrer Kenntnis oder aus allgemein zugänglichen Quellen zu erheben. [2]Bei Dritten können personenbezogene Daten nur erhoben werden, wenn

1. eine Rechtsvorschrift dies vorsieht oder zwingend voraussetzt,
2. die betroffene Person ihre Zustimmung erteilt hat,
3. offensichtlich ist, dass dies im Interesse der betroffenen Person liegt, diese nicht erreichbar ist und kein Grund zu der Annahme besteht, dass diese ihre Zustimmung hierzu verweigern würde,
4. die betroffene Person einer durch Rechtsvorschrift festgelegten Auskunftspflicht nicht nachgekommen ist und über die beabsichtigte Erhebung bei Dritten unterrichtet worden ist,
5. Angaben der betroffenen Person überprüft werden müssen, weil tatsächliche Anhaltspunkte für deren Unrichtigkeit bestehen,

6. es zur Abwehr einer schwerwiegenden Beeinträchtigung der Rechte einer anderen Person erforderlich ist,
7. die Erhebung bei der betroffenen Person einen unverhältnismäßigen Aufwand erfordern würde und keine Anhaltspunkte vorliegen, dass überwiegende schutzwürdige Interessen der betroffenen Person entgegenstehen, oder
8. die Erhebung bei der betroffenen Person die Erfüllung polizeilicher Aufgaben gefährden würde.

(3) [1]Personenbezogene Daten sind grundsätzlich offen zu erheben. [2]Die betroffene Person oder bei einer Datenerhebung außerhalb des öffentlichen Bereichs Dritte sind auf die Rechtsgrundlage der Datenerhebung und auf eine im Einzelfall bestehende gesetzliche Auskunftspflicht oder auf die Freiwilligkeit der Auskunft hinzuweisen. [3]Der Hinweis nach Satz 2 kann im Einzelfall zunächst unterbleiben, wenn hierdurch die Erfüllung polizeilicher Aufgaben oder schutzwürdige Interessen Dritter beeinträchtigt werden würden. [4]Der Hinweis nach Satz 2 kann im Fall der Datenerhebung außerhalb des öffentlichen Bereichs darüber hinaus unterbleiben, wenn dies schutzwürdige Interessen der betroffenen Person beeinträchtigen würde. [5]Über die Folgen der Verweigerung von Angaben sind die betroffene Person oder die Dritten aufzuklären.

(4) [1]Eine Datenerhebung, die nicht als polizeiliche Maßnahme erkennbar sein soll (verdeckte Datenerhebung), ist nur in den durch dieses Gesetz bestimmten Fällen zulässig oder wenn sonst die Wahrnehmung polizeilicher Aufgaben gefährdet oder nur mit unverhältnismäßig hohem Aufwand möglich wäre oder wenn anzunehmen ist, dass dies den überwiegenden Interessen der betroffenen Person entspricht. [2]Sind die Voraussetzungen für eine verdeckte Datenerhebung nach Satz 1 entfallen, ist die betroffene Person nach Maßgabe von § 12 des Sächsischen Datenschutz-Umsetzungsgesetzes zu benachrichtigen. [3]Die Benachrichtigungspflichten nach § 74 bleiben hiervon unberührt.

(5) [1]Die verdeckte Datenerhebung ist unzulässig, soweit eine Auskunftspflicht nach § 13 Absatz 3 Satz 4 nicht besteht. [2]Ein Eingriff in andere geschützte Vertrauensverhältnisse ist nur zulässig, wenn dies zur Abwehr einer gegenwärtigen Gefahr für Leben oder Freiheit einer Person oder einer gegenwärtigen erheblichen Gesundheitsgefahr zwingend erforderlich ist. [3]Die allgemeine Verpflichtung zur Amtsverschwiegenheit im öffentlichen Dienst begründet kein geschütztes Vertrauensverhältnis.

§ 56
Befugnis zur Datenerhebung

Die Polizei kann personenbezogene Daten über die in den §§ 6, 7 und 9 genannten Personen und über andere Personen erheben, wenn dies erforderlich ist:

1. zur Gefahrenabwehr, insbesondere zur vorbeugenden Bekämpfung von Straftaten (§ 2 Absatz 1),
2. zum Schutz privater Rechte (§ 2 Absatz 2),
3. zur Vollzugshilfe (§ 2 Absatz 4) oder
4. zur Erfüllung von ihr durch andere Rechtsvorschriften zugewiesenen Aufgaben (§ 2 Absatz 5)

und dieses Gesetz oder andere Rechtsvorschriften die Befugnisse zur Datenerhebung nicht besonders regeln.

§ 57
Offener Einsatz technischer Mittel zur Bild- und Tonaufnahme und -aufzeichnung

(1) [1]Die Polizei kann bei abstrakten Gefahren im Zusammenhang mit öffentlichen Veranstaltungen oder Ansammlungen unter freiem Himmel, die nicht dem Sächsischen Versammlungsgesetz unterliegen, offen Übersichtsbildübertragungen anfertigen, wenn und soweit dies wegen der Größe der Veranstaltung oder Ansammlung oder der Unübersichtlichkeit der Lage zur Lenkung und Leitung eines Polizeieinsatzes im Einzelfall erforderlich ist. [2]Eine Identifikation von Personen oder Aufzeichnung der Übertragung findet hierbei nicht statt.

(2) Die Polizei kann bei oder im Zusammenhang mit öffentlichen Veranstaltungen oder Ansammlungen unter freiem Himmel, die nicht dem Sächsischen Versammlungsgesetz unterliegen, personenbezogene Daten durch den offenen Einsatz technischer Mittel zur Anfertigung von Bild- und Tonaufnahmen oder -aufzeichnungen von Personen erheben, bei denen Tatsachen die Annahme rechtfertigen, dass sie innerhalb absehbarer Zeit eine ihrer Art nach konkretisierte Straftat begehen werden, durch die Personen, Sach- oder Vermögenswerte gefährdet werden, oder dass von ihnen sonstige erhebliche Gefahren für die öffentliche Sicherheit ausgehen.

(3) Die Polizei kann

1. an oder in den Objekten im Sinne des § 15 Absatz 1 Satz 1 Nummer 3 oder in deren unmittelbarer Nähe und
2. auf öffentlichen Straßen, Wegen oder Plätzen, wenn nach polizeilich dokumentierten Tatsachen die Kriminalitätsbelastung dort gegenüber der des Gemeindegebiets deutlich erhöht ist (Kriminalitätsschwerpunkte),

personenbezogene Daten durch den offenen Einsatz technischer Mittel zur Anfertigung von Bild- und Tonaufnahmen oder -aufzeichnungen von Personen erheben, soweit Tatsachen die Annahme rechtfertigen, dass dort künftig Straftaten begangen werden, durch die Personen, Sach- oder Vermögenswerte gefährdet werden.

(4) [1]Die Polizei kann in öffentlich zugänglichen Bereichen personenbezogene Daten durch den offenen Einsatz technischer Mittel zur Anfertigung von Bild- und Tonaufzeichnungen erheben und kurzzeitig in einem Zwischenspeicher für 60 Sekunden erfassen, soweit und solange mit hinreichender Wahrscheinlichkeit zu erwarten ist, dass dies zur Eigensicherung gegen eine Gefahr für Leib oder Leben oder zum Schutz Dritter gegen eine Gefahr für Leib oder Leben erforderlich ist. [2]Diese Daten sind automatisiert nach höchstens 60 Sekunden spurlos zu löschen, es sei denn, die Voraussetzungen für eine Aufzeichnung nach Absatz 5 liegen vor.

(5) Die Polizei kann, soweit dies zur Eigensicherung gegen eine Gefahr für Leib oder Leben oder zum Schutz Dritter gegen eine Gefahr für Leib oder Leben erforderlich ist, nach Absatz 4 erhobene Daten aufzeichnen.

(6) [1]Der Einsatz des technischen Mittels nach den Absätzen 4 und 5 ist in geeigneter Weise besonders erkennbar zu machen und der Beginn der Aufzeichnung nach Absatz 5 der betroffenen Person mitzuteilen. [2]Bei Gefahr im Verzug kann die Mitteilung unterbleiben. [3]Der Einsatz des technischen Mittels und die Aufzeichnungen sind zum Zwecke einer nachträglichen Überprüfung der Rechtmäßigkeit zu dokumentieren.

(7) [1]Aufzeichnungen nach den Absätzen 4 und 5 durch körpernah getragene Geräte werden verschlüsselt sowie manipulationsgesichert gefertigt und aufbewahrt. [2]Sie sind unzulässig in Bereichen, die der Ausübung von Tätigkeiten von Berufsgeheimnisträgerinnen und Berufsgeheimnisträgern nach den §§ 53 und 53a der Strafprozessordnung dienen. [3]Die angefertigten Bild- und Tonaufzeichnungen sind nach Ablauf von 30 Tagen zu löschen sowie daraus gefertigte Unterlagen zu vernichten, soweit sie nicht für Zwecke der Strafverfolgung oder für die Überprüfung der Rechtmäßigkeit einer aufgezeichneten Maßnahme oder der Aufzeichnung selbst benötigt werden. [4]Auf Antrag erhalten betroffene Personen Einsicht in die Aufzeichnung. [5]Näheres zum Verfahren regelt das Staatsministerium des Innern durch Verwaltungsvorschrift.

(8) Die Maßnahmen nach den Absätzen 2 bis 5 dürfen auch durchgeführt werden, wenn Dritte unvermeidbar betroffen werden.

(9) [1]Die Maßnahmen nach den Absätzen 4 und 5, die praktische Anwendung und die Auswirkungen dieser Vorschrift werden nach einem Erfahrungszeitraum von drei Jahren, spätestens jedoch zum 31. Dezember 2024, durch die Staatsregierung geprüft. [2]Die Staatsregierung berichtet dem Landtag über das Ergebnis der Evaluierung.

(10) Nach den Absätzen 2 und 3 erhobene Daten und daraus gefertigte Unterlagen sind spätestens nach einem Monat zu löschen oder zu vernichten, soweit sie nicht zur Verfolgung von Straftaten oder Ordnungswidrigkeiten, zur Geltendmachung von öffentlich-

rechtlichen Ansprüchen oder nach Maßgabe des § 2 Absatz 2 zum Schutz privater Rechte, insbesondere zur Behebung einer bestehenden Beweisnot, erforderlich sind.

UNTERABSCHNITT 2 Besondere Befugnisse zur Datenerhebung und besondere Maßnahmen

§ 58 Anlassbezogene automatisierte Kennzeichenerkennung

(1) Die Polizei kann durch den Einsatz technischer Mittel zur automatisierten Kennzeichenerkennung Kraftfahrzeugkennzeichen sowie Informationen über Ort, Zeit und Fahrtrichtung erfassen und die Kraftfahrzeugkennzeichen sofort und unmittelbar mit polizeilichen Datenbeständen aus folgenden Anlässen automatisiert abgleichen:

1. zur Abwehr einer erheblichen Gefahr, soweit dokumentierte Erkenntnisse eine solche Gefahr begründen,
2. zur Stichprobenkontrolle mit dem Ziel der Sicherstellung gestohlener oder sonst abhanden gekommener Kraftfahrzeuge oder Kraftfahrzeugkennzeichen,
3. zur Stichprobenkontrolle mit dem Ziel der Verhinderung der Weiterfahrt von Kraftfahrzeugen ohne ausreichenden Pflichtversicherungsschutz,
4. zur vorbeugenden Bekämpfung der grenzüberschreitenden Kriminalität in den Räumen und unter den Voraussetzungen des § 15 Absatz 1 Satz 1 Nummer 4 oder
5. zur Verhinderung von Straftaten an Kriminalitätsschwerpunkten im Sinne des § 57 Absatz 3 Satz 1 Nummer 2.

(2) [1]Der Einsatz technischer Mittel im Sinne des Absatzes 1 ist zeitlich und örtlich zu begrenzen. [2]Durch technisch-organisatorische Maßnahmen ist sicherzustellen, dass der Einsatz solcher Mittel weder einzeln noch in der Kombination flächendeckend oder im Dauerbetrieb erfolgt. [3]Die automatisierte Kennzeichenerkennung erfolgt offen, auf die Datenerhebung ist in geeigneter Weise hinzuweisen. [4]In den Fällen des Absatzes 1 Nummer 1 darf ein Abgleich nur mit den zu diesen Zwecken gespeicherten personenbezogenen Daten erfolgen. [5]In den Fällen des Absatzes 1 Nummer 2 bis 5 darf der Abgleich auch mit zu Zwecken der Sachfahndung im Informationssystem der Polizei und im Nationalen Schengener Informationssystem gespeicherten personenbezogenen Daten erfolgen, wobei die einzubeziehenden Fahndungsbestände auf solche beschränkt werden, die für den jeweiligen Zweck der Kennzeichenkontrolle Bedeutung haben können. [6]In den Fällen des Absatzes 1 Nummer 2 und 3 muss der Datenbestand auf Kennzeichendaten von Kraftfahrzeugen beschränkt werden, die zu den Zwecken nach Absatz 1 Nummer 2 und 3 gespeichert wurden. [7]Liegt für das vollständig erfasste Kraftfahrzeugkennzeichen keine Datenübereinstimmung vor, sind die erfassten Daten sofort, technisch spurenlos und automatisiert zu löschen.

(3) [1]Bei Datenübereinstimmung können das betreffende Kraftfahrzeug angehalten und die Identität der in diesem angetroffenen Personen festgestellt werden. [2]§ 15 Absatz 2 und 3 gilt entsprechend. [3]Maßnahmen nach § 60 sind unzulässig. [4]Die Zusammenführung von Daten zu Bewegungsbildern ist unzulässig. [5]Sofern sie nicht bereits nach Absatz 2 gelöscht sind, sind Daten unverzüglich zu löschen, wenn sie nicht mehr für die Zweckerreichung im Sinne des Absatzes 1 oder zur Verfolgung von Straftaten von erheblicher Bedeutung erforderlich sind.

(4) [1]Maßnahmen nach Absatz 1 dürfen nur durch die Präsidentin oder den Präsidenten des Landeskriminalamtes oder einer Polizeidirektion oder von diesen hierzu beauftragte Bedienstete angeordnet werden. [2]Die Erkenntnisse, die der Maßnahme zugrunde liegen und die Fahndungsbestände, die zum Abgleich einbezogen werden, sind in der Anordnung zu dokumentieren.

(5) [1]Die Erforderlichkeit, die praktische Anwendung und die Auswirkungen des stationären Technikeinsatzes werden nach einem Erfahrungszeitraum von drei Jahren, spätes-

tens jedoch zum 31. Dezember 2024, durch die Staatsregierung geprüft. [2]Die Staatsregierung berichtet dem Landtag über das Ergebnis der Evaluierung.

§ 59
(außer Kraft)

§ 60
Ausschreibung zur polizeilichen Beobachtung und zur gezielten Kontrolle[6]

(1) Die Polizei kann Personalien einer Person, das amtliche Kennzeichen eines von ihr benutzten oder eingesetzten Kraftfahrzeugs oder die Identifizierungsnummer oder äußere Kennzeichnung eines von ihr eingesetzten Wasserfahrzeugs, Luftfahrzeugs oder Containers in Fahndungssystemen zur polizeilichen Beobachtung oder gezielten Kontrolle ausschreiben, damit die Polizei, die Polizei des Bundes oder der anderen Länder und, soweit sie Aufgaben der Grenzkontrolle wahrnehmen, die Zollbehörden das Antreffen der Person oder des Fahrzeugs melden können, wenn dies bei Gelegenheit einer Überprüfung aus anderem Anlass festgestellt wird.

(2) Eine Ausschreibung zur polizeilichen Beobachtung darf erfolgen bei:
1. *einer Person, bei der Tatsachen die Annahme rechtfertigen, dass sie in absehbarer Zeit eine zumindest der Art nach konkretisierte Straftat von erheblicher Bedeutung begehen wird,*
2. *einer Person, bei der das Verhalten die konkrete Wahrscheinlichkeit begründet, dass sie in überschaubarer Zukunft eine terroristische Straftat begehen wird, oder*
3. einer Kontakt- und Begleitperson der Person nach den Nummern 1 und 2

und soweit die Maßnahme zur Verhütung der Straftat erforderlich ist.

(3) Die Ausschreibung zur gezielten Kontrolle darf erfolgen bei:
1. *einer Person, bei der Tatsachen die Annahme rechtfertigen, dass sie in absehbarer Zeit eine zumindest der Art nach konkretisierte Straftat nach § 100a Absatz 2 der Strafprozessordnung begehen wird,*
2. *einer Person, bei der das Verhalten die konkrete Wahrscheinlichkeit begründet, dass sie in überschaubarer Zukunft eine terroristische Straftat begehen wird, oder*
3. einer Kontakt- und Begleitperson einer Person nach den Nummern 1 und 2

und soweit die Maßnahme zur Verhütung der Straftat erforderlich ist.

(4) [1]Beim Antreffen einer zur polizeilichen Beobachtung ausgeschriebenen Person oder der ausgeschriebenen Sache können erlangte Erkenntnisse über Ort und Zeit des Antreffens der Person, Anlass der Überprüfung, Reiseweg und Reiseziel, gemeinsam mit der ausgeschriebenen Person angetroffene Personen oder Insassen des Fahrzeugs und mitgeführte Sachen an die ausschreibende Polizeidienststelle übermittelt werden. [2]Beim Antreffen einer zur gezielten Kontrolle ausgeschriebenen Person können zusätzlich zu den Erkenntnissen aus Satz 1 solche aus Maßnahmen nach den §§ 27 und 28 an die ausschreibende Polizeidienststelle übermittelt werden.

(5) [1]Die Ausschreibung darf für höchstens ein Jahr angeordnet werden. [2]Eine Verlängerung um nicht mehr als jeweils ein Jahr ist zulässig, soweit die Voraussetzungen weiterhin vorliegen. [3]Spätestens nach Ablauf von jeweils sechs Monaten hat die ausschreibende Polizeidienststelle zu prüfen, ob die Voraussetzungen für die Ausschreibung noch vorliegen. [4]Das Ergebnis der Prüfung ist zu dokumentieren. [5]Liegen die Voraussetzungen für die Ausschreibung nicht mehr vor, ist der Zweck der Ausschreibung erreicht oder kann er nicht erreicht werden, ist die Ausschreibung unverzüglich zu löschen.

(6) [1]Maßnahmen nach Absatz 1 dürfen nur durch die Präsidentin oder den Präsidenten des Landeskriminalamtes oder einer Polizeidirektion oder durch von diesen hierzu beauftragte Bedienstete angeordnet werden. [2]In der schriftlichen Anordnung sind anzugeben:

6 § 60 Absatz 2 Nummer 1 und 2 sowie Absatz 3 Nummer 1 und 2: beachte die Entscheidung des Verfassungsgerichtshofs des Freistaates Sachsen vom 25. Januar 2024 (siehe unten Seite 206)

1. Angaben zur Person, gegen die sich die Maßnahme richtet, soweit möglich mit Name und Anschrift,
2. Art, Umfang und Dauer der Maßnahme,
3. der Sachverhalt und
4. die Begründung.

§ 61
Elektronische Aufenthaltsüberwachung[7]

(1) Die Polizei kann eine Person dazu verpflichten, ein technisches Mittel, mit dem der Aufenthaltsort dieser Person elektronisch überwacht werden kann, ständig in betriebsbereitem Zustand am Körper bei sich zu führen und dessen Funktionsfähigkeit nicht zu beeinträchtigen, wenn das Verhalten dieser Person die konkrete Wahrscheinlichkeit begründet, dass sie in überschaubarer Zukunft eine terroristische Straftat begehen wird, um diese Person durch die Überwachung und die Datenverwendung von der Begehung dieser Straftat abzuhalten.

(2) Die Verpflichtung kann auch erfolgen, wenn gegen die Person eine Maßnahme nach § 21 Absatz 2 oder Absatz 3 angeordnet wird und Tatsachen die Annahme begründen, dass die elektronische Aufenthaltsüberwachung erforderlich ist, um diese Person durch die Überwachung und die Datenverwendung von der Begehung der anlassgebenden Straftaten abzuhalten und Verstöße gegen Aufenthaltsanordnungen nach § 21 Absatz 2 oder Kontaktverbote zu verhüten.

(3) [1]*Die Polizei kann mit Hilfe des von der Person mitgeführten technischen Mittels automatisiert Daten über deren Aufenthaltsort sowie über etwaige Beeinträchtigungen der Datenerhebung erheben und speichern.* [2]Soweit dies zur Erfüllung des Überwachungszwecks nach Absatz 1 erforderlich ist, dürfen die erhobenen Daten zu einem Bewegungsbild verbunden werden. [3]Es ist, soweit dies technisch möglich ist, sicherzustellen, dass innerhalb der Wohnung der betroffenen Person keine über den Umstand ihrer Anwesenheit hinausgehenden Aufenthaltsdaten erhoben werden; dennoch erhobene Daten dürfen nicht verwendet werden und sind unverzüglich zu löschen. [4]Die Tatsache ihrer Löschung ist zu dokumentieren. [5]Die Dokumentation darf ausschließlich zum Zweck der Datenschutzkontrolle verwendet werden. [6]Sie ist nach Abschluss der Datenschutzkontrolle nach § 94 zu löschen. [7]Daten nach den Sätzen 1 und 2 dürfen nur verarbeitet werden, wenn dies zu folgenden Zwecken erforderlich ist:
1. *zur Verhütung oder zur Verfolgung von terroristischen Straftaten sowie von Straftaten gegen Rechtsgüter im Sinne des § 21 Absatz 2 Nummer 1,*
2. zur Feststellung von Verstößen gegen Aufenthaltsanordnungen nach § 21 Absatz 2 und Kontaktverbote nach § 21 Absatz 3,
3. zur Verfolgung einer Straftat nach § 106,
4. zur Abwehr einer gegenwärtigen Gefahr für Leib, Leben oder Freiheit einer Person oder
5. zur Aufrechterhaltung der Funktionsfähigkeit des technischen Mittels.

[8]Zur Einhaltung der Zweckbindung nach Satz 7 hat die Verarbeitung der Standortdaten automatisiert zu erfolgen. [9]Die Daten sind gegen unbefugte Kenntnisnahme und Verarbeitung besonders zu sichern. [10]Die in Satz 1 genannten Daten sind spätestens zwei Monate nach Beendigung der Maßnahme zu löschen, soweit sie nicht zu Zwecken nach Satz 7 weiterverarbeitet werden. [11]Jeder Abruf der Daten ist gemäß § 32 des Sächsischen Datenschutz-Umsetzungsgesetzes zu protokollieren. [12]Die Protokolldaten sind nach Abschluss der Datenschutzkontrolle nach § 94 zu löschen.

(4) Bei Durchführung der Maßnahme hat die zuständige Polizeidienststelle
1. Daten des Aufenthaltsortes der betroffenen Person an die zuständigen Polizeidienststellen oder die Strafverfolgungsbehörden weiterzugeben, wenn dies zur Verhütung oder zur Verfolgung einer Straftat im Sinne des Absatzes 3 Satz 7 Nummer 1 erforderlich ist,
2. Daten des Aufenthaltsortes der betroffenen Person an andere Polizeidienststellen weiterzugeben, sofern dies zur Durch-

7 § 61 Absatz 1 und 2 sowie Absatz 3 Satz 1 Alternative 1 und Satz 7 Nummer 1: beachte die Entscheidung des Verfassungsgerichtshofs des Freistaates Sachsen vom 25. Januar 2024 (siehe unten Seite 206)

setzung von Maßnahmen nach § 21 Absatz 2 und 3 erforderlich ist,
3. Daten des Aufenthaltsortes der betroffenen Person an die zuständige Strafverfolgungsbehörde zur Verfolgung einer Straftat nach § 106 weiterzugeben,
4. Daten des Aufenthaltsortes der betroffenen Person an andere Polizeidienststellen weiterzugeben, sofern dies zur Abwehr einer gegenwärtigen Gefahr im Sinne des Absatzes 3 Satz 7 Nummer 4 erforderlich ist,
5. eingehende Systemmeldungen über Verstöße nach Absatz 3 Satz 7 Nummer 2 entgegenzunehmen und zu bewerten,
6. die Ursache einer Meldung zu ermitteln; hierzu kann die zuständige Polizeidienststelle Kontakt mit der betroffenen Person aufnehmen, sie befragen, sie auf den Verstoß hinweisen und ihr mitteilen, wie sie dessen Beendigung bewirken kann,
7. eine Überprüfung der bei der Person vorhandenen technischen Geräte auf ihre Funktionsfähigkeit oder Manipulation und die zur Behebung einer Funktionsbeeinträchtigung erforderlichen Maßnahmen, insbesondere den Austausch der technischen Mittel oder von Teilen davon, vorzunehmen oder einzuleiten und
8. Anfragen der betroffenen Person zum Umgang mit den technischen Mitteln zu beantworten.

(5) [1]Maßnahmen nach den Absätzen 1 und 2 bedürfen einer richterlichen Anordnung auf Antrag der Polizei. [2]Bei Gefahr im Verzug kann die Anordnung durch die Präsidentin oder den Präsidenten des Landeskriminalamtes oder einer Polizeidirektion oder durch von diesen hierzu beauftragte Bedienstete getroffen werden. [3]In diesem Fall ist eine gerichtliche Entscheidung unverzüglich nachzuholen. [4]Soweit die Anordnung nicht innerhalb von drei Tagen durch das Gericht bestätigt wird, tritt sie außer Kraft. [5]Die Maßnahme ist zu beenden, wenn sie durch das Gericht abgelehnt wird.

(6) In dem Antrag sind anzugeben:
1. die Person, gegen die sich die Maßnahme richtet, mit Name und Anschrift,
2. Art, Umfang und Dauer der Maßnahme, die Angabe, ob gegenüber der Person, gegen die sich die Maßnahme richtet, eine Aufenthaltsanordnung oder ein Kontaktverbot besteht,
3. der Sachverhalt und
4. die Begründung.

(7) [1]Die Anordnung ergeht schriftlich. [2]In ihr sind anzugeben:
1. die Person, gegen die sich die Maßnahme richtet, mit Name und Anschrift,
2. Art, Umfang und Dauer der Maßnahme sowie
3. die wesentlichen Gründe.

[3]Die Erstellung eines Bewegungsbildes ist nur zulässig, wenn dies richterlich in der Anordnung besonders gestattet wird.

(8) [1]Die Anordnung ist sofort vollziehbar. [2]Sie ist auf höchstens zwei Monate zu befristen; eine Verlängerung um jeweils nicht mehr als zwei Monate ist zulässig, sofern die Voraussetzungen für die Anordnung noch vorliegen. [3]Die Maßnahme ist unverzüglich zu beenden, wenn die Voraussetzungen nicht mehr vorliegen.

(9) [1]Die Erforderlichkeit, die praktische Anwendung und die Auswirkungen dieser Vorschrift werden nach einem Erfahrungszeitraum von drei Jahren, spätestens jedoch zum 31. Dezember 2024, durch die Staatsregierung geprüft. [2]Die Staatsregierung berichtet dem Landtag über das Ergebnis der Evaluierung.

§ 62
Rasterfahndung

(1) Die Polizei kann von öffentlichen und nicht-öffentlichen Stellen die Übermittlung von personenbezogenen Daten bestimmter Personengruppen zum Zweck des automatisierten Abgleichs mit anderen Datenbeständen verlangen, soweit dies zur Abwehr einer Gefahr für den Bestand oder die Sicherheit des Bundes oder eines Landes oder für Leib, Leben oder Freiheit einer Person erforderlich ist; eine solche Gefahr liegt in der Regel auch dann vor, wenn konkrete Vorbereitungshandlungen für sich oder zusammen mit weiteren Tatsachen die Annahme rechtfertigen, dass

eine terroristische Straftat begangen werden soll.

(2) Maßnahmen nach Absatz 1 bedürfen einer richterlichen Anordnung auf Antrag der Polizei.

(3) [1]Das Übermittlungsersuchen ist auf Namen, Anschrift, Tag und Ort der Geburt sowie auf andere im Einzelfall festzulegende Merkmale zu beschränken; es darf sich nicht auf personenbezogene Daten erstrecken, die einem Berufs- oder besonderen Amtsgeheimnis unterliegen. [2]Von Übermittlungsersuchen nicht erfasste personenbezogene Daten dürfen übermittelt werden, wenn wegen erheblicher technischer Schwierigkeiten oder wegen eines unangemessenen Zeit- oder Kostenaufwands eine Beschränkung auf die angeforderten Daten nicht möglich ist; diese Daten dürfen nicht verwendet werden.

§ 63
Längerfristige Observation und Einsatz besonderer technischer Mittel[8]

(1) Die Polizei kann personenbezogene Daten erheben durch:

1. eine voraussichtlich innerhalb eines Monats länger als 24 Stunden dauernde oder über den Zeitraum eines Monats hinaus stattfindende Observation (längerfristige Observation),
2. den verdeckten Einsatz technischer Mittel zur Anfertigung von Bildaufnahmen oder -aufzeichnungen außerhalb von Wohnungen und zum Abhören oder Aufzeichnen des außerhalb von Wohnungen nichtöffentlich gesprochenen Wortes und
3. sonstige für Observationen bestimmte besondere technische Mittel, um Rückschlüsse auf den Aufenthaltsort oder die Bewegung einer Person nach Absatz 2 zu erlangen.

(2) [1]Personenbezogene Daten dürfen durch Maßnahmen nach Absatz 1 nur erhoben werden über:

1. die für eine Gefahr Verantwortlichen nach § 6 oder § 7 oder unter den Voraussetzungen des § 9 über Personen, die für die Gefahr nicht verantwortlich sind, wenn dies zur Abwehr einer Gefahr für den Bestand oder die Sicherheit des Bundes oder eines Landes, für Leben, Gesundheit oder Freiheit einer Person oder für Sachen von bedeutendem Wert, deren Erhaltung im öffentlichen Interesse geboten ist, erforderlich ist,
2. *Personen, bei denen Tatsachen die Annahme rechtfertigen, dass sie in absehbarer Zeit eine zumindest ihrer Art nach konkretisierte Straftat von erheblicher Bedeutung begehen werden,*
3. *Personen, bei denen das Verhalten die konkrete Wahrscheinlichkeit begründet, dass sie in überschaubarer Zukunft eine terroristische Straftat begehen werden, oder*
4. Kontakt- und Begleitpersonen der Personen nach den Nummern 2 und 3.

[2]Die Maßnahmen dürfen auch durchgeführt werden, wenn Dritte unvermeidbar betroffen werden.

(3) [1]Maßnahmen nach Absatz 1 Nummer 1 und 2 sowie Maßnahmen nach Absatz 1 Nummer 3, bei denen die dort genannten, zu Observationszwecken bestimmten technischen Mittel durchgehend länger als 24 Stunden oder an mehr als zwei Tagen zum Einsatz kommen, bedürfen einer richterlichen Anordnung auf Antrag der Polizei. [2]Im Antrag sind anzugeben:

1. Angaben zur Person, gegen die sich die Maßnahme richtet, soweit möglich mit Name und Anschrift,
2. Art, Umfang und Dauer der Maßnahme,
3. der Sachverhalt und
4. die Begründung.

(4) Maßnahmen nach Absatz 1 Nummer 3, die keiner richterlichen Anordnung nach Absatz 3 bedürfen, sind durch die Präsidentin oder den Präsidenten des Landeskriminalamtes oder einer Polizeidirektion oder durch von diesen hierzu beauftragte Bedienstete anzuordnen.

8 § 63 Absatz 2 Satz 1 Nummer 2 und 3: beachte die Entscheidung des Verfassungsgerichtshofs des Freistaates Sachsen vom 25. Januar 2024 (siehe unten Seite 206)

(5) [1]Werden technische Mittel nach Absatz 1 Nummer 2 ausschließlich zum Schutz der bei einem Einsatz tätigen Personen eingesetzt, kann die Maßnahme durch die Präsidentin oder den Präsidenten des Landeskriminalamtes oder einer Polizeidirektion oder durch einen von diesen hierzu beauftragte Bedienstete angeordnet werden. [2]Eine Verwertung der hierbei erlangten Erkenntnisse zu anderen Zwecken ist unter den Voraussetzungen des § 79 Absatz 2 zulässig, wenn zuvor die Rechtmäßigkeit der Maßnahme richterlich festgestellt wurde; bei Gefahr im Verzug ist die richterliche Entscheidung unverzüglich nachzuholen. [3]Andernfalls sind die Daten nach Beendigung des Einsatzes unverzüglich zu löschen. [4]Die Löschungen sind zu dokumentieren.

(6) [1]Soweit der Einsatz technischer Mittel nach Absatz 1 Nummer 2 richterlich angeordnet wurde, können Gegenstände, insbesondere Fahrzeuge, zur Durchführung der Maßnahme vorübergehend in polizeiliche Obhut genommen, verändert oder an einen anderen Ort verbracht werden. [2]§ 32 Absatz 1 gilt entsprechend.

§ 64
Einsatz Verdeckter Ermittlerinnen, Verdeckter Ermittler und von V-Personen[9]

(1) Die Polizei kann unter den Voraussetzungen des § 63 Absatz 2 Satz 1 personenbezogene Daten erheben durch den Einsatz:

1. *von Polizeibediensteten, die unter einer ihnen verliehenen, auf Dauer angelegten, veränderten Identität (Legende) ermitteln (Verdeckte Ermittlerin, Verdeckter Ermittler), oder*
2. *von Personen, deren Zusammenarbeit mit der Polizei Dritten nicht bekannt ist (V-Personen).*

(2) [1]Soweit es für den Aufbau und zur Aufrechterhaltung der Legende von Verdeckten Ermittlerinnen und Ermittlern unerlässlich ist, dürfen entsprechende Urkunden hergestellt, verändert und gebraucht werden. [2]Verdeckte Ermittlerinnen und Ermittler dürfen unter ihrer Legende zur Erfüllung ihres Auftrages am Rechtsverkehr teilnehmen.

(3) [1]Verdeckte Ermittlerinnen und Ermittler dürfen unter Verwendung ihrer Legende eine Wohnung mit dem Einverständnis der berechtigten Person betreten. [2]Das Einverständnis darf nicht durch ein über die Benutzung der Legende hinausgehendes Vortäuschen eines Zutrittsrechts herbeigeführt werden. [3]Im Übrigen richten sich die Befugnisse von Verdeckten Ermittlerinnen und Ermittlern nach diesem Gesetz.

(4) Ergeben sich bei der Durchführung einer Maßnahme nach Absatz 1 tatsächliche Anhaltspunkte dafür, dass der Kernbereich privater Lebensgestaltung betroffen ist, gilt § 76 mit der Maßgabe, dass die Maßnahme zu unterbrechen ist, sobald dies ohne Gefährdung der eingesetzten Person möglich ist.

(5) Als V-Person darf nicht eingesetzt werden, wer

1. minderjährig ist oder unter Betreuung steht (§ 1896 des Bürgerlichen Gesetzbuches) oder
2. nach § 53 oder § 53a der Strafprozessordnung zur Verweigerung des Zeugnisses berechtigt ist, soweit Sachverhalte betroffen sind, auf die sich das Zeugnisverweigerungsrecht bezieht.

(6) Die Zusammenarbeit mit einer V-Person ist zu beenden, wenn

1. der Einsatz nicht mehr erforderlich ist,
2. die Person sich als ungeeignet erweist,
3. die Person eine Straftat von erheblicher Bedeutung begeht oder
4. nachträglich ein Ausschlussgrund im Sinne des Absatzes 5 Nummer 2 eintritt.

(7) [1]Maßnahmen nach Absatz 1 bedürfen einer richterlichen Anordnung auf Antrag der Polizei. [2]Im Antrag sind anzugeben:

1. Angaben zur Person, gegen die sich die Maßnahme richtet, soweit möglich mit Name und Anschrift,
2. Art, Umfang und Dauer der Maßnahme,
3. der Sachverhalt und
4. die Begründung.

[3]Die Anordnung ist auf höchstens sechs Monate zu befristen.

9 § 64 Absatz 1: beachte die Entscheidung des Verfassungsgerichtshofs des Freistaates Sachsen vom 25. Januar 2024 (siehe unten Seite 206)

§ 65
Einsatz technischer Mittel zur Datenerhebung in oder aus Wohnungen

(1) [1]Die Polizei kann zur Abwehr einer dringenden Gefahr für den Bestand oder die Sicherheit des Bundes oder eines Landes, für Leib, Leben oder Freiheit einer Person oder für solche Güter der Allgemeinheit, deren Bedrohung die Existenz der Menschen berührt, und wenn die Abwehr der Gefahr auf andere Weise aussichtslos oder wesentlich erschwert wäre, durch den verdeckten Einsatz technischer Mittel in oder aus Wohnungen das nichtöffentlich gesprochene Wort einer Person abhören und aufzeichnen sowie Lichtbilder und Bildaufzeichnungen über eine Person herstellen, die nach § 6 oder § 7 für die Gefahr verantwortlich ist. [2]Die Maßnahme darf auch durchgeführt werden, wenn Dritte unvermeidbar betroffen werden.

(2) [1]Die Maßnahme darf in der Wohnung der Personen nach Absatz 1 Satz 1 durchgeführt werden. [2]In Wohnungen anderer Personen ist die Maßnahme nur zulässig, wenn auf Grund von Tatsachen anzunehmen ist, dass

1. sich eine Person nach Absatz 1 Satz 1 dort aufhält,
2. sie dort für die Erforschung des Sachverhaltes relevante Gespräche führt und
3. die Maßnahme in der Wohnung der Person nach Nummer 1 allein nicht zur Gefahrenabwehr geeignet ist.

[3]Sofern erforderlich, dürfen Wohnungen betreten werden, um die technischen Voraussetzungen für die Durchführung der Maßnahme zu schaffen.

(3) [1]Werden technische Mittel nach Absatz 1 ausschließlich zum Schutz der bei einem polizeilichen Einsatz in Wohnungen tätigen Personen eingesetzt, kann die Maßnahme durch den Präsidenten des Landeskriminalamtes oder einer Polizeidirektion angeordnet werden. [2]Eine Verwertung der hierbei erlangten Erkenntnisse zu anderen Zwecken ist unter den Voraussetzungen des § 79 Absatz 2 und 3 Satz 1 und nur dann zulässig, wenn zuvor die Rechtmäßigkeit der Maßnahme richterlich festgestellt wurde; bei Gefahr im Verzug ist die richterliche Entscheidung unverzüglich nachzuholen. [3]Andernfalls sind die Daten nach Beendigung des Einsatzes unverzüglich zu löschen. [4]Die Löschungen sind zu dokumentieren.

(4) [1]Maßnahmen nach Absatz 1 bedürfen einer richterlichen Anordnung auf Antrag der Polizei. [2]Im Antrag sind anzugeben:

1. Angaben zur Person, gegen die sich die Maßnahme richtet, soweit möglich mit Name und Anschrift,
2. die zu überwachende Wohnung oder die zu überwachenden Wohnräume,
3. Art, Umfang und Dauer der Maßnahme,
4. der Sachverhalt und
5. die Begründung.

[3]Die Anordnung ist auf höchstens einen Monat zu befristen. [4]Eine Verlängerung um jeweils nicht mehr als einen Monat ist zulässig, soweit die in den Absätzen 1 und 2 bezeichneten Voraussetzungen unter Berücksichtigung der gewonnenen Erkenntnisse fortbestehen. [5]Liegen die Voraussetzungen der Anordnung nicht mehr vor, sind die auf Grund der Anordnung ergriffenen Maßnahmen unverzüglich zu beenden.

§ 66
Überwachung der Telekommunikation[10]

(1) [1]Die Polizei kann ohne Wissen der betroffenen Person deren Telekommunikation überwachen und aufzeichnen sowie deren noch innerhalb des Telekommunikationsnetzes in Datenspeichern abgelegten Inhalte erheben. [2]Die Maßnahme kann sich richten gegen eine Person:

1. die nach § 6 oder § 7 verantwortlich ist und wenn die Maßnahme zur Abwehr einer Gefahr für den Bestand oder die Sicherheit des Bundes oder eines Landes, für Leib, Leben oder Freiheit einer Person oder für Sachen von bedeutendem Wert, deren Erhaltung im öffentlichen Interesse geboten ist, erforderlich ist,
2. *bei der Tatsachen die Annahme rechtfertigen, dass sie in absehbarer Zeit eine zumindest ih-*

10 § 66 Absatz 1 Satz 2 Nummer 2 und 3: beachte die Entscheidung des Verfassungsgerichtshofs des Freistaates Sachsen vom 25. Januar 2024 (siehe unten Seite 206)

rer Art nach konkretisierte Straftat im Sinne des § 100a Absatz 2 der Strafprozessordnung, die sich gegen die Rechtsgüter nach Nummer 1 richtet, begehen wird,
3. *deren Verhalten die konkrete Wahrscheinlichkeit begründet, dass sie in überschaubarer Zukunft eine terroristische Straftat begehen wird,*
4. bei der Tatsachen die Annahme rechtfertigen, dass eine Person nach den Nummern 1 bis 3 deren Telekommunikationsanschluss oder Endgerät benutzt, oder
5. bei der Tatsachen die Annahme rechtfertigen, dass sie für eine Person nach den Nummern 1 bis 3 bestimmte oder von dieser herrührende Mitteilungen entgegennimmt oder weitergibt.

[3]Die Datenerhebung ist nur zulässig, wenn die Abwehr der Gefahr oder die Verhütung der Straftat auf andere Weise aussichtslos oder wesentlich erschwert wäre. [4]Die Maßnahme darf auch durchgeführt werden, wenn Dritte unvermeidbar betroffen werden.

(2) [1]Maßnahmen nach Absatz 1 bedürfen einer richterlichen Anordnung auf Antrag der Polizei. [2]Im Antrag sind anzugeben:
1. Angaben zur Person, gegen die sich die Maßnahme richtet, soweit möglich mit Name und Anschrift,
2. die Rufnummer oder eine andere spezifische Kennung des zu überwachenden Telekommunikationsanschlusses oder des Endgerätes, sofern sich nicht aus Tatsachen ergibt, dass diese zugleich einem anderen Endgerät zuzuordnen ist,
3. Art, Umfang und Dauer der Maßnahme,
4. der Sachverhalt und
5. die Begründung.

§ 67
Erhebung von Verkehrs- und Nutzungsdaten[11]

(1) [1]*Die Polizei kann unter den Voraussetzungen des § 66 Absatz 1 Satz 2 ohne Wissen der betroffenen Person Verkehrsdaten (§ 96 des Telekommunikationsgesetzes vom 22. Juni 2004 [BGBl. I S. 1190], das zuletzt durch Artikel 1 des Gesetzes vom 29. November 2018 [BGBl. I S. 2230] geändert worden ist, in der jeweils geltenden Fassung) erheben.* [2]Die Erhebung von Verkehrsdaten kann auch auf Zeiträume vor deren Anordnung und auf künftig entstehende Verkehrsdaten erstreckt werden. [3]Sofern andernfalls die Erreichung des Zwecks der Maßnahme aussichtslos oder wesentlich erschwert wäre, genügt eine räumlich und zeitlich hinreichende Bezeichnung der Telekommunikation.

(2) [1]*Unter denselben Voraussetzungen kann die Polizei ohne Wissen des Betroffenen Nutzungsdaten (§ 15 Absatz 1 des Telemediengesetzes vom 26. Februar 2007 [BGBl. I S. 179], das zuletzt durch Artikel 1 des Gesetzes vom 28. September 2017 [BGBl. I S. 3530] geändert worden ist, in der jeweils geltenden Fassung) erheben.* [2]Die Datenerhebung kann auch auf künftig entstehende Nutzungsdaten erstreckt werden. [3]Der Diensteanbieter hat die Daten der Polizei unverzüglich auf dem von der Polizei bestimmten Weg zu übermitteln.

(3) Die Maßnahme darf auch durchgeführt werden, wenn unbeteiligte Dritte unvermeidbar betroffen werden.

(4) [1]Die Maßnahmen nach den Absätzen 1 und 2 bedürfen einer richterlichen Anordnung auf Antrag der Polizei. [2]Im Antrag sind anzugeben:
1. Angaben zur Person, gegen die sich die Maßnahme richtet, soweit möglich mit Name und Anschrift,
2. die Rufnummer oder eine andere spezifische Kennung des zu ermittelnden Telekommunikationsanschlusses oder des Endgerätes; im Fall des Absatzes 1 Satz 2 genügt eine räumlich und zeitlich hinreichende Bezeichnung der Telekommunikation,
3. Art, Umfang und Dauer der Maßnahme,
4. der Sachverhalt und
5. die Begründung.

11 § 67 Absatz 1 Satz 1 und Absatz 2 Satz 1: beachte die Entscheidung des Verfassungsgerichtshofs des Freistaates Sachsen vom 25. Januar 2024 (siehe unten Seite 206)

§ 68
Identifizierung und Lokalisierung von Telekommunikationsendgeräten[12]

(1) Die Polizei kann unter den Voraussetzungen des § 66 Absatz 1 Satz 2 durch den verdeckten Einsatz technischer Mittel
1. *spezifische Kennungen, insbesondere die Geräte- und Kartennummer von zur Telekommunikation nutzbaren Endgeräten oder*
2. *den Standort eines zur Telekommunikation nutzbaren Endgerätes*

ermitteln.

(2) [1]Personenbezogene Daten Dritter dürfen anlässlich einer Maßnahme nach Absatz 1 nur erhoben werden, wenn dies aus technischen Gründen unvermeidbar ist. [2]Über den Datenabgleich zur Ermittlung der spezifischen Kennung oder des Standorts des zur Telekommunikation nutzbaren Endgerätes hinaus dürfen sie nicht verwendet werden. [3]Nach Beendigung der Maßnahme sind diese unverzüglich zu löschen.

(3) [1]Die Maßnahmen nach Absatz 1 bedürfen einer richterlichen Anordnung auf Antrag der Polizei. [2]Im Antrag sind anzugeben:
1. Angaben zur Person, gegen die sich die Maßnahme richtet, soweit möglich mit Name und Anschrift,
2. soweit bekannt, die Rufnummer oder eine andere Kennung des zu ermittelnden Anschlusses oder des Endgerätes,
3. Art, Umfang und Dauer der Maßnahme,
4. der Sachverhalt und
5. die Begründung.

§ 69
Unterbrechung oder Verhinderung der Telekommunikation

(1) Die Polizei kann unter den Voraussetzungen des § 66 Absatz 1 Satz 2 Telekommunikationsverbindungen der dort genannten Personen durch den Einsatz technischer Mittel unterbrechen oder verhindern, sofern dies zur Erreichung des Zwecks der Maßnahme erforderlich ist und die Gefahr durch andere Mittel nicht abgewehrt werden kann.

(2) [1]Unter den Voraussetzungen des Absatzes 1 kann die Polizei von jedem Diensteanbieter verlangen, Telekommunikationsverbindungen zu unterbrechen oder zu verhindern. [2]Die Unterbrechung oder Verhinderung der Telekommunikation ist unverzüglich herbeizuführen und für die Dauer der Anordnung aufrechtzuerhalten.

(3) Telekommunikationsverbindungen Dritter dürfen nur unterbrochen oder verhindert werden, wenn dies aus technischen Gründen zur Durchführung der Maßnahme unvermeidbar ist und zum Zweck der Maßnahme nicht außer Verhältnis steht.

(4) Zur Abwehr einer unmittelbar bevorstehenden erheblichen Gefahr für Leib oder Leben einer Person oder für solche Güter der Allgemeinheit, deren Bedrohung die Grundlagen oder den Bestand des Staates oder die Grundlagen der Existenz der Menschen berührt, kann die Telekommunikationsverbindung auch ohne Kenntnis der Rufnummer oder einer anderen Kennung des betreffenden Anschlusses oder des Endgeräts unterbrochen oder verhindert werden, indem ein bestimmter räumlicher Bereich technisch blockiert wird.

(5) Über Maßnahmen nach den Absätzen 1 und 4 sind die betroffenen Diensteanbieter zu informieren.

(6) [1]Maßnahmen nach dieser Vorschrift bedürfen einer richterlichen Anordnung auf Antrag der Polizei. [2]Im Antrag sind anzugeben:
1. Angaben zur Person, gegen die sich die Maßnahme richtet, soweit möglich mit Name und Anschrift,
2. soweit bekannt, die Rufnummer oder eine andere Kennung des zu blockierenden Anschlusses oder des Endgerätes,
3. im Fall des Absatzes 4 die Bezeichnung der Funkzelle oder des räumlichen Bereichs, in dem sich das zu blockierende Endgerät befinden soll,
4. Art, Umfang und Dauer der Maßnahme,
5. der Sachverhalt und
6. die Begründung.

12 § 68 Absatz 1: beachte die Entscheidung des Verfassungsgerichtshofs des Freistaates Sachsen vom 25. Januar 2024 (siehe unten Seite 206)

[3]Die Anordnung ist auf höchstens drei Tage zu befristen.

§ 70
Erhebung von Bestandsdaten

(1) [1]Die Polizei kann von einem Diensteanbieter im Sinne des § 3 Nummer 6 des Telekommunikationsgesetzes oder § 2 Satz 1 Nummer 1 des Telemediengesetzes Auskunft über Daten gemäß
1. den §§ 95 und 111 des Telekommunikationsgesetzes sowie
2. § 14 des Telemediengesetzes

verlangen, sofern dies zur Abwehr einer Gefahr erforderlich ist. [2]Bezieht sich das Auskunftsverlangen nach Satz 1 auf Daten, mittels derer der Zugriff auf Endgeräte oder Speichereinrichtungen, die in diesen Endgeräten oder hiervon räumlich getrennt eingesetzt werden, geschützt wird, darf die Auskunft nur verlangt werden, wenn die gesetzlichen Voraussetzungen zur Datenerhebung für die anschließende Nutzung dieser Daten vorliegen.
(2) Die Auskunft nach Absatz 1 darf im Fall einer Gefahr für die öffentliche Sicherheit auch anhand einer zu einem bestimmten Zeitpunkt zugewiesenen Internetprotokoll-Adresse verlangt werden (§ 113 Absatz 1 Satz 3 des Telekommunikationsgesetzes).
(3) [1]Maßnahmen nach Absatz 1 Satz 2 und Absatz 2 bedürfen einer richterlichen Anordnung auf Antrag der Polizei. [2]Einer richterlichen Anordnung bedarf es nicht, soweit die betroffene Person von dem Auskunftsverlangen bereits Kenntnis hat oder haben muss und im Fall des Absatzes 1 Satz 2 die Nutzung der Daten bereits durch eine richterliche Anordnung gestattet wird oder ohne richterliche Anordnung erfolgen kann; das Vorliegen der Voraussetzungen hierfür ist zu dokumentieren.

§ 71
Standortermittlung von gefährdeten Personen

(1) Die Polizei kann zur Abwehr einer gegenwärtigen Gefahr für Leib oder Leben einer vermissten, hilflosen oder suizidgefährdeten Person oder einer Person, die einen Notruf auslöst (gefährdete Person) technische Mittel zur Standortermittlung eines ihr zuzuordnenden Endgerätes einsetzen, wenn die Ermittlung des Aufenthaltsortes auf andere Weise aussichtslos oder wesentlich erschwert wäre.
(2) Unter den Voraussetzungen des Absatzes 1 kann die Polizei von jedem Diensteanbieter jederzeit Auskunft über die für die Ermittlung des Standortes des Endgerätes erforderlichen Daten sowie dessen netzseitige Teilnehmerkennung und Gerätenummer verlangen.
(3) [1]Personenbezogene Daten Dritter dürfen anlässlich einer Maßnahme nach Absatz 1 nur erhoben werden, wenn dies aus technischen Gründen unvermeidbar ist. [2]Über den Datenabgleich zur Ermittlung des Standorts des Endgerätes hinaus dürfen sie nicht verwendet werden. [3]Nach Beendigung der Maßnahme sind diese unverzüglich zu löschen.
(4) [1]Maßnahmen nach den Absätzen 1 und 2 ordnen die Präsidentin oder der Präsident des Landeskriminalamtes oder einer Polizeidirektion oder von diesen hierzu beauftragte Bedienstete an. [2]Die Maßnahme ist schriftlich anzuordnen und zu begründen. [3]In der Anordnung sind insbesondere, soweit möglich, die Identifizierung der gefährdeten Person und die Rufnummer oder eine andere spezifische Kennung des zu ortenden Endgerätes anzugeben.

UNTERABSCHNITT 3
Besondere Bestimmungen

§ 72
Verpflichtung der Diensteanbieter

(1) Auf Grund einer Anordnung gemäß § 66 hat jeder, der ganz oder teilweise geschäftsmäßig Telekommunikationsdienste erbringt oder daran mitwirkt (Diensteanbieter), der Polizei unverzüglich die Überwachung und Aufzeichnung der Telekommunikation nach Maßgabe der Regelungen des Telekommunikationsgesetzes und der Telekommunika-

tions-Überwachungsverordnung in der Fassung der Bekanntmachung vom 11. Juli 2017 (BGBl. I S. 2316), die zuletzt durch Artikel 16 des Gesetzes vom 17. August 2017 (BGBl. I S. 3202) geändert worden ist, in der jeweils geltenden Fassung, zu ermöglichen und die erforderlichen Auskünfte zu erteilen.

(2) [1]Auf Grund einer Anordnung gemäß den §§ 67, 70 und 71 hat jeder Diensteanbieter der Polizei im angeordneten Umfang Auskunft über

1. Verkehrsdaten nach § 96 des Telekommunikationsgesetzes,
2. Nutzungsdaten nach § 15 Absatz 1 des Telemediengesetzes,
3. Bestandsdaten nach den §§ 95 und 111 des Telekommunikationsgesetzes und § 14 des Telemediengesetzes sowie
4. die spezifischen Kennungen, insbesondere die netzseitige Teilnehmerkennung und Gerätenummer, und den Standort eines Endgerätes

zu erteilen. [2]Die Diensteanbieter haben die nach Satz 1 angeforderten Daten unverzüglich und vollständig zu übermitteln.

(3) Auf Grund einer Anordnung nach § 69 Absatz 2 oder Absatz 4 ist jeder Diensteanbieter verpflichtet, unverzüglich

1. bestehende Telekommunikationsverbindungen bekannter, zur Telekommunikation nutzbarer Endgeräte zu unterbrechen oder diese von Beginn an zu verhindern oder
2. jede Telekommunikationsverbindung in einem bestimmten räumlichen Bereich technisch zu blockieren.

(4) Für die Entschädigung der Diensteanbieter in den Fällen der §§ 66, 67, 69 bis 71 ist § 23 des Justizvergütungs- und -entschädigungsgesetzes entsprechend anzuwenden, soweit nicht eine Entschädigung auf Grund des Telekommunikationsgesetzes oder des Telemediengesetzes zu gewähren ist.

§ 73
Anordnung, gerichtliche Zuständigkeit

(1) Für gerichtliche Entscheidungen nach diesem Gesetz gilt, soweit nichts anderes bestimmt ist:

1. [1]Zuständig ist das Amtsgericht, in dessen Bezirk die zuständige Polizeidienststelle ihren Sitz hat. [2]Für das Verfahren gelten die Vorschriften des Buches 1 des Gesetzes über das Verfahren in Familiensachen und in den Angelegenheiten der freiwilligen Gerichtsbarkeit entsprechend.
2. [1]Anordnungen zu den Befugnissen nach den §§ 62 bis 69 ergehen schriftlich und müssen den zugrunde liegenden Sachverhalt und die wesentlichen Gründe enthalten. [2]Sie haben die von der Maßnahme betroffenen Personen oder Gegenstände sowie Art, Dauer und Umfang der Maßnahme zu bestimmen. [3]Die Maßnahmen sind auf höchstens drei Monate zu befristen; eine Verlängerung durch das zuständige Gericht um jeweils nicht mehr als den Anordnungszeitraum ist zulässig, sofern die Voraussetzungen für die Maßnahme noch vorliegen.

(2) [1]Anordnungen nach Absatz 1 Nummer 2 können bei Gefahr im Verzug durch die Präsidentin oder den Präsidenten des Landeskriminalamtes oder einer Polizeidirektion getroffen werden; mit Ausnahme der Befugnis nach § 65 Absatz 4 auch durch von diesen hierzu beauftragte Bedienstete. [2]Im Fall einer solchen Anordnung ist die richterliche Bestätigung unverzüglich nachzuholen. [3]Die Maßnahme ist zu beenden, wenn die Bestätigung durch das Gericht abgelehnt wird oder nicht innerhalb von drei Tagen erfolgt.

(3) Für polizeiliche Anordnungen nach den §§ 62 bis 69 gilt Absatz 1 Nummer 2 entsprechend.

§ 74 Benachrichtigungspflichten[13]

(1) [1]Über eine Maßnahme sind nach deren Abschluss unverzüglich zu benachrichtigen:

1. im Fall des § 58 die Personen, deren Daten im Rahmen der anlassbezogenen automatisierten Kennzeichenerkennung gemäß § 58 Absatz 3 Satz 5 verarbeitet wurden,
2. im Fall des § 59 die Personen, deren Daten zum Abgleich herangezogen wurden,
3. im Fall des § 60
   a) die zur polizeilichen Beobachtung und zur gezielten Kontrolle ausgeschriebenen Personen und
   b) die Personen, deren personenbezogene Daten infolge einer auf der Ausschreibung beruhenden Maßnahme gemeldet wurden,
4. im Fall des § 62 die Personen, gegen die nach Auswertung der durch die Rasterfahndung erlangten Daten weitere Maßnahmen getroffen wurden,
5. im Fall des § 63
   a) die Zielperson und
   b) die erheblich mitbetroffenen Personen,
6. im Fall des § 64
   a) die Zielperson,
   b) die erheblich mitbetroffenen Personen und
   c) die Personen, deren nicht allgemein zugängliche Wohnung die Verdeckte Ermittlerin, der Verdeckte Ermittler oder die V-Person betreten hat,
7. im Fall des § 65
   a) die Zielperson,
   b) die erheblich mitbetroffenen Personen und
   c) die Inhaber und Bewohner der überwachten Wohnung,
8. im Fall des § 66 die Beteiligten der überwachten Telekommunikation,
9. im Fall des § 67 Absatz 1 die Beteiligten der betroffenen Telekommunikation,
10. im Fall des § 67 Absatz 2 die Nutzerin oder der Nutzer,
11. im Fall des § 68 die Zielperson,
12. im Fall des § 69 die Zielperson,
13. im Fall des § 70 die Zielperson in den Fällen einer richterlichen Anordnung der Bestandsdatenerhebung nach § 70 Absatz 3 und
14. im Fall des § 71 die Zielperson, soweit sie nicht von der Maßnahme Kenntnis erlangt hat.

[2]Die Benachrichtigung hat die Angaben nach § 12 Absatz 1 des Sächsischen Datenschutz-Umsetzungsgesetzes zu enthalten.

(2) [1]Die Benachrichtigung einer Person nach Absatz 1 Satz 1 Nummer 8 oder Nummer 9, gegen die sich die Maßnahme nicht gerichtet hat, unterbleibt, wenn diese von der Maßnahme nur unerheblich betroffen ist und anzunehmen ist, dass sie kein Interesse an einer Benachrichtigung hat. [2]Eine Benachrichtigung unterbleibt, wenn die Feststellung der Identität aus den Gründen des § 75 Absatz 3 Satz 1 unterblieben ist.

(3) [1]Die Benachrichtigung wird zurückgestellt, sofern

1. ihr eine Gefahr für den Bestand oder die Sicherheit des Bundes oder eines Landes, für Leib, Leben oder Freiheit einer Person oder für Sachen von bedeutendem Wert, deren Erhaltung im öffentlichen Interesse geboten ist, entgegensteht,
2. der Zweck der Maßnahme durch sie gefährdet wird oder
3. *dadurch die Möglichkeit einer konkret absehbaren weiteren Verwendung der Verdeckten Ermittlerin, des Verdeckten Ermittlers oder der V-Person gewahrt bleibt.*

[2]Nach Wegfall des Hinderungsgrundes ist die Benachrichtigung nachzuholen. [3]Wurde wegen desselben Sachverhalts ein strafrechtliches Ermittlungsverfahren gegen die betroffene Person eingeleitet, entscheidet die Strafverfolgungsbehörde entsprechend den Vorschriften der Strafprozessordnung, ob die Benachrichtigung zurückgestellt wird. [4]Die Entscheidung hierüber und über die Zurückstellung gemäß Satz 1 ist mit Begründung zu dokumentieren.

13 § 74 Absatz 3 Satz 1 Nummer 3: beachte die Entscheidung des Verfassungsgerichtshofs des Freistaates Sachsen vom 25. Januar 2024 (siehe unten Seite 206)

(4) [1]Erfolgt die nach Absatz 3 zurückgestellte Benachrichtigung nicht innerhalb von sechs Monaten nach Beendigung der Maßnahme, bedarf die weitere Zurückstellung der gerichtlichen Zustimmung. [2]Über die Zurückstellung und ihre Dauer entscheidet das Gericht, das für die Anordnung der Maßnahme zuständig gewesen ist oder wäre, in den übrigen Fällen das Gericht am Sitz der zuständigen Polizeidienststelle. [3]Im Falle des § 65 darf die Dauer der Zurückstellung sechs Monate nicht überschreiten.

(5) Eine Benachrichtigung der betroffenen Person kann mit richterlicher Zustimmung für eine längere Dauer zurückgestellt werden oder endgültig unterbleiben, wenn die Maßnahme

1. für diese keine weiteren Folgen hatte, insbesondere weil keine personenbezogenen Daten aufgezeichnet wurden und die Unterrichtung den Grundrechtseingriff weiter vertiefen würde,
2. die betroffene Person nur unerheblich betroffen hat und anzunehmen ist, dass diese kein Interesse an einer Benachrichtigung hat, oder
3. sich gegen die betroffene Person nicht gerichtet hat und
   a) überwiegende Interessen einer anderen betroffenen Person entgegenstehen oder
   b) deren Identität oder Aufenthaltsort nicht oder nur mit unverhältnismäßigem Aufwand ermittelt werden kann.

§ 75
Besondere Protokollierungspflichten

(1) Bei der Erhebung von Daten nach den §§ 58 bis 60, 62 bis 69, 70 Absatz 1 Satz 2 und Absatz 2 sowie § 71 sind zu protokollieren:

1. der Zeitpunkt des Einsatzes (Beginn und Ende sowie Zeiten der Unterbrechung),
2. die Bezeichnung des zur Datenerhebung eingesetzten Mittels,
3. die Angaben, die die Feststellung der erhobenen Daten ermöglichen, und
4. die Organisationseinheit, welche die Maßnahme durchführt.

(2) Zu protokollieren sind auch:

1. bei Maßnahmen des § 58 die Personen, deren Daten im Rahmen der anlassbezogenen automatisierten Kennzeichenerkennung gemäß § 58 Absatz 3 Satz 5 verarbeitet wurden,
2. bei Maßnahmen des § 59 die Personen, deren Daten zum Abgleich herangezogen wurden,
3. bei Maßnahmen nach § 60 die ausgeschriebenen Personen und die Personen, deren personenbezogene Daten infolge einer auf der Ausschreibung beruhenden Maßnahme gemeldet wurden,
4. bei Maßnahmen nach § 62
   a) die im Übermittlungsersuchen nach § 62 Absatz 3 enthaltenen Merkmale und
   b) die Personen, gegen die nach Auswertung der durch die Rasterfahndung erlangten Daten weitere Maßnahmen getroffen wurden,
5. bei Maßnahmen nach § 63
   a) die Zielpersonen und
   b) die erheblich mitbetroffenen Personen,
6. bei Maßnahmen nach § 64
   a) die Zielperson,
   b) die erheblich mitbetroffenen Personen und
   c) die Person, deren nicht allgemein zugängliche Wohnung die Verdeckte Ermittlerin, der Verdeckte Ermittler oder die V-Person betreten hat,
7. bei Maßnahmen nach § 65
   a) die Zielperson,
   b) sonstige erheblich mitbetroffene Personen,
   c) Personen, die die überwachte Wohnung zur Zeit der Durchführung der Maßnahme innehatten oder bewohnten, und
   d) die Bezeichnung der überwachten Wohnung,
8. bei Maßnahmen nach § 66 die Beteiligten der überwachten Telekommunikation,
9. bei Maßnahmen nach § 67 Absatz 1 die Beteiligten der betroffenen Telekommunikation,

10. bei Maßnahmen nach § 67 Absatz 2 die Nutzerin oder der Nutzer,
11. bei Maßnahmen nach § 68 die Zielperson,
12. bei Maßnahmen nach § 69 die Zielperson,
13. bei Maßnahmen nach § 69 Absatz 4 die Zielperson und der räumliche Umfang der Maßnahme,
14. bei Maßnahmen nach § 70 Absatz 1 Satz 2 und Absatz 2 die Zielperson und
15. bei Maßnahmen nach § 71 die Zielperson.

(3) [1]Nachforschungen zur Feststellung der Identität einer Person nach Absatz 2 sind nur vorzunehmen, wenn dies unter Berücksichtigung der Eingriffsintensität der Maßnahme gegenüber dieser Person, des Aufwands für die Feststellung ihrer Identität und der daraus für diese oder andere Personen folgenden Beeinträchtigungen geboten ist. [2]Die Zahl der Personen, deren Dokumentation unterblieben ist, ist im Protokoll anzugeben.

(4) [1]Die Protokolldaten dürfen nur verwendet werden, um die betroffene Person nach § 74 Absatz 1 zu benachrichtigen und ihr oder einer dazu befugten öffentlichen Stelle die Prüfung zu ermöglichen, ob die Maßnahmen rechtmäßig durchgeführt worden sind. [2]Sie sind sechs Monate nach der Benachrichtigung nach § 74 oder sechs Monate nach Erteilung der gerichtlichen Zustimmung über das endgültige Absehen von der Benachrichtigung zu löschen. [3]Ist die Datenschutzkontrolle nach § 94 noch nicht beendet, ist die Dokumentation bis zu ihrem Abschluss aufzubewahren.

§ 76
Schutz des Kernbereichs privater Lebensgestaltung

(1) [1]Die Erhebung personenbezogener Daten, die allein dem Kernbereich privater Lebensgestaltung zuzurechnen sind, ist unzulässig. [2]Soweit technisch möglich, ist sicherzustellen, dass solche Daten nicht erhoben werden.

(2) [1]Ergeben sich bei Durchführung einer Maßnahme tatsächliche Anhaltspunkte dafür, dass Daten, die dem Kernbereich privater Lebensgestaltung zuzurechnen sind, erfasst wurden, ist die Erhebung unverzüglich zu unterbrechen. [2]Die Erhebung darf fortgesetzt werden, sofern die Gründe, die zur Unterbrechung geführt haben, nicht mehr vorliegen. [3]§ 61 Absatz 3 Satz 3 bis 6 und § 64 Absatz 4 bleiben unberührt.

(3) Bestehen Zweifel, ob bei der Durchführung der Maßnahmen nach § 63 Absatz 1 Nummer 2, § 65 oder § 66 die Daten innerhalb einer höchstpersönlichen Vertrauensbeziehung erhoben wurden oder liegen tatsächliche Anhaltspunkte dafür vor, dass neben höchstpersönlichen Inhalten auch Inhalte mit einem unmittelbaren Bezug zur anlassgebenden Gefahr Gegenstand sind, darf nur eine automatisierte Aufzeichnung fortgesetzt werden, bis die Gründe nicht mehr vorliegen.

(4) [1]Automatisierte Aufzeichnungen nach Absatz 3 und im Fall von Maßnahmen der Wohnraumüberwachung nach § 65 Absatz 1 sämtliche durch eine solche Maßnahme erlangten Erkenntnisse sind unverzüglich und vollständig dem anordnenden Gericht zur Prüfung vorzulegen. [2]Das Gericht entscheidet unverzüglich über die weitere Verwendung oder Löschung der Daten. [3]Bei Gefahr im Verzug entscheidet die Präsidentin oder der Präsident der Polizeidienststelle, in dessen Zuständigkeit die zugrundeliegende Maßnahme erfolgt, anstelle des Gerichts über die weitere Verwendung der Daten; die gerichtliche Entscheidung ist unverzüglich nachzuholen.

(5) [1]Wurden Daten erfasst, die dem Kernbereich privater Lebensgestaltung zuzurechnen sind, dürfen diese nicht weiter verarbeitet werden. [2]Aufzeichnungen hierüber sind unverzüglich zu löschen und unterliegen nicht der Anbietungspflicht nach § 5 Absatz 1 des Archivgesetzes für den Freistaat Sachsen vom 17. Mai 1993 (SächsGVBl. S. 449), das zuletzt durch Artikel 25 des Gesetzes vom 26. April 2018 (SächsGVBl. S. 198) geändert worden ist, in der jeweils geltenden Fassung. [3]Die Tatsache der Erlangung, die Aufzeichnung und die Löschung der Daten sind zu dokumentieren. [4]Die Dokumentation darf ausschließlich zum Zweck der Datenschutzkontrolle nach § 94 oder des Rechtsschutzes verwendet werden. [5]Sie ist sechs Monate nach der Benachrichtigung nach § 74 oder sechs Monate nach Er-

teilung der Zustimmung über das endgültige Absehen von der Benachrichtigung zu löschen. [6]Ist die Datenschutzkontrolle nach § 94 noch nicht beendet, ist die Dokumentation bis zu ihrem Abschluss aufzuheben.

§ 77
Schutz von zeugnisverweigerungsberechtigten Personen

(1) [1]Maßnahmen zur Erhebung personenbezogener Daten, die sich gegen eine in § 53 Absatz 1 Satz 1 Nummer 1, 2 oder Nummer 4 der Strafprozessordnung genannte Person oder gegen eine Rechtsanwältin, einen Rechtsanwalt oder einen Kammerrechtsbeistand gemäß § 53 Absatz 1 Satz 1 Nummer 3 der Strafprozessordnung richten und voraussichtlich Erkenntnisse erbringen würden, über die die Berufsgeheimnisträgerin oder der Berufsgeheimnisträger das Zeugnis verweigern dürfte, sind unzulässig. [2]Dennoch erlangte Daten dürfen nicht verwendet werden und sind unverzüglich zu löschen. [3]Die Tatsache der Datenerhebung und der Löschung ist zu dokumentieren. [4]§ 76 Absatz 5 Satz 4 bis 6 gilt entsprechend. [5]Sofern durch eine Maßnahme, die sich nicht gegen eine in Satz 1 genannte Person richtet, von dieser Person Erkenntnisse erlangt werden, über die diese das Zeugnis verweigern dürfte, gelten die Sätze 2 bis 4 entsprechend.

(2) [1]Soweit durch eine Maßnahme eine Berufsgeheimnisträgerin oder ein Berufsgeheimnisträger gemäß § 53 Absatz 1 Satz 1 Nummer 3, 3a und 3b oder Nummer 5 der Strafprozessordnung mit Ausnahme der Rechtsanwältinnen, Rechtsanwälte oder Kammerbeistände betroffen wäre und voraussichtlich Erkenntnisse erlangt würden, über die diese Person das Zeugnis verweigern dürfte, ist dies im Rahmen der Prüfung der Verhältnismäßigkeit unter Würdigung des öffentlichen Interesses an den von dieser Person wahrgenommenen Aufgaben und des Interesses an der Geheimhaltung der dieser Person anvertrauten oder bekannt gewordenen Tatsachen besonders zu berücksichtigen. [2]Von einem Überwiegen des Interesses an der Datenerhebung ist in der Regel nicht auszugehen, wenn die Maßnahme nicht der Abwehr einer erheblichen Gefahr dient. [3]Soweit hiernach geboten, ist die Maßnahme zu unterlassen oder, soweit dies nach der Art der Maßnahme möglich ist, zu beschränken.

(3) Die Absätze 1 und 2 gelten entsprechend, soweit die in § 53a der Strafprozessordnung genannten Personen das Zeugnis verweigern dürften.

(4) Die Absätze 1 bis 3 gelten nicht, sofern Tatsachen die Annahme rechtfertigen, dass die zeugnisverweigerungsberechtigte Person für die Gefahr verantwortlich ist.

§ 78
Löschung von durch besondere Maßnahmen erlangten personenbezogenen Daten

(1) [1]Sind die nach den §§ 59, 62 bis 71 erlangten personenbezogenen Daten, die nicht dem Kernbereich privater Lebensgestaltung zuzuordnen sind, zur Erfüllung des der Maßnahme zugrundeliegenden Zwecks und für eine etwaige gerichtliche Überprüfung der Maßnahme nicht mehr erforderlich, sind sie unverzüglich zu löschen, soweit keine Weiterverarbeitung der Daten nach den Vorschriften des Abschnitts 3 erfolgt. [2]Die Tatsache der Löschung ist zu dokumentieren. [3]Unterlagen, deren Offenbarung gegen das Grundrecht auf Unverletzlichkeit der Wohnung oder gegen das Brief-, Post- oder Fernmeldegeheimnis verstoßen würde, unterliegen nicht der Anbietungspflicht nach § 5 Absatz 1 des Archivgesetzes für den Freistaat Sachsen. [4]Im Übrigen bleibt § 5 Absatz 1 und 2 des Archivgesetzes für den Freistaat Sachsen unberührt.

(2) [1]Die Dokumentation nach Absatz 1 Satz 2 darf ausschließlich zum Zweck der Datenschutzkontrolle verwendet werden. [2]Sie ist sechs Monate nach der Benachrichtigung nach § 74 oder sechs Monate nach Erteilung der gerichtlichen Zustimmung über das endgültige Absehen von der Benachrichtigung zu löschen. [3]Ist die Datenschutzkontrolle nach § 94 noch nicht beendet, ist die Dokumentation bis zu ihrem Abschluss aufzubewahren.

(3) Die Absätze 1 und 2 gelten entsprechend für personenbezogene Daten, die
1. der Polizei übermittelt worden sind und
2. durch Maßnahmen erlangt wurden, die den Maßnahmen nach den §§ 62 bis 71 entsprechen.

ABSCHNITT 3 Befugnisse und Pflichten bei der weiteren Datenverarbeitung

Unterabschnitt 1 Befugnisse zur weiteren Datenverarbeitung, Kennzeichnung

§ 79 Zweckbindung, Zweckänderung, Grundsatz der hypothetischen Datenneuerhebung

(1) [1]Die Polizei kann personenbezogene Daten, die sie erhoben hat,
1. zur Erfüllung derselben Aufgabe und
2. zum Schutz derselben Rechtsgüter oder zur Verhütung oder Verfolgung derselben Straftaten

weiterverarbeiten. [2]Satz 1 gilt entsprechend für personenbezogene Daten, denen keine Erhebung vorausgegangen ist, mit der Maßgabe, dass für die Weiterverarbeitung der Zweck der Speicherung zu berücksichtigen ist. [3]Für die weitere Verarbeitung von personenbezogenen Daten, die aus Maßnahmen nach § 65 Absatz 1 und 2 erlangt wurden, muss im Einzelfall eine Gefahrenlage im Sinne des § 65 Absatz 1 Satz 1 oder Absatz 2 Satz 2 vorliegen.

(2) [1]Die Polizei kann zur Erfüllung ihrer Aufgaben personenbezogene Daten zu anderen Zwecken, als denjenigen, zu denen sie erhoben worden sind, weiterverarbeiten, wenn unter Berücksichtigung der jeweiligen Datenerhebungsvorschrift
1. mindestens
   a) vergleichbar schwer wiegende Straftaten oder Ordnungswidrigkeiten verhütet oder verfolgt werden sollen oder
   b) vergleichbar bedeutsame Rechtsgüter geschützt werden sollen und
2. sich im Einzelfall konkrete Ermittlungsansätze
   a) zur Verhütung oder Verfolgung solcher Straftaten oder Ordnungswidrigkeiten ergeben oder
   b) zur Abwehr von in absehbarer Zeit drohenden Gefahren für mindestens vergleichbar bedeutsame Rechtsgüter erkennen lassen.

[2]§ 80 Absatz 6 und 7 bleibt unberührt.

(3) [1]Für die Weiterverarbeitung von personenbezogenen Daten, die durch eine Maßnahme nach § 65 Absatz 1 und 2 erlangt wurden, gilt Absatz 2 Satz 1 Nummer 2 Buchstabe b mit der Maßgabe, dass im Einzelfall eine Gefahrenlage im Sinne des § 65 Absatz 1 Satz 1 oder Absatz 2 Satz 2 vorliegen muss. [2]Personenbezogene Daten, die durch Herstellung von Lichtbildern oder Bildaufzeichnungen über eine Person im Wege eines verdeckten Einsatzes technischer Mittel in oder aus Wohnungen erlangt wurden, dürfen nicht zu Strafverfolgungszwecken weiterverarbeitet werden. [3]Für die weitere Verarbeitung erlangter personenbezogener Daten, die durch einen Eingriff in informationstechnische Systeme durch die Polizei eines anderen Landes oder des Bundes erhoben wurden, muss im Einzelfall eine Gefahrenlage im Sinne des § 49 Absatz 1 des Bundeskriminalamtgesetzes vom 1. Juni 2017 (BGBl. I S. 1354; 2019 I S. 400), in der jeweils geltenden Fassung, vorliegen.

(4) Abweichend von Absatz 2 kann die Polizei die der Identifizierung einer Person dienenden Daten wie insbesondere Namen, Geschlecht, Geburtsdatum, Geburtsort, Staatsangehörigkeit und Anschrift (Grunddaten) auch weiterverarbeiten, um diese Person zu identifizieren.

(5) Bei der Weiterverarbeitung von personenbezogenen Daten ist durch organisatorische und technische Vorkehrungen sicherzustellen, dass die Bestimmungen der Absätze 1 bis 3 beachtet werden.

§ 80
Befugnis zur Datenweiterverarbeitung[14]

(1) Die Polizei kann personenbezogene Daten nach Maßgabe des § 79 in polizeilichen Informationssystemen weiterverarbeiten, soweit dies zur Erfüllung ihrer Aufgaben erforderlich ist und dieses Gesetz oder andere Rechtsvorschriften keine zusätzlichen besonderen Voraussetzungen vorsehen.

(2) Die Polizei kann im Rahmen der Verfolgung von Straftaten gewonnene personenbezogene Daten zum Zweck der Gefahrenabwehr weiterverarbeiten von:

1. *Verurteilten,*
2. *Beschuldigten,*
3. *Personen, die einer Straftat verdächtig sind, sofern die Weiterverarbeitung der Daten erforderlich ist, weil wegen der Art oder Ausführung der Tat, der Persönlichkeit der betroffenen Person oder sonstiger Erkenntnisse Grund zu der Annahme besteht, dass zukünftig Strafverfahren gegen sie zu führen sind, und*
4. *Personen, bei denen Anlass zur Weiterverarbeitung besteht, weil tatsächliche Anhaltspunkte die Annahme rechtfertigen, dass sie in naher Zukunft Straftaten von erheblicher Bedeutung begehen werden.*

(3) [1]Soweit dies zur Verhütung oder zur Vorsorge für die künftige Verfolgung einer Straftat mit erheblicher Bedeutung erforderlich ist, kann die Polizei personenbezogene Daten von Personen weiterverarbeiten, bei denen tatsächliche Anhaltspunkte vorliegen, dass

1. sie bei einer künftigen Strafverfolgung als Zeugen in Betracht kommen,
2. sie als Opfer einer künftigen Straftat in Betracht kommen,
3. es sich um Hinweisgeber und sonstige Auskunftspersonen handelt oder
4. es sich um Kontakt- und Begleitpersonen der Personen nach Absatz 2 Nummern 1 bis 3 handelt.

[2]Personenbezogene Daten über Personen nach Satz 1 Nummern 1 bis 3 dürfen nur mit Einwilligung der betroffenen Person gespeichert werden. [3]Die Einwilligung ist nicht erforderlich, wenn das Bekanntwerden der Speicherungsabsicht den mit der Speicherung verfolgten Zweck gefährden würde.

(4) Wird eine Beschuldigte oder ein Beschuldigter rechtskräftig freigesprochen, die Eröffnung des Hauptverfahrens gegen sie oder ihn unanfechtbar abgelehnt oder das Verfahren nicht nur vorläufig eingestellt, ist die Weiterverarbeitung unzulässig, wenn sich aus den Gründen der Entscheidung ergibt, dass die betroffene Person die Tat nicht oder nicht rechtswidrig begangen hat.

(5) [1]Die Polizei kann personenbezogene Daten gemäß § 32 Absatz 1 des Sächsischen Datenschutz-Umsetzungsgesetzes nach Anordnung der Präsidentin oder des Präsidenten des Landeskriminalamtes oder durch von diesen hierzu beauftragte Bedienstete auch zum Zweck der Abwehr von Gefahren für Leben, Gesundheit oder Freiheit einer Person oder für bedeutende Sach- oder Vermögenswerte sowie zur Verhütung von Straftaten von erheblicher Bedeutung verwenden. [2]Die oder der Sächsische Datenschutz- und Transparenzbeauftragte ist unverzüglich zu unterrichten.

(6) Die Polizei und die Hochschule der Sächsischen Polizei (FH) können gespeicherte personenbezogene Daten zur polizeilichen Aus- und Fortbildung oder zu statistischen Zwecken weiterverarbeiten, soweit eine Weiterverarbeitung anonymisierter Daten zu diesem Zweck nicht möglich ist und jeweils die berechtigten Interessen der betroffenen Person an der Geheimhaltung der Daten nicht überwiegen.

(7) Die Polizei kann personenbezogene Daten zur Vorgangsverwaltung oder zur zeitlich befristeten Dokumentation behördlichen Handelns speichern und ausschließlich zu diesem Zweck weiterverarbeiten.

§ 81
Kennzeichnung

(1) [1]Bei der Speicherung in polizeilichen Informationssystemen sind personenbezogene Daten wie folgt zu kennzeichnen:

14 § 80 Absatz 2: beachte die Entscheidung des Verfassungsgerichtshofs des Freistaates Sachsen vom 25. Januar 2024 (siehe unten Seite 206)

1. Angabe des Mittels der Erhebung der Daten einschließlich der Angabe, ob die Daten offen oder verdeckt erhoben wurden,
2. Angabe der Kategorie betroffener Personen, in Bezug auf solche Personen, zu denen Grunddaten angelegt wurden,
3. Angabe der
   a) Rechtsgüter, deren Schutz die Erhebung dient, oder
   b) Straftaten oder Ordnungswidrigkeiten, deren Verhütung die Erhebung dient, und
4. Angabe der Stelle, die die Daten erhoben hat.

[2]Die Kennzeichnung nach Satz 1 Nummer 1 kann auch durch Angabe der Rechtsgrundlage des jeweiligen Mittels der Datenerhebung ergänzt werden. [3]Personenbezogene Daten, denen keine Erhebung vorausgegangen ist, sind, soweit möglich, nach Satz 1 zu kennzeichnen; darüber hinaus ist die Stelle anzugeben, die die Daten als erste verarbeitet hat, und, soweit möglich, die Stelle, von der die Daten erlangt wurden.

(2) Personenbezogene Daten, die nicht entsprechend den Anforderungen des Absatzes 1 gekennzeichnet sind, dürfen solange nicht weiterverarbeitet und übermittelt werden, bis eine Kennzeichnung entsprechend den Anforderungen des Absatzes 1 erfolgt ist.

(3) Nach einer Übermittlung an eine andere Stelle ist die Kennzeichnung nach Absatz 1 durch diese Stelle aufrechtzuerhalten.

(4) [1]Die Absätze 1 bis 3 gelten nicht, soweit eine Kennzeichnung nicht möglich ist. [2]Die Absätze 1 bis 3 gelten ebenfalls nicht, solange eine Kennzeichnung technisch nicht möglich ist oder einen unverhältnismäßigen Aufwand erfordern würde.[15]

15 § 81 Absatz 4 Satz 2 tritt gem. § 108 Absatz 2 am 31. Dezember 2025 außer Kraft (d. Red.).

UNTERABSCHNITT 2
Datenübermittlung, sonstige Datenverarbeitung

§ 82
Allgemeine Regelungen der Datenübermittlung

(1) [1]Die übermittelnde Polizeidienststelle hat die Zulässigkeit der Datenübermittlung zu prüfen. [2]Erfolgt die Datenübermittlung auf Grund eines Ersuchens der empfangenden Stelle, hat die übermittelnde Polizeidienststelle zu prüfen, ob das Übermittlungsersuchen im Rahmen der Aufgaben der empfangenden Stelle liegt. [3]Die Zulässigkeit der Übermittlung im Übrigen ist nur zu prüfen, wenn besonderer Anlass besteht. [4]Bei der Übermittlung personenbezogener Daten ist ein Nachweis zu führen, aus dem die empfangende Stelle, der Tag und der wesentliche Inhalt der Übermittlung hervorgehen. [5]Dies gilt nicht für die Datenübermittlung durch automatisierten Abruf (§ 85).

(2) [1]Die empfangende Stelle darf die übermittelten personenbezogenen Daten, soweit gesetzlich nicht etwas anderes bestimmt ist, nur zu dem Zweck verarbeiten, zu dem sie übermittelt worden sind. [2]Bei Übermittlungen nach § 84 Absatz 3 und § 90 hat die übermittelnde Polizeidienststelle die empfangende Stelle bei der Datenübermittlung darauf hinzuweisen.

§ 83
Übermittlungsverbote und Verweigerungsgründe

(1) Übermittlungen nach den Vorschriften dieses Gesetzes haben zu unterbleiben, wenn
1. für die übermittelnde Stelle erkennbar ist, dass unter Berücksichtigung der Art der Daten und ihrer Erhebung die schutzwürdigen Interessen der betroffenen Person das Allgemeininteresse an der Übermittlung überwiegen, oder
2. besondere Verwendungsregelungen entgegenstehen; die Verpflichtung zur Wahrung gesetzlicher Geheimhaltungspflichten oder von Berufs- oder besonderen

Amtsgeheimnissen, die nicht auf gesetzlichen Vorschriften beruhen, bleibt unberührt.

(2) Die Datenübermittlung nach den §§ 89 und 90 unterbleibt darüber hinaus,

1. wenn hierdurch wesentliche Sicherheitsinteressen des Bundes oder der Länder beeinträchtigt würden,
2. wenn hierdurch der Erfolg laufender Ermittlungen oder Leib, Leben oder Freiheit einer Person gefährdet würde,
3. soweit Grund zu der Annahme besteht, dass durch sie gegen den Zweck eines deutschen Gesetzes verstoßen würde, oder
4. wenn tatsächliche Anhaltspunkte dafür vorliegen, dass die Übermittlung der Daten zu den in der Charta der Grundrechte der Europäischen Union enthaltenen Grundsätzen, insbesondere dadurch, dass durch die Nutzung der übermittelten Daten im Empfängerstaat Verletzungen von elementaren rechtsstaatlichen Grundsätzen oder Menschenrechtsverletzungen drohen, in Widerspruch stehen; die verantwortliche Polizeidienststelle hat die Entscheidung auf der Grundlage der vom Bundeskriminalamt gemäß § 28 Absatz 3 des Bundeskriminalamtgesetzes zu führenden Aufstellung über die Einhaltung der elementaren rechtsstaatlichen Grundsätze und Menschenrechtsstandards sowie das Datenschutzniveau in Drittstaaten zu treffen.

§ 84
Datenübermittlung im innerstaatlichen Bereich

(1) Die Polizei kann unter Beachtung des § 79 Absatz 2 bis 4 an die Polizeidienststellen anderer Länder oder des Bundes personenbezogene Daten übermitteln, soweit dies zur Erfüllung ihrer Aufgaben oder zur Erfüllung der Aufgaben des Empfängers erforderlich ist.

(2) Die Polizei kann an andere als die Behörden nach Absatz 1 und sonstige öffentliche Stellen personenbezogene Daten, die sie in Erfüllung ihrer Aufgaben erlangt hat, übermitteln, soweit dies

1. in anderen Rechtsvorschriften vorgesehen ist oder
2. unter Beachtung des § 79 Absatz 2 bis 4 zulässig und erforderlich ist:
   a) zur Erfüllung ihrer Aufgaben,
   b) zur Verfolgung von Straftaten oder Ordnungswidrigkeiten, zur Strafvollstreckung oder zum Strafvollzug,
   c) zum Zweck der Gefahrenabwehr an für die Gefahrenabwehr zuständige öffentliche Stellen oder
   d) zur Abwehr einer schwerwiegenden Beeinträchtigung der Rechte Einzelner.

(3) Die Polizei kann von sich aus personenbezogene Daten an nichtöffentliche Stellen übermitteln, soweit dies unter Beachtung des § 79 Absatz 2 bis 4 erforderlich ist zur:

1. Erfüllung ihrer Aufgaben,
2. Verhütung oder Beseitigung erheblicher Nachteile für das Gemeinwohl oder
3. Wahrung schutzwürdiger Interessen einzelner, soweit kein Grund zu der Annahme besteht, dass die betroffene Person ein schutzwürdiges Interesse an dem Ausschluss der Übermittlung hat.

(4) Auf Ersuchen einer nichtöffentlichen Stelle können personenbezogene Daten übermittelt werden, soweit diese

1. ein rechtliches Interesse an der Kenntnisnahme der zu übermittelnden Daten glaubhaft macht und kein Grund zu der Annahme besteht, dass schutzwürdige Interessen der betroffenen Person überwiegen, oder
2. ein berechtigtes Interesse geltend macht und offensichtlich ist, dass die Datenübermittlung im Interesse der betroffenen Person liegt und diese in Kenntnis der Sachlage ihre Einwilligung hierzu erteilen würde.

(5) [1]Die empfangende Stelle darf die übermittelten Daten nur zu dem Zweck verarbeiten, zu dessen Erfüllung sie ihr übermittelt worden sind. [2]Bei Übermittlungen an nichtöffentliche Stellen hat die Polizei die empfangende Stelle darauf hinzuweisen. [3]In den Fällen der Absätze 1 und 2 ist eine Verarbeitung zu an-

deren Zwecken unter Beachtung des § 79 Absatz 2 bis 4 zulässig. [4]In den Fällen der Absätze 3 und 4 ist eine Verarbeitung zu anderen Zwecken nur zulässig, soweit eine Übermittlung nach Absatz 3 oder Absatz 4 zulässig gewesen wäre und nur, soweit die Polizeidienststelle zugestimmt hat.

(6) [1]Die Verantwortung für die Zulässigkeit der Übermittlung trägt die übermittelnde Stelle. [2]Erfolgt die Übermittlung auf Ersuchen der empfangenden Stelle, trägt diese die Verantwortung.

§ 85
Automatisiertes Abrufverfahren

(1) [1]Die Einrichtung eines automatisierten Verfahrens, das die automatisierte Übermittlung von personenbezogenen Daten durch Abruf ermöglicht, ist zulässig, soweit dies zur Erfüllung von Aufgaben erforderlich und unter Berücksichtigung der schutzwürdigen Interessen der betroffenen Personen angemessen ist. [2]Zum Abruf können zugelassen werden:

1. Polizeidienststellen und
2. Polizeibehörden und -dienststellen des Bundes und anderer Länder.

[3]Für die Protokollierung der Verarbeitungsvorgänge gilt § 32 des Sächsischen Datenschutz-Umsetzungsgesetzes.

(2) Die Einrichtung eines automatisierten Abrufverfahrens bedarf der Zustimmung des Staatsministeriums des Innern.

§ 86
Aufzeichnung von Notrufen und Anrufen

[1]Die Polizei zeichnet Notrufe über die nationale Notrufnummer auf. [2]Im Übrigen kann eine Audioaufzeichnung sonstiger Anrufe erfolgen, die über öffentlich bekanntgegebene Rufnummern eingehen, welche der Entgegennahme sachdienlicher Hinweise im Zusammenhang mit der Erfüllung der Aufgaben dienen; auf diese Aufzeichnung soll hingewiesen werden, soweit dadurch die Aufgabenerfüllung nicht gefährdet wird. [3]Die Audioaufzeichnungen sind spätestens nach drei Monaten zu löschen, wenn sie nicht zur Abwehr einer Gefahr oder zur Verfolgung einer Straftat erforderlich sind.

§ 87
Datenabgleich

(1) [1]Die Polizei kann personenbezogene Daten von Personen nach den §§ 6 und 7 mit dem Inhalt polizeilicher Dateien abgleichen. [2]Personenbezogene Daten anderer Personen kann die Polizei nur abgleichen, wenn Tatsachen die Annahme rechtfertigen, dass dies zur Wahrnehmung einer bestimmten polizeilichen Aufgabe erforderlich ist. [3]Die Polizei kann ferner die im Rahmen ihrer Aufgabenerfüllung erlangten personenbezogenen Daten mit dem Fahndungsbestand abgleichen. [4]Die betroffene Person kann für die Dauer des Datenabgleichs angehalten werden.

(2) Besondere Vorschriften über den Datenabgleich bleiben unberührt.

§ 88
Datenübermittlung zum Zweck einer Zuverlässigkeitsüberprüfung zum Schutz besonders gefährdeter Veranstaltungen

(1) [1]Die Polizei kann zum Zweck der Gefahrenabwehr bei besonders gefährdeten Veranstaltungen personenbezogene Daten an öffentliche und nichtöffentliche Stellen übermitteln, wenn die Übermittlung

1. zu dem Zweck einer Zuverlässigkeitsüberprüfung erforderlich ist,
2. mit schriftlicher Einwilligung der betroffenen Person erfolgt und
3. im Hinblick auf den Anlass dieser Überprüfung, insbesondere den Zugang der betroffenen Person zu der Veranstaltung, mit Rücksicht auf ein berechtigtes Sicherheitsinteresse der empfangenden Stelle sowie wegen der Art und des Umfangs der Erkenntnisse über die betroffene Person angemessen ist.

[2]Die Übermittlung an eine nichtöffentliche Stelle beschränkt sich auf die Auskunft zum Vorliegen der Zuverlässigkeitsbedenken. [3]Die betroffene Person ist über den Inhalt der

Übermittlung zu informieren, soweit dies nicht bereits auf andere Weise sichergestellt ist.

(2) [1]Die empfangende Stelle darf die übermittelten Daten nur zu dem Zweck der Zuverlässigkeitsüberprüfung verarbeiten. [2]Die Polizei hat die empfangende Stelle schriftlich zu verpflichten, diese Zweckbestimmung einzuhalten.

(3) Die oder der Sächsische Datenschutz- und Transparenzbeauftragte ist zu unterrichten, wenn eine Datenübermittlung wegen einer besonders gefährdeten Veranstaltung beabsichtigt ist.

§ 89
Datenübermittlung an Mitgliedstaaten der Europäischen Union

(1) [1]Für die Übermittlung von personenbezogenen Daten an

1. öffentliche und nichtöffentliche Stellen in Mitgliedstaaten der Europäischen Union und
2. zwischen- und überstaatliche Stellen der Europäischen Union oder deren Mitgliedstaaten, die mit Aufgaben der Verhütung und Verfolgung von Straftaten befasst sind,

gilt § 84 entsprechend. [2]Die Verantwortung für die Zulässigkeit der Datenübermittlung trägt die übermittelnde Stelle.

(2) [1]Absatz 1 findet auch Anwendung auf die Übermittlung von personenbezogenen Daten an Polizeibehörden oder sonstige für die Verhütung und Verfolgung von Straftaten zuständige öffentliche Stellen von Staaten, welche die Vorschriften des Schengen-Besitzstandes auf Grund eines Assoziierungsübereinkommens mit der Europäischen Union über die Umsetzung, Anwendung und Entwicklung des Schengen-Besitzstandes anwenden. [2]Die Zulässigkeit der Übermittlung personenbezogener Daten durch die Polizei an eine Polizeibehörde oder eine sonstige für die Verhütung und Verfolgung von Straftaten zuständige öffentliche Stelle eines Mitgliedstaates der Europäischen Union auf der Grundlage besonderer völkerrechtlicher Vereinbarungen bleibt unberührt.

§ 90
Datenübermittlung im internationalen Bereich

(1) Die Polizei kann unter Beachtung des § 79 Absatz 2 bis 4 und unter Beachtung der §§ 42 bis 45 des Sächsischen Datenschutz-Umsetzungsgesetzes an Polizeibehörden, an sonstige für die Verhütung von Straftaten zuständige öffentliche Stellen in anderen als den in § 89 Absatz 1 genannten Staaten und an andere als die in § 89 Absatz 1 genannten zwischen- und überstaatlichen Stellen, die mit Aufgaben der Verhütung von Straftaten befasst sind, personenbezogene Daten übermitteln, soweit dies erforderlich ist:

1. zur Erfüllung der Aufgaben oder
2. zur Abwehr einer im Einzelfall bestehenden erheblichen Gefahr für die öffentliche Sicherheit.

(2) [1]Die Verantwortung für die Zulässigkeit der Übermittlung trägt die Polizei. [2]Die Polizei hat die Übermittlung und ihren Anlass zu dokumentieren. [3]Die empfangende Stelle ist darauf hinzuweisen, dass die personenbezogenen Daten nur zu dem Zweck genutzt werden dürfen, zu dem sie übermittelt worden sind. [4]Der empfangenden Stelle ist ferner der vorgesehene Zeitpunkt der Löschung der Daten mitzuteilen.

(3) [1]Die Polizei kann unter den Voraussetzungen des § 45 des Sächsischen Datenschutz-Umsetzungsgesetzes und unter Beachtung des § 79 Absatz 2 bis 4 Daten an die Stellen nach § 45 des Sächsischen Datenschutz-Umsetzungsgesetzes übermitteln. [2]Zusätzlich kann sie unter den Voraussetzungen des Satzes 1 an andere als die in Absatz 1 genannten zwischen- und überstaatlichen Stellen personenbezogene Daten übermitteln, soweit dies erforderlich ist:

1. zur Erfüllung einer ihr obliegenden Aufgabe oder
2. zur Abwehr einer im Einzelfall bestehenden erheblichen Gefahr für die öffentliche Sicherheit.

UNTERABSCHNITT 3
Datenschutzpflichten der verantwortlichen Stellen, Kontrolle

§ 91
Berichtigung, Löschung und Einschränkung der Verarbeitung

(1) Personenbezogene Daten sind nach Maßgabe der §§ 14 und 31 des Sächsischen Datenschutz-Umsetzungsgesetzes zu berichtigen, zu löschen oder in der Verarbeitung einzuschränken, soweit durch Vorschriften dieses Gesetzes keine abweichenden Regelungen getroffen werden.

(2) Unbeschadet von sonstigen durch dieses Gesetz bestimmten Höchstspeicher- oder Löschfristen oder Löschungsverpflichtungen hat der Verantwortliche personenbezogene Daten unverzüglich zu löschen, wenn er aus Anlass einer Einzelfallbearbeitung oder bei einer nach festgesetzten Fristen vorzunehmenden Prüfung feststellt, dass die Kenntnis der Daten zur Erfüllung der Aufgaben nicht mehr erforderlich ist.

(3) [1]Die Dauer der Speicherung ist auf das erforderliche Maß zu beschränken. [2]Es sind Fristen festzulegen, zu denen spätestens zu prüfen ist, ob die Speicherung personenbezogener Daten für die Erfüllung der Aufgaben noch erforderlich ist (Aussonderungsprüffristen). [3]Die Beachtung der Aussonderungsprüffristen ist durch geeignete technische oder organisatorische Vorkehrungen sicherzustellen. [4]Die Aussonderungsprüffristen dürfen in den Fällen des § 80 Absatz 2 bei Erwachsenen zehn Jahre, bei Jugendlichen fünf Jahre und bei Kindern zwei Jahre nicht überschreiten, wobei nach Zweck der Speicherung sowie Art und Schwere des Sachverhalts zu unterscheiden ist. [5]In den Fällen des § 80 Absatz 3 Satz 1 Nummer 1, 2 und 4 dürfen die Aussonderungsprüffristen bei Erwachsenen fünf Jahre und bei Jugendlichen drei Jahre nicht überschreiten. [6]Personenbezogene Daten der Personen nach § 80 Absatz 3 Satz 1 können ohne Zustimmung der betroffenen Person nur für die Dauer eines Jahres gespeichert werden. [7]Die Speicherung für jeweils ein weiteres Jahr ist zulässig, soweit die Voraussetzungen von § 80 Absatz 3 Satz 1 weiterhin vorliegen. [8]Die maßgeblichen Gründe für die Aufrechterhaltung der Speicherung nach Satz 6 sind aktenkundig zu machen. [9]Die Speicherung nach Satz 6 darf jedoch insgesamt drei Jahre nicht überschreiten. [10]Die Fristen beginnen an dem Tag, an dem das letzte Ereignis eingetreten ist, das zu der Speicherung der Daten geführt hat, jedoch nicht vor Entlassung der betroffenen Person aus einer Justizvollzugsanstalt oder der Beendigung einer mit der Freiheitsentziehung verbundenen Maßregel der Besserung und Sicherung.

(4) [1]Sind personenbezogene Daten in Akten gespeichert und wird deren Unrichtigkeit festgestellt, ist die Berichtigungspflicht nach § 31 Absatz 1 des Sächsischen Datenschutz-Umsetzungsgesetzes dadurch zu erfüllen, dass dies in der Akte vermerkt wird. [2]Bestreitet die betroffene Person die Richtigkeit sie betreffender personenbezogener Daten und lässt sich weder die Richtigkeit noch die Unrichtigkeit feststellen, sind die Daten zu kennzeichnen, um eine Einschränkung der Verarbeitung gemäß § 14 Absatz 1 Satz 3 des Sächsischen Datenschutz-Umsetzungsgesetzes zu ermöglichen. [3]Die Verarbeitung personenbezogener Daten in Akten ist einzuschränken, wenn Daten

1. nach Absatz 2,
2. auf Grund von sonstigen durch dieses Gesetz bestimmten Löschungsverpflichtungen oder
3. nach § 14 Absatz 2 des Sächsischen Datenschutz-Umsetzungsgesetzes

zu löschen sind. [4]Die Unterlagen sind mit einem entsprechenden Einschränkungsvermerk zu versehen. [5]Die gesamte Akte ist zu vernichten, wenn sie insgesamt zur Erfüllung der Aufgaben nicht mehr erforderlich ist.

(5) § 5 Absatz 1 und 2 des Archivgesetzes für den Freistaat Sachsen bleibt unberührt.

§ 92
Allgemeine Information zu Datenverarbeitungen, Auskunft

(1) Für die Pflicht der Polizei, betroffenen Personen allgemeine Informationen zu Datenverarbeitungen zur Verfügung zu stellen,

gilt § 11 des Sächsischen Datenschutz-Umsetzungsgesetzes.

(2) Für die Pflicht der Polizei, betroffenen Personen auf Antrag Auskunft über die sie betreffende Verarbeitung personenbezogener Daten zu erteilen, gilt § 13 des Sächsischen Datenschutz-Umsetzungsgesetzes.

§ 93
Errichtungsanordnung

(1) Für den erstmaligen Einsatz von automatisierten Verfahren, mit denen personenbezogene Daten verarbeitet werden, ist in einer Errichtungsanordnung, die der Zustimmung des Staatsministeriums des Innern bedarf, festzulegen:

1. die Bezeichnung und die Anschrift der datenverarbeitenden Stelle,
2. die Bezeichnung und der Zweck der Datei,
3. die Aufgabe, zu deren Erfüllung personenbezogene Daten verarbeitet werden, und die Rechtsgrundlage der Verarbeitung,
4. die Art der zu verarbeitenden Daten,
5. der betroffene Personenkreis,
6. die Art der zu übermittelnden Daten und die Empfänger der Daten,
7. die Aussonderungsprüffristen und die Regelfristen für die Löschung der Daten,
8. die Eingabe- und Zugangsberechtigungen,
9. Protokollierungen von Verarbeitungsvorgängen nach § 32 Absatz 1 des Sächsischen Datenschutz-Umsetzungsgesetzes,
10. die personellen, technischen und organisatorischen Maßnahmen gemäß § 27 des Sächsischen Datenschutz-Umsetzungsgesetzes,
11. Maßnahmen, die sicherstellen, dass die Anforderungen des § 79 eingehalten werden, und
12. Angaben gemäß § 23 Absatz 4 des Sächsischen Datenschutz-Umsetzungsgesetzes.

(2) Vor dem erstmaligen Einsatz von automatisierten Verfahren ist die oder der Sächsische Datenschutz- und Transparenzbeauftragte zu unterrichten.

§ 94
Kontrolle durch die Sächsische Datenschutz- und Transparenzbeauftragte oder den Sächsischen Datenschutz- und Transparenzbeauftragten

Die oder der Sächsische Datenschutz- und Transparenzbeauftragte führt neben den Aufgaben nach § 39 des Sächsischen Datenschutz-Umsetzungsgesetzes mindestens alle zwei Jahre Kontrollen in Bezug auf

1. die Datenverarbeitung bei Maßnahmen nach den §§ 59 bis 69 auch im Hinblick auf die Datenverarbeitung in polizeilichen Informationssystemen und
2. die Übermittlungen nach § 90

durch.

ABSCHNITT 4
Datenverarbeitung zur Erfüllung von Aufgaben, die der Verordnung (EU) 2016/679 unterfallen

§ 95
Befugnis zur Verarbeitung besonderer Kategorien personenbezogener Daten

[1]Die Polizei kann zur Erfüllung einer Aufgabe, die nicht dem Anwendungsbereich von § 1 des Sächsischen Datenschutz-Umsetzungsgesetzes unterfällt, besondere Kategorien personenbezogener Daten im Sinne des Artikels 9 Absatz 1 der Verordnung (EU) 2016/679 verarbeiten, wenn dies zur Abwehr erheblicher Nachteile für das Gemeinwohl oder zur Abwehr einer erheblichen Gefahr für die öffentliche Sicherheit erforderlich ist. [2]Bei der Verarbeitung von Daten im Sinne des Artikels 9 Absatz 1 der Verordnung (EU) 2016/679 sind angemessene und spezifische Maßnahmen zur Wahrung der Interessen der betroffenen Person vorzusehen.

§ 96
Beschränkung der Informationspflicht bei der Erhebung personenbezogener Daten bei der betroffenen Person

Bei der Erhebung personenbezogener Daten kann die Polizei von einer Information der betroffenen Person nach Artikel 13 Absatz 1 und 2 der Verordnung (EU) 2016/679 soweit und solange absehen, wie andernfalls die Erteilung der Information die Voraussetzungen des § 8 Absatz 1 des Sächsischen Datenschutzdurchführungsgesetzes erfüllen würde.

TEIL 4
Organisation der Polizei

§ 97
Polizeidienststellen und Einrichtungen für den Polizeivollzugsdienst

(1) Der Freistaat Sachsen unterhält für den Polizeivollzugsdienst folgende Polizeidienststellen:
1. das Landespolizeipräsidium im Staatsministerium des Innern,
2. das Landeskriminalamt,
3. das Polizeiverwaltungsamt,
4. das Präsidium der Bereitschaftspolizei und
5. die Polizeidirektionen.

(2) Der Freistaat Sachsen unterhält für den Polizeivollzugsdienst die erforderlichen Ausbildungs- und Fortbildungseinrichtungen.

§ 98
Unabhängige Vertrauens- und Beschwerdestelle

(1) [1]Der Freistaat Sachsen unterhält in der Staatskanzlei eine unabhängige, zentrale Vertrauens- und Beschwerdestelle für die Polizei. [2]Die Stelle hat die Aufgabe, das partnerschaftliche Verhältnis zwischen Bürgerinnen und Bürgern und Polizei zu stärken. [3]Sie unterstützt die Bürgerinnen und Bürger im Dialog mit der Polizei und wirkt darauf hin, dass begründeten Beschwerden abgeholfen wird. [4]Ihr obliegt auch die Befassung mit Vorgängen aus dem innerpolizeilichen Bereich.

(2) [1]Der Stelle ist die für die Erfüllung ihrer Aufgaben notwendige Personal- und Sachausstattung zur Verfügung zu stellen. [2]Die Staatsregierung trifft die Festlegung über die Anzahl sowie Besoldung und Eingruppierung der Bediensteten der Stelle. [3]Sie werden durch die Staatsregierung zeitlich befristet berufen.

(3) [1]Die Stelle ist in der Ausübung ihrer Tätigkeit unabhängig, weisungsfrei und nur dem Gesetz unterworfen. [2]Sie gibt sich eine Geschäftsordnung. [3]Die Bediensteten dürfen wegen ihrer Tätigkeit dienstlich nicht gemaßregelt, nicht benachteiligt und nicht bevorzugt werden. [4]Die Dienstaufsicht über die Bediensteten obliegt während ihrer Tätigkeit in der Stelle weiterhin der bisherigen obersten Dienstbehörde. [5]Auf sie finden Regelungen zum Verbot der Führung von Dienstgeschäften keine Anwendung.

(4) [1]Die Stelle prüft und bearbeitet Mitteilungen von Bürgerinnen und Bürgern sowie Polizeibediensteten mit Vorgängen aus dem innerpolizeilichen Bereich, auch soweit es sich um Beschwerden handelt. [2]Polizeibedienstete sind befugt, sich ohne Einhaltung des Dienstwegs an die Stelle zu wenden. [3]Wegen der Wahrnehmung des Beschwerderechts darf für Beschwerdeführende kein dienstlich veranlasster Nachteil entstehen.

(5) [1]Die Stelle ist befugt, personenbezogene Daten zu verarbeiten, soweit dies zur Erfüllung ihrer Aufgaben erforderlich ist. [2]Ihre Bediensteten sind zur Verschwiegenheit verpflichtet. [3]Die erhobenen und verarbeiteten Daten dürfen nicht zu anderen Zwecken weiterverarbeitet werden.

(6) [1]Die Stelle kann Stellungnahmen vom Staatsministerium des Innern, dessen nachgeordneten Polizeidienststellen und den beschwerdebetroffenen Polizeibediensteten sowie Unterlagen und Sachakten, die im Sachzusammenhang stehen, anfordern und einsehen. [2]Sie kann Polizeibedienstete anhören, soweit dies für die Prüfung darüber hinaus erforderlich ist. [3]Die Stelle kann Personalakten der Bediensteten ohne deren Einwilligung anfordern und einsehen, wenn die

Stelle die zur Erfüllung ihrer Aufgaben erforderliche Kenntnis nicht durch Auskunft aus der Personalakte gewinnen kann. [4]Jede Einsichtnahme nach Satz 3 ist aktenkundig zu machen. [5]Die Stelle kann Empfehlungen an das Staatsministerium des Innern und dessen nachgeordnete Polizeidienststellen aussprechen.
(7) [1]Die Stelle legt jährlich einen Bericht über ihre Arbeit und die Prüfergebnisse vor. [2]Dieser wird veröffentlicht.

§ 99
Aufgaben des Staatsministeriums des Innern

(1) Das Staatsministerium des Innern ist oberste Dienstbehörde und Führungsstelle der Polizei.
(2) Das Staatsministerium des Innern kann sich oder einer anderen Polizeidienststelle nachgeordnete Polizeidienststellen vorübergehend unmittelbar unterstellen, wenn die Erfüllung der polizeilichen Aufgaben dies erfordert.
(3) [1]Ist bei Gefahr im Verzug ein rechtzeitiges Tätigwerden des Staatsministeriums des Innern nicht zu erreichen, kann das Landeskriminalamt Maßnahmen nach Absatz 2 treffen. [2]Das Staatsministerium des Innern ist unverzüglich zu unterrichten.

§ 100
Ermächtigung zur Regelung von Aufgaben und Gliederung der Polizeidienststellen

Die Gliederung der Polizei in Polizeidienststellen und die Verteilung der Aufgaben auf die Polizeidienststellen wird durch das Staatsministerium des Innern durch Rechtsverordnung bestimmt.

§ 101
Dienst- und Fachaufsicht

(1) Die Dienst- und Fachaufsicht über das Landeskriminalamt, das Präsidium der Bereitschaftspolizei, das Polizeiverwaltungsamt und die Polizeidirektionen übt das Staatsministerium des Innern aus.
(2) Die Fachaufsicht über die kriminalpolizeiliche Tätigkeit der Polizeidienststellen wird, unbeschadet der Regelung in Absatz 1, vom Landeskriminalamt ausgeübt.
(3) Im Übrigen kann das Staatsministerium des Innern durch Rechtsverordnung weitere Regelungen über die Dienst- und Fachaufsicht über die nachgeordneten Polizeidienststellen sowie die Ausbildungs- und Fortbildungseinrichtungen für die Polizei treffen.
(4) [1]Die zur Dienstaufsicht oder zur Fachaufsicht zuständigen Stellen können den Polizeidienststellen im Rahmen ihrer Zuständigkeit Weisungen erteilen. [2]Die Polizeidienststellen haben diesen Weisungen Folge zu leisten. [3]Sie sind verpflichtet, die weisungsbefugten Stellen von allen sachdienlichen Wahrnehmungen zu unterrichten.

§ 102
Zusammenarbeit mit den Polizeibehörden

[1]Die Polizeidienststellen haben mit den Polizeibehörden im Sinne von § 1 des Sächsischen Polizeibehördengesetzes zusammenzuarbeiten und diese unverzüglich über alle Vorgänge zu unterrichten, die für die Erfüllung ihrer polizeibehördlichen Aufgaben erforderlich sind. [2]Unbeschadet der Zuständigkeit der Polizei zur vorbeugenden Bekämpfung von Straftaten sollen die Polizei und die Polizeibehörden im Rahmen der Gefahrenabwehr zusammenwirken und zur Vermeidung strafbarer Verhaltensweisen (Kriminalprävention) beitragen.

§ 103
Örtliche Zuständigkeit

Die Polizeidienststellen sind im ganzen Landesgebiet zuständig; sie sollen in der Regel jedoch nur in ihrem Dienstbezirk tätig werden.

§ 104
Amtshandlungen anderer Länder, des Bundes und anderer Staaten im Freistaat Sachsen

(1) [1]Polizeibedienstete eines anderen Landes können im Freistaat Sachsen Amtshandlungen vornehmen:
1. auf Anforderung oder mit Zustimmung des Staatsministeriums des Innern,
2. in den Fällen des Artikels 35 Absatz 2 und 3 sowie Artikel 91 Absatz 1 des Grundgesetzes für die Bundesrepublik Deutschland,
3. zur Abwehr einer gegenwärtigen erheblichen Gefahr, zur Verfolgung von Straftaten auf frischer Tat sowie zur Verfolgung und Wiederergreifung Entwichener, wenn die zuständige Stelle die erforderlichen Maßnahmen nicht treffen kann,
4. zur Erfüllung polizeilicher Aufgaben im Zusammenhang mit Transporten von Personen oder Sachen oder
5. zur Verfolgung von Straftaten oder Ordnungswidrigkeiten und zur Gefahrenabwehr in den durch Verwaltungsabkommen mit anderen Ländern geregelten Fällen.

[2]In den Fällen des Satzes 1 Nummer 3 und 4 ist die zuständige Polizeidienststelle unverzüglich zu unterrichten.

(2) [1]Werden Polizeibedienstete eines anderen Landes nach Absatz 1 tätig, haben sie die gleichen Befugnisse wie die Polizeibediensteten des Freistaates Sachsen. [2]Ihre Maßnahmen gelten als Maßnahmen derjenigen Polizeidienststellen, in deren örtlichem und sachlichem Zuständigkeitsbereich sie tätig geworden sind. [3]Sie unterliegen insoweit deren Weisungen.

(3) [1]Absatz 1 gilt entsprechend für
1. Polizeibedienstete des Bundes und
2. Vollzugsbedienstete der Zollverwaltung, denen der Gebrauch von Schusswaffen bei Anwendung unmittelbaren Zwangs nach dem Gesetz über den unmittelbaren Zwang bei Ausübung öffentlicher Gewalt durch Vollzugsbeamte des Bundes in der im Bundesgesetzblatt Teil III, Gliederungsnummer 201-5, veröffentlichten bereinigten Fassung, das zuletzt durch Artikel 4 des Gesetzes vom 24. Mai 2016 (BGBl. I S. 1217) geändert worden ist, in der jeweils geltenden Fassung, gestattet ist.

[2]Absatz 2 gilt für Vollzugsbedienstete der Zollverwaltung entsprechend. [3]Für Polizeibedienstete des Bundes gilt das Gesetz über den unmittelbaren Zwang bei Ausübung öffentlicher Gewalt durch Vollzugsbeamte des Bundes uneingeschränkt.

(4) Vollzugsbedienstete anderer Staaten mit polizeilichen Aufgaben können im Freistaat Sachsen polizeiliche Amtshandlungen vornehmen, soweit dies völkerrechtliche Vereinbarungen vorsehen oder das Staatsministerium des Innern Amtshandlungen ausländischer Polizeidienststellen allgemein oder im Einzelfall zustimmt.

§ 105
Amtshandlungen von Polizeibediensteten des Freistaates Sachsen außerhalb des Zuständigkeitsbereichs

(1) [1]Die Polizeibediensteten des Freistaates Sachsen dürfen im Zuständigkeitsbereich des Bundes oder in einem anderen Land nur dann tätig werden, wenn dies durch Bundesrecht oder das jeweilige Landesrecht vorgesehen ist. [2]Außerhalb der Bundesrepublik Deutschland dürfen die Polizeibediensteten nur tätig werden, soweit dies durch völkerrechtliche Vereinbarungen geregelt ist.

(2) Einer Anforderung von Polizeikräften durch den Bund oder ein anderes Land soll entsprochen werden, soweit nicht die Verwendung der Polizeikräfte im Freistaat Sachsen dringender ist, als die Unterstützung des Bundes oder des anderen Landes.

TEIL 5
Sonstige Bestimmungen

§ 106
Strafvorschriften

(1) Mit Freiheitsstrafe bis zu zwei Jahren oder mit Geldstrafe wird bestraft, wer

1. einer vollstreckbaren gerichtlichen Anordnung nach § 21 Absatz 4 Satz 1 oder einer vollziehbaren Anordnung nach § 21 Absatz 4 Satz 2 zuwiderhandelt und dadurch den Zweck der Anordnung gefährdet oder
2. einer vollstreckbaren gerichtlichen Anordnung nach § 61 Absatz 5 Satz 1 oder einer vollziehbaren Anordnung nach § 61 Absatz 5 Satz 2 zuwiderhandelt und dadurch die kontinuierliche Feststellung seines Aufenthaltsortes durch die Polizei verhindert.

(2) Die Tat wird nur auf Antrag der Polizeidienststelle verfolgt, die die Maßnahme angeordnet oder beantragt hat.

§ 107
Berichtspflichten gegenüber dem Landtag

[1]Das Staatsministerium des Innern unterrichtet die Öffentlichkeit, den Landtag und seine Abgeordneten jährlich in Form eines Berichtes über abgeschlossene Maßnahmen nach § 21 Absatz 2 und 3, § 57 Absatz 4 und 5, §§ 58 bis 69 und über Übermittlungen nach § 90. [2]Der Bericht hat statistische Angaben über Anlass, Zweck, Dauer und Ergebnis solcher Maßnahmen sowie über die Benachrichtigung der Betroffenen und die Löschung der personenbezogenen Daten zu enthalten. [3]Die Staatsregierung unterrichtet in Berichtsform weiter über die Anzahl rechtskräftig abgeschlossener Verfahren nach § 106.

§ 108
Außerkrafttreten

(1) § 59 tritt am 31. Dezember 2023 außer Kraft.

(2) § 81 Absatz 4 Satz 2 tritt am 31. Dezember 2025 außer Kraft.

Gesetz

über die Aufgaben, Organisation, Befugnisse und Datenverarbeitung der Polizeibehörden im Freistaat Sachsen (Sächsisches Polizeibehördengesetz – SächsPBG)[1]

Vom 11. Mai 2019 (SächsGVBl. S. 358, 389), das durch Artikel 2 des Gesetzes vom 22. Juli 2024 (SächsGVBl. S. 724) geändert worden ist

– Fassung ab 1. September 2024 –

INHALTSÜBERSICHT

1 Erlassen als Artikel 2 des Gesetzes zur Neustrukturierung des Polizeirechtes des Freistaates Sachsen (d. Red.).

ABSCHNITT 1 Aufgaben und allgemeine Bestimmungen

§ 1 Begriff der Polizeibehörden

(1) Allgemeine Polizeibehörden sind
1. die zuständigen Staatsministerien als oberste Landespolizeibehörden,
2. die Landesdirektion Sachsen als Landespolizeibehörde,
3. die Landratsämter und die Kreisfreien Städte als Kreispolizeibehörden sowie
4. die Gemeinden als Ortspolizeibehörden.

(2) Die Aufgaben der Kreis- und der Ortspolizeibehörden sind Weisungsaufgaben; das Weisungsrecht ist im Rahmen der gesetzlichen Vorschriften unbeschränkt.

(3) [1]Besondere Polizeibehörden sind Behörden, die nicht allgemeine Polizeibehörden sind und denen in bestimmten Sachgebieten Aufgaben der Gefahrenabwehr übertragen worden sind. [2]Ihr Aufbau wird durch dieses Gesetz nicht berührt.

§ 2 Aufgaben der Polizeibehörden

(1) [1]Die Polizeibehörden haben die Aufgabe, Gefahren für die öffentliche Sicherheit oder Ordnung abzuwehren. [2]Sie haben im Rahmen dieser Aufgabe auch Vorbereitungen zu treffen, um künftige Gefahren abwehren zu können.

(2) Der Schutz privater Rechte obliegt den Polizeibehörden nach diesem Gesetz nur auf Antrag des Berechtigten und nur dann, wenn gerichtlicher Schutz nicht rechtzeitig zu erlangen ist und wenn ohne polizeibehördliche Hilfe die Verwirklichung des Rechts vereitelt oder wesentlich erschwert werden würde.

(3) Die Polizeibehörden haben ferner die ihnen durch andere Rechtsvorschriften zugewiesenen Aufgaben zu erfüllen.

§ 3 Begriffsbestimmungen

Die Begriffsbestimmungen des § 4 des Sächsischen Polizeivollzugsdienstgesetzes vom 11. Mai 2019 (SächsGVBl. S. 358), in der jeweils geltenden Fassung, gelten entsprechend.

§ 4 Zusammenarbeit mit dem Polizeivollzugsdienst

(1) [1]Die Polizeibehörden haben mit dem Polizeivollzugsdienst bei der Gefahrenabwehr zusammenzuarbeiten und die zuständigen Polizeidienststellen unverzüglich über Vorgänge zu unterrichten, deren Kenntnis für die Aufgabenerfüllung des Polizeivollzugs-

dienstes bedeutsam erscheint. [2]Unbeschadet der Zuständigkeit der Polizei zur vorbeugenden Bekämpfung von Straftaten sollen die Polizei und die Polizeibehörden im Rahmen der Gefahrenabwehr zusammenwirken und zur Vermeidung strafbarer Verhaltensweisen (Kriminalprävention) beitragen.
(2) Der Polizeivollzugsdienst leistet den Polizeibehörden Vollzugshilfe nach Maßgabe der §§ 37 und 38 des Sächsischen Polizeivollzugsdienstgesetzes.

§ 5
Örtliche Zuständigkeit

(1) Die örtliche Zuständigkeit der Polizeibehörden beschränkt sich auf ihren Dienstbezirk.
(2) [1]Örtlich zuständig ist die Polizeibehörde, in deren Dienstbezirk eine polizeibehördliche Aufgabe wahrzunehmen ist. [2]Das fachlich zuständige Staatsministerium kann im Einvernehmen mit dem Staatsministerium des Innern durch Rechtsverordnung zum Zweck der Verwaltungsvereinfachung hiervon abweichende örtliche Zuständigkeiten festlegen.
(3) [1]Erscheint bei Gefahr im Verzug ein rechtzeitiges Tätigwerden der örtlich zuständigen Polizeibehörde nicht erreichbar, kann auch die für einen benachbarten Dienstbezirk zuständige Polizeibehörde die erforderlichen Maßnahmen treffen. [2]Die örtlich zuständige Polizeibehörde ist von den getroffenen Maßnahmen unverzüglich zu unterrichten.
(4) [1]Kann eine polizeibehördliche Aufgabe in mehreren Dienstbezirken zweckmäßig nur einheitlich wahrgenommen werden, wird die örtliche Zuständigkeit von der Behörde geregelt, welche die Fachaufsicht über die beteiligten Polizeibehörden führt. [2]Die Regelung kann auch von der Landespolizeibehörde oder der obersten Landespolizeibehörde getroffen werden.

§ 6
Sachliche Zuständigkeit

(1) Soweit nichts anderes bestimmt ist, sind die Ortspolizeibehörden sachlich zuständig.
(2) Das fachlich zuständige Staatsministerium kann im Einvernehmen mit dem Staatsministerium des Innern durch Rechtsverordnung die sachliche Zuständigkeit abweichend von Absatz 1 festlegen, soweit keine gesetzliche Regelung getroffen ist.

§ 7
Besondere sachliche Zuständigkeit

(1) Erscheint bei Gefahr im Verzug ein rechtzeitiges Tätigwerden der sachlich zuständigen Polizeibehörde nicht erreichbar, können deren Aufgaben von den zur Fachaufsicht zuständigen Behörden wahrgenommen werden.
(2) Unter den Voraussetzungen des Absatzes 1 kann jede Polizeibehörde innerhalb ihres Dienstbezirkes die Aufgaben einer übergeordneten Polizeibehörde wahrnehmen.
(3) Die sachlich zuständige Polizeibehörde ist von den getroffenen Maßnahmen unverzüglich zu unterrichten.
(4) Die Absätze 1 bis 3 gelten nicht für den Erlass von Polizeiverordnungen.

§ 8
Fachaufsicht

(1) Es führen die Fachaufsicht über
1. die Landespolizeibehörde: die zuständigen Staatsministerien,
2. die Kreispolizeibehörden: die Landesdirektion Sachsen und
3. die Ortspolizeibehörden
   a) in den Kreisfreien Städten: die Landesdirektion Sachsen und
   b) im Übrigen: die Landratsämter.

(2) Das Staatsministerium des Innern führt die Dienstaufsicht über die Landesdirektion Sachsen im Benehmen mit dem fachlich zuständigen Staatsministerium.
(3) Leistet eine allgemeine Polizeibehörde einer ihr erteilten Weisung keine Folge, kann an Stelle dieser Behörde die zur Fachaufsicht zuständige Behörde die erforderlichen Maßnahmen treffen.
(4) Die allgemeinen Polizeibehörden sind verpflichtet, die weisungsbefugten Behörden

von allen sachdienlichen Wahrnehmungen zu unterrichten.

§ 9
Gemeindliche Vollzugsbedienstete

(1) [1]Die Ortspolizeibehörden können für den Vollzug bestimmter auf den Gemeindebereich beschränkter polizeibehördlicher Aufgaben gemeindliche Vollzugsbedienstete bestellen. [2]Die gemeindlichen Vollzugsbediensteten haben bei der Erfüllung ihrer polizeibehördlichen Aufgaben die Stellung von Polizeibediensteten im Sinne des Sächsischen Polizeivollzugsdienstgesetzes. [3]Die Zuständigkeit des Polizeivollzugsdienstes bleibt unberührt.

(2) Das Staatsministerium des Innern hat durch Rechtsverordnung zu bestimmen:
1. für welche polizeibehördlichen Aufgaben gemeindliche Vollzugsbedienstete bestellt werden können,
2. welche Bekanntgabe- und Unterrichtungspflichten bei der Bestellung von gemeindlichen Vollzugsbediensteten gelten und
3. welche Mittel des unmittelbaren Zwangs (§ 40 des Sächsischen Polizeivollzugsdienstgesetzes) die gemeindlichen Vollzugsbediensteten anwenden dürfen; die Anwendung von Waffen (§ 40 Absatz 4 des Sächsischen Polizeivollzugsdienstgesetzes), mit Ausnahme des Schlagstocks, ist ausgeschlossen.

§ 10
Einschränkung von Grundrechten

Auf Grund dieses Gesetzes können die Grundrechte auf
1. Leben und körperliche Unversehrtheit (Artikel 2 Absatz 2 Satz 1 des Grundgesetzes für die Bundesrepublik Deutschland, Artikel 16 Absatz 1 Satz 1 der Verfassung des Freistaates Sachsen),
2. Freiheit der Person (Artikel 2 Absatz 2 Satz 2 des Grundgesetzes für die Bundesrepublik Deutschland, Artikel 16 Absatz 1 Satz 2 der Verfassung des Freistaates Sachsen),
3. Wahrung des Brief-, Post- und Fernmeldegeheimnisses (Artikel 10 Absatz 1 des Grundgesetzes für die Bundesrepublik Deutschland, Artikel 27 Absatz 1 der Verfassung des Freistaates Sachsen),
4. Unverletzlichkeit der Wohnung (Artikel 13 Absatz 1 des Grundgesetzes für die Bundesrepublik Deutschland, Artikel 30 Absatz 1 der Verfassung des Freistaates Sachsen) und
5. informationelle Selbstbestimmung (Artikel 33 der Verfassung des Freistaates Sachsen)

eingeschränkt werden.

§ 11
Ausweispflicht

[1]Auf Verlangen des Betroffenen haben sich die Bediensteten der Polizeibehörden bei der Ausübung ihrer Tätigkeit auszuweisen. [2]Dies gilt nicht, wenn die Umstände es nicht zulassen oder dadurch der Zweck der Maßnahme gefährdet wird.

ABSCHNITT 2
Maßnahmen

Unterabschnitt 1
Allgemeine Bestimmungen

§ 12
Allgemeine Befugnisse

(1) Die Polizeibehörden können die notwendigen Maßnahmen treffen, um eine Gefahr für die öffentliche Sicherheit oder Ordnung abzuwehren, soweit die Befugnisse nicht besonders geregelt sind.

(2) [1]Zur Erfüllung von nach anderen Rechtsvorschriften zugewiesenen Aufgaben haben sie die dort vorgesehenen Befugnisse. [2]Soweit diese Rechtsvorschriften keine Befugnisse regeln oder keine abschließenden Regelungen enthalten, treffen die Polizeibehörden die notwendigen Maßnahmen zur Gefahrenabwehr nach diesem Gesetz.

§ 13
Grundsatz der Verhältnismäßigkeit

(1) [1]Die zu treffende Maßnahme muss geeignet sein. [2]Die Maßnahme ist geeignet, wenn anzunehmen ist, dass sie den erstrebten Erfolg herbeiführt oder zumindest fördert.
(2) Von mehreren möglichen und geeigneten Maßnahmen haben die Polizeibehörden diejenige zu treffen, die die einzelne Person und die Allgemeinheit voraussichtlich am wenigsten beeinträchtigt.
(3) [1]Die Maßnahme muss angemessen sein. [2]Sie darf nicht zu einem Nachteil führen, der zu dem angestrebten Erfolg erkennbar außer Verhältnis steht.
(4) Die Maßnahme ist nur solange zulässig, bis ihr Zweck erreicht ist oder sich zeigt, dass er nicht erreicht werden kann.
(5) Soweit das Erfordernis besteht, mehrere Maßnahmen gegen eine Person zu treffen, müssen die Maßnahmen auch in ihrer Gesamtwirkung verhältnismäßig im Sinne der Absätze 1 bis 4 sein.

§ 14
Verantwortlichkeit für eigenes oder fremdes Verhalten

(1) Verursacht eine Person eine Gefahr, sind die Maßnahmen gegen sie zu richten.
(2) [1]Ist die Person noch nicht 14 Jahre alt, können Maßnahmen auch gegen die aufsichtspflichtige Person gerichtet werden. [2]Ist für eine Person ein Betreuer bestellt, kann die Polizeibehörde ihre Maßnahme auch gegenüber dem Betreuer im Rahmen seines Aufgabenkreises treffen.
(3) Verursacht eine Person, die zu einer Verrichtung bestellt ist, die Gefahr in Ausführung der Verrichtung, können Maßnahmen auch gegen die Person gerichtet werden, die zu der Verrichtung bestellt hat.

§ 15
Verantwortlichkeit für Tiere und den Zustand von Sachen

(1) [1]Geht von einem Tier oder einer Sache eine Gefahr aus, sind die Maßnahmen gegen den Inhaber der tatsächlichen Gewalt zu richten. [2]Die nachfolgenden für Sachen geltenden Vorschriften sind auch auf Tiere anzuwenden.
(2) [1]Maßnahmen können auch gegen den Eigentümer oder einen anderen Berechtigten gerichtet werden. [2]Dies gilt nicht, wenn der Inhaber der tatsächlichen Gewalt diese ohne den Willen des Eigentümers oder Berechtigten ausübt.
(3) Geht die Gefahr von einer herrenlosen Sache aus, können Maßnahmen gegen denjenigen gerichtet werden, der das Eigentum an der Sache aufgegeben hat.

§ 16
Unmittelbare Ausführung einer Maßnahme

(1) [1]Die Polizeibehörden können eine Maßnahme selbst oder durch einen beauftragten Dritten unmittelbar ausführen, wenn der Zweck der Maßnahme durch Inanspruchnahme der Verantwortlichen nach § 14 oder § 15 nicht oder nicht rechtzeitig erreicht werden kann. [2]Der von der Maßnahme Betroffene ist unverzüglich zu unterrichten.
(2) Für die unmittelbare Ausführung einer Maßnahme nach Absatz 1 erheben die Polizeibehörden von den Verantwortlichen nach den §§ 14 und 15 Kosten (Gebühren und Auslagen).

§ 17
Inanspruchnahme nicht verantwortlicher Personen

(1) Die Polizeibehörden können Maßnahmen gegen andere Personen als die Verantwortlichen nach § 14 oder § 15 richten, wenn
1. eine gegenwärtige Gefahr abzuwehren ist,
2. Maßnahmen gegen die Verantwortlichen nach § 14 oder § 15 nicht oder nicht rechtzeitig möglich sind oder keinen Erfolg versprechen,
3. die Polizeibehörde die Gefahr nicht oder nicht rechtzeitig selbst oder durch beauftragte Dritte abwehren kann und

4. die Personen ohne erhebliche eigene Gefährdung und ohne Verletzung höherwertiger Pflichten in Anspruch genommen werden können.

(2) Die Maßnahmen dürfen nur aufrechterhalten werden, solange die Voraussetzungen des Absatzes 1 vorliegen.

UNTERABSCHNITT 2 Einzelmaßnahmen, Videoüberwachung

§ 18 Identitätsfeststellung, Prüfung von Berechtigungsscheinen

(1) Die Polizeibehörden können die Identität einer Person feststellen, soweit dies
1. zur Abwehr einer Gefahr oder
2. zum Schutz privater Rechte

erforderlich ist.

(2) [1]Die Polizeibehörden können die zur Feststellung der Identität erforderlichen Maßnahmen treffen. [2]Sie können
1. den Betroffenen anhalten,
2. den Betroffenen nach seinen Personalien befragen,
3. verlangen, dass der Betroffene mitgeführte Ausweispapiere zur Prüfung aushändigt,
4. den Betroffenen und von ihm mitgeführte Sachen nach Gegenständen durchsuchen, die zur Identitätsfeststellung dienen können, oder
5. den Betroffenen festhalten.

[3]Maßnahmen nach Satz 2 Nummer 4 und 5 dürfen nur getroffen werden, wenn die Identität auf andere Weise nicht oder nur unter erheblichen Schwierigkeiten festgestellt werden kann oder wenn tatsächliche Anhaltspunkte dafür bestehen, dass Angaben unrichtig sind.

(3) Die Polizeibehörden können verlangen, dass ein Berechtigungsschein vorgezeigt und zur Prüfung ausgehändigt wird, wenn der Betroffene auf Grund einer Rechtsvorschrift verpflichtet ist, diesen Berechtigungsschein mitzuführen.

§ 19 Befragung, Auskunftspflicht und Vorladung

(1) [1]Die Polizeibehörden können eine Person befragen, wenn Tatsachen die Annahme rechtfertigen, dass die Person sachdienliche Angaben, die zur Erfüllung einer bestimmten polizeibehördlichen Aufgabe erforderlich sind, machen kann. [2]Für die Dauer der Befragung kann die Person angehalten werden.

(2) Eine Person, deren Befragung nach Absatz 1 Satz 1 zulässig ist, ist verpflichtet, auf Verlangen ihren Namen, Vornamen, Tag und Ort der Geburt, Wohnanschrift und Staatsangehörigkeit anzugeben.

(3) [1]Eine über Absatz 2 hinausgehende Auskunftspflicht besteht, soweit dies zur Abwehr einer erheblichen Gefahr erforderlich ist. [2]In entsprechender Anwendung der §§ 52 bis 53a und 55 Absatz 1 der Strafprozessordnung ist die betroffene Person zur Verweigerung der Auskunft mit Ausnahme der Angaben nach Absatz 2 berechtigt. [3]Dies gilt nicht, soweit die Auskunft zur Abwehr einer Gefahr für Leben oder Freiheit einer Person oder einer erheblichen Gesundheitsgefahr zwingend erforderlich ist. [4]Ein Geistlicher ist auch in diesem Fall nicht verpflichtet, Auskunft über Tatsachen zu geben, die ihm in seiner Eigenschaft als Seelsorger anvertraut wurden oder bekannt geworden sind. [5]Die weitere Verarbeitung von nach Satz 3 erhobenen Daten ist nur zu dem Zweck zulässig, zu dem die Daten erhoben wurden. [6]Die betroffene Person ist vor der Befragung über ihr Recht zur Verweigerung der Auskunft zu belehren.

(4) [1]Soweit eine Auskunftspflicht besteht, dürfen zur Herbeiführung einer Aussage nur die Zwangsmittel Zwangsgeld und Zwangshaft angewendet werden. [2]Die §§ 68a und 136a der Strafprozessordnung gelten entsprechend.

(5) [1]Die Polizeibehörden können unter den Voraussetzungen des Absatzes 1 Satz 1 eine Person schriftlich oder mündlich vorladen. [2]Bei der Vorladung ist deren Grund anzugeben. [3]Bei der Festsetzung des Zeitpunktes soll auf die beruflichen Verpflichtungen und die

sonstigen Lebensverhältnisse des Betroffenen Rücksicht genommen werden.

(6) Leistet ein Betroffener der Vorladung ohne hinreichenden Grund keine Folge, kann sie zwangsweise durchgesetzt werden, wenn die Angaben zur Abwehr einer Gefahr für Leib, Leben oder Freiheit einer Person oder für bedeutende fremde Sach- oder Vermögenswerte erforderlich sind.

(7) Für die Entschädigung und Vergütung von Personen, die als Zeugen oder als Sachverständige herangezogen werden, gilt das Justizvergütungs- und -entschädigungsgesetz vom 5. Mai 2004 (BGBl. I S. 718, 776), das zuletzt durch Artikel 5 Absatz 2 des Gesetzes vom 11. Oktober 2016 (BGBl. I S. 2222) geändert worden ist, in der jeweils geltenden Fassung, entsprechend.

§ 20
Platzverweisung

[1]Die Polizeibehörden können zur Abwehr einer Gefahr für die öffentliche Sicherheit eine Person vorübergehend von einem Ort verweisen oder ihr vorübergehend das Betreten eines Ortes verbieten (Platzverweisung). [2]Dies gilt insbesondere für Personen, die den Einsatz der Feuerwehr oder der Hilfs- und Rettungsdienste behindern.

§ 21
Durchsuchung von Personen

(1) Die Polizeibehörden können eine Person durchsuchen, wenn
1. sie nach diesem Gesetz oder anderen Rechtsvorschriften festgehalten werden darf,
2. Tatsachen die Annahme rechtfertigen, dass sie Tiere oder Sachen mit sich führt, die nach § 25 sichergestellt werden dürfen, oder
3. sie sich erkennbar in einem die freie Willensbildung ausschließenden Zustand oder sonst in hilfloser Lage befindet und dies zur Feststellung und Abwehr einer sie betreffenden Gefahr erforderlich ist.

(2) Personen dürfen nur von Personen gleichen Geschlechts oder Ärzten durchsucht werden; dies gilt nicht, wenn die sofortige Durchsuchung nach den Umständen zum Schutz gegen eine Gefahr für Leib oder Leben erforderlich erscheint.

§ 22
Durchsuchung von Sachen

Die Polizeibehörden können eine Sache durchsuchen, wenn
1. sie von einer Person mitgeführt wird, die nach § 21 durchsucht werden darf,
2. Tatsachen die Annahme rechtfertigen, dass sich in ihr Sachen oder Tiere befinden, die nach § 25 sichergestellt werden dürfen, oder
3. Tatsachen die Annahme rechtfertigen, dass sich in der Sache eine Person befindet, die sich in einem die freie Willensbildung ausschließenden Zustand oder sonst in hilfloser Lage befindet und für die dadurch eine Gefahr für Leib oder Leben besteht.

§ 23
Betreten und Durchsuchung von Wohnungen

(1) [1]Die Polizeibehörden können eine Wohnung ohne Einwilligung des Inhabers betreten und durchsuchen, wenn
1. dies zur Abwehr einer gegenwärtigen Gefahr für Leib, Leben oder Freiheit einer Person oder für bedeutende Sach- oder Vermögenswerte erforderlich ist oder
2. Tatsachen die Annahme rechtfertigen, dass sich in ihr Sachen oder Tiere befinden, die nach § 25 sichergestellt werden dürfen.

[2]Die Wohnung umfasst die Wohn- und Nebenräume, Arbeits-, Betriebs- und Geschäftsräume, auch während der Geschäftszeiten, sowie anderes umfriedetes Besitztum.

(2) [1]Während der Nachtzeit darf das Betreten und Durchsuchen einer Wohnung nur zur Abwehr einer gegenwärtigen Gefahr für Leib, Leben oder Freiheit einer Person oder für bedeutende Sach- oder Vermögenswerte erfolgen. [2]Die Nachtzeit umfasst in dem Zeitraum vom 1. April bis 30. September die

Stunden von 21.00 Uhr bis 4.00 Uhr und in dem Zeitraum vom 1. Oktober bis 31. März die Stunden von 21.00 Uhr bis 6.00 Uhr.

(3) Arbeits-, Betriebs- und Geschäftsräume sowie andere Räume und Grundstücke, die der Öffentlichkeit zugänglich sind oder zugänglich waren und den Anwesenden zum weiteren Aufenthalt zur Verfügung stehen, dürfen zum Zweck der Abwehr von Gefahren für die öffentliche Sicherheit oder Ordnung während der Arbeits-, Geschäfts- oder Aufenthaltszeit und nach Maßgabe der Absätze 1 und 2 betreten werden.

§ 24
Verfahren bei der Durchsuchung von Wohnungen

(1) [1]Wohnungen dürfen außer bei Gefahr im Verzug nur auf Grund einer richterlichen Anordnung des Amtsgerichts durchsucht werden, in dessen Bezirk die Wohnung liegt. [2]Für das Verfahren gelten die Vorschriften des Buches 1 des Gesetzes über das Verfahren in Familiensachen und in den Angelegenheiten der freiwilligen Gerichtsbarkeit vom 17. Dezember 2008 (BGBl. I S. 2586, 2587), das zuletzt durch Artikel 13 des Gesetzes vom 18. Dezember 2018 (BGBl. I S. 2639) geändert worden ist, in der jeweils geltenden Fassung, entsprechend. [3]Die gerichtliche Entscheidung kann ohne vorherige Anhörung des Betroffenen ergehen und bedarf zu ihrer Wirksamkeit nicht der Bekanntgabe an ihn. [4]Gegen die gerichtliche Entscheidung findet die Beschwerde statt. [5]Die Beschwerde ist binnen einer Frist von zwei Wochen einzulegen; die Beschwerde hat keine aufschiebende Wirkung.

(2) [1]Der Wohnungsinhaber hat das Recht bei der Durchsuchung der Wohnung anwesend zu sein. [2]Ist er abwesend, ist, soweit möglich und soweit hierdurch keine schutzwürdigen Interessen des Wohnungsinhabers verletzt werden, ein Vertreter oder ein Zeuge beizuziehen.

(3) Dem Wohnungsinhaber oder seinem Vertreter sind der Grund der Durchsuchung und der zulässige Rechtsbehelf unverzüglich bekannt zu geben.

(4) [1]Über die Durchsuchung ist eine Niederschrift zu fertigen. [2]Sie muss die verantwortliche Polizeibehörde, den Grund, die Zeit, den Ort und das Ergebnis der Durchsuchung enthalten. [3]Die Niederschrift ist von einem Vertreter der Polizeibehörde und dem Wohnungsinhaber oder der hinzugezogenen Person zu unterzeichnen. [4]Wird die Unterschrift verweigert, ist hierüber ein Vermerk aufzunehmen. [5]Dem Wohnungsinhaber oder seinem Vertreter ist auf Verlangen eine Durchschrift der Niederschrift auszuhändigen.

(5) Ist die Anfertigung der Niederschrift oder die Aushändigung einer Durchschrift nach den besonderen Umständen des Falles nicht möglich oder würde sie den Zweck der Durchsuchung gefährden, sind dem Wohnungsinhaber oder seinem Vertreter lediglich die Durchsuchung unter Angabe der verantwortlichen Polizeibehörde sowie Zeit und Ort der Durchsuchung schriftlich zu bestätigen.

§ 25
Sicherstellung

(1) Die Polizeibehörden können eine Sache sicherstellen,

1. um eine gegenwärtige Gefahr abzuwehren,
2. um den Eigentümer oder rechtmäßigen Inhaber der tatsächlichen Gewalt vor Verlust oder Beschädigung der Sache zu schützen oder
3. wenn sie von einer Person mitgeführt wird, die nach diesem Gesetz oder anderen Rechtsvorschriften festgehalten wird, und die Sache verwendet werden kann, um
   a) sich zu töten oder zu verletzen,
   b) Leben oder Gesundheit anderer zu schädigen,
   c) fremde Sachen zu beschädigen oder
   d) sich oder anderen die Flucht zu ermöglichen oder zu erleichtern.

(2) Für Tiere gilt Absatz 1 entsprechend.

§ 26
Verwahrung

(1) [1]Sichergestellte Sachen sind in Verwahrung zu nehmen. [2]Lässt die Beschaffenheit der Sache das nicht zu oder erscheint die Verwahrung bei der Polizeibehörde unzweckmäßig, ist die Sache auf andere geeignete Weise aufzubewahren oder zu sichern. [3]In diesem Fall kann die Verwahrung auch einem Dritten übertragen werden. [4]Wird eine sichergestellte Sache verwahrt, hat die Polizeibehörde nach Möglichkeit Wertminderungen vorzubeugen.

(2) [1]Dem Betroffenen ist eine Bescheinigung auszustellen, die den Grund der Sicherstellung erkennen lässt und die sichergestellte Sache bezeichnet. [2]Kann nach den Umständen des Falles eine Bescheinigung nicht ausgestellt werden, ist über die Sicherstellung eine Niederschrift aufzunehmen, die auch erkennen lässt, warum eine Bescheinigung nicht ausgestellt worden ist. [3]Der Eigentümer oder ein anderer Berechtigter ist unverzüglich zu unterrichten.

(3) Für Tiere gelten die Absätze 1 und 2 entsprechend.

§ 27
Verwertung, Unbrauchbarmachung und Vernichtung

(1) Die Verwertung einer sichergestellten Sache ist zulässig, wenn
1. ihr Verderb oder eine wesentliche Minderung ihres Wertes droht,
2. ihre Verwahrung, Pflege oder Erhaltung mit unverhältnismäßig hohen Kosten oder Schwierigkeiten verbunden ist,
3. sie infolge ihrer Beschaffenheit nicht so verwahrt werden kann, dass weitere Gefahren für die öffentliche Sicherheit oder Ordnung ausgeschlossen sind,
4. sie nach einer Frist von einem Jahr nicht an den Eigentümer oder einen Berechtigten herausgegeben werden könnte, ohne dass die Voraussetzungen der Sicherstellung erneut eintreten würden, oder
5. der Betroffene, der Eigentümer oder der Berechtigte sie nicht innerhalb einer angemessenen Frist abholt, obwohl ihm eine Mitteilung über die Frist mit dem Hinweis zugestellt worden ist, dass die Sache verwertet wird, wenn sie nicht innerhalb der Frist abgeholt wird.

(2) Ist der Betroffene, der Eigentümer oder der Berechtigte bekannt und erreichbar, soll er vor der Verwertung gehört werden.

(3) [1]Die Sache wird durch öffentliche Versteigerung (§ 383 Absatz 3 des Bürgerlichen Gesetzbuches) verwertet. [2]Bleibt die Versteigerung erfolglos, erscheint sie von vornherein aussichtslos oder würden die Kosten der Versteigerung voraussichtlich den zu erwartenden Erlös übersteigen, kann die Sache freihändig verkauft werden. [3]Der Erlös tritt an die Stelle der verwerteten Sache. [4]Kann die Sache innerhalb angemessener Frist nicht verwertet werden, darf sie einem gemeinnützigen Zweck zugeführt werden.

(4) [1]Sichergestellte Sachen können unbrauchbar gemacht oder vernichtet werden, wenn
1. im Fall einer Verwertung die Gründe, die zu ihrer Sicherstellung berechtigen, fortbestehen oder Sicherstellungsgründe erneut entstehen würden oder
2. die Verwertung aus anderen Gründen nicht möglich ist.

[2]Absatz 2 gilt entsprechend.

(5) Für Tiere gelten die Absätze 1 bis 4 entsprechend.

§ 28
Herausgabe sichergestellter Sachen oder des Erlöses, Kosten

(1) [1]Sobald die Voraussetzungen für die Sicherstellung weggefallen sind, ist die Sache an denjenigen herauszugeben, bei dem sie sichergestellt worden ist. [2]Ist die Herausgabe an ihn nicht möglich, kann sie an einen anderen herausgegeben werden, der seine Berechtigung glaubhaft macht. [3]Die Herausgabe ist ausgeschlossen, wenn dadurch erneut die Voraussetzungen für eine Sicherstellung eintreten würden. [4]Im Fall von § 25 Absatz 1 Nummer 2 ist die Sache herauszugeben, wenn der Eigentümer oder der rechtmäßige Inhaber der tatsächlichen Gewalt dies verlangt oder wenn ein Schutz nicht mehr erforderlich ist, spätestens jedoch nach zwei Wochen. [5]Soweit

durch Rechtsvorschriften nichts anderes bestimmt wird, darf die Sicherstellung von leerstehendem Wohnraum zur Beseitigung oder Verhinderung von Obdachlosigkeit nicht länger als zwölf Monate aufrechterhalten werden. [6]Für andere Sachen darf die Sicherstellung nicht länger als sechs Monate aufrechterhalten werden, es sei denn, es liegen die Voraussetzungen des Satzes 3 vor.
(2) [1]Ist die Sache verwertet worden, ist der Erlös herauszugeben. [2]Ist ein Berechtigter nicht vorhanden oder nicht zu ermitteln, ist der Erlös nach den Vorschriften des Bürgerlichen Gesetzbuches zu hinterlegen. [3]Der Anspruch auf Herausgabe des Erlöses erlischt drei Jahre nach Ablauf des Jahres, in dem die Sache verwertet worden ist.
(3) [1]Für die Sicherstellung, Verwahrung, Verwertung, Unbrauchbarmachung oder Vernichtung werden Kosten (Gebühren und Auslagen) erhoben, zu deren Ersatz der Eigentümer oder der rechtmäßige Inhaber der tatsächlichen Gewalt verpflichtet ist. [2]Ist eine Sache verwertet worden, können die Kosten aus dem Erlös gedeckt werden.
(4) § 983 des Bürgerlichen Gesetzbuches bleibt unberührt.

§ 29
Zurückbehaltungsbefugnis, Ermächtigung Dritter zum Empfang von Zahlungen

(1) Die Polizeibehörden können die Herausgabe von Sachen, deren Besitz sie auf Grund einer polizeibehördlichen Maßnahme nach § 16 oder § 25 oder im Rahmen der Ersatzvornahme nach § 24 des Verwaltungsvollstreckungsgesetzes für den Freistaat Sachsen in der Fassung der Bekanntmachung vom 10. September 2003 (SächsGVBl. S. 614, 913), das zuletzt durch das Gesetz vom 6. Oktober 2013 (SächsGVBl. S. 802) geändert worden ist, in der jeweils geltenden Fassung, erlangt haben, von der Zahlung der entstandenen Kosten abhängig machen.
(2) [1]Wurde die Verwahrung einem Dritten übertragen, kann die Polizei ihn schriftlich ermächtigen, Zahlungen auf die ihm durch die Verwahrung entstandenen Kosten in Empfang zu nehmen. [2]Dieser hat die Zahlungen der Polizei unverzüglich mitzuteilen.

§ 30
Datenerhebung durch den Einsatz technischer Mittel zur Bildaufnahme und -aufzeichnung[2]

(1) Die Polizeibehörden können personenbezogene Daten in öffentlich zugänglichen Räumen durch den offenen Einsatz technischer Mittel zur Bildaufnahme und -aufzeichnung erheben, soweit
1. Tatsachen die Annahme rechtfertigen, dass dort künftig erhebliche Gefahren für die öffentliche Sicherheit entstehen, oder
2. *dies insbesondere zum Schutz gefährdeter öffentlicher Anlagen oder Einrichtungen erforderlich ist.*

(2) Angefertigte Bildaufzeichnungen und daraus gefertigte Unterlagen sind unverzüglich, spätestens aber nach einem Monat zu löschen oder zu vernichten, soweit diese nicht zur Verfolgung von Straftaten oder Ordnungswidrigkeiten, zur Gefahrenabwehr, insbesondere zur vorbeugenden Bekämpfung von Straftaten, zur Geltendmachung von öffentlich-rechtlichen Ansprüchen oder nach Maßgabe des § 2 Absatz 2 zum Schutz privater Rechte, insbesondere zur Behebung einer bestehenden Beweisnot, erforderlich sind.
(3) Im Übrigen gilt § 13 Absatz 3 des Sächsischen Datenschutzdurchführungsgesetzes vom 26. April 2018 (SächsGVBl. S. 198, 199), in der jeweils geltenden Fassung.

§ 31
Zuwiderhandeln gegen Einzelanordnungen

(1) Ordnungswidrig handelt, wer vorsätzlich oder fahrlässig einer vollziehbaren Platzverweisung zuwiderhandelt.
(2) Ordnungswidrigkeiten nach Absatz 1 können mit einer Geldbuße bis zu fünftausend Euro geahndet werden.

---
2 § 30 Absatz 1 Nummer 2: Beachte die Entscheidung des Verfassungsgerichtshofs des Freistaates Sachsen vom 25. Januar 2024 (siehe unten Seite 206)

(3) Zuständige Verwaltungsbehörde im Sinne des § 36 Absatz 1 Nummer 1 des Gesetzes über Ordnungswidrigkeiten sind die Ortspolizeibehörden.

§ 31a
Waffen-, Schutzausrüstungs- und Vermummungsverbot

(1) Bei öffentlichen Veranstaltungen unter freiem Himmel, bei denen eine Gefahr für Leib, Leben, Gesundheit oder bedeutende Sach- oder Vermögenswerte besteht, ist es verboten,
1. Waffen ohne behördliche Ermächtigung oder sonstige Gegenstände, die ihrer Art nach zur Verletzung von Personen oder zur Beschädigung von Sachen geeignet und den Umständen nach dazu bestimmt sind, mit sich zu führen,
2. Gegenstände, die als Schutzausrüstung geeignet und den Umständen nach dazu bestimmt sind, Vollstreckungsmaßnahmen eines Trägers von Hoheitsbefugnissen abzuwehren, mit sich zu führen, oder
3. in einer Aufmachung aufzutreten, die geeignet und den Umständen nach darauf gerichtet ist, die Feststellung der Identität zu verhindern.

(2) Die zuständige Behörde kann zur Durchsetzung der in Absatz 1 genannten Verbote Anordnungen treffen, in denen die vom Verbot erfassten Gegenstände bezeichnet sind.

(3) Mit Freiheitsstrafe bis zu einem Jahr oder mit Geldstrafe wird bestraft, wer gegen eine Anordnung gemäß Absatz 2
1. zur Durchsetzung des Waffenverbots gemäß Absatz 1 Nummer 1 zweite Alternative oder
2. zur Durchsetzung des Schutzausrüstungsverbots gemäß Absatz 1 Nummer 2 oder
3. zur Durchsetzung des Vermummungsverbots gemäß Absatz 1 Nummer 3

verstößt.

(4) [1]Gegenstände, auf die sich eine Straftat nach dieser Vorschrift bezieht, können eingezogen werden. [2]§ 74a des Strafgesetzbuches gilt entsprechend.

(5) [1]Für den Erlass der Anordnungen gemäß Absatz 2 sind die Kreispolizeibehörde, in deren Bezirk die Veranstaltung stattfindet, und der Polizeivollzugsdienst sachlich zuständig. [2]Kreispolizeibehörde und Polizeivollzugsdienst stimmen sich insoweit ab.

(6) Für den Vollzug der Anordnungen gemäß Absatz 2 ist der Polizeivollzugsdienst sachlich zuständig.

ABSCHNITT 3
Polizeiverordnungen

§ 32
Verordnungsrecht

(1) Die allgemeinen Polizeibehörden können zur Wahrnehmung ihrer Aufgaben nach diesem Gesetz polizeiliche Gebote oder Verbote, die für eine unbestimmte Zahl von Fällen an eine unbestimmte Zahl von Personen gerichtet sind (Polizeiverordnung), erlassen.

(2) Die Vorschriften dieses Gesetzes finden auch Anwendung, wenn andere Gesetze zum Erlass von Polizeiverordnungen ermächtigen.

§ 33
Ermächtigung zum Erlass örtlich und zeitlich begrenzter Alkoholkonsumverbote

(1) [1]Die Ortspolizeibehörden können zum Zweck des Kinder- und Jugendschutzes durch Polizeiverordnung auf öffentlichen Flächen, die sich in räumlicher Nähe von Einrichtungen, die ihrer Art nach oder tatsächlich vorwiegend von Kindern und Jugendlichen aufgesucht werden, den Konsum und das Mitführen von alkoholischen Getränken zum Zweck des Konsums innerhalb dieser Flächen verbieten, soweit dort auf Grund der örtlichen Verhältnisse eine abstrakte Gefahr der Begehung alkoholbedingter Straftaten oder Ordnungswidrigkeiten vorliegt. [2]Das Verbot darf sich örtlich höchstens auf einen Bereich von 100 Metern um die Einrichtung erstrecken und darf nicht genehmigte Außenbewirtschaftungsflächen betreffen. [3]Es soll

sich zeitlich an den üblichen Benutzungszeiten der Einrichtung orientieren. [4]Maßgebliche Bezugspunkte für die Berechnung des räumlichen Bereiches, in dem das Alkoholkonsumverbot gilt, sind die Grundstücksecken der Grundstücke, auf denen die Einrichtung gelegen ist.

(2) [1]Die Ortspolizeibehörden können durch Polizeiverordnung auf sonstigen öffentlichen Flächen außerhalb von genehmigten Außenbewirtschaftungsflächen den Konsum und das Mitführen von alkoholischen Getränken zum Zweck des Konsums innerhalb dieser Flächen verbieten, wenn

1. Tatsachen die Annahme rechtfertigen, dass sich dort das Ausmaß oder die Häufigkeit alkoholbedingter Straftaten oder alkoholbedingter Ordnungswidrigkeiten von erheblicher Bedeutung von der des übrigen Gemeindegebiets deutlich abhebt und
2. Tatsachen die Annahme rechtfertigen, dass dort auch zukünftig alkoholbedingte Straftaten oder alkoholbedingte Ordnungswidrigkeiten von erheblicher Bedeutung begangen werden.

[2]Das Verbot soll auf bestimmte Tage innerhalb einer Woche und an diesen zeitlich befristet erlassen werden. [3]Die Geltungsdauer der Polizeiverordnung ist auf höchstens zwei Jahre zu begrenzen.

(3) Die zuständige Behörde kann in besonderen Fällen Ausnahmen von den Verboten zulassen.

§ 34
Zuständigkeit

Polizeiverordnungen werden von den zuständigen Staatsministerien oder den sonstigen allgemeinen Polizeibehörden für ihren Dienstbezirk oder Teile ihres Dienstbezirkes erlassen.

§ 35
Polizeiverordnungen der Orts- und Kreispolizeibehörden

(1) [1]Polizeiverordnungen der Ortspolizeibehörden werden, wenn sie nicht länger als einen Monat gelten sollen, vom Bürgermeister und im Übrigen vom Gemeinderat erlassen. [2]Sie werden in der für die öffentliche Bekanntmachung von Satzungen der Gemeinde bestimmten Form verkündet.

(2) [1]Für Polizeiverordnungen der Kreispolizeibehörden gilt Absatz 1 Satz 1 entsprechend. [2]Sie werden in der für die öffentliche Bekanntmachung von Satzungen des Landkreises und bei Kreisfreien Städten in der für die öffentliche Bekanntmachung von Satzungen der Gemeinde bestimmten Form verkündet.

§ 36
Vorrang höherrangiger Rechtsvorschriften

Polizeiverordnungen dürfen nicht gegen höherrangiges Recht verstoßen.

§ 37
Formerfordernisse, Geltungsdauer

(1) Polizeiverordnungen müssen

1. im Eingang auf die gesetzliche Vorschrift Bezug nehmen, die zu ihrem Erlass ermächtigt,
2. die Polizeibehörde bezeichnen, die die Polizeiverordnung erlassen hat, und
3. den örtlichen Geltungsbereich angeben.

(2) Polizeiverordnungen sollen

1. eine Überschrift tragen, die ihren Inhalt kennzeichnet,
2. in der Überschrift als „Polizeiverordnung" bezeichnet sein und
3. das Datum bezeichnen, an dem die Polizeiverordnung in Kraft tritt.

(3) Die Geltungsdauer von Polizeiverordnungen darf zehn Jahre nicht überschreiten.

§ 38
Vorlagepflicht

(1) [1]Polizeiverordnungen der Kreispolizeibehörden und der Ortspolizeibehörden, die länger als einen Monat gelten sollen, sind der jeweiligen Fachaufsichtsbehörde vor deren Erlass im Entwurf zur Genehmigung vorzulegen. [2]Die Fachaufsichtsbehörde hat

das Datum des Eingangs zu bestätigen. [3]Die Genehmigung gilt als erteilt, wenn die Fachaufsichtsbehörde nicht innerhalb von drei Monaten nach Eingang des Entwurfes der vorlegenden Kreispolizeibehörde oder Ortspolizeibehörde schriftlich rechtliche Bedenken gegen die Polizeiverordnung mitteilt. [4]Widerspricht eine Polizeiverordnung höherrangigem Recht, ist ihre Nichtigkeit festzustellen.

(2) Abweichend von Absatz 1 sind Polizeiverordnungen nach § 35 der jeweiligen Fachaufsichtsbehörde unverzüglich nach deren Erlass zur Prüfung vorzulegen.

§ 39
Zuwiderhandeln gegen Polizeiverordnungen

(1) Ordnungswidrig handelt, wer vorsätzlich oder fahrlässig den Geboten oder Verboten einer auf Grund dieses Gesetzes erlassenen Polizeiverordnung zuwiderhandelt, soweit diese für einen bestimmten Tatbestand auf diese Bußgeldvorschrift verweist.

(2) Die Ordnungswidrigkeit kann mit einer Geldbuße bis zu fünftausend Euro geahndet werden.

(3) Gegenstände, auf die sich die Ordnungswidrigkeit bezieht oder die zu ihrer Vorbereitung oder Begehung verwendet worden sind, können eingezogen werden, soweit eine Polizeiverordnung für einen bestimmten Tatbestand auf diese Bestimmung verweist.

(4) Zuständige Verwaltungsbehörde nach § 36 Absatz 1 Nummer 1 des Gesetzes über Ordnungswidrigkeiten sind die Ortspolizeibehörden.

(5) Das fachlich zuständige Staatsministerium kann die Zuständigkeiten nach Absatz 4 durch Rechtsverordnung auf andere Behörden übertragen.

ABSCHNITT 4
Datenverarbeitung

§ 40
Anwendbare Vorschriften

(1) Soweit die Polizeibehörden personenbezogene Daten zur Erfüllung ihrer Aufgaben verarbeiten, die in den Anwendungsbereich von § 1 des Sächsischen Datenschutz-Umsetzungsgesetzes vom 11. Mai 2019 (SächsGVBl. S. 398), in der jeweils geltenden Fassung, fallen, gelten die §§ 54 bis 56, 79, 80 Absatz 1 und 7, § 81 Absatz 3, §§ 82 bis 84, 89 und 91 bis 93 des Sächsischen Polizeivollzugsdienstgesetzes entsprechend und ergänzend die Vorschriften des Sächsischen Datenschutz-Umsetzungsgesetzes.

(2) Soweit die Polizeibehörden im Übrigen personenbezogene Daten zur Erfüllung ihrer Aufgaben verarbeiten, gelten die Verordnung (EU) 2016/679 des Europäischen Parlaments und des Rates vom 27. April 2016 zum Schutz natürlicher Personen bei der Verarbeitung personenbezogener Daten, zum freien Datenverkehr und zur Aufhebung der Richtlinie 95/46/EG (ABl. L 119 vom 4.5.2016, S. 1, L 314 vom 22.11.2016, S. 72, L 127 vom 23.5.2018, S. 2), die §§ 95 und 96 des Sächsischen Polizeivollzugsdienstgesetzes sowie das Sächsische Datenschutzdurchführungsgesetz.

ABSCHNITT 5
Entschädigung

§ 41
Zur Entschädigung verpflichtende Maßnahmen

(1) Ein Schaden, den jemand durch Maßnahmen der Polizeibehörden erleidet, ist zu ersetzen, wenn er

1. in Folge einer rechtmäßigen Inanspruchnahme nach § 17 oder
2. durch rechtswidrige Maßnahmen

entstanden ist.

(2) Der Ausgleich ist auch Personen zu gewähren, die mit Zustimmung der Polizeibehörde bei der Erfüllung der polizeibehörd-

lichen Aufgabe mitgewirkt oder Sachen zur Verfügung gestellt haben und dadurch einen Schaden erlitten haben.

(3) Im Falle des Absatzes 1 Nummer 1 besteht kein Ersatzanspruch, soweit die erforderliche Maßnahme zum Schutz der Person oder des Vermögens des Geschädigten getroffen worden ist.

(4) Soweit die Entschädigungspflicht wegen rechtmäßiger Maßnahmen der Polizeibehörden in anderen gesetzlichen Vorschriften geregelt ist, finden diese Anwendung.

§ 42
Art, Inhalt und Umfang der Entschädigungsleistung

(1) [1]Die Entschädigung nach § 41 wird grundsätzlich nur für Vermögensschaden gewährt. [2]Für entgangenen Gewinn, der über den Ausfall des gewöhnlichen Verdienstes oder Nutzungsentgeltes hinausgeht, und für Nachteile, die nicht in unmittelbarem Zusammenhang mit der polizeibehördlichen Maßnahme stehen, ist Entschädigung nur zu gewähren, wenn und soweit dies zur Abwendung einer unbilligen Härte geboten erscheint.

(2) Bei einer Verletzung des Körpers oder der Gesundheit oder bei einer Freiheitsentziehung ist auch der Schaden, der nicht Vermögensschaden ist, angemessen auszugleichen; dieser Anspruch ist nicht übertragbar und nicht vererblich, es sei denn, dass er rechtshängig geworden oder durch Vertrag anerkannt worden ist.

(3) [1]Die Entschädigung wird in Geld gewährt. [2]Hat die zur Entschädigung verpflichtende Maßnahme die Aufhebung oder Minderung der Erwerbstätigkeit oder eine Vermehrung der Bedürfnisse oder den Verlust oder die Beeinträchtigung eines Rechts auf Unterhalt zur Folge, ist die Entschädigung durch Entrichtung einer Rente zu gewähren. [3]§ 760 des Bürgerlichen Gesetzbuches ist anzuwenden. [4]Statt der Rente kann eine Kapitalabfindung verlangt werden, wenn ein wichtiger Grund vorliegt. [5]Der Anspruch wird nicht dadurch ausgeschlossen, dass ein anderer dem Geschädigten Unterhalt zu gewähren hat.

(4) Stehen dem Geschädigten Ansprüche gegen Dritte zu, ist, soweit diese Ansprüche nach Inhalt und Umfang dem Entschädigungsanspruch entsprechen, die Entschädigung nur gegen Abtretung dieser Ansprüche zu gewähren.

(5) [1]Bei der Bemessung der Entschädigung sind alle Umstände zu berücksichtigen, insbesondere Art und Vorhersehbarkeit des Schadens und ob der Geschädigte oder sein Vermögen durch die Maßnahme der Polizeibehörden geschützt worden ist. [2]Haben Umstände, die der Geschädigte zu vertreten hat, zur Entstehung oder Vergrößerung des Schadens beigetragen, hängen die Verpflichtung zur Entschädigung und der Umfang der Entschädigung insbesondere davon ab, inwieweit der Schaden vorwiegend durch die Polizeibehörden oder den Geschädigten verursacht worden ist.

§ 43
Ansprüche mittelbar Geschädigter

(1) [1]Im Fall der Tötung sind die Kosten der Bestattung demjenigen zu ersetzen, dem die Verpflichtung obliegt, diese Kosten zu tragen. [2]§ 42 Absatz 5 gilt entsprechend.

(2) [1]Stand der Getötete zu einem Dritten in einem Verhältnis, auf Grund dessen er diesem gegenüber kraft Gesetzes unterhaltspflichtig war oder unterhaltspflichtig werden konnte, und ist dem Dritten infolge der Tötung das Recht auf den Unterhalt entzogen, kann der Dritte insoweit eine angemessene Entschädigung verlangen, als der Getötete während der mutmaßlichen Dauer seines Lebens zur Gewährung des Unterhaltes verpflichtet gewesen wäre. [2]§ 42 Absatz 3 Satz 3 bis 5 und Absatz 5 ist entsprechend anzuwenden. [3]Die Entschädigung kann auch dann verlangt werden, wenn der Dritte zur Zeit der Verletzung gezeugt, aber noch nicht geboren war.

§ 44
Entschädigungspflichtiger

Entschädigungspflichtiger ist die Körperschaft, deren Bediensteter die Maßnahme getroffen hat.

§ 45
Rückgriff gegen den Verantwortlichen

(1) Die nach § 44 entschädigungspflichtige Körperschaft kann von den Verantwortlichen nach § 14 oder § 15 Ersatz ihrer Aufwendungen verlangen, wenn sie auf Grund des § 41 eine Entschädigung gewährt hat.

(2) Sind mehrere Personen nebeneinander verantwortlich, haften sie als Gesamtschuldner.

§ 46
Rechtsweg für Entschädigungsansprüche

Für die Ansprüche nach den §§ 41 bis 45 ist der ordentliche Rechtsweg gegeben.

Sächsisches Gesetz
zur Umsetzung der Richtlinie (EU) 2016/680 (Sächsisches Datenschutz-Umsetzungsgesetz – SächsDSUG)[1,2]
Vom 11. Mai 2019 (SächsGVBl. S. 358, 398), das durch Artikel 10 des Gesetzes vom 22. August 2019 (SächsGVBl. S. 663) geändert worden ist

– Fassung ab 1. Januar 2020 –

INHALTSÜBERSICHT

1 Erlassen als Artikel 3 des Gesetzes zur Neustrukturierung des Polizeirechtes des Freistaates Sachsen (d. Red.).

2 Dieses Gesetz dient der Umsetzung der Richtlinie (EU) 2016/680 des Europäischen Parlaments und des Rates vom 27. April 2016 zum Schutz natürlicher Personen bei der Verarbeitung personenbezogener Daten durch die zuständigen Behörden zum Zwecke der Verhütung, Ermittlung, Aufdeckung oder Verfolgung von Straftaten oder der Strafvollstreckung sowie zum freien Datenverkehr und zur Aufhebung des Rahmenbeschlusses 2008/977/JI des Rates (ABl. L 119 vom 4.5.2016, S. 89, L 127 vom 23.5.2018, S. 9).

ABSCHNITT 1 Anwendungsbereich, Begriffsbestimmungen und allgemeine Grundsätze für die Verarbeitung personenbezogener Daten

§ 1 Anwendungsbereich

(1) [1]Dieses Gesetz gilt für die Verarbeitung personenbezogener Daten durch die für die Verhütung, Ermittlung, Aufdeckung, Verfolgung oder Ahndung von Straftaten oder Ordnungswidrigkeiten zuständigen öffentlichen Stellen des Freistaates Sachsen, soweit sie Daten zum Zweck der Erfüllung dieser Aufgaben verarbeiten. [2]Die öffentlichen Stellen gelten dabei als Verantwortliche. [3]Die Verhütung von Straftaten im Sinne des Satzes 1 umfasst den Schutz vor und die Abwehr von Gefahren für die öffentliche Sicherheit.

(2) Absatz 1 Satz 1 und 2 findet zudem Anwendung auf diejenigen öffentlichen Stellen des Freistaates Sachsen, die für die Vollstreckung von Strafen, von Maßnahmen im Sinne des § 11 Absatz 1 Nummer 8 des Strafgesetzbuchs, von Erziehungsmaßregeln oder Zuchtmitteln im Sinne des Jugendgerichtsgesetzes in der Fassung der Bekanntmachung vom 11. Dezember 1974 (BGBl. I S. 3427), das zuletzt durch Artikel 4 des Gesetzes vom 27. August 2017 (BGBl. I S. 3295) geändert

worden ist, in der jeweils geltenden Fassung, und von Geldbußen zuständig sind.

(3) Nehmen nicht-öffentliche Stellen hoheitliche Aufgaben der öffentlichen Verwaltung wahr, sind sie insoweit öffentliche Stellen im Sinne dieses Gesetzes.

(4) Für Auftragsverarbeiter gilt dieses Gesetz nur, soweit dies ausdrücklich geregelt ist.

(5) [1]Andere Rechtsvorschriften des Freistaates Sachsen oder des Bundes über den Datenschutz gehen den Vorschriften dieses Gesetzes vor. [2]Regeln sie einen Sachverhalt, für den dieses Gesetz gilt, nicht oder nicht abschließend, finden die Vorschriften dieses Gesetzes Anwendung.

(6) [1]Bei der Verarbeitung personenbezogener Daten zur Erfüllung der Aufgaben nach den Absätzen 1 und 2 stehen die bei der Umsetzung, Anwendung und Entwicklung des Schengen-Besitzstands assoziierten Staaten den Mitgliedstaaten der Europäischen Union gleich. [2]Andere Staaten gelten insoweit als Drittstaaten.

§ 2
Begriffsbestimmungen

Im Sinne dieses Gesetzes bedeutet der Begriff:

1. öffentliche Stellen des Freistaates Sachsen: die Behörden, die Organe der Rechtspflege und andere öffentlich-rechtlich organisierte Einrichtungen des Freistaates Sachsen, einer Gemeinde, eines Landkreises oder sonstiger der Aufsicht des Freistaates Sachsen unterstehenden juristischen Personen des öffentlichen Rechts sowie deren Vereinigungen ungeachtet ihrer Rechtsform;
2. personenbezogene Daten: alle Informationen, die sich auf eine identifizierte oder identifizierbare natürliche Person (betroffene Person) beziehen; als identifizierbar wird eine natürliche Person angesehen, die direkt oder indirekt, insbesondere mittels Zuordnung zu einer Kennung wie einem Namen, zu einer Kennnummer, zu Standortdaten, zu einer Online-Kennung oder zu einem oder mehreren besonderen Merkmalen, die Ausdruck der physischen, physiologischen, genetischen, psychischen, wirtschaftlichen, kulturellen oder sozialen Identität dieser Person sind, identifiziert werden kann;
3. Verarbeitung: jeden mit oder ohne Hilfe automatisierter Verfahren ausgeführten Vorgang oder jede solche Vorgangsreihe im Zusammenhang mit personenbezogenen Daten wie das Erheben, das Erfassen, die Organisation, das Ordnen, die Speicherung, die Anpassung, die Veränderung, das Auslesen, das Abfragen, die Verwendung, die Offenlegung durch Übermittlung, Verbreitung oder eine andere Form der Bereitstellung, den Abgleich, die Verknüpfung, die Einschränkung, das Löschen oder die Vernichtung;
4. Einschränkung der Verarbeitung: die Markierung gespeicherter personenbezogener Daten mit dem Ziel, ihre künftige Verarbeitung einzuschränken;
5. Profiling: jede Art der automatisierten Verarbeitung personenbezogener Daten, bei der diese Daten verwendet werden, um bestimmte persönliche Aspekte, die sich auf eine natürliche Person beziehen, zu bewerten, insbesondere um Aspekte der Arbeitsleistung, der wirtschaftlichen Lage, der Gesundheit, der persönlichen Vorlieben, der Interessen, der Zuverlässigkeit, des Verhaltens, der Aufenthaltsorte oder der Ortswechsel dieser natürlichen Person zu analysieren oder vorherzusagen;
6. Pseudonymisierung: die Verarbeitung personenbezogener Daten in einer Weise, in der die Daten ohne Hinzuziehung zusätzlicher Informationen nicht mehr einer spezifischen betroffenen Person zugeordnet werden können, sofern diese zusätzlichen Informationen gesondert aufbewahrt werden sowie technischen und organisatorischen Maßnahmen unterliegen, die gewährleisten, dass die Daten keiner betroffenen Person zugewiesen werden können;
7. Dateisystem: jede strukturierte Sammlung personenbezogener Daten, die nach bestimmten Kriterien zugänglich sind, unabhängig davon, ob diese Sammlung zentral, dezentral oder nach funktionalen

oder geografischen Gesichtspunkten geordnet geführt wird;

8. Verantwortlicher: die zuständige öffentliche Stelle des Freistaates Sachsen, die allein oder gemeinsam mit anderen über die Zwecke und Mittel der Verarbeitung personenbezogener Daten entscheidet;
9. Auftragsverarbeiter: eine natürliche oder juristische Person, Behörde, Einrichtung oder andere Stelle, die personenbezogene Daten im Auftrag des Verantwortlichen verarbeitet;
10. Empfänger: eine natürliche oder juristische Person, Behörde, Einrichtung oder andere Stelle, der personenbezogene Daten offengelegt werden, unabhängig davon, ob es sich bei ihr um einen Dritten handelt oder nicht; Behörden, die im Rahmen eines bestimmten Untersuchungsauftrags nach dem Unionsrecht oder anderen Rechtsvorschriften möglicherweise personenbezogene Daten erhalten, gelten nicht als Empfänger; die Verarbeitung dieser Daten durch die genannten Behörden erfolgt im Einklang mit den geltenden Datenschutzvorschriften gemäß den Zwecken der Verarbeitung;
11. Verletzung des Schutzes personenbezogener Daten: eine Verletzung der Sicherheit, die zur unbeabsichtigten oder unrechtmäßigen Vernichtung, zum Verlust, zur Veränderung oder zur unbefugten Offenlegung von oder zum unbefugten Zugang zu personenbezogenen Daten geführt hat, die verarbeitet wurden;
12. genetische Daten: personenbezogene Daten zu den ererbten oder erworbenen genetischen Eigenschaften einer natürlichen Person, die eindeutige Informationen über die Physiologie oder die Gesundheit dieser Person liefern, insbesondere solche, die aus der Analyse einer biologischen Probe der Person gewonnen wurden;
13. biometrische Daten: mit speziellen technischen Verfahren gewonnene personenbezogene Daten zu den physischen, physiologischen oder verhaltenstypischen Merkmalen einer natürlichen Person, die die eindeutige Identifizierung dieser Person ermöglichen oder bestätigen, wie Gesichtsbilder oder daktyloskopische Daten;
14. Gesundheitsdaten: personenbezogene Daten, die sich auf die körperliche oder geistige Gesundheit einer natürlichen Person, einschließlich der Erbringung von Gesundheitsdienstleistungen, beziehen und aus denen Informationen über deren Gesundheitszustand hervorgehen;
15. besondere Kategorien personenbezogener Daten:
    a) Daten, aus denen die rassische oder ethnische Herkunft, politische Meinungen, religiöse oder weltanschauliche Überzeugungen oder die Gewerkschaftszugehörigkeit hervorgehen,
    b) genetische Daten,
    c) biometrische Daten zur eindeutigen Identifizierung einer natürlichen Person,
    d) Gesundheitsdaten und
    e) Daten zum Sexualleben oder zur sexuellen Orientierung;
16. Aufsichtsbehörde: eine von einem Mitgliedstaat gemäß Artikel 41 der Richtlinie (EU) 2016/680 eingerichtete unabhängige staatliche Stelle;
17. internationale Organisation: eine völkerrechtliche Organisation und ihre nachgeordneten Stellen oder jede sonstige Einrichtung, die durch eine zwischen zwei oder mehr Staaten geschlossene Übereinkunft oder auf der Grundlage einer solchen Übereinkunft geschaffen wurde;
18. Einwilligung: jede freiwillig für den bestimmten Fall, in informierter Weise und unmissverständlich abgegebene Willensbekundung in Form einer Erklärung oder einer sonstigen eindeutigen bestätigenden Handlung, mit der die betroffene Person zu verstehen gibt, dass sie mit der Verarbeitung der sie betreffenden personenbezogenen Daten einverstanden ist.

§ 3
Allgemeine Grundsätze für die Verarbeitung personenbezogener Daten

(1) Die Verarbeitung personenbezogener Daten durch eine öffentliche Stelle des Freistaates Sachsen ist zulässig, wenn sie zur Erfüllung der in der Zuständigkeit des Verantwortlichen liegenden Aufgabe oder in Ausübung öffentlicher Gewalt, die dem Verantwortlichen übertragen wurde, erforderlich ist.

(2) [1]Personenbezogene Daten müssen

1. auf rechtmäßige Weise sowie nach Treu und Glauben verarbeitet werden,
2. für festgelegte, eindeutige und rechtmäßige Zwecke erhoben sowie nicht in einer mit diesen Zwecken nicht zu vereinbarenden Weise verarbeitet werden,
3. dem Verarbeitungszweck entsprechen und für das Erreichen des Verarbeitungszwecks erforderlich sein; ihre Verarbeitung darf nicht außer Verhältnis zu diesem Zweck stehen,
4. sachlich richtig und erforderlichenfalls auf dem neuesten Stand sein; dabei sind alle angemessenen Maßnahmen zu treffen, damit personenbezogene Daten, die im Hinblick auf die Zwecke ihrer Verarbeitung unrichtig sind, unverzüglich gelöscht oder berichtigt werden, und
5. in einer Weise verarbeitet werden, die eine angemessene Sicherheit der personenbezogenen Daten gewährleistet; hierzu gehört auch ein durch geeignete technische und organisatorische Maßnahmen zu gewährleistender Schutz vor unbefugter oder unrechtmäßiger Verarbeitung, unbeabsichtigtem Verlust, unbeabsichtigter Zerstörung oder unbeabsichtigter Schädigung.

[2]Personenbezogene Daten dürfen nicht länger, als es für die Zwecke, für die sie verarbeitet werden, erforderlich ist, in einer Form gespeichert werden, die die Identifizierung der betroffenen Person ermöglicht.

ABSCHNITT 2
Rechtsgrundlagen der Verarbeitung personenbezogener Daten

§ 4
Verarbeitung besonderer Kategorien personenbezogener Daten

(1) Die Verarbeitung besonderer Kategorien personenbezogener Daten ist nur zulässig, wenn sie zur Aufgabenerfüllung unbedingt erforderlich ist und

1. in einer Rechtsvorschrift vorgesehen ist,
2. der Wahrung lebenswichtiger Interessen der betroffenen oder einer anderen natürlichen Person dient oder
3. sich auf Daten bezieht, die die betroffene Person offensichtlich öffentlich gemacht hat.

(2) [1]Werden besondere Kategorien personenbezogener Daten verarbeitet, sind geeignete Garantien für die Rechtsgüter der betroffenen Personen vorzusehen. [2]Geeignete Garantien können insbesondere sein:

1. spezifische Anforderungen an die Datensicherheit oder die Datenschutzkontrolle,
2. die Festlegung von besonderen Aussonderungsprüffristen,
3. die Sensibilisierung der an Verarbeitungsvorgängen Beteiligten,
4. die Beschränkung des Zugangs zu den personenbezogenen Daten innerhalb der verantwortlichen Stelle,
5. die von anderen Daten getrennte Verarbeitung,
6. die Pseudonymisierung personenbezogener Daten,
7. die Verschlüsselung personenbezogener Daten oder
8. spezifische Verfahrensregelungen, die im Fall einer Übermittlung oder Verarbeitung für andere Zwecke die Rechtmäßigkeit der Verarbeitung sicherstellen.

§ 5
Verarbeitung zu anderen Zwecken

[1]Eine Verarbeitung personenbezogener Daten zu einem anderen Zweck als zu demjenigen, zu dem sie erhoben wurden, ist zulässig,

wenn es sich bei dem anderen Zweck um einen der in § 1 Absatz 1 und 2 genannten Zwecke handelt, der Verantwortliche befugt ist, Daten zu diesem Zweck zu verarbeiten, und die Verarbeitung zu diesem Zweck erforderlich und verhältnismäßig ist. [2]Die Verarbeitung personenbezogener Daten zu einem anderen, in § 1 Absatz 1 und 2 nicht genannten Zweck ist zulässig, wenn sie in einer Rechtsvorschrift vorgesehen ist.

§ 6 Verarbeitung zu archivarischen, wissenschaftlichen und statistischen Zwecken

[1]Personenbezogene Daten dürfen im Rahmen der in § 1 Absatz 1 und 2 genannten Zwecke in archivarischer, wissenschaftlicher oder statistischer Form verarbeitet werden, wenn hieran ein öffentliches Interesse besteht und geeignete Garantien für die Rechtsgüter der betroffenen Personen vorgesehen werden. [2]Solche Garantien können in einer so zeitnah wie möglich erfolgenden Anonymisierung der personenbezogenen Daten, in Vorkehrungen gegen ihre unbefugte Kenntnisnahme durch Dritte oder in ihrer räumlich und organisatorisch von den sonstigen Fachaufgaben getrennten Verarbeitung bestehen.

§ 7 Verarbeitung auf Grund einer Einwilligung

(1) Soweit die Verarbeitung personenbezogener Daten nach einer Rechtsvorschrift auf der Grundlage einer Einwilligung erfolgen kann, muss der Verantwortliche die Einwilligung der betroffenen Person nachweisen können.
(2) Erfolgt die Einwilligung der betroffenen Person durch eine schriftliche Erklärung, die noch andere Sachverhalte betrifft, muss das Ersuchen um Einwilligung in einer klaren und einfachen Sprache in verständlicher und leicht zugänglicher Form so erfolgen, dass es von den anderen Sachverhalten klar zu unterscheiden ist.
(3) [1]Die betroffene Person hat das Recht, ihre Einwilligung jederzeit zu widerrufen. [2]Durch den Widerruf der Einwilligung wird die Rechtmäßigkeit der auf Grund der Einwilligung bis zum Widerruf erfolgten Verarbeitung nicht berührt. [3]Die betroffene Person ist vor der Abgabe der Einwilligung hiervon in Kenntnis zu setzen.
(4) [1]Die Einwilligung ist nur wirksam, wenn sie auf der freien Entscheidung der betroffenen Person beruht. [2]Bei der Beurteilung, ob die Einwilligung freiwillig erteilt wurde, müssen die Umstände der Erteilung berücksichtigt werden. [3]Die betroffene Person ist auf den vorgesehenen Zweck der Verarbeitung hinzuweisen. [4]Ist dies nach den Umständen des Einzelfalls erforderlich oder verlangt die betroffene Person dies, ist sie auch über die Folgen der Verweigerung der Einwilligung zu belehren.
(5) Soweit besondere Kategorien personenbezogener Daten verarbeitet werden, muss sich die Einwilligung ausdrücklich auf diese Daten beziehen.

§ 8 Verarbeitung auf Weisung des Verantwortlichen

Der Auftragsverarbeiter und jede dem Verantwortlichen oder dem Auftragsverarbeiter unterstellte Person, die Zugang zu personenbezogenen Daten hat, darf diese Daten ausschließlich auf Weisung des Verantwortlichen verarbeiten, es sei denn, dass der Auftragsverarbeiter oder die dem Verantwortlichen oder dem Auftragsverarbeiter unterstellte Person nach einer Rechtsvorschrift zur Verarbeitung verpflichtet ist.

§ 9 Datengeheimnis

[1]Mit der Verarbeitung personenbezogener Daten befasste Personen dürfen personenbezogene Daten nicht unbefugt verarbeiten (Datengeheimnis). [2]Die Personen nach Satz 1 sind bei der Aufnahme ihrer Tätigkeit auf das Datengeheimnis schriftlich zu verpflichten. [3]Das Datengeheimnis besteht auch nach der Beendigung ihrer Tätigkeit fort.

§ 10
Automatisierte Einzelentscheidung

(1) Eine ausschließlich auf einer automatisierten Verarbeitung beruhende Entscheidung, die mit einer nachteiligen Rechtsfolge für die betroffene Person verbunden ist oder sie erheblich beeinträchtigt, ist nur zulässig, wenn sie in einer Rechtsvorschrift, die zumindest das Recht auf persönliches Eingreifen seitens des Verantwortlichen enthält, vorgesehen ist.
(2) Entscheidungen nach Absatz 1 dürfen nicht auf besonderen Kategorien personenbezogener Daten beruhen, sofern nicht geeignete Maßnahmen zum Schutz der Rechtsgüter und der berechtigten Interessen der betroffenen Person getroffen wurden.
(3) Profiling, das zur Folge hat, dass betroffene Personen auf der Grundlage von besonderen Kategorien personenbezogener Daten diskriminiert werden, ist verboten.

ABSCHNITT 3
Rechte der betroffenen Person

§ 11
Allgemeine Informationen zur Datenverarbeitung

Der Verantwortliche hat in allgemeiner Form und für jedermann zugänglich Informationen zur Verfügung zu stellen über:
1. die Existenz eines Verarbeitungsvorgangs,
2. die Zwecke der von ihm vorgenommenen Verarbeitungen,
3. die im Hinblick auf die Verarbeitung ihrer personenbezogenen Daten bestehenden Rechte der betroffenen Person auf Auskunft, Berichtigung, Löschung und Einschränkung der Verarbeitung,
4. den Namen und die Kontaktdaten des Verantwortlichen sowie des Datenschutzbeauftragten und
5. das Recht, den Sächsischen Datenschutzbeauftragten anzurufen, und dessen Kontaktdaten.

§ 12
Benachrichtigung betroffener Personen

(1) Ist die Benachrichtigung betroffener Personen über die Verarbeitung sie betreffender personenbezogener Daten in speziellen Rechtsvorschriften, insbesondere bei verdeckten Maßnahmen, vorgesehen oder angeordnet, hat diese Benachrichtigung zumindest folgende Angaben zu enthalten:
1. die Angaben nach § 11,
2. die Rechtsgrundlage der Verarbeitung,
3. die für die Daten geltende Speicherdauer oder, falls dies nicht möglich ist, die Kriterien für die Festlegung dieser Dauer,
4. gegebenenfalls die Kategorien von Empfängern der personenbezogenen Daten und
5. erforderlichenfalls weitere Informationen, insbesondere, wenn die personenbezogenen Daten ohne Wissen der betroffenen Person erhoben wurden.

(2) In den Fällen des Absatzes 1 kann der Verantwortliche die Benachrichtigung insoweit und solange aufschieben, einschränken oder unterlassen, wie andernfalls
1. die Erfüllung der Aufgaben nach § 1 Absatz 1 und 2,
2. die öffentliche Sicherheit oder
3. Rechtsgüter Dritter

gefährdet würden, wenn das Interesse an der Vermeidung dieser Gefahren das Informationsinteresse der betroffenen Person überwiegt.
(3) Bezieht sich die Benachrichtigung auf die Übermittlung personenbezogener Daten an Verfassungsschutzbehörden, den Bundesnachrichtendienst oder den Militärischen Abschirmdienst, ist sie nur mit Zustimmung der Stellen zulässig, an die die Daten übermittelt wurden.
(4) Im Fall der Einschränkung nach Absatz 2 gilt § 13 Absatz 5 entsprechend.

§ 13
Auskunftsrecht

(1) [1]Der Verantwortliche hat betroffenen Personen auf Antrag Auskunft darüber zu erteilen, ob er sie betreffende personenbezogene

Daten verarbeitet. [2]Betroffene Personen haben darüber hinaus das Recht, Informationen zu erhalten über:

1. die personenbezogenen Daten, die Gegenstand der Verarbeitung sind, und die Kategorie, zu der sie gehören,
2. alle verfügbaren Informationen über die Herkunft der Daten,
3. die Zwecke der Verarbeitung und deren Rechtsgrundlage,
4. die Empfänger oder die Kategorien von Empfängern, gegenüber denen die personenbezogenen Daten offengelegt worden sind, insbesondere bei Empfängern in Drittstaaten oder bei internationalen Organisationen,
5. die für die Daten geltende Speicherdauer oder, falls dies nicht möglich ist, die Kriterien für die Festlegung dieser Dauer,
6. das Bestehen eines Rechts auf Berichtigung, Löschung oder Einschränkung der Verarbeitung personenbezogener Daten durch den Verantwortlichen und
7. das Recht, den Sächsischen Datenschutzbeauftragten anzurufen, und dessen Kontaktdaten.

(2) Der Verantwortliche kann insoweit und solange von der Auskunft nach Absatz 1 Satz 1 absehen oder die Auskunftserteilung nach Absatz 1 Satz 2 teilweise oder vollständig einschränken, wie andernfalls

1. die Erfüllung der Aufgaben nach § 1 Absatz 1 und 2,
2. die öffentliche Sicherheit oder
3. Rechtsgüter Dritter

gefährdet würden, wenn das Interesse an der Vermeidung dieser Gefahren das Informationsinteresse der betroffenen Person überwiegt.

(3) Bezieht sich die Auskunftserteilung auf die Übermittlung personenbezogener Daten an Verfassungsschutzbehörden, den Bundesnachrichtendienst oder den Militärischen Abschirmdienst, ist sie nur mit Zustimmung der Stellen zulässig, an die die Daten übermittelt wurden.

(4) [1]Der Verantwortliche hat die betroffene Person über das Absehen von einer Auskunft oder die Einschränkung einer Auskunft unverzüglich schriftlich zu unterrichten. [2]Dies gilt nicht, wenn bereits die Erteilung dieser Informationen eine Gefährdung im Sinne des Absatzes 2 mit sich bringen würde. [3]Die Unterrichtung nach Satz 1 ist zu begründen, es sei denn, dass die Mitteilung der Gründe den mit dem Absehen von der Auskunft oder der Einschränkung der Auskunft verfolgten Zweck gefährden würde.

(5) [1]Wird die betroffene Person nach Absatz 4 über das Absehen von der Auskunft oder die Einschränkung der Auskunft unterrichtet, kann sie ihr Auskunftsrecht auch über den Sächsischen Datenschutzbeauftragten ausüben. [2]Der Verantwortliche hat die betroffene Person über diese Möglichkeit und darüber zu unterrichten, dass sie den Sächsischen Datenschutzbeauftragten anrufen oder gerichtlichen Rechtsschutz suchen kann. [3]Macht die betroffene Person von ihrem Recht nach Satz 1 Gebrauch, ist die Auskunft auf ihr Verlangen dem Sächsischen Datenschutzbeauftragten zu erteilen. [4]Der Sächsische Datenschutzbeauftragte hat die betroffene Person zumindest darüber zu unterrichten, dass alle erforderlichen Prüfungen erfolgt sind oder eine Überprüfung durch ihn erfolgt ist. [5]Die Mitteilung des Sächsischen Datenschutzbeauftragten an die betroffene Person kann die Information enthalten, ob datenschutzrechtliche Verstöße festgestellt wurden. [6]Die Mitteilung darf keine Rückschlüsse auf den Erkenntnisstand des Verantwortlichen zulassen, sofern dieser keiner weitergehenden Auskunft zustimmt. [7]Der Verantwortliche darf die Zustimmung nur insoweit und solange verweigern, wie er nach Absatz 2 von einer Auskunft absehen oder sie einschränken könnte. [8]Der Sächsische Datenschutzbeauftragte hat zudem die betroffene Person über ihr Recht auf gerichtlichen Rechtsschutz zu unterrichten.

(6) Der Verantwortliche hat die sachlichen oder rechtlichen Gründe für die Entscheidung zu dokumentieren.

§ 14
Rechte auf Berichtigung und Löschung sowie Einschränkung der Verarbeitung

(1) [1]Die betroffene Person hat das Recht, von dem Verantwortlichen unverzüglich die Be-

richtigung sie betreffender unrichtiger Daten zu verlangen. [2]Insbesondere im Fall von Aussagen oder Beurteilungen betrifft die Frage der Richtigkeit nicht den Inhalt der Aussage oder der Beurteilung, sondern die Tatsache, dass die Aussage oder Beurteilung so erfolgt ist. [3]Wenn die Richtigkeit oder Unrichtigkeit der Daten nicht festgestellt werden kann, tritt an die Stelle der Berichtigung eine Einschränkung der Verarbeitung. [4]In diesem Fall hat der Verantwortliche die betroffene Person zu unterrichten, bevor er die Einschränkung wieder aufhebt. [5]Die betroffene Person kann zudem die Vervollständigung unvollständiger personenbezogener Daten verlangen, wenn dies unter Berücksichtigung der Verarbeitungszwecke angemessen ist.

(2) [1]Die betroffene Person hat das Recht, von dem Verantwortlichen unverzüglich die Löschung sie betreffender Daten zu verlangen, wenn deren Verarbeitung unzulässig ist, deren Kenntnis für die Aufgabenerfüllung nicht mehr erforderlich ist oder diese zur Erfüllung einer rechtlichen Verpflichtung gelöscht werden müssen. [2]Anstatt die personenbezogenen Daten zu löschen, kann der Verantwortliche deren Verarbeitung einschränken, wenn Grund zu der Annahme besteht, dass durch eine Löschung schutzwürdige Interessen der betroffenen Person beeinträchtigt würden, oder die Daten zu Beweiszwecken in Verfahren, die Zwecken des § 1 Absatz 1 und 2 dienen, weiter aufbewahrt werden müssen.

(3) In ihrer Verarbeitung eingeschränkte Daten dürfen nur für den Zweck verarbeitet werden, der ihrer Löschung entgegenstand.

(4) Bei automatisierten Dateisystemen ist technisch sicherzustellen, dass eine Einschränkung der Verarbeitung eindeutig erkennbar ist und eine Verarbeitung für andere Zwecke nicht ohne weitere Prüfung möglich ist.

(5) [1]Hat der Verantwortliche eine Berichtigung vorgenommen, hat er der Stelle, die ihm die personenbezogenen Daten zuvor übermittelt hat, die Berichtigung mitzuteilen. [2]In Fällen der Berichtigung, Löschung oder Einschränkung der Verarbeitung nach den Absätzen 1 bis 3 hat der Verantwortliche Empfängern, denen die Daten übermittelt wurden, diese Maßnahmen mitzuteilen. [3]Die Empfänger haben die Daten zu berichtigen, zu löschen oder ihre Verarbeitung einzuschränken.

(6) [1]Der Verantwortliche hat die betroffene Person über ein Absehen von der Berichtigung oder Löschung personenbezogener Daten oder über die an deren Stelle tretende Einschränkung der Verarbeitung schriftlich zu unterrichten. [2]Dies gilt nicht, wenn bereits die Erteilung dieser Informationen eine Gefährdung im Sinne des § 13 Absatz 2 mit sich bringen würde. [3]Die Unterrichtung nach Satz 1 ist zu begründen, es sei denn, dass die Mitteilung der Gründe den mit dem Absehen von der Unterrichtung verfolgten Zweck gefährden würde.

(7) § 13 Absatz 5 und 6 gilt entsprechend.

§ 15
Verfahren für die Ausübung der Rechte der betroffenen Person

(1) [1]Der Verantwortliche hat mit betroffenen Personen unter Verwendung einer klaren und einfachen Sprache in präziser, verständlicher und leicht zugänglicher Form zu kommunizieren. [2]Unbeschadet besonderer Formvorschriften soll er bei der Beantwortung von Anträgen grundsätzlich die für den Antrag gewählte Form verwenden.

(2) Bei Anträgen hat der Verantwortliche die betroffene Person unbeschadet des § 13 Absatz 4 und des § 14 Absatz 6 unverzüglich schriftlich darüber in Kenntnis zu setzen, wie verfahren wurde.

(3) [1]Die Erteilung von Informationen nach § 11, die Benachrichtigungen nach den §§ 12 und 22 sowie die Bearbeitung von Anträgen nach den §§ 13 und 14 erfolgen unentgeltlich. [2]Bei offenkundig unbegründeten oder exzessiven Anträgen nach den §§ 13 und 14 kann der Verantwortliche entweder eine angemessene Gebühr auf der Grundlage der Verwaltungskosten verlangen oder sich weigern, auf Grund des Antrags tätig zu werden. [3]In diesem Fall muss der Verantwortliche die offenkundige Unbegründetheit oder den exzessiven Charakter des Antrags belegen können.

(4) Hat der Verantwortliche begründete Zweifel an der Identität einer betroffenen Person, die einen Antrag nach § 13 oder § 14 gestellt hat, kann er von ihr zusätzliche Informationen anfordern, die zur Bestätigung ihrer Identität erforderlich sind.

§ 16
Recht zur Anrufung des Sächsischen Datenschutzbeauftragten

(1) [1]Jede betroffene Person kann sich unbeschadet anderweitiger Rechtsbehelfe mit einer Beschwerde an den Sächsischen Datenschutzbeauftragten wenden, wenn sie der Auffassung ist, bei der Verarbeitung ihrer durch öffentliche Stellen für Zwecke nach § 1 Absatz 1 und 2 erhobenen personenbezogenen Daten in ihren Rechten verletzt worden zu sein. [2]Dies gilt nicht für die Verarbeitung personenbezogener Daten durch Gerichte, soweit diese die Daten im Rahmen ihrer justiziellen Tätigkeit verarbeitet haben. [3]Der Sächsische Datenschutzbeauftragte hat die betroffene Person über den Stand und das Ergebnis der Beschwerde zu unterrichten und sie hierbei auf die Möglichkeit gerichtlichen Rechtsschutzes nach § 17 hinzuweisen.
(2) [1]Der Sächsische Datenschutzbeauftrage hat eine bei ihm eingelegte Beschwerde über eine Verarbeitung, die in die Zuständigkeit einer Aufsichtsbehörde eines anderen Bundeslandes, des Bundes oder eines anderen Mitgliedstaates der Europäischen Union fällt, unverzüglich an die zuständige Aufsichtsbehörde weiterzuleiten. [2]Er hat in diesem Fall die betroffene Person über die Weiterleitung zu unterrichten und ihr auf deren Ersuchen weitere Unterstützung zu leisten.

§ 17
Gerichtlicher Rechtsschutz gegen Anordnungen des Sächsischen Datenschutzbeauftragten und bei dessen Untätigkeit

(1) Jede natürliche oder juristische Person kann unbeschadet anderer Rechtsbehelfe gerichtlich gegen eine verbindliche Entscheidung des Sächsischen Datenschutzbeauftragten vorgehen.
(2) Absatz 1 gilt entsprechend für betroffene Personen, wenn sich der Sächsische Datenschutzbeauftragte mit einer Beschwerde nach § 16 nicht befasst oder die betroffene Person nicht innerhalb von drei Monaten nach Einlegung der Beschwerde über den Stand oder das Ergebnis der Beschwerde in Kenntnis gesetzt hat.
(3) [1]In Verfahren nach den Absätzen 1 und 2 ist der Sächsische Datenschutzbeauftragte beteiligungsfähig. [2]Er ist in diesen Verfahren der Beklagte oder der Antragsgegner.
(4) Der Sächsische Datenschutzbeauftragte darf gegenüber einer Behörde oder deren Rechtsträger nicht die sofortige Vollziehung gemäß § 80 Absatz 2 Satz 1 Nummer 4 der Verwaltungsgerichtsordnung in der Fassung der Bekanntmachung vom 19. März 1991 (BGBl. I S. 686), die zuletzt durch Artikel 7 des Gesetzes vom 12. Juli 2018 (BGBl. I S. 1151) geändert worden ist, in der jeweils geltenden Fassung, anordnen.

ABSCHNITT 4
Pflichten der Verantwortlichen und Auftragsverarbeiter

§ 18
Auftragsverarbeitung

(1) [1]Werden personenbezogene Daten im Auftrag eines Verantwortlichen durch andere Personen oder Stellen verarbeitet, hat der Verantwortliche für die Einhaltung der Vorschriften dieses Gesetzes und anderer Vorschriften über den Datenschutz zu sorgen. [2]Die Rechte der betroffenen Person auf Auskunft, Berichtigung, Löschung, Einschränkung der Verarbeitung und Schadensersatz sind in diesem Fall gegenüber dem Verantwortlichen geltend zu machen.
(2) Ein Verantwortlicher darf nur solche Auftragsverarbeiter mit der Verarbeitung personenbezogener Daten beauftragen, die mit geeigneten technischen und organisatorischen Maßnahmen sicherstellen, dass die Verarbeitung im Einklang mit den gesetzlichen Anfor-

derungen erfolgt und der Schutz der Rechte der betroffenen Personen gewährleistet wird.

(3) [1]Auftragsverarbeiter dürfen ohne vorherige schriftliche Genehmigung des Verantwortlichen keine weiteren Auftragsverarbeiter hinzuziehen. [2]Hat der Verantwortliche dem Auftragsverarbeiter eine allgemeine Genehmigung zur Hinzuziehung weiterer Auftragsverarbeiter erteilt, hat der Auftragsverarbeiter den Verantwortlichen über jede beabsichtigte Hinzuziehung oder Ersetzung zu informieren. [3]Der Verantwortliche kann in diesem Fall die Hinzuziehung oder Ersetzung untersagen.

(4) [1]Zieht ein Auftragsverarbeiter einen weiteren Auftragsverarbeiter hinzu, hat er diesem dieselben Verpflichtungen aus seinem Vertrag mit dem Verantwortlichen nach Absatz 5 aufzuerlegen, die auch für ihn gelten, soweit diese Pflichten für den weiteren Auftragsverarbeiter nicht schon auf Grund anderer Vorschriften verbindlich sind. [2]Erfüllt ein weiterer Auftragsverarbeiter diese Verpflichtungen nicht, haftet der ihn beauftragende Auftragsverarbeiter gegenüber dem Verantwortlichen für die Einhaltung der Pflichten des weiteren Auftragsverarbeiters.

(5) [1]Die Verarbeitung durch einen Auftragsverarbeiter hat auf der Grundlage einer Verwaltungsvorschrift, eines Vertrags oder eines schriftlichen Auftrags zu erfolgen, der den Auftragsverarbeiter an den Verantwortlichen bindet und der den Gegenstand, die Dauer, die Art und den Zweck der Verarbeitung, die Art der personenbezogenen Daten, die Kategorien betroffener Personen sowie die Rechte und Pflichten des Verantwortlichen festlegt. [2]Die Verwaltungsvorschrift, der Vertrag oder der schriftliche Auftrag haben insbesondere vorzusehen, dass der Auftragsverarbeiter

1. nur auf dokumentierte Weisung des Verantwortlichen handelt; ist der Auftragsverarbeiter der Auffassung, dass eine Weisung rechtswidrig ist, hat er den Verantwortlichen unverzüglich zu informieren,
2. gewährleistet, dass die zur Verarbeitung der personenbezogenen Daten befugten Personen zur Vertraulichkeit verpflichtet werden, soweit sie keiner angemessenen gesetzlichen Verschwiegenheitspflicht unterliegen,
3. den Verantwortlichen mit geeigneten Mitteln dabei unterstützt, die Einhaltung der Bestimmungen über die Rechte der betroffenen Person zu gewährleisten,
4. alle personenbezogenen Daten nach Abschluss der Erbringung der Verarbeitungsleistungen nach Wahl des Verantwortlichen zurückgibt oder löscht und bestehende Kopien vernichtet, wenn nicht nach einer Rechtsvorschrift eine Verpflichtung zur Speicherung der personenbezogenen Daten besteht,
5. dem Verantwortlichen alle erforderlichen Informationen, insbesondere die gemäß § 32 erstellten Protokolle, zum Nachweis der Einhaltung seiner Pflichten zur Verfügung stellt,
6. Überprüfungen, die von dem Verantwortlichen oder einem von diesem beauftragten Prüfer durchgeführt werden, ermöglicht und dazu beiträgt,
7. die in den Absätzen 3 und 4 aufgeführten Bedingungen für die Inanspruchnahme der Dienste eines weiteren Auftragsverarbeiters einhält,
8. alle gemäß § 20 erforderlichen Maßnahmen ergreift und
9. unter Berücksichtigung der Art der Verarbeitung und der ihm zur Verfügung stehenden Informationen den Verantwortlichen bei der Einhaltung der in den §§ 20 bis 23 und 25 genannten Pflichten unterstützt.

(6) Der Vertrag im Sinne des Absatzes 5 ist schriftlich oder elektronisch abzufassen.

(7) Ein Auftragsverarbeiter, der die Zwecke und Mittel der Verarbeitung unter Verstoß gegen die Absätze 1 bis 6 bestimmt, gilt in Bezug auf diese Verarbeitung als Verantwortlicher.

§ 19
Gemeinsam Verantwortliche

[1]Legen zwei oder mehr Verantwortliche gemeinsam die Zwecke und die Mittel der Verarbeitung fest, gelten sie als gemeinsam Verantwortliche. [2]Die gemeinsam Verant-

wortlichen haben in diesen Fällen ihre jeweiligen Aufgaben und datenschutzrechtlichen Verantwortlichkeiten in transparenter Form in einer Vereinbarung festzulegen, soweit diese nicht bereits in Rechtsvorschriften festgelegt sind. [3]Aus der Vereinbarung muss insbesondere hervorgehen, wer welchen Informationspflichten nachzukommen hat sowie wie und gegenüber wem betroffene Personen ihre Rechte wahrnehmen können. [4]Eine entsprechende Vereinbarung hindert die betroffene Person nicht, ihre Rechte gegenüber jedem der gemeinsam Verantwortlichen geltend zu machen.

§ 20
Sicherheit der Datenverarbeitung

(1) [1]Der Verantwortliche und der Auftragsverarbeiter haben unter Berücksichtigung des Stands der Technik, der Implementierungskosten, der Art, des Umfangs, der Umstände und der Zwecke der Verarbeitung sowie der Eintrittswahrscheinlichkeit und der Schwere der mit der Verarbeitung verbundenen Gefahren für die Rechtsgüter der betroffenen Personen die erforderlichen technischen und organisatorischen Maßnahmen zu treffen, um bei der Verarbeitung personenbezogener Daten ein dem Risiko angemessenes Schutzniveau zu gewährleisten, insbesondere im Hinblick auf die Verarbeitung besonderer Kategorien personenbezogener Daten. [2]Diese Maßnahmen werden vom Verantwortlichen und vom Auftragsverarbeiter regelmäßig überprüft und aktualisiert.

(2) [1]Die Maßnahmen nach Absatz 1 können insbesondere die Pseudonymisierung und Verschlüsselung personenbezogener Daten umfassen, soweit solche Mittel in Anbetracht der Verarbeitungszwecke möglich sind. [2]Die Maßnahmen nach Absatz 1 sollen dazu führen, dass

1. die Vertraulichkeit, Integrität, Verfügbarkeit und Belastbarkeit der Systeme und Dienste im Zusammenhang mit der Verarbeitung auf Dauer sichergestellt werden sowie
2. die Verfügbarkeit der personenbezogenen Daten und der Zugang zu ihnen bei einem physischen oder technischen Zwischenfall rasch wiederhergestellt werden können.

(3) [1]Im Fall einer automatisierten Verarbeitung haben der Verantwortliche und der Auftragsverarbeiter nach einer Risikobewertung Maßnahmen zu ergreifen, die Folgendes bezwecken:

1. Verwehrung des Zugangs zu Anlagen, mit denen die Verarbeitung durchgeführt wird, für Unbefugte (Zugangskontrolle),
2. Verhinderung des unbefugten Lesens, Kopierens, Veränderns oder Löschens von Datenträgern (Datenträgerkontrolle),
3. Verhinderung der unbefugten Eingabe von personenbezogenen Daten sowie der unbefugten Kenntnisnahme, Veränderung und Löschung von gespeicherten personenbezogenen Daten (Speicherkontrolle),
4. Verhinderung der Nutzung automatisierter Verarbeitungssysteme mit Hilfe von Einrichtungen zur Datenübertragung durch Unbefugte (Benutzerkontrolle),
5. Gewährleistung, dass die zur Benutzung eines automatisierten Verarbeitungssystems Berechtigten ausschließlich zu den ihrer Zugangsberechtigung unterliegenden personenbezogenen Daten Zugang haben (Zugriffskontrolle),
6. Gewährleistung, dass überprüft und festgestellt werden kann, an welche Stellen personenbezogene Daten mit Hilfe von Einrichtungen zur Datenübertragung übermittelt oder zur Verfügung gestellt wurden oder werden können (Übertragungskontrolle),
7. Gewährleistung, dass nachträglich überprüft und festgestellt werden kann, welche personenbezogenen Daten zu welcher Zeit und von wem in automatisierte Verarbeitungssysteme eingegeben oder verändert worden sind (Eingabekontrolle),
8. Gewährleistung, dass bei der Übermittlung personenbezogener Daten sowie beim Transport von Datenträgern die Vertraulichkeit und Integrität der Daten geschützt wird (Transportkontrolle),

9. Gewährleistung, dass eingesetzte Systeme im Störungsfall wiederhergestellt werden können (Wiederherstellbarkeit),
10. Gewährleistung, dass alle Funktionen des Systems zur Verfügung stehen und auftretende Fehlfunktionen gemeldet werden (Zuverlässigkeit),
11. Gewährleistung, dass gespeicherte personenbezogene Daten nicht durch Fehlfunktionen des Systems beschädigt werden können (Datenintegrität),
12. Gewährleistung, dass personenbezogene Daten, die im Auftrag verarbeitet werden, nur entsprechend den Weisungen des Auftraggebers verarbeitet werden können (Auftragskontrolle),
13. Gewährleistung, dass personenbezogene Daten gegen zufällige Zerstörung oder Verlust geschützt sind (Verfügbarkeitskontrolle), und
14. Gewährleistung, dass zu unterschiedlichen Zwecken erhobene personenbezogene Daten getrennt verarbeitet werden können (Trennbarkeit).

[2]Ein Zweck nach Satz 1 Nummer 2 bis 5 kann insbesondere durch die Verwendung von dem Stand der Technik entsprechenden Verschlüsselungsverfahren erreicht werden.

§ 21
Meldungen von Verletzungen des Schutzes personenbezogener Daten an den Sächsischen Datenschutzbeauftragten

(1) [1]Der Verantwortliche hat die Verletzung des Schutzes personenbezogener Daten unverzüglich und möglichst binnen 72 Stunden, nachdem ihm diese bekannt wurden, dem Sächsischen Datenschutzbeauftragten zu melden, es sei denn, dass die Verletzung des Schutzes personenbezogener Daten voraussichtlich keine Gefahr für die Rechtsgüter natürlicher Personen mit sich gebracht hat. [2]Erfolgt die Meldung an den Sächsischen Datenschutzbeauftragten nicht binnen 72 Stunden, ist die Verzögerung zu begründen.

(2) Ein Auftragsverarbeiter hat Verletzungen des Schutzes personenbezogener Daten unverzüglich dem Verantwortlichen zu melden.

(3) Die Meldung nach Absatz 1 Satz 1 hat zumindest folgende Informationen zu enthalten:
1. eine Beschreibung der Art der Verletzung des Schutzes personenbezogener Daten, die, soweit möglich, Angaben zu den Kategorien und der ungefähren Zahl der betroffenen Personen, zu den betroffenen Kategorien personenbezogener Daten und zu der ungefähren Zahl der betroffenen personenbezogenen Datensätze zu enthalten hat,
2. den Namen und die Kontaktdaten des Datenschutzbeauftragten oder einer sonstigen Person oder Stelle, die weitere Informationen erteilen kann,
3. eine Beschreibung der wahrscheinlichen Folgen der Verletzung und
4. eine Beschreibung der von dem Verantwortlichen ergriffenen oder vorgeschlagenen Maßnahmen zur Behandlung der Verletzung und der getroffenen Maßnahmen zur Abmilderung ihrer möglichen nachteiligen Auswirkungen.

(4) Wenn die Informationen nach Absatz 3 nicht zusammen mit der Meldung übermittelt werden können, hat der Verantwortliche sie unverzüglich nachzureichen, sobald sie ihm vorliegen.

(5) [1]Der Verantwortliche hat Verletzungen des Schutzes personenbezogener Daten zu dokumentieren. [2]Die Dokumentation hat alle mit den Vorfällen zusammenhängenden Tatsachen, deren Auswirkungen und die ergriffenen Abhilfemaßnahmen zu umfassen.

(6) Soweit von einer Verletzung des Schutzes personenbezogener Daten personenbezogene Daten betroffen sind, die von einem oder an einen Verantwortlichen in einem anderen Mitgliedstaat der Europäischen Union übermittelt wurden, sind die Informationen nach Absatz 3 dem dortigen Verantwortlichen unverzüglich zu übermitteln.

(7) Der Inhalt einer Meldung nach Absatz 1 Satz 1 darf in einem Strafverfahren oder in einem Verfahren nach dem Gesetz über Ordnungswidrigkeiten in der Fassung der Bekanntmachung vom 19. Februar 1987 (BGBl. I S. 602), das zuletzt durch Artikel 3 des Gesetzes vom 17. Dezember 2018 (BGBl. I S. 2571)

geändert worden ist, in der jeweils geltenden Fassung, gegen den Verantwortlichen oder seine in § 52 Absatz 1 der Strafprozessordnung in der Fassung der Bekanntmachung vom 7. April 1987 (BGBl. I S. 1074, 1319), die zuletzt durch Artikel 3 des Gesetzes vom 18. April 2019 (BGBl. I S. 466) geändert worden ist, in der jeweils geltenden Fassung, bezeichneten Angehörigen nur mit Zustimmung des Verantwortlichen verwendet werden.

§ 22 Benachrichtigung betroffener Personen bei Verletzungen des Schutzes personenbezogener Daten

(1) Hat eine Verletzung des Schutzes personenbezogener Daten voraussichtlich eine erhebliche Gefahr für Rechtsgüter betroffener Personen zur Folge, hat der Verantwortliche die betroffenen Personen unverzüglich über den Vorfall zu benachrichtigen.

(2) Die Benachrichtigung nach Absatz 1 hat in klarer und einfacher Sprache die Art der Verletzung des Schutzes personenbezogener Daten zu beschreiben und zumindest die Informationen nach § 21 Absatz 3 Nummer 2 bis 4 zu enthalten.

(3) Von der Benachrichtigung nach Absatz 1 kann abgesehen werden, wenn

1. der Verantwortliche geeignete technische und organisatorische Sicherheitsvorkehrungen getroffen hat und diese Vorkehrungen auf die von der Verletzung des Schutzes personenbezogener Daten betroffenen personenbezogenen Daten angewandt wurden; dies gilt insbesondere für Vorkehrungen wie eine Verschlüsselung, durch die personenbezogene Daten für unbefugte Personen unzugänglich gemacht wurden,
2. der Verantwortliche durch der Verletzung nachfolgende Maßnahmen sichergestellt hat, dass die erhebliche Gefahr für Rechtsgüter betroffener Personen aller Wahrscheinlichkeit nach nicht mehr besteht, oder
3. dies mit einem unverhältnismäßigen Aufwand verbunden wäre; in diesem Fall hat stattdessen eine öffentliche Bekanntmachung oder eine ähnliche Maßnahme zu erfolgen, durch die die betroffenen Personen vergleichbar wirksam informiert werden.

(4) Wenn der Verantwortliche die betroffenen Personen nicht bereits über die Verletzung des Schutzes personenbezogener Daten benachrichtigt hat, kann der Sächsische Datenschutzbeauftragte unter Berücksichtigung der Wahrscheinlichkeit, dass die Verletzung des Schutzes personenbezogener Daten eine erhebliche Gefahr zur Folge hat, von dem Verantwortlichen verlangen, dies nachzuholen oder feststellen, dass bestimmte der in Absatz 3 genannten Voraussetzungen erfüllt sind.

(5) [1]Die Benachrichtigung der betroffenen Personen nach Absatz 1 kann unter den Voraussetzungen nach § 12 Absatz 2 aufgeschoben, eingeschränkt oder unterlassen werden, soweit nicht die Interessen der betroffenen Person auf Grund der von der Verletzung ausgehenden erheblichen Gefahr im Sinne des Absatzes 1 überwiegen. [2]Erfolgte die Verletzung des Schutzes personenbezogener Daten im Zusammenhang mit der Übermittlung personenbezogener Daten an Verfassungsschutzbehörden, den Bundesnachrichtendienst oder den Militärischen Abschirmdienst, ist eine Benachrichtigung nach Absatz 1 nur mit Zustimmung der Stellen zulässig, an die die Daten übermittelt wurden.

(6) Der Inhalt einer Benachrichtigung nach Absatz 1 darf in einem Strafverfahren oder in einem Verfahren nach dem Gesetz über Ordnungswidrigkeiten gegen den Verantwortlichen oder seine in § 52 Absatz 1 der Strafprozessordnung bezeichneten Angehörigen nur mit Zustimmung des Verantwortlichen verwendet werden.

§ 23 Durchführung einer Datenschutz-Folgenabschätzung

(1) Hat eine Form der ganz oder teilweise automatisierten Verarbeitung personenbezogener Daten und eine nichtautomatisierte Verarbeitung personenbezogener Daten, die

in einem Dateisystem gespeichert sind oder gespeichert werden sollen, insbesondere bei Verwendung neuer Technologien, auf Grund der Art, des Umfangs, der Umstände und der Zwecke der Verarbeitung voraussichtlich eine erhebliche Gefahr für die Rechtsgüter betroffener Personen zur Folge, hat der Verantwortliche vorab eine Abschätzung der Folgen der vorgesehenen Verarbeitungsvorgänge für die betroffenen Personen durchzuführen.

(2) Für die Untersuchung mehrerer ähnlicher Verarbeitungsvorgänge mit ähnlich hohem Gefahrenpotential kann eine gemeinsame Datenschutz-Folgenabschätzung vorgenommen werden.

(3) Der Verantwortliche hat den Datenschutzbeauftragten an der Durchführung einer Datenschutz-Folgenabschätzung zu beteiligen.

(4) Die Folgenabschätzung hat den Rechten und den berechtigten Interessen der von der Verarbeitung betroffenen Personen und sonstiger Betroffener Rechnung zu tragen sowie zumindest Folgendes zu enthalten:

1. eine systematische Beschreibung der geplanten Verarbeitungsvorgänge und der Zwecke der Verarbeitung,
2. eine Bewertung der Notwendigkeit und Verhältnismäßigkeit der Verarbeitungsvorgänge in Bezug auf deren Zweck,
3. eine Bewertung der Gefahren für die Rechtsgüter der betroffenen Personen und
4. die Maßnahmen, mit denen bestehenden Gefahren abgeholfen wird, einschließlich der Garantien, der Sicherheitsvorkehrungen und der Verfahren, durch die der Schutz personenbezogener Daten sichergestellt sowie die Einhaltung der gesetzlichen Vorgaben nachgewiesen werden sollen.

(5) Soweit erforderlich hat der Verantwortliche eine Überprüfung durchzuführen, ob die Verarbeitung den Maßgaben folgt, die sich aus der Folgenabschätzung ergeben haben.

(6) [1]Der Verantwortliche hat dem Sächsischen Datenschutzbeauftragten die nach Absatz 1 durchgeführte Datenschutz-Folgenabschätzung vorzulegen. [2]Auf Anforderung sind dem Sächsischen Datenschutzbeauftragten zudem alle sonstigen Informationen zu übermitteln, die er benötigt, um die Rechtmäßigkeit der Verarbeitung sowie insbesondere die in Bezug auf den Schutz der personenbezogenen Daten der betroffenen Personen bestehenden Gefahren und die diesbezüglichen Garantien bewerten zu können.

§ 24
Zusammenarbeit mit dem Sächsischen Datenschutzbeauftragten

Der Verantwortliche und der Auftragsverarbeiter haben mit dem Sächsischen Datenschutzbeauftragten bei der Erfüllung seiner Aufgaben zusammenzuarbeiten.

§ 25
Anhörung des Sächsischen Datenschutzbeauftragten

(1) [1]Der Verantwortliche oder der Auftragsverarbeiter hat vor der Inbetriebnahme von neu anzulegenden Dateisystemen den Sächsischen Datenschutzbeauftragten anzuhören, wenn

1. aus einer Datenschutz-Folgenabschätzung nach § 23 hervorgeht, dass die Verarbeitung eine erhebliche Gefahr für die Rechtsgüter der betroffenen Personen zur Folge hätte, wenn der Verantwortliche keine Abhilfemaßnahmen treffen würde, oder
2. die Form der ganz oder teilweise automatisierten Verarbeitung personenbezogener Daten und eine nichtautomatisierte Verarbeitung personenbezogener Daten, die in einem Dateisystem gespeichert sind oder gespeichert werden sollen, insbesondere bei der Verwendung neuer Technologien, Mechanismen oder Verfahren, eine erhebliche Gefahr für die Rechtsgüter der betroffenen Personen zur Folge hat.

[2]Der Sächsische Datenschutzbeauftragte kann eine Liste der Verarbeitungsvorgänge erstellen, die der Pflicht zur Anhörung nach Satz 1 unterliegen.

(2) [1]Dem Sächsischen Datenschutzbeauftragten sind im Fall des Absatzes 1 vorzulegen:

1. die gemäß § 23 durchgeführte Datenschutz-Folgenabschätzung,
2. gegebenenfalls Angaben zu den jeweiligen Zuständigkeiten des Verantwortlichen und der an der Verarbeitung beteiligten Auftragsverarbeiter,
3. Angaben zu den Zwecken und Mitteln der beabsichtigten Verarbeitung,
4. Angaben zu den zum Schutz der Rechtsgüter der betroffenen Personen vorgesehenen Maßnahmen und Garantien sowie
5. Name und Kontaktdaten des Datenschutzbeauftragten.

[2]Auf Anforderung sind ihm zudem alle sonstigen Informationen zu übermitteln, die er benötigt, um die Rechtmäßigkeit der Verarbeitung sowie insbesondere die in Bezug auf den Schutz der personenbezogenen Daten der betroffenen Person bestehenden Gefahren und die diesbezüglichen Garantien bewerten zu können.

(3) [1]Ist der Sächsische Datenschutzbeauftragte der Auffassung, dass die geplante Verarbeitung gegen gesetzliche Vorgaben verstoßen würde, insbesondere weil der Verantwortliche das Risiko nicht ausreichend ermittelt oder keine ausreichenden Abhilfemaßnahmen getroffen hat, kann er dem Verantwortlichen und gegebenenfalls dem Auftragsverarbeiter innerhalb eines Zeitraums von sechs Wochen nach Einleitung der Anhörung schriftliche Empfehlungen unterbreiten, welche Maßnahmen noch ergriffen werden sollten. [2]Der Sächsische Datenschutzbeauftragte kann diese Frist um einen Monat verlängern, wenn die geplante Verarbeitung besonders komplex ist. [3]Er hat in diesem Fall innerhalb eines Monats nach Einleitung der Anhörung den Verantwortlichen und gegebenenfalls den Auftragsverarbeiter über die Fristverlängerung zu informieren.

§ 26
Verzeichnis von Verarbeitungstätigkeiten

(1) [1]Der Verantwortliche hat ein Verzeichnis aller Kategorien von Tätigkeiten der Verarbeitungen zu führen, die in seine Zuständigkeit fallen. [2]Dieses Verzeichnis hat folgende Angaben zu enthalten:

1. den Namen und die Kontaktdaten des Verantwortlichen und gegebenenfalls des gemeinsam mit ihm Verantwortlichen sowie den Namen und die Kontaktdaten des Datenschutzbeauftragten,
2. die Zwecke der Verarbeitung,
3. die Kategorien von Empfängern, gegenüber denen die personenbezogenen Daten offengelegt worden sind oder noch offengelegt werden sollen,
4. eine Beschreibung der Kategorien betroffener Personen und der Kategorien personenbezogener Daten,
5. gegebenenfalls die Verwendung von Profiling,
6. gegebenenfalls die Kategorien von Übermittlungen personenbezogener Daten an Stellen in einem Drittstaat oder an eine internationale Organisation,
7. Angaben über die Rechtsgrundlage der Verarbeitung,
8. die vorgesehenen Fristen für die Löschung oder die Überprüfung der Erforderlichkeit der Speicherung der verschiedenen Kategorien personenbezogener Daten und
9. eine allgemeine Beschreibung der technischen und organisatorischen Maßnahmen gemäß § 20.

(2) [1]Der Auftragsverarbeiter hat ein Verzeichnis aller Kategorien von Verarbeitungen zu führen, die er im Auftrag eines Verantwortlichen durchführt. [2]Dieses Verzeichnis hat Folgendes zu enthalten:

1. den Namen und die Kontaktdaten des Auftragsverarbeiters, jedes Verantwortlichen, in dessen Auftrag der Auftragsverarbeiter tätig ist, und gegebenenfalls des Datenschutzbeauftragten,
2. gegebenenfalls Übermittlungen personenbezogener Daten an Stellen in einem Drittstaat oder an eine internationale Organisation unter Angabe des Drittstaates oder der internationalen Organisation und
3. eine allgemeine Beschreibung der technischen und organisatorischen Maßnahmen gemäß § 20.

(3) [1]Die Verzeichnisse nach den Absätzen 1 und 2 sind nur für die ganz oder teilweise

automatisierte Verarbeitung personenbezogener Daten und für die nichtautomatisierte Verarbeitung personenbezogener Daten, die in einem Dateisystem gespeichert sind oder gespeichert werden sollen, zu führen. [2]Die Verzeichnisse sind schriftlich oder elektronisch zu führen.

(4) Der Verantwortliche und der Auftragsverarbeiter haben auf Anforderung ihre Verzeichnisse dem Sächsischen Datenschutzbeauftragten zur Verfügung zu stellen.

§ 27
Technikgestaltung und datenschutzfreundliche Voreinstellungen

(1) [1]Der Verantwortliche hat sowohl zum Zeitpunkt der Festlegung der Mittel für die Verarbeitung als auch zum Zeitpunkt der eigentlichen Verarbeitung angemessene Vorkehrungen wie Pseudonymisierung zu treffen, die geeignet sind, die Datenschutzgrundsätze wie Datensparsamkeit wirksam umzusetzen, und die sicherstellen, dass die gesetzlichen Anforderungen eingehalten sowie die Rechte der betroffenen Personen geschützt werden. [2]Er hat hierbei den Stand der Technik, die Implementierungskosten und die Art, den Umfang, die Umstände und die Zwecke der Verarbeitung sowie die unterschiedliche Eintrittswahrscheinlichkeit und die Schwere der mit der Verarbeitung verbundenen Gefährdung für die Rechtsgüter der betroffenen Personen zu berücksichtigen. [3]Insbesondere sind die Verarbeitung personenbezogener Daten sowie die Auswahl und Gestaltung von Datenverarbeitungssystemen an dem Ziel auszurichten, so wenig personenbezogene Daten wie möglich zu verarbeiten. [4]Personenbezogene Daten sind zum frühestmöglichen Zeitpunkt zu anonymisieren oder zu pseudonymisieren, soweit dies nach dem Verarbeitungszweck möglich ist und keinen im Verhältnis zu dem angestrebten Schutzzweck unverhältnismäßigen Aufwand erfordert.

(2) [1]Der Verantwortliche hat geeignete technische und organisatorische Maßnahmen zu treffen, die sicherstellen, dass durch Voreinstellungen grundsätzlich nur solche personenbezogenen Daten verarbeitet werden, deren Verarbeitung für den jeweiligen bestimmten Verarbeitungszweck erforderlich ist. [2]Diese Verpflichtung gilt für die Menge der erhobenen personenbezogenen Daten, den Umfang ihrer Verarbeitung, ihre Speicherfrist und ihre Zugänglichkeit. [3]Die Maßnahmen müssen insbesondere sicherstellen, dass personenbezogene Daten durch Voreinstellungen nicht automatisiert einer unbestimmten Anzahl von Personen zugänglich gemacht werden können.

§ 28
Unterscheidung zwischen verschiedenen Kategorien betroffener Personen

[1]Der Verantwortliche hat bei der Verarbeitung personenbezogener Daten soweit möglich zwischen den verschiedenen Kategorien betroffener Personen zu unterscheiden. [2]Dies betrifft insbesondere folgende Kategorien:

1. Personen, gegen die ein begründeter Verdacht besteht, dass sie eine Straftat begangen haben,
2. Personen, gegen die ein begründeter Verdacht besteht, dass sie in naher Zukunft eine Straftat begehen werden,
3. verurteilte Straftäter,
4. Opfer einer Straftat oder Personen, bei denen Tatsachen darauf hindeuten, dass sie Opfer einer Straftat sein könnten, und
5. andere Personen wie insbesondere Zeugen, Hinweisgeber oder Personen, die mit den in den Nummern 1 bis 4 genannten Personen in Kontakt oder Verbindung stehen.

§ 29
Unterscheidung zwischen Tatsachen und persönlichen Einschätzungen

[1]Bei der Verarbeitung personenbezogener Daten hat der Verantwortliche soweit möglich danach zu unterscheiden, ob personenbezogene Daten auf Tatsachen oder auf persönlichen Einschätzungen beruhen. [2]Zu diesem Zweck soll er, soweit dies im Rahmen der je-

weiligen Verarbeitung möglich und angemessen ist, Beurteilungen, die auf persönlichen Einschätzungen beruhen, als solche kenntlich machen. [3]Es muss außerdem feststellbar sein, welche Stelle die Unterlagen führt, die der auf einer persönlichen Einschätzung beruhenden Beurteilung zugrunde liegen.

§ 30
Verfahren bei Übermittlungen

(1) [1]Der Verantwortliche hat angemessene Maßnahmen zu ergreifen, um zu gewährleisten, dass personenbezogene Daten, die unrichtig oder nicht mehr aktuell sind, nicht übermittelt oder sonst zur Verfügung gestellt werden. [2]Zu diesem Zweck hat er, soweit dies mit angemessenem Aufwand möglich ist, die Qualität der Daten vor ihrer Übermittlung oder Bereitstellung zu überprüfen. [3]Bei jeder Übermittlung personenbezogener Daten hat er zudem, soweit dies möglich und angemessen ist, Informationen beizufügen, die es dem Empfänger gestatten, die Richtigkeit, die Vollständigkeit und die Zuverlässigkeit der Daten sowie deren Aktualität zu beurteilen.

(2) [1]Gelten für die Verarbeitung personenbezogener Daten besondere Bedingungen, hat bei Datenübermittlungen die übermittelnde Stelle den Empfänger auf diese Bedingungen und die Pflicht zu ihrer Beachtung hinzuweisen. [2]Die Hinweispflicht kann dadurch erfüllt werden, dass die Daten entsprechend markiert werden.

(3) Die übermittelnde Stelle darf auf Empfänger in anderen Mitgliedstaaten der Europäischen Union, Einrichtungen und sonstige Stellen, die nach dem Dritten Teil Titel V Kapitel 4 und 5 des Vertrags über die Arbeitsweise der Europäischen Union errichtet wurden, keine Bedingungen anwenden, die nicht auch für entsprechende innerstaatliche Datenübermittlungen gelten.

§ 31
Berichtigung und Löschung personenbezogener Daten sowie Einschränkung der Verarbeitung

(1) Der Verantwortliche hat personenbezogene Daten zu berichtigen, wenn sie unrichtig sind.

(2) Der Verantwortliche hat personenbezogene Daten unverzüglich zu löschen, wenn ihre Verarbeitung unzulässig ist, sie zur Erfüllung einer rechtlichen Verpflichtung gelöscht werden müssen oder ihre Kenntnis für seine Aufgabenerfüllung nicht mehr erforderlich ist.

(3) [1]§ 14 Absatz 3 bis 5 gilt entsprechend. [2]Sind personenbezogene Daten unrechtmäßig übermittelt worden, ist auch dies dem Empfänger mitzuteilen.

(4) Der Verantwortliche hat für die Löschung personenbezogener Daten oder eine regelmäßige Überprüfung der Notwendigkeit ihrer Speicherung angemessene Fristen vorzusehen und durch verfahrensrechtliche, organisatorische und technische Vorkehrungen sicherzustellen, dass diese Fristen eingehalten werden.

(5) [1]Soweit der Verantwortliche verpflichtet ist, Unterlagen dem Sächsischen Staatsarchiv zur Übernahme anzubieten, ist eine Löschung oder Vernichtung erst zulässig, nachdem die Unterlagen dem Sächsischen Staatsarchiv angeboten und von diesem als nicht archivwürdig bewertet worden sind oder über die Archivwürdigkeit nicht fristgemäß gemäß § 5 Absatz 6 des Archivgesetzes für den Freistaat Sachsen vom 17. Mai 1993 (SächsGVBl. S. 449), das zuletzt durch Artikel 25 des Gesetzes vom 26. April 2018 (SächsGVBl. S. 198) geändert worden ist, in der jeweils geltenden Fassung, entschieden worden ist. [2]Die Einschränkung der Verarbeitung personenbezogener Daten lässt die Anbietungspflicht nach dem Archivgesetz für den Freistaat Sachsen unberührt. [3]Die Sätze 1 und 2 gelten auch bei entsprechenden Festlegungen der Träger von Archiven sonstiger öffentlicher Stellen nach dem Dritten Abschnitt des Archivgesetzes für den Freistaat Sachsen.

§ 32
Protokollierung

(1) In automatisierten Verarbeitungssystemen haben Verantwortliche und Auftragsverarbeiter folgende Verarbeitungsvorgänge zu protokollieren:
1. Erhebung,
2. Veränderung,
3. Abfrage,
4. Offenlegung einschließlich Übermittlung,
5. Kombination und
6. Löschung.

(2) Die Protokolle über Abfragen und Offenlegungen müssen es ermöglichen, die Begründung, das Datum und die Uhrzeit dieser Vorgänge sowie, soweit möglich, die Identität der Person, die die personenbezogenen Daten abgefragt oder offengelegt hat, und die Identität des Empfängers der Daten festzustellen.

(3) Die Protokolle dürfen ausschließlich für die Überprüfung der Rechtmäßigkeit der Datenverarbeitung durch den Datenschutzbeauftragten, den Sächsischen Datenschutzbeauftragten und die betroffene Person sowie für die Eigenüberwachung, für die Gewährleistung der Integrität und Sicherheit der personenbezogenen Daten, zur Ahndung von Ordnungswidrigkeiten nach diesem Gesetz und für Strafverfahren verwendet werden.

(4) Der Verantwortliche und der Auftragsverarbeiter haben die Protokolle dem Sächsischen Datenschutzbeauftragten auf Anforderung zur Verfügung zu stellen.

(5) Die Protokolldaten sind zwölf Monate nach ihrer Generierung zu löschen.

(6) Vor dem 16. Mai 2016 eingerichtete automatisierte Verarbeitungssysteme sind in Ausnahmefällen, in denen die Anpassung mit einem unverhältnismäßigen Aufwand verbunden ist, zeitnah, jedoch spätestens bis zum 6. Mai 2023 anzupassen.

(7) In außergewöhnlichen Umständen kann ein automatisiertes Verarbeitungssystem auch innerhalb einer bestimmten Frist nach Ablauf der Frist nach Absatz 6, spätestens jedoch bis zum 5. Mai 2026, angepasst werden, wenn sonst schwerwiegende Schwierigkeiten für den Betrieb dieses automatisierten Verarbeitungssystems entstehen würden.

§ 33
Vertrauliche Meldungen von Verstößen

Der Verantwortliche hat zu ermöglichen, dass ihm vertrauliche Meldungen über in seinem Verantwortungsbereich erfolgende Verstöße gegen Datenschutzvorschriften zugeleitet werden können.

ABSCHNITT 5
Datenschutzbeauftragter

§ 34
Benennung

(1) [1]Der Verantwortliche hat einen Datenschutzbeauftragten zu benennen. [2]Diese Pflicht gilt nicht für Gerichte im Rahmen ihrer justiziellen Tätigkeit.

(2) Für mehrere Verantwortliche kann unter Berücksichtigung ihrer Organisationsstruktur und ihrer Größe ein gemeinsamer Datenschutzbeauftragter benannt werden.

(3) Der Datenschutzbeauftragte wird auf der Grundlage seiner beruflichen Qualifikation und insbesondere seines Fachwissens, das er auf dem Gebiet des Datenschutzrechts und der Datenschutzpraxis besitzt, sowie auf der Grundlage seiner Fähigkeit zur Erfüllung der Aufgaben nach § 36 benannt.

(4) Der Verantwortliche hat die Kontaktdaten des Datenschutzbeauftragten zu veröffentlichen und diese Daten dem Sächsischen Datenschutzbeauftragten innerhalb eines Monats nach der Benennung mitzuteilen.

§ 35
Stellung

(1) Der Verantwortliche hat sicherzustellen, dass der Datenschutzbeauftragte ordnungsgemäß und frühzeitig in alle mit dem Schutz personenbezogener Daten zusammenhängenden Fragen eingebunden wird.

(2) Der Verantwortliche unterstützt den Datenschutzbeauftragten bei der Erfüllung sei-

ner Aufgaben nach § 36, indem er die für die Erfüllung dieser Aufgaben erforderlichen Ressourcen und den Zugang zu personenbezogenen Daten und Verarbeitungsvorgängen sowie die zur Erhaltung seines Fachwissens erforderlichen Ressourcen zur Verfügung stellt.

(3) [1]Der Verantwortliche stellt sicher, dass der Datenschutzbeauftragte bei der Erfüllung seiner Aufgaben keine Anweisungen bezüglich der Ausübung dieser Aufgaben erhält. [2]Der Datenschutzbeauftragte berichtet unmittelbar der höchsten Leitungsebene. [3]Der Datenschutzbeauftragte darf wegen der Erfüllung seiner Aufgaben nicht abberufen oder benachteiligt werden.

(4) [1]Betroffene Personen können den Datenschutzbeauftragten zu allen mit der Verarbeitung ihrer personenbezogenen Daten und mit der Wahrnehmung ihrer Rechte gemäß diesem Gesetz sowie anderen Rechtsvorschriften über den Datenschutz im Zusammenhang stehenden Fragen zu Rate ziehen. [2]Der Datenschutzbeauftragte ist zur Verschwiegenheit über die Identität der betroffenen Person und über Umstände, die Rückschlüsse auf die betroffene Person zulassen, verpflichtet, soweit er nicht davon durch die betroffene Person befreit wird.

(5) [1]Erhält der Datenschutzbeauftragte bei seiner Tätigkeit Kenntnis von Daten, für die dem Leiter oder einer bei dem Verantwortlichen beschäftigten Person aus beruflichen Gründen ein Zeugnisverweigerungsrecht zusteht, steht dieses Recht auch dem Datenschutzbeauftragten und den ihm unterstellten Bediensteten zu. [2]Über die Ausübung dieses Rechts entscheidet die Person, der das Zeugnisverweigerungsrecht aus beruflichen Gründen zusteht, es sei denn, dass diese Entscheidung in absehbarer Zeit nicht herbeigeführt werden kann. [3]Soweit das Zeugnisverweigerungsrecht des Datenschutzbeauftragten reicht, unterliegen seine Akten und anderen Dokumente einem Beschlagnahmeverbot.

§ 36
Aufgaben

(1) [1]Dem Datenschutzbeauftragten obliegen zumindest folgende Aufgaben:

1. Unterrichtung und Beratung des Verantwortlichen und der Bediensteten, die Verarbeitungen durchführen, hinsichtlich ihrer Pflichten nach diesem Gesetz und sonstigen Vorschriften über den Datenschutz,
2. Überwachung der Einhaltung dieses Gesetzes und sonstiger Vorschriften über den Datenschutz sowie der Strategien des Verantwortlichen für den Schutz personenbezogener Daten, einschließlich der Zuweisung von Zuständigkeiten, der Sensibilisierung und Schulung der an den Verarbeitungsvorgängen beteiligten Bediensteten und der diesbezüglichen Überprüfungen,
3. Beratung im Zusammenhang mit der Datenschutz-Folgenabschätzung und Überwachung ihrer Durchführung gemäß § 23,
4. Zusammenarbeit mit dem Sächsischen Datenschutzbeauftragten und
5. Tätigkeit als Anlaufstelle für den Sächsischen Datenschutzbeauftragten in mit der Verarbeitung zusammenhängenden Fragen, einschließlich der vorherigen Konsultation gemäß § 25, und gegebenenfalls Beratung zu allen sonstigen Fragen.

[2]Im Fall eines bei einem Gericht bestellten Datenschutzbeauftragten beziehen sich diese Aufgaben nicht auf das Handeln des Gerichts im Rahmen seiner justiziellen Tätigkeit.

(2) Die Tätigkeit des Datenschutzbeauftragten erstreckt sich auch auf personenbezogene Daten, die einem Berufs- oder besonderen Amtsgeheimnis, insbesondere dem Steuergeheimnis nach § 30 der Abgabenordnung in der Fassung der Bekanntmachung vom 1. Oktober 2002 (BGBl. I S. 3866; 2003 I S. 61), die zuletzt durch Artikel 15 des Gesetzes vom 18. Dezember 2018 (BGBl. I S. 2639) geändert worden ist, in der jeweils geltenden Fassung, unterliegen.

(3) [1]Der Datenschutzbeauftragte kann andere Aufgaben und Pflichten wahrnehmen. [2]Der Verantwortliche stellt sicher, dass derartige Aufgaben und Pflichten nicht zu einem Interessenkonflikt führen.

(4) Der Datenschutzbeauftragte trägt bei der Erfüllung seiner Aufgaben dem mit den Verarbeitungsvorgängen verbundenen Risiko gebührend Rechnung, wobei er die Art, den Umfang, die Umstände und die Zwecke der Verarbeitung berücksichtigt.

ABSCHNITT 6 Sächsischer Datenschutzbeauftragter

§ 37 Zuständigkeit

(1) Der Sächsische Datenschutzbeauftragte ist zuständige Aufsichtsbehörde im Sinne des Artikels 41 Absatz 1 der Richtlinie (EU) 2016/680.

(2) Der Sächsische Datenschutzbeauftragte ist nicht zuständig für die Aufsicht über die von den Gerichten im Rahmen ihrer justiziellen Tätigkeit vorgenommenen Verarbeitungen.

§ 38 Unabhängigkeit

(1) [1]Der Sächsische Datenschutzbeauftragte handelt bei der Erfüllung seiner Aufgaben und bei der Ausübung seiner Befugnisse nach diesem Gesetz völlig unabhängig. [2]Er unterliegt weder direkter noch indirekter Beeinflussung von außen und ersucht weder um Weisung noch nimmt er Weisungen entgegen.

(2) Der Sächsische Datenschutzbeauftragte unterliegt der Rechnungsprüfung durch den Sächsischen Rechnungshof, soweit hierdurch seine Unabhängigkeit nicht beeinträchtigt wird.

§ 39 Aufgaben

(1) [1]Der Sächsische Datenschutzbeauftragte hat im Rahmen der Zuständigkeit nach § 37 folgende Aufgaben:

1. Überwachung und Durchsetzung der Anwendung dieses Gesetzes und sonstiger Vorschriften über den Datenschutz,
2. Sensibilisierung der Öffentlichkeit für die Risiken, Vorschriften, Garantien und Rechte im Zusammenhang mit der Verarbeitung und Aufklärung der Öffentlichkeit darüber, wobei spezifische Maßnahmen für Kinder besondere Beachtung finden,
3. Beratung des Landtags, der Staatsregierung sowie anderer Einrichtungen und Gremien über legislative und administrative Maßnahmen zum Schutz der Rechte und Freiheiten natürlicher Personen in Bezug auf die Verarbeitung personenbezogener Daten,
4. Sensibilisierung der Verantwortlichen und der Auftragsverarbeiter für die ihnen aus diesem Gesetz und aus anderen rechtlichen Vorschriften entstehenden Pflichten,
5. auf Anfrage jeder betroffenen Person Zurverfügungstellung von Informationen über die Ausübung ihrer Rechte auf Grund dieses Gesetzes und sonstiger Vorschriften über den Datenschutz und gegebenenfalls zu diesem Zweck Zusammenarbeit mit anderen Aufsichtsbehörden,
6. Befassung mit Beschwerden einer betroffenen Person oder Beschwerden einer Stelle, einer Organisation oder eines Verbandes gemäß Artikel 55 der Richtlinie (EU) 2016/680, Untersuchung des Gegenstands der Beschwerde in angemessenem Umfang und Unterrichtung des Beschwerdeführers innerhalb einer angemessenen Frist über den Fortgang und das Ergebnis der Untersuchung, insbesondere, wenn eine weitere Untersuchung oder Koordinierung mit einer anderen Aufsichtsbehörde notwendig ist,

7. Zusammenarbeit mit anderen Aufsichtsbehörden, auch durch Informationsaustausch, und Leistung von Amtshilfe,
8. Durchführung von Untersuchungen über die Anwendung dieses Gesetzes und sonstiger Vorschriften über den Datenschutz, auch auf der Grundlage von Informationen einer anderen Aufsichtsbehörde oder einer anderen Behörde,
9. Verfolgung maßgeblicher Entwicklungen, soweit sie sich auf den Schutz personenbezogener Daten auswirken, insbesondere die Entwicklung der Informations- und Kommunikationstechnologie sowie der Geschäftspraktiken,
10. Leistung einer Beratung in Bezug auf die Verarbeitungsvorgänge nach § 25 Absatz 1 und
11. Leistung von Beiträgen zur Tätigkeit des Europäischen Datenschutzausschusses.

[2]Der Sächsische Datenschutzbeauftragte nimmt zudem die Aufgaben nach § 12 Absatz 4, § 13 Absatz 5, § 14 Absatz 7 und § 16 wahr.

(2) Zur Erfüllung der Aufgabe nach Absatz 1 Satz 1 Nummer 3 kann der Sächsische Datenschutzbeauftragte zu allen Fragen, die im Zusammenhang mit dem Schutz personenbezogener Daten stehen, von sich aus oder auf Anfrage Stellungnahmen an den Landtag oder einen seiner Ausschüsse, die Staatsregierung, sonstige Einrichtungen und Stellen sowie die Öffentlichkeit richten.

(3) Der Sächsische Datenschutzbeauftragte ist zu Entwürfen von Rechtsverordnungen und Verwaltungsvorschriften, soweit sie das Recht auf informationelle Selbstbestimmung betreffen, zu hören.

(4) Der Sächsische Datenschutzbeauftragte erleichtert das Einreichen der Beschwerden nach Absatz 1 Satz 1 Nummer 6 durch Maßnahmen wie die Bereitstellung eines Beschwerdeformulars, das auch elektronisch ausgefüllt werden kann, ohne dass andere Kommunikationsmittel ausgeschlossen werden.

(5) [1]Die Erfüllung der Aufgaben des Sächsischen Datenschutzbeauftragten ist für die betroffene Person unentgeltlich. [2]Bei offenkundig unbegründeten oder insbesondere im Fall von häufiger Wiederholung bei exzessiven Anfragen kann der Sächsische Datenschutzbeauftragte eine angemessene Gebühr auf der Grundlage der Verwaltungskosten verlangen oder sich weigern, auf Grund der Anfrage tätig zu werden. [3]In diesem Fall trägt der Sächsische Datenschutzbeauftragte die Beweislast für die offenkundige Unbegründetheit oder den exzessiven Charakter der Anfrage.

§ 40
Befugnisse

(1) [1]Der Sächsische Datenschutzbeauftragte kontrolliert im Rahmen seiner Zuständigkeit nach § 37 bei den öffentlichen Stellen des Freistaates Sachsen die Einhaltung der Vorschriften dieses Gesetzes und anderer Vorschriften über den Datenschutz. [2]Die Verantwortlichen und Auftragsverarbeiter sind verpflichtet, dem Sächsischen Datenschutzbeauftragten oder seinen Beauftragten

1. jederzeit Zugang zu den Grundstücken und Diensträumen, einschließlich aller Datenverarbeitungsanlagen und -geräte, sowie zu allen personenbezogenen Daten und Informationen, die zur Erfüllung seiner Aufgaben notwendig sind, zu gewähren und
2. alle Informationen, die für die Erfüllung seiner Aufgaben erforderlich sind, bereitzustellen.

(2) [1]Stellt der Sächsische Datenschutzbeauftragte Verstöße gegen Vorschriften dieses Gesetzes oder gegen andere Vorschriften über den Datenschutz fest, beanstandet er dies

1. bei Behörden und anderen öffentlich-rechtlich organisierten Einrichtungen des Freistaates Sachsen gegenüber der zuständigen obersten Landesbehörde und
2. bei den Gemeinden, Landkreisen und sonstigen der Aufsicht des Freistaates Sachsen unterstehenden juristischen Personen des öffentlichen Rechts gegenüber dem vertretungsberechtigten Organ

und fordert zur Stellungnahme innerhalb einer von ihm zu bestimmenden Frist auf. [2]Die Stellungnahme soll auch eine Darstellung der Maßnahmen enthalten, die auf Grund der Beanstandung des Sächsischen Datenschutzbeauftragten getroffen worden sind. [3]Der Sächsische Datenschutzbeauftragte kann von einer Beanstandung absehen oder auf eine Stellungnahme verzichten, insbesondere wenn es sich um unerhebliche oder inzwischen beseitigte Mängel handelt. [4]Der Sächsische Datenschutzbeauftragte kann den Verantwortlichen auch davor warnen, dass beabsichtigte Verarbeitungsvorgänge voraussichtlich gegen in diesem Gesetz enthaltene oder gegen andere auf die jeweilige Datenverarbeitung anzuwendende Vorschriften über den Datenschutz verstoßen. [5]Soweit dies zur Beseitigung eines Verstoßes gegen die Vorschriften dieses Gesetzes oder gegen andere Vorschriften über den Datenschutz erforderlich ist, kann der Sächsische Datenschutzbeauftragte geeignete Maßnahmen gegenüber dem Verantwortlichen anordnen.

(3) Stellt der Sächsische Datenschutzbeauftragte einen strafbewehrten Verstoß gegen dieses Gesetz oder gegen andere Vorschriften über den Datenschutz fest, ist er befugt, diesen bei der zuständigen Behörde zur Anzeige zu bringen.

(4) Die Befugnisse des Sächsischen Datenschutzbeauftragten erstrecken sich auch auf personenbezogene Daten, die einem Berufs- oder besonderen Amtsgeheimnis, insbesondere dem Steuergeheimnis nach § 30 der Abgabenordnung, unterliegen.

§ 41
Tätigkeitsbericht

[1]Der Sächsische Datenschutzbeauftragte erstellt einen Jahresbericht über seine Tätigkeit, der eine Liste der Arten der gemeldeten Verstöße und der Arten der getroffenen Maßnahmen, einschließlich der verhängten Sanktionen enthalten kann. [2]Der Sächsische Datenschutzbeauftragte übermittelt den Bericht dem Landtag und der Staatsregierung und macht ihn der Öffentlichkeit, der Europäischen Kommission und dem Europäischen Datenschutzausschuss zugänglich.

ABSCHNITT 7
Datenübermittlung an Drittstaaten und an internationale Organisationen

§ 42
Allgemeine Voraussetzungen

(1) Die Übermittlung personenbezogener Daten an Stellen in Drittstaaten oder an internationale Organisationen ist bei Vorliegen der übrigen für Datenübermittlungen geltenden Voraussetzungen zulässig, wenn

1. die Stelle oder internationale Organisation für die Zwecke nach § 1 Absatz 1 und 2 zuständig ist und
2. die Europäische Kommission gemäß Artikel 36 Absatz 3 der Richtlinie (EU) 2016/680 einen Angemessenheitsbeschluss gefasst hat.

(2) [1]Die Übermittlung personenbezogener Daten hat trotz des Vorliegens eines Angemessenheitsbeschlusses im Sinne des Absatzes 1 Nummer 2 und des zu berücksichtigenden besonderen öffentlichen Interesses an der Datenübermittlung zu unterbleiben, wenn im Einzelfall ein datenschutzrechtlich angemessener und die elementaren Menschenrechte wahrender Umgang mit den personenbezogenen Daten beim Empfänger nicht hinreichend gesichert ist oder sonst überwiegende schutzwürdige Interessen der betroffenen Person entgegenstehen. [2]Bei seiner Beurteilung hat der Verantwortliche maßgeblich zu berücksichtigen, ob der Empfänger im Einzelfall einen angemessenen Schutz der übermittelten Daten garantiert.

(3) [1]Wenn personenbezogene Daten, die aus einem anderen Mitgliedstaat der Europäischen Union übermittelt oder zur Verfügung gestellt wurden, nach Absatz 1 übermittelt werden sollen, muss diese Übermittlung zuvor von der zuständigen Stelle des anderen Mitgliedstaates genehmigt werden. [2]Übermittlungen ohne vorherige Genehmigung sind nur dann zulässig, wenn die Übermittlung erforderlich ist, um eine unmittelbare und ernsthafte Gefahr für die öffentliche Sicherheit eines Staates oder für die wesentli-

chen Interessen eines Mitgliedstaates abzuwehren, und die vorherige Genehmigung nicht rechtzeitig eingeholt werden kann. [3]Im Fall des Satzes 2 ist die Stelle des anderen Mitgliedstaates, die für die Erteilung der Genehmigung zuständig gewesen wäre, unverzüglich über die Übermittlung zu unterrichten.

(4) [1]Der Verantwortliche, der Daten nach Absatz 1 übermittelt, hat durch geeignete Maßnahmen sicherzustellen, dass der Empfänger die übermittelten Daten nur dann an andere Drittstaaten oder internationale Organisationen weiterübermittelt, wenn der Verantwortliche diese Übermittlung zuvor genehmigt hat. [2]Bei der Entscheidung über die Erteilung der Genehmigung berücksichtigt der Verantwortliche sämtliche maßgeblichen Faktoren, einschließlich der Schwere der Straftat, des Zwecks der ursprünglichen Übermittlung und des Schutzniveaus für personenbezogene Daten in dem Drittstaat oder der internationalen Organisation, an den oder die die zuvor übermittelten Daten weiterübermittelt werden sollen. [3]Eine Genehmigung darf nur dann erfolgen, wenn auch eine direkte Übermittlung an den anderen Drittstaat oder die andere internationale Organisation zulässig wäre.

§ 43
Datenübermittlung ohne Angemessenheitsbeschluss mit geeigneten Garantien

(1) Liegt der nach § 42 Absatz 1 Nummer 2 erforderliche Beschluss nicht vor, ist eine Übermittlung bei Vorliegen der übrigen Voraussetzungen des § 42 gleichwohl zulässig, wenn

1. in einem rechtsverbindlichen Instrument geeignete Garantien für den Schutz personenbezogener Daten vorgesehen sind oder
2. der Verantwortliche nach Beurteilung aller Umstände, die bei der Übermittlung eine Rolle spielen, zu der Auffassung gelangt ist, dass geeignete Garantien für den Schutz personenbezogener Daten bestehen.

(2) [1]Der Verantwortliche hat Übermittlungen nach Absatz 1 Nummer 2 zu dokumentieren. [2]Die Dokumentation hat den Zeitpunkt der Übermittlung, die Identität des Empfängers, den Grund der Übermittlung und die übermittelten personenbezogenen Daten zu enthalten. [3]Sie ist dem Sächsischen Datenschutzbeauftragten auf Anforderung zur Verfügung zu stellen.

(3) [1]Der Verantwortliche hat den Sächsischen Datenschutzbeauftragten zumindest jährlich über Übermittlungen zu unterrichten, die auf Grund einer Beurteilung nach Absatz 1 Nummer 2 erfolgt sind. [2]In der Unterrichtung kann er die Empfänger und die Übermittlungszwecke angemessen kategorisieren.

§ 44
Datenübermittlung ohne Angemessenheitsbeschluss und ohne geeignete Garantien

(1) Liegen weder der nach § 42 Absatz 1 Nummer 2 erforderliche Beschluss noch geeignete Garantien im Sinne des § 43 Absatz 1 vor, ist eine Übermittlung bei Vorliegen der übrigen Voraussetzungen des § 42 gleichwohl zulässig, wenn sie erforderlich ist:

1. zum Schutz lebenswichtiger Interessen einer natürlichen Person,
2. zur Wahrung berechtigter Interessen der betroffenen Person,
3. zur Abwehr einer gegenwärtigen und erheblichen Gefahr für die öffentliche Sicherheit eines Staates,
4. im Einzelfall für die Zwecke nach § 1 Absatz 1 und 2 oder
5. im Einzelfall zur Geltendmachung, Ausübung oder Verteidigung von Rechtsansprüchen im Zusammenhang mit den Zwecken nach § 1 Absatz 1 und 2.

(2) Der Verantwortliche hat von einer Übermittlung nach Absatz 1 abzusehen, wenn die Grundrechte der betroffenen Person das öffentliche Interesse an der Übermittlung überwiegen.

(3) Für Übermittlungen nach Absatz 1 gilt § 43 Absatz 2 und 3 entsprechend.

§ 45
Sonstige Datenübermittlung an Empfänger in Drittstaaten

(1) Verantwortliche können bei Vorliegen der übrigen für die Datenübermittlung an Drittstaaten geltenden Voraussetzungen im besonderen Einzelfall personenbezogene Daten unmittelbar an nicht in § 42 Absatz 1 Nummer 1 genannte Stellen in Drittstaaten übermitteln, wenn die Übermittlung für die Erfüllung ihrer Aufgaben unbedingt erforderlich ist und

1. im konkreten Fall keine Grundrechte der betroffenen Person das öffentliche Interesse an einer Übermittlung überwiegen,
2. die Übermittlung an die Stellen nach § 42 Absatz 1 Nummer 1 wirkungslos oder ungeeignet wäre, insbesondere weil sie nicht rechtzeitig durchgeführt werden kann, und
3. der Verantwortliche dem Empfänger die Zwecke der Verarbeitung mitteilt und ihn darauf hinweist, dass die übermittelten Daten nur in dem Umfang verarbeitet werden dürfen, in dem ihre Verarbeitung für diese Zwecke erforderlich ist.

(2) Im Fall des Absatzes 1 hat der Verantwortliche die Stellen nach § 42 Absatz 1 Nummer 1 unverzüglich über die Übermittlung zu unterrichten, sofern dies nicht wirkungslos oder ungeeignet ist.

(3) Für Übermittlungen nach Absatz 1 gilt § 43 Absatz 2 und 3 entsprechend.

(4) Bei Übermittlungen nach Absatz 1 hat der Verantwortliche den Empfänger zu verpflichten, die übermittelten personenbezogenen Daten ohne seine Zustimmung nur für den Zweck zu verarbeiten, für den sie übermittelt worden sind.

(5) Abkommen im Bereich der justiziellen Zusammenarbeit in Strafsachen und der polizeilichen Zusammenarbeit bleiben unberührt.

ABSCHNITT 8
Gegenseitige Amtshilfe

§ 46
Gegenseitige Amtshilfe

(1) [1]Der Sächsische Datenschutzbeauftragte hat den Datenschutzaufsichtsbehörden in anderen Mitgliedstaaten der Europäischen Union Informationen zu übermitteln und Amtshilfe zu leisten, soweit dies für eine einheitliche Umsetzung und Anwendung der Richtlinie (EU) 2016/680 erforderlich ist. [2]Die Amtshilfe betrifft insbesondere Auskunftsersuchen und aufsichtsbezogene Maßnahmen wie Ersuchen um Konsultation oder um Vornahme von Nachprüfungen und Untersuchungen.

(2) Der Sächsische Datenschutzbeauftragte hat alle geeigneten Maßnahmen zu ergreifen, um Amtshilfeersuchen unverzüglich und spätestens innerhalb eines Monats nach deren Eingang nachzukommen.

(3) Der Sächsische Datenschutzbeauftragte darf Amtshilfeersuchen nur ablehnen, wenn

1. er für den Gegenstand des Ersuchens oder für die Maßnahmen, die er durchführen soll, nicht zuständig ist oder
2. ein Eingehen auf das Ersuchen gegen Rechtsvorschriften verstoßen würde.

(4) [1]Der Sächsische Datenschutzbeauftragte hat die ersuchende Aufsichtsbehörde des anderen Mitgliedstaates der Europäischen Union über die Ergebnisse oder gegebenenfalls über den Fortgang der Maßnahmen zu informieren, die getroffen wurden, um dem Amtshilfeersuchen nachzukommen. [2]Er hat im Fall des Absatzes 3 die Gründe für die Ablehnung des Ersuchens zu erläutern.

(5) Der Sächsische Datenschutzbeauftragte hat die Informationen, um die er von der Aufsichtsbehörde des anderen Mitgliedstaates der Europäischen Union ersucht wurde, in der Regel elektronisch und in einem standardisierten Format zu übermitteln.

(6) Der Sächsische Datenschutzbeauftragte hat Amtshilfeersuchen kostenfrei zu erledigen, soweit er nicht im Einzelfall mit der Aufsichtsbehörde des anderen Mitgliedstaates

der Europäischen Union die Erstattung entstandener Ausgaben vereinbart hat.

(7) [1]Ein Amtshilfeersuchen des Sächsischen Datenschutzbeauftragten hat alle erforderlichen Informationen zu enthalten; hierzu gehören insbesondere der Zweck und die Begründung des Ersuchens. [2]Die auf das Ersuchen übermittelten Informationen dürfen ausschließlich zu dem Zweck verwendet werden, zu dem sie angefordert wurden.

ABSCHNITT 9
Schadensersatz und Sanktionen

§ 47
Schadensersatz

(1) [1]Hat ein Verantwortlicher einer betroffenen Person durch eine Verarbeitung personenbezogener Daten, die nach diesem Gesetz oder nach anderen Vorschriften über den Datenschutz rechtswidrig war, einen Schaden zugefügt, ist er oder sein Rechtsträger der betroffenen Person zum Schadensersatz verpflichtet. [2]Die Ersatzpflicht entfällt, soweit bei einer nichtautomatisierten Verarbeitung der Schaden nicht auf ein Verschulden des Verantwortlichen zurückzuführen ist.

(2) Wegen eines Schadens, der nicht Vermögensschaden ist, kann die betroffene Person eine angemessene Entschädigung in Geld verlangen.

(3) Lässt sich bei einer automatisierten Verarbeitung personenbezogener Daten nicht ermitteln, welcher von mehreren beteiligten Verantwortlichen den Schaden verursacht hat, haftet jeder Verantwortliche.

(4) Mehrere Ersatzpflichtige haften als Gesamtschuldner.

(5) Auf das Mitverschulden der betroffenen Person und den Ausgleich unter Gesamtschuldnern finden die §§ 254 und 426 des Bürgerlichen Gesetzbuchs entsprechende Anwendung.

(6) Auf die Verjährung finden die für unerlaubte Handlungen geltenden Verjährungsvorschriften des Bürgerlichen Gesetzbuchs entsprechende Anwendung.

§ 48
Bußgeldvorschriften

(1) Ordnungswidrig handelt, wer:

1. unbefugt von diesem Gesetz geschützte personenbezogene Daten, die nicht offenkundig sind, verarbeitet,
2. die Übermittlung personenbezogener Daten, die durch dieses Gesetz geschützt werden und nicht offenkundig sind, durch unrichtige Angaben erschleicht,
3. nach einer Verpflichtung gemäß § 9 Satz 2 das Datengeheimnis gemäß § 9 Satz 1 oder Satz 3 verletzt, wenn die Verletzung nicht mit Strafe bedroht ist,
4. entgegen § 35 Absatz 3 Satz 3 den Datenschutzbeauftragten eines Verantwortlichen wegen der Erfüllung seiner Aufgaben benachteiligt,
5. als Datenschutzbeauftragter eines Verantwortlichen seine Verschwiegenheitspflicht nach § 35 Absatz 4 Satz 2 verletzt, wenn die Verletzung nicht mit Strafe bedroht ist,
6. personenbezogene Daten ohne Vorliegen der Voraussetzungen des § 5 für einen anderen Zweck verarbeitet,
7. eine Auskunft nach § 13 Absatz 1 nicht richtig oder nicht vollständig erteilt,
8. entgegen § 40 Absatz 1 Satz 2 Nummer 1 den Zugang zu den Grundstücken und Diensträumen, einschließlich aller Datenverarbeitungsanlagen und -geräte, sowie zu allen personenbezogenen Daten und Informationen nicht, nicht vollständig oder nicht rechtzeitig gewährt,
9. entgegen § 40 Absatz 1 Satz 2 Nummer 2 die Informationen nicht, nicht richtig, nicht vollständig oder nicht rechtzeitig erteilt oder
10. bei der Datenverarbeitung im Auftrag als Auftragsverarbeiter oder als eine dem Verantwortlichen oder dem Auftragsverarbeiter unterstellte Person gegen eine Weisung des Verantwortlichen gemäß § 8 verstößt.

(2) Die Ordnungswidrigkeit kann mit einer Geldbuße bis zu fünfzigtausend Euro geahndet werden.

(3) [1]Der Sächsische Datenschutzbeauftragte ist Verwaltungsbehörde im Sinne von § 36 Absatz 1 Nummer 1 des Gesetzes über Ordnungswidrigkeiten. [2]Die Staatsregierung wird ermächtigt, dem Sächsischen Datenschutzbeauftragten durch Rechtsverordnung die Zuständigkeit für die Verfolgung und Ahndung von Ordnungswidrigkeiten nach anderen datenschutzrechtlichen Bestimmungen zuzuweisen. [3]Die Zuweisung bedarf der Zustimmung des Sächsischen Datenschutzbeauftragten.

§ 49
Strafvorschriften

(1) Wer eine der in § 48 Absatz 1 Nummer 1 bis 7 bezeichneten Handlungen gegen Entgelt oder in der Absicht begeht, sich oder einen anderen zu bereichern oder einen anderen zu schädigen, wird mit Freiheitsstrafe bis zu zwei Jahren oder mit Geldstrafe bestraft.
(2) Der Versuch ist strafbar.

ABSCHNITT 10
Einschränkung von Grundrechten

§ 50
Einschränkung von Grundrechten

Durch dieses Gesetz wird das Recht auf informationelle Selbstbestimmung nach Artikel 33 der Verfassung des Freistaates Sachsen eingeschränkt.

Verordnung
des Sächsischen Staatsministeriums des Innern über die Gliederung und die Aufgaben der nachgeordneten Polizeidienststellen im Freistaat Sachsen (Sächsische Polizeiorganisationsverordnung – SächsPolOrgVO)

Vom 17. März 2020 (SächsGVBl. S. 97)

– in Kraft seit 7. April 2020 –

Auf Grund des § 100 des Sächsischen Polizeivollzugsdienstgesetzes vom 11. Mai 2019 (SächsGVBl. S. 358) verordnet das Staatsministerium des Innern:

§ 1
Dienstbezirke

(1) Dienstbezirk des Landeskriminalamtes, des Polizeiverwaltungsamtes sowie des Präsidiums der Bereitschaftspolizei ist das Gebiet des Freistaates Sachsen.

(2) Die Dienstbezirke der Polizeidirektionen werden wie folgt festgelegt:

1. Polizeidirektion Chemnitz: Erzgebirgskreis, Landkreis Mittelsachsen, Kreisfreie Stadt Chemnitz,
2. Polizeidirektion Dresden: Landeshauptstadt Dresden, Landkreise Meißen und Sächsische Schweiz-Osterzgebirge,
3. Polizeidirektion Görlitz: Landkreise Bautzen und Görlitz,
4. Polizeidirektion Leipzig: Landkreise Leipzig und Nordsachsen, Kreisfreie Stadt Leipzig,
5. Polizeidirektion Zwickau: Vogtlandkreis und Landkreis Zwickau.

(3) [1]Die örtliche Zuständigkeit für den Bereich der Bundesautobahnen wird abweichend von Absatz 2 wie folgt festgelegt:

1. Polizeidirektion Chemnitz:
   a) Bundesautobahn 4 von der Anschlussstelle Wüstenbrand bis zum Autobahndreieck Nossen,
   b) Bundesautobahn 72 von der Anschlussstelle Hartenstein bis zum Autobahnkreuz Bundesautobahn 72 und Bundesautobahn 38 im jeweiligen Planungs- und Baufortschritt;
2. Polizeidirektion Dresden:
   a) Bundesautobahn 4 vom Autobahndreieck Nossen bis zur Anschlussstelle Hermsdorf,
   b) Bundesautobahn 13 vom Autobahndreieck Dresden-Nord bis zur Landesgrenze (km 124,685),
   c) Bundesautobahn 14 vom Autobahndreieck Nossen bis zur Anschlussstelle Döbeln-Nord,
   d) Bundesautobahn 17 vom Autobahndreieck Dresden-West bis zur Bundesgrenze;
3. Polizeidirektion Görlitz: Bundesautobahn 4 von der Anschlussstelle Hermsdorf bis zur Bundesgrenze;
4. Polizeidirektion Leipzig:
   a) Bundesautobahn 9 von der Landesgrenze (km 105,276) bis zur Landesgrenze (km 131,412),
   b) Bundesautobahn 14 von der Anschlussstelle Döbeln-Nord bis zur Landesgrenze (km 99,475),
   c) Bundesautobahn 38 von der Landesgrenze (km 189,562) bis zum Autobahndreieck Parthenaue;
5. Polizeidirektion Zwickau:
   a) Bundesautobahn 4 von der Landesgrenze (km 114,072) bis zur Anschlussstelle Wüstenbrand,
   b) Bundesautobahn 72 von der Landesgrenze (km 15,733) bis zur Anschlussstelle Hartenstein.

[2]Die kriminalpolizeiliche Zuständigkeit bleibt davon unberührt.

§ 2
Aufgaben

[1]Die Polizeidienststellen sind für die Erfüllung der vollzugspolizeilichen Aufgaben zuständig. [2]Dies beinhaltet auch die Kriminal- und Verkehrsprävention.

§ 3
Landeskriminalamt

(1) Das Landeskriminalamt ist Zentralstelle für kriminalpolizeiliche Aufgaben und vollzugspolizeiliche Prävention, daneben nimmt es Ermittlungszuständigkeiten nach den Absätzen 3 bis 5 wahr.

(2) Das Landeskriminalamt hat insbesondere

1. Informationen für die vorbeugende Bekämpfung von Straftaten und die Strafverfolgung zu sammeln und auszuwerten,
2. Maßnahmen der Verkehrs- und Kriminalprävention zu initiieren, zu unterstützen und selbst durchzuführen, die vollzugspolizeiliche Prävention zu koordinieren sowie bei der kommunalen Prävention vollzugspolizeiliche Aspekte einzubringen,
3. kriminalwissenschaftliche, kriminaltechnische und erkennungsdienstliche Untersuchungen durchzuführen sowie auf Ersuchen einer anderen Polizeidienststelle, einer Staatsanwaltschaft oder eines Gerichts entsprechende Untersuchungen durchzuführen und Gutachten zu erstellen,
4. den Rechts- und Amtshilfeverkehr mit dem Ausland und den polizeilichen Informationsaustausch mit den Dienststellen des Bundes und der Länder für die Polizeidienststellen im Freistaat Sachsen durchzuführen, soweit nicht der unmittelbare Geschäftsweg zugelassen ist,
5. Anzeigen nach dem Geldwäschegesetz vom 23. Juni 2017 (BGBl. I S. 1822), das zuletzt durch Artikel 1 des Gesetzes vom 12. Dezember 2019 (BGBl. I S. 2602) geändert worden ist, in der jeweils geltenden Fassung, zu sammeln, auszuwerten und Finanzermittlungen bis zur Feststellung der zuständigen Behörde durchzuführen,
6. die vollzugspolizeiliche Fahndung zu koordinieren,
7. Spezialkräfte zur Einsatz- und Ermittlungsunterstützung vorzuhalten,
8. zentrale Aufgaben im Bereich der Führung und des Einsatzes von Vertrauenspersonen wahrzunehmen,
9. Maßnahmen zur Überwachung der Telekommunikation sowie die Überwachung und Online-Durchsuchung von informationstechnischen Systemen (Informationstechnische Überwachung) in technischer Hinsicht zu gewährleisten und Maßnahmen der elektronischen Aufklärung durchzuführen,
10. Aufgaben des Personenschutzes für als gefährdet eingestufte Personen wahrzunehmen,
11. Maßnahmen nach dem Zeugenschutz-Harmonisierungsgesetz vom 11. Dezember 2001 (BGBl. I S. 3510), das zuletzt durch Artikel 7 des Gesetzes vom 10. Dezember 2019 (BGBl. I S. 2121) geändert worden ist, in der jeweils geltenden Fassung, durchzuführen und andere Zeugenschutzmaßnahmen zu koordinieren,
12. Maßnahmen des Operativen Opferschutzes durchzuführen und dessen Belange zu koordinieren sowie
13. die Entschärfung unkonventioneller Spreng- und Brandvorrichtungen durchzuführen.

(3) Das Landeskriminalamt ist zuständig für die vollzugspolizeilichen Aufgaben auf dem Gebiet der Strafverfolgung in Fällen

1. der Organisierten Kriminalität,
2. der Staatsschutzdelikte mit Ausnahme der §§ 86, 86a und 90a des Strafgesetzbuches,
3. von § 129 des Strafgesetzbuches und von § 20 Absatz 1 Satz 1 Nummer 1 bis 4 des Vereinsgesetzes vom 5. August 1964 (BGBl. I S. 593), das zuletzt durch Artikel 1 des Gesetzes vom 10. März 2017 (BGBl. I S. 419) geändert worden ist, in der jeweils geltenden Fassung, wenn eine politische Motivation anzunehmen ist,

4. der Straftaten nach dem Völkerstrafgesetzbuch vom 26. Juni 2002 (BGBl. I S. 2254), das durch Artikel 1 des Gesetzes vom 22. Dezember 2016 (BGBl. I S. 3150) geändert worden ist, in der jeweils geltenden Fassung,
5. der Wirtschaftskriminalität bei den in § 74c Absatz 1 Satz 1 des Gerichtsverfassungsgesetzes in der Fassung der Bekanntmachung vom 9. Mai 1975 (BGBl. I S. 1077), das zuletzt durch Artikel 3 des Gesetzes vom 12. Dezember 2019 (BGBl. I S. 2633) geändert worden ist, in der jeweils geltenden Fassung, genannten Straftaten, wenn diese überwiegend länderübergreifende oder internationale Bezüge aufweisen,
6. der Geld- und Wertzeichenfälschung, beim Inverkehrbringen von Falschgeld jedoch nur, wenn es überörtlich in Verkehr gebracht wird,
7. des unerlaubten Handels mit Kriegswaffen oder, sofern es sich um Fälle von herausragender Bedeutung handelt, mit explosionsgefährlichen Stoffen,
8. gemeingefährlicher Straftaten nach den §§ 307, 309, 310 Absatz 1 Nummer 1 und nach § 311 des Strafgesetzbuches sowie
9. von Straftaten gegen die Umwelt im Zusammenhang mit radioaktiven Stoffen und ionisierenden Strahlen.

(4) Bei anderen Straftaten nimmt das Landeskriminalamt die vollzugspolizeilichen Aufgaben auf dem Gebiet der Strafverfolgung wahr, wenn
1. dies vom Staatsministerium des Innern angeordnet wird,
2. das Bundeskriminalamt gemäß § 36 Absatz 1 Satz 2 des Bundeskriminalamtgesetzes vom 1. Juni 2017 (BGBl. I S. 1354; 2019 I S. 400), in der jeweils geltenden Fassung, dem Freistaat Sachsen die polizeilichen Aufgaben auf dem Gebiet der Strafverfolgung zuweist und das Staatsministerium des Innern keine andere Polizeidienststelle für zuständig erklärt oder
3. die Staatsanwaltschaft darum ersucht.

(5) [1]Das Landeskriminalamt kann die vollzugspolizeiliche Ermittlungstätigkeit bei Straftaten übernehmen, wenn
1. die Durchführung direktionsübergreifender Ermittlungen erforderlich ist und die einheitliche Verfolgung zweckmäßig erscheint,
2. sie im Zusammenhang mit seiner Verfolgungszuständigkeit stehen oder
3. eine andere Polizeidienststelle wegen des Umfangs, der Überörtlichkeit oder der hohen Öffentlichkeitswirksamkeit darum ersucht.

[2]Das Landeskriminalamt unterrichtet unverzüglich die zuständige Polizeidienststelle über die getroffene Entscheidung. [3]Bei Ordnungswidrigkeiten kann das Landeskriminalamt die Ermittlungstätigkeit übernehmen, wenn sie im Zusammenhang mit seiner Verfolgungszuständigkeit stehen.

(6) [1]Im Einzelfall kann das Landeskriminalamt seine Zuständigkeit nach Absatz 3 einer anderen Polizeidienststelle übertragen, wenn eine wirksame Strafverfolgung sichergestellt ist. [2]Hat das Landeskriminalamt die Verfolgung einer Straftat nach Absatz 4 Nummer 3 übernommen, kann es die Verfolgung dieser Tat nur mit Zustimmung der Staatsanwaltschaft einer anderen Polizeidienststelle übertragen.

§ 4
Polizeiverwaltungsamt

(1) Dem Polizeiverwaltungsamt obliegen Querschnittsaufgaben mit strukturell übergreifender Bedeutung in den Bereichen Information und Kommunikation, allgemeine Polizeitechnik, Logistik und Verwaltung.

(2) Das Polizeiverwaltungsamt unterstützt bei der Bewältigung von Einsatzlagen die anderen Polizeidienststellen in den Bereichen Information und Kommunikation sowie der Kampfmittelbeseitigung mit Einsatzkräften sowie Führungs- und Einsatzmitteln.

(3) [1]Das Polizeiverwaltungsamt ist die zuständige Stelle für den Betrieb des Digitalfunks der Behörden und Organisationen mit Sicherheitsaufgaben im Sinne des BDBOS-Gesetzes vom 28. August 2006 (BGBl. I S. 2039),

das zuletzt durch Artikel 1 des Gesetzes vom 26. November 2019 (BGBl. I S. 1850) geändert worden ist, in der jeweils geltenden Fassung, und nimmt die Aufgaben der autorisierten Stelle für den Digitalfunk aller Behörden und Organisationen für Sicherheitsaufgaben im Freistaat Sachsen wahr. [2]Das Polizeiverwaltungsamt trifft im Benehmen mit den betroffenen Dienststellen und Organisationen betriebsbezogene Festlegungen, Anordnungen und Maßnahmen, die zur Aufrechterhaltung oder Wiederherstellung der Funktionsfähigkeit der Systeme erforderlich sind.

(4) Das Polizeiverwaltungsamt nimmt für den Freistaat Sachsen die Aufgaben nach § 8 Absatz 1 Satz 4 des Anspruchs- und Anwartschaftsüberführungsgesetzes vom 25. Juli 1991 (BGBl. I S. 1606, 1677), das zuletzt durch Artikel 57 Absatz 14 des Gesetzes vom 12. Dezember 2019 (BGBl. I S. 2652) geändert worden ist, in der jeweils geltenden Fassung, wahr, soweit der Freistaat Sachsen nach § 8 Absatz.4 Nummer 2 des Anspruchs- und Anwartschaftsüberführungsgesetzes Versorgungsträger ist.

§ 5
Präsidium der Bereitschaftspolizei

(1) Das Präsidium der Bereitschaftspolizei unterstützt mit seinen Kräften und Mitteln bei der Wahrnehmung vollzugspolizeilicher Aufgaben

1. die Polizeidienststellen bei Einsätzen aus besonderem Anlass und zur Bewältigung von polizeilichen Schwerpunktaufgaben,
2. die Länder und den Bund bei der Bewältigung von Einsatzlagen.

(2) Es plant den Einsatz eigener Kräfte sowie Mittel und koordiniert den Einsatz der Einsatzeinheiten der Polizeidirektionen.

(3) Dem Präsidium der Bereitschaftspolizei obliegen, soweit es sich nicht um kriminalpolizeiliche Aufgaben handelt, die vollzugspolizeilichen Aufgaben

1. auf Gewässern im Freistaat Sachsen sowie in den dazugehörenden Häfen und Umschlagstellen nach § 1 Absatz 1 der Sächsischen Schifffahrtsverordnung vom 12. März 2004 (SächsGVBl. S. 123), die zuletzt durch Artikel 1 der Verordnung vom 7. August 2014 (SächsGVBl. S. 459) geändert worden ist, in der jeweils geltenden Fassung, und
2. auf der Bundeswasserstraße Elbe sowie in den Häfen, den Neben-, Ufer- und Werftanlagen an der Elbe, bis zur nächsten öffentlichen Straße.

§ 6
Polizeidirektionen

Den Polizeidirektionen obliegen alle Aufgaben des Polizeivollzugsdienstes, soweit nicht eine andere Polizeidienststelle zuständig ist.

§ 7
Eilzuständigkeit, Zusammenarbeit

(1) [1]Ist bei Gefahr im Verzug ein rechtzeitiges Tätigwerden der zuständigen Polizeidienststelle nicht zu erreichen, kann jede andere Polizeidienststelle die erforderlichen Maßnahmen treffen. [2]Die zuständige Polizeidienststelle ist unverzüglich zu unterrichten.

(2) [1]Die Polizeidienststellen sind untereinander und mit anderen Behörden, denen die Abwehr von Gefahren für die öffentliche Sicherheit oder Ordnung obliegt, zur Zusammenarbeit verpflichtet. [2]Die Polizeidienststellen haben sich gegenseitig zu unterstützen und von allen sachdienlichen Hinweisen und Wahrnehmungen zu unterrichten.

§ 8
Inkrafttreten, Außerkrafttreten

[1]Diese Verordnung tritt am Tag nach der Verkündung in Kraft. [2]Gleichzeitig tritt die Sächsische Polizeiorganisationsverordnung vom 16. Dezember 2004 (SächsGVBl. S. 586), die zuletzt durch Verordnung vom 13. August 2013 (SächsGVBl. S. 730) geändert worden ist, außer Kraft.

Verordnung
des Sächsischen Staatsministeriums des Innern zur Bestellung von gemeindlichen Vollzugsbediensteten für den Vollzug polizeibehördlicher Aufgaben (Gemeindliche-Vollzugsbediensteten-Verordnung – GemVollzVO)
Vom 26. April 2023 (SächsGVBl. S. 230)

Auf Grund des § 9 Absatz 2 des Sächsischen Polizeibehördengesetzes vom 11. Mai 2019 (SächsGVBl. S. 358, 389) verordnet das Staatsministerium des Innern:

§ 1
Übertragbare Aufgaben

(1) Die Ortspolizeibehörden können ihren gemeindlichen Vollzugsbediensteten die folgenden polizeibehördlichen Aufgaben übertragen: den Vollzug

1. von Satzungen und Polizeiverordnungen der Orts- und Kreispolizeibehörden,
2. der Vorschriften zum Schutz von öffentlichen Grün- und Erholungsanlagen, Kinderspielplätzen sowie anderen dem öffentlichen Nutzen dienenden Anlagen und Einrichtungen gegen Beschädigung, Verunreinigung und missbräuchliche Benutzung,
3. der Vorschriften über den ruhenden Verkehr,
4. der Vorschriften über die Sondernutzung an öffentlichen Straßen,
5. der Vorschriften über das Verbot des Behandelns, Lagerns, und Ablagerns von Abfällen sowie über die Beseitigung pflanzlicher Abfälle außerhalb dafür zugelassener Anlagen,
6. der Vorschriften über das Reisegewerbe und das Marktwesen,
7. der §§ 3 bis 9 des Sächsischen Ladenöffnungsgesetzes vom 1. Dezember 2010 (SächsGVBl. S. 338), das zuletzt durch das Gesetz vom 5. November 2020 (SächsGVBl. S. 589) geändert worden ist,
8. des Sächsischen Gaststättengesetzes vom 3. Juli 2011 (SächsGVBl. S. 198), das zuletzt durch Artikel 27 des Gesetzes vom 26. April 2018 (SächsGVBl. S. 198) geändert worden ist, und
9. der Vorschriften zum Schutz der Bevölkerung vor gefährlichen Hunden.

(2) [1]Große Kreisstädte mit einer Einwohnerzahl von mindestens 40 000 und Kreisfreie Städte können über Absatz 1 hinaus ihren gemeindlichen Vollzugsbediensteten die folgenden polizeibehördlichen Aufgaben übertragen: den Vollzug

1. der Vorschriften zum Schutz der Ruhe an Sonn- und Feiertagen,
2. der Vorschriften zum Schutz von Kindern und Jugendlichen in der Öffentlichkeit,
3. der Vorschriften über unzulässigen Lärm außerhalb des Anwendungsbereichs des Bundes-Immissionsschutzgesetzes in der Fassung der Bekanntmachung vom 17. Mai 2013 (BGBl. I S 1274; 2021 I S. 123), das zuletzt durch Artikel 2 Absatz 3 des Gesetzes vom 19. Oktober 2022 (BGBl. I S. 1792 geändert worden ist,
4. der Vorschriften zu Abbrennverboten pyrotechnischer Gegenstände nach der Ersten Verordnung zum Sprengstoffgesetz in der Fassung der Bekanntmachung vom 31. Januar 1991 (BGBl. I S. 169), die zuletzt durch Artikel 1 der Verordnung vom 20. Dezember 2021 (BGBl. I S. 5238) geändert worden ist und
5. von Anordnungen der Katastrophenschutzbehörde nach den §§ 55 und 58 des Sächsischen Gesetzes über den Brandschutz, Rettungsdienst und Katastro-

phenschutz vom 24. Juni 2004 (SächsGVBl. S. 245, 647), das zuletzt durch das Gesetz vom 25. Juni 2019 (SächsGVBl. S. 521) geändert worden ist, auch im Rahmen der Mitwirkungspflicht nach § 39 Absatz 1 Nummer 3 und Absatz 2 Nummer 6 dieses Gesetzes.

[2]Für die Ermittlung der Einwohnerzahl ist der vom Statistischen Landesamt aufgrund der jeweils letzten Volkszählung seit dem 30. Juni 2020 ermittelte Wert maßgebend. [3]Ein Bevölkerungsrückgang unter die Bevölkerungszahl von 40 000 bleibt unberücksichtigt.

(3) [1]Große Kreisstädte mit einer Einwohnerzahl von weniger als 40 000 können ihren gemeindlichen Vollzugsbediensteten polizeibehördliche Aufgaben nach Absatz 2 Satz 1 übertragen, wenn sie die Gewähr für eine ordnungsgemäße Erfüllung der polizeibehördlichen Vollzugsaufgabe bieten und dies die Fachaufsichtsbehörde auf ihren Antrag hin feststellt. [2]Aufgabenübertragungen sind von der Großen Kreisstadt zu widerrufen, wenn die Gewähr nicht mehr vorliegt und dies von der Fachaufsichtsbehörde festgestellt wird.

(4) Über Absatz 1 und 2 hinaus können Kreisfreie Städte ihren gemeindlichen Vollzugbediensteten die folgenden polizeibehördlichen Aufgaben übertragen: den Vollzug

1. der Vorschriften über den Schutz der Gewässer,
2. von Vorschriften zum Schutz der Bevölkerung vor übertragbaren Krankheiten,
3. der Vorschriften zur Überwachung des Umganges und Verkehres mit explosionsgefährlichen Stoffen im Zusammenhang mit dem Abbrennen pyrotechnischer Gegenstände und der Vorschriften zur Überwachung der Einhaltung der mit einer Erlaubnis nach § 27 des Sprengstoffgesetzes in der Fassung der Bekanntmachung vom 10. September 2002 (BGBl. I S. 3518), das zuletzt durch Artikel 18 des Gesetzes vom 27. Juli 2021 (BGBl. I S. 3146) geändert worden ist, verbundenen Pflichten mit Ausnahme der Überwachung des Verbringens explosionsgefährlicher Stoffe im öffentlichen Straßenverkehr und
4. des Prostituiertenschutzgesetzes vom 21. Oktober 2016 (BGBl. I S. 2372), das zuletzt durch Artikel 5 Absatz 1 des Gesetzes vom 9. März 2021 (BGBl. I S. 327) geändert worden ist.

(5) Vom Vollzug der Vorschriften im Sinne der Absätze 1, 2 und 4 erfasst sind neben dem Vollzug von Rechtsnormen auch der Vollzug von Allgemeinverfügungen und sonstigen Anordnungen.

§ 2
Mittel des unmittelbaren Zwangs

(1) Einer oder einem gemeindlichen Vollzugsbediensteten kann die Befugnis übertragen werden, bei der Wahrnehmung ihrer oder seiner polizeibehördlichen Vollzugsaufgaben nach § 1 Absatz 1 bis 4 durch einfache körperliche Gewalt auf Personen oder Sachen einzuwirken, als Hilfsmittel der körperlichen Gewalt Fesseln, technische Sperren, Diensthunde, Dienstfahrzeuge und Reizstoffe sowie als Waffe den Schlagstock einzusetzen.

(2) Für die Anwendung der nach Absatz 1 zugelassenen Mittel des unmittelbaren Zwangs gelten die §§ 39 bis 42 des Sächsischen Polizeivollzugsdienstgesetzes vom 11. Mai 2019 (SächsGVBl. S. 358) entsprechend.

§ 3
Bekanntgabe und Unterrichtung

(1) Die Ortspolizeibehörden geben die Übertragung der polizeibehördlichen Vollzugsaufgaben nach § 1 auf ihre gemeindlichen Vollzugsbediensteten und den Widerruf der Übertragung öffentlich bekannt.

(2) Die Ortspolizeibehörden unterrichten unverzüglich die zuständige Fachaufsichtsbehörde und die zuständige Dienststelle des Polizeivollzugsdienstes über die ihren gemeindlichen Vollzugsbediensteten übertragenen polizeibehördlichen Vollzugsaufgaben und ihren Widerruf, die Bestellung von neuen gemeindlichen Vollzugsbediensteten und deren Widerruf sowie die den Vollzugsbediensteten eingeräumte Berechtigung nach § 2 Absatz 1.

§ 4
Aufrechterhaltung von Aufgabenübertragungen

(1) Auf Grund von § 1 Satz 1 Nummer 1 bis 3 und Nummer 5 bis 9 der Verordnung des Sächsischen Staatsministeriums des Innern über die Wahrnehmung polizeilicher Vollzugsaufgaben durch gemeindliche Vollzugsbedienstete vom 19. September 1991 (SächsGVBl. 355), die durch die Verordnung vom 23. August 2001 (SächsGVBl. S. 577) geändert worden ist, erfolgte Übertragungen polizeilicher Vollzugsaufgaben auf gemeindliche Vollzugsbedienstete bleiben wirksam.

(2) [1]Für gemeindliche Vollzugsbedienstete nach Absatz 1 gelten § 9 Absatz 1 Satz 2 des Sächsischen Polizeibehördengesetzes und die Beschränkung der Mittel des unmittelbaren Zwangs nach § 2 entsprechend. [2]Der Widerruf einer Aufgabenübertragung ist entsprechend § 3 Absatz 1 öffentlich bekannt zu geben. [3]Die Unterrichtungspflicht nach § 3 Absatz 2 gilt für gemeindliche Vollzugsbedienstete nach Absatz 1 mit der Maßgabe entsprechend, dass auch deren Anzahl, die ihnen übertragenen Aufgaben und die ihnen eingeräumte Berechtigung innerhalb von drei Monaten nach Inkrafttreten dieser Verordnung mitzuteilen sind.

§ 5
Inkrafttreten, Außerkrafttreten

[1]Diese Verordnung tritt am Tag nach der Verkündung in Kraft.[1] [2]Gleichzeitig tritt die Verordnung des Sächsischen Staatsministeriums des Innern über die Wahrnehmung polizeilicher Vollzugsaufgaben durch gemeindliche Vollzugsbedienstete vom 19. September 1991 (SächsGVBl. S. 355), die durch die Verordnung vom 23. August 2001 (SächsGVBl. S. 577) geändert worden ist, außer Kraft.

1 Die Verkündung erfolgte am 15. Mai 2023 (d. Red.).

Verwaltungsvollstreckungsgesetz
für den Freistaat Sachsen
(SächsVwVG)
in der Fassung der Bekanntmachung vom 11. April 2024
(SächsGVBl. S. 396)

– Fassung ab 31. Dezember 2023 –

INHALTSÜBERSICHT

ERSTER TEIL
Allgemeine Vorschriften

§ 1
Geltungsbereich

(1) Dieses Gesetz gilt für die Vollstreckung von Verwaltungsakten
1. der Behörden des Freistaates Sachsen und der seiner Aufsicht unterstehenden Körperschaften, Anstalten und Stiftungen des öffentlichen Rechts,
2. sonstiger Behörden durch die in Nummer 1 genannten Behörden im Wege der Vollstreckungshilfe.

(2) Die Vorschriften über die Vollstreckung von Verwaltungsakten gelten entsprechend für die Vollstreckung aus öffentlich-rechtlichen Verträgen zu Gunsten der in Absatz 1 Nummer 1 genannten Behörden, wenn sich der Schuldner in dem Vertrag der sofortigen Vollstreckung unterworfen hat.

(3) Privatrechtliche Forderungen können nach Maßgabe von § 17b nach den Vorschriften dieses Gesetzes vollstreckt werden.

(4) [1]Dieses Gesetz gilt nicht, soweit auf die Verwaltungsvollstreckung Bundesrecht anzuwenden ist. [2]Es gilt jedoch, soweit Bundesrecht die Länder ermächtigt, zu bestimmen, dass die landesrechtlichen Vorschriften über die Verwaltungsvollstreckung anzuwenden sind.

§ 2
Allgemeine Voraussetzungen der Verwaltungsvollstreckung

Ein Verwaltungsakt, der zu einer Zahlung, einer sonstigen Handlung, einer Duldung oder Unterlassung verpflichtet, kann vollstreckt werden, wenn er
1. unanfechtbar geworden ist oder
2. ein gegen ihn gerichteter Rechtsbehelf keine aufschiebende Wirkung hat.

§ 2a
Einstellung und Beschränkung der Vollstreckung

(1) Die Vollstreckung ist insbesondere dann einzustellen oder zu beschränken, wenn
1. ihr Zweck erreicht wurde oder sich zeigt, dass er durch Anwendung von Zwangsmitteln nicht erreicht werden kann,
2. der zu vollstreckende Verwaltungsakt aufgehoben wurde,
3. die Vollziehbarkeit des Verwaltungsaktes nachträglich entfallen ist,
4. der mit dem Verwaltungsakt geltend gemachte Anspruch erloschen ist,
5. die mit dem Verwaltungsakt geforderte Leistung gestundet wurde.

(2) [1]In den Fällen des Absatzes 1 Nummer 2 und 4 sind bereits getroffene Vollstreckungsmaßnahmen aufzuheben. [2]Wurde der Verwaltungsakt durch eine gerichtliche Entscheidung aufgehoben, sind bereits getroffene Vollstreckungsmaßnahmen nur insoweit aufzuheben, als die Entscheidung unanfechtbar geworden ist und nicht aufgrund der Entscheidung ein neuer Verwaltungsakt zu erlassen ist. [3]Im Übrigen bleiben die Vollstreckungsmaßnahmen bestehen, soweit nicht ihre Aufhebung ausdrücklich angeordnet ist.

§ 3
Vollstreckungsschuldner

(1) Als Vollstreckungsschuldner kann in Anspruch genommen werden, wer
1. eine Leistung aufgrund des zu vollstreckenden Verwaltungsaktes schuldet,
2. für eine Leistung, die ein anderer aufgrund des zu vollstreckenden Verwaltungsaktes schuldet, persönlich haftet, oder
3. in den Fällen des § 1 Absatz 3 in der Zahlungsaufforderung nach § 17b Absatz 2 Satz 1 als zahlungspflichtig benannt ist.

(2) Wer zur Duldung der Vollstreckung verpflichtet ist, steht dem Vollstreckungsschuldner gleich, soweit seine Duldungspflicht reicht.

(3) [1]Gegen den Rechtsnachfolger kann die Vollstreckung eingeleitet oder fortgesetzt

werden, soweit er durch den Verwaltungsakt verpflichtet wird und die Voraussetzungen der Vollstreckung für seine Person vorliegen. [2]Ist die Vollstreckung beim Tode des Vollstreckungsschuldners bereits eingeleitet, so kann sie in den Nachlass fortgesetzt werden, auch wenn die Voraussetzungen der Vollstreckung für den Rechtsnachfolger nicht vorliegen.

§ 4
Vollstreckungsbehörden, Vollstreckungshilfe

(1) [1]Vollstreckungsbehörden sind:
1. die Finanzämter für die Vollstreckung von Verwaltungsakten, die zu einer Zahlung verpflichten (Leistungsbescheide), soweit diese von einer Behörde des Freistaates Sachsen erlassen worden sind,
2. für Leistungsbescheide der übrigen Behörden diese selbst,
3. für sonstige Verwaltungsakte die Behörden, die die Verwaltungsakte erlassen haben,
4. die Behörden, die von anderen Behörden erlassene Verwaltungsakte im Wege der Vollstreckungshilfe vollstrecken,
5. die Behörden, die für die Zahlungsaufforderung nach § 17b Absatz 2 Satz 1 zuständig sind.

[2]In den Fällen des Satzes 1 Nummer 2 bis 5 gelten für die Kosten der Mahnung und der Vollstreckung die Vorschriften des Sächsischen Verwaltungskostengesetzes vom 5. April 2019 (SächsGVBl. S. 245) und der hierzu erlassenen Rechtsverordnungen.

(2) [1]Soweit nach Absatz 1 die Finanzämter vollstrecken, gelten der erste bis siebente Teil der Abgabenordnung in der Fassung der Bekanntmachung vom 1. Oktober 2002 (BGBl. I S. 3866; 2003 I S. 61), die zuletzt durch Artikel 4 des Gesetzes vom 20. Dezember 2022 (BGBl. I S. 2730) geändert worden ist, in der jeweils geltenden Fassung entsprechend. [2]Die Mitteilung von Daten, die außerhalb des Besteuerungsverfahrens bekannt geworden sind, an die ersuchende Behörde ist zulässig, soweit sie für die Aufgabenerfüllung der ersuchenden Behörde erforderlich ist.

(3) [1]Inländischen Behörden ist auf Ersuchen Vollstreckungshilfe zu leisten, wenn die Voraussetzungen für die Gewährung von Amtshilfe erfüllt sind. [2]Ausländischen Behörden darf Vollstreckungshilfe nur geleistet werden, wenn dies in einer völkerrechtlichen Vereinbarung oder in einem Rechtsakt der Europäischen Gemeinschaften vorgesehen ist.

(4) [1]Ein Vollstreckungsersuchen nach Absatz 3 kann, soweit im Folgenden nichts anderes bestimmt ist, von der Vollstreckungsbehörde zurückgewiesen werden, wenn es nicht die folgenden Voraussetzungen erfüllt:
1. die Bezeichnung der ersuchenden Behörde sowie die Unterschrift der Behördenleitung oder der von ihr beauftragten Person; bei einem Vollstreckungsersuchen, das mit Hilfe automatischer Einrichtungen erstellt worden ist, kann die Unterschrift fehlen und durch die Namenswiedergabe oder die Signatur der Behördenleitung oder der von ihr beauftragten Person ersetzt werden,
2. die Bezeichnung des zu vollstreckenden Verwaltungsaktes unter Angabe der erlassenden Behörde, des Datums und des Aktenzeichens,
3. die Angabe der Verpflichtung des Vollstreckungsschuldners, im Falle der Beitreibung die Angabe des Grundes und der Höhe der Geldforderung,
4. die Bestätigung der ersuchenden Behörde, dass die Vollstreckungsvoraussetzungen vorliegen,
5. die Bezeichnung der Person, gegen die sich die Vollstreckung richten soll,
6. im Falle der Beitreibung die Angabe, wann der Schuldner gemahnt worden ist oder aus welchem Grund die Mahnung unterblieben ist.

[2]Die ersuchende Behörde ist zur Übermittlung der in Satz 1 genannten Daten an die Vollstreckungsbehörden befugt. [3]Treten Umstände ein, die die Einstellung, Beschränkung oder Aufhebung der Vollstreckung notwendig machen, ist die Vollstreckungsbehörde unverzüglich zu unterrichten. [4]Die Sätze 1 bis 3 gelten in den Fällen des Absatzes 1 Satz 1 Nummer 1 entsprechend. [5]Ein Ersuchen nach Satz 4 soll unterbleiben, wenn die

zu vollstreckende Forderung nicht mindestens 36 Euro beträgt.

(5) [1]In den Fällen des Absatzes 1 Satz 1 Nummer 1 und 4 hat die ersuchende Behörde der Vollstreckungsbehörde im Vollstreckungsersuchen mitzuteilen, ob Informationen vorliegen, aus denen sich eine Gefahr für Leben oder Gesundheit bei der Durchführung der Vollstreckungsmaßnahmen ergeben kann. [2]Auf Anforderung der Vollstreckungsbehörde hat die ersuchende Behörde Auskunft zu den Sachverhalten zu geben, aus denen sich eine solche Gefahr ableiten lässt.

(6) [1]Vollstreckt die Vollstreckungsbehörde zu Gunsten einer anderen Körperschaft, Anstalt oder Stiftung des öffentlichen Rechts oder einer beliehenen natürlichen oder juristischen Person, hat diese die uneinbringlichen Vollstreckungskosten zu erstatten. [2]Die Vollstreckungsbehörde soll auf die Geltendmachung verzichten, sofern die uneinbringlichen Vollstreckungskosten im Einzelfall 35 Euro nicht übersteigen. [3]Bei Behörden des Bundes oder der anderen Bundesländer hat die Vollstreckungsbehörde auf die Erhebung der uneinbringlichen Vollstreckungskosten zu verzichten, soweit auch jene nach dem für sie geltenden Recht auf die Erhebung uneinbringlicher Vollstreckungskosten verzichten. [4]Leisten sich kommunale Körperschaften des Freistaates Sachsen gegenseitig Vollstreckungshilfe, so kann die Vollstreckungsbehörde auf die Geltendmachung der uneinbringlichen Vollstreckungskosten verzichten, soweit die ersuchende Behörde ihrerseits darauf verzichtet. [5]Die uneinbringlichen Vollstreckungskosten sind durch Verwaltungsakt festzusetzen; soweit die Finanzämter vollstrecken, gilt Absatz 2 Satz 1. [6]Soweit die ersuchende Behörde gegenüber der Vollstreckungsbehörde Ersatz leistet, geht die Kostenforderung gegen den Vollstreckungsschuldner auf die ersuchende Behörde über.

(7) [1]Die Vollstreckungsbehörde entnimmt bei der Beitreibung die Gebühren und Auslagen der Vollstreckung aus den beigetriebenen und eingezahlten Geldern. [2]Reicht der Erlös einer Vollstreckung oder die Zahlung zur Deckung der beizutreibenden Forderung nicht aus, sind zunächst die in Ansatz gebrachten Gebühren und Auslagen der Vollstreckung, dann die Gebühren und Auslagen der Mahnung, dann die Nebenforderungen und dann die Hauptforderung zu decken, soweit nicht für die Reihenfolge der Anrechnung anderweitige Bestimmungen maßgebend sind.

§ 5
Vollstreckungsauftrag

(1) [1]Die oder der gemäß § 14 Absatz 1 Satz 2 mit der Vollstreckung beauftragte Bedienstete der Vollstreckungsbehörde (Vollstreckungsbedienstete oder Vollstreckungsbediensteter) wird der Vollstreckungsschuldnerin oder dem Vollstreckungsschuldner und Dritten gegenüber durch schriftlichen oder elektronischen Auftrag der Vollstreckungsbehörde zur Vollstreckung ermächtigt. [2]Die oder der Vollstreckungsbedienstete hat auf Verlangen den Vollstreckungsauftrag vorzuzeigen und sich auszuweisen.

(2) Der Vollstreckungsauftrag muss mindestens enthalten:

1. die Bezeichnung und das Dienstsiegel der Vollstreckungsbehörde, den Namen und die Unterschrift der oder des ausstellenden Bediensteten und den Namen der oder des beauftragten Bediensteten; bei einem Vollstreckungsauftrag, der elektronisch erteilt oder mit Hilfe automatischer Einrichtungen erstellt wurde, kann die Unterschrift fehlen,
2. die Bezeichnung des zu vollstreckenden Verwaltungsaktes unter Angabe der erlassenden Behörde, des Datums und des Aktenzeichens,
3. die Bestätigung, dass die Vollstreckungsvoraussetzungen vorliegen,
4. die Bezeichnung der Person, gegen die sich die Vollstreckung richten soll.

§ 5a
Ermittlung des Aufenthaltsorts des Vollstreckungsschuldners

(1) Ist der Wohnsitz oder der gewöhnliche Aufenthaltsort des Vollstreckungsschuldners nicht durch Anfrage bei der Meldebehörde zu

ermitteln, darf die Vollstreckungsbehörde folgende Angaben erheben:
1. beim Ausländerzentralregister die Angaben zur aktenführenden Ausländerbehörde und die Angaben zum Zuzug oder Fortzug des Vollstreckungsschuldners sowie bei der Ausländerbehörde, die nach der Auskunft aus dem Ausländerzentralregister aktenführend ist, den Aufenthaltsort des Vollstreckungsschuldners,
2. bei den Trägern der gesetzlichen Rentenversicherung und bei einer berufsständischen Versorgungseinrichtung im Sinne des § 6 Absatz 1 Satz 1 Nummer 1 des Sechsten Buches Sozialgesetzbuch die dort bekannte derzeitige Anschrift und den derzeitigen oder zukünftigen Aufenthaltsort des Vollstreckungsschuldners sowie
3. beim Kraftfahrt-Bundesamt die Halterdaten nach § 35 Absatz 4c Nummer 2 des Straßenverkehrsgesetzes in der Fassung der Bekanntmachung vom 5. März 2003 (BGBl. I S. 310, 919), das zuletzt durch Artikel 8 des Gesetzes vom 21. November 2023 (BGBl. I Nr. 315) geändert worden ist, in der jeweils geltenden Fassung.

(2) Die Vollstreckungsbehörde darf die gegenwärtigen Anschriften, den Ort der Hauptniederlassung oder den Sitz des Vollstreckungsschuldners erheben
1. durch Einsicht in das Handels-, Genossenschafts-, Partnerschafts-, Unternehmens- oder Vereinsregister,
2. durch Einholung von Auskünften bei den Behörden, welche für die Durchführung der Aufgaben nach § 14 Absatz 1 der Gewerbeordnung in der Fassung der Bekanntmachung vom 22. Februar 1999 (BGBl. I S. 202), die zuletzt durch Artikel 11 des Gesetzes vom 28. Juni 2023 (BGBl. I Nr. 172) geändert worden ist, in der jeweils geltenden Fassung, zuständig sind.

(3) Nach Absatz 1 Nummer 2 und Absatz 2 erhobene Daten, die innerhalb der letzten drei Monate bei der Vollstreckungsbehörde eingegangen sind, darf sie einer weiteren Vollstreckungsbehörde übermitteln, wenn die Voraussetzungen für die Datenerhebung auch bei dieser vorliegen.

(4) [1]Ist der Vollstreckungsschuldner Unionsbürgerin oder Unionsbürger, so darf die Vollstreckungsbehörde die Daten nach Absatz 1 Nummer 1 nur erheben, wenn ihr tatsächliche Anhaltspunkte für die Vermutung vorliegen, dass bei der betroffenen Person das Nichtbestehen oder der Verlust des Freizügigkeitsrechts festgestellt worden ist. [2]Eine Übermittlung der Daten an die Vollstreckungsbehörde ist ausgeschlossen, wenn eine solche Feststellung nicht vorliegt.

§ 6
Betreten und Durchsuchen

(1) [1]Die oder der Vollstreckungsbedienstete ist befugt, das Besitztum des Vollstreckungsschuldners zu betreten und zu durchsuchen, soweit der Zweck der Vollstreckung dies erfordert. [2]Sie oder er kann dabei verschlossene Räume und Behältnisse öffnen oder öffnen lassen.

(2) [1]Wohnungen, Geschäfts- und Betriebsräume und sonstiges befriedetes Besitztum kann die oder der Vollstreckungsbedienstete ohne Einwilligung des Vollstreckungsschuldners nur auf Anordnung des Amtsgerichts, in dessen Bezirk die Durchsuchung erfolgen soll, durchsuchen. [2]Eine Anordnung des Amtsgerichts ist nicht erforderlich, wenn die dadurch eintretende Verzögerung den Zweck der Vollstreckung gefährden würde.

(3) Willigt der Vollstreckungsschuldner in die Durchsuchung ein oder ist eine Anordnung gegen ihn nach Absatz 2 Satz 1 ergangen oder nach Absatz 2 Satz 2 entbehrlich, so haben Personen, die Mitgewahrsam an der Wohnung des Schuldners haben, die Durchsuchung zu dulden.

§ 7
Widerstand gegen Vollstreckungshandlungen

[1]Die oder der Vollstreckungsbedienstete ist bei Widerstand gegen eine Vollstreckungshandlung befugt, einfache körperliche Gewalt anzuwenden. [2]Sie oder er kann eine Po-

lizeidienststelle um Unterstützung ersuchen. [3]§ 757a der Zivilprozessordnung gilt entsprechend.

§ 8
Zuziehung von Zeuginnen oder Zeugen

Ist bei einer Vollstreckungshandlung in den Räumen des Vollstreckungsschuldners weder dieser noch eine zu seinem Haushalt oder Geschäftsbetrieb gehörende Person anwesend, so hat die oder der Vollstreckungsbedienstete eine erwachsene Person als Zeugin oder Zeugen zuzuziehen.

§ 9
Vollstreckung zur Nachtzeit und an Sonn- und Feiertagen

(1) [1]Zur Nachtzeit sowie an Sonntagen und gesetzlichen Feiertagen darf die oder der Vollstreckungsbedienstete nur mit schriftlicher oder elektronischer Erlaubnis der Vollstreckungsbehörde vollstrecken. [2]Die Erlaubnis darf nur erteilt werden, soweit der Zweck der Vollstreckung dies erfordert. [3]Sie ist auf Verlangen vorzuzeigen.
(2) Die Nachtzeit umfasst die Stunden von 21.00 Uhr bis 6.00 Uhr.

§ 10
Niederschrift

(1) Die oder der Vollstreckungsbedienstete hat über jede Vollstreckungshandlung, die nicht schriftlich vorgenommen wird, eine Niederschrift aufzunehmen.
(2) Die Niederschrift soll enthalten:
1. die Bezeichnung der Vollstreckungsbehörde und des zu vollstreckenden Verwaltungsaktes,
2. Ort und Zeit der Niederschrift,
3. die Vollstreckungshandlung,
4. die Namen der Personen, mit denen verhandelt wurde,
5. die Namen der als Zeuginnen oder Zeugen zugezogenen Personen,
6. eine kurze Darstellung der wesentlichen Vorgänge,
7. die Namen der an der Vollstreckung beteiligten Bediensteten,
8. die Unterschrift der oder des die Vollstreckung leitenden Bediensteten.

(3) War der Vollstreckungsschuldner bei der Vollstreckungshandlung nicht anwesend, so hat ihm die Vollstreckungsbehörde eine Abschrift der Niederschrift zuzusenden.

§ 11
Wegfall der aufschiebenden Wirkung

[1]Rechtsbehelfe gegen Maßnahmen der Verwaltungsvollstreckung haben keine aufschiebende Wirkung. [2]§ 80 Absatz 4 bis 8 der Verwaltungsgerichtsordnung in der Fassung der Bekanntmachung vom 19. März 1991 (BGBl. I S. 686), die zuletzt durch Artikel 2 Absatz 4 des Gesetzes vom 4. Dezember 2023 (BGBl. I Nr. 344) geändert worden ist, in der jeweils geltenden Fassung, gilt entsprechend.

ZWEITER TEIL
Vollstreckung wegen Geldforderungen

§ 12
Art und Umfang der Vollstreckung

(1) Leistungsbescheide werden durch Beitreibung vollstreckt.
(2) [1]Mit der Hauptforderung können beigetrieben werden:
1. die Kosten der Mahnung und der Vollstreckung,
2. Zinsen, Säumniszuschläge und andere Nebenforderungen, wenn der Vollstreckungsschuldner im Leistungsbescheid oder in der Mahnung auf die dem Grunde nach bestehende Verpflichtung zur Leistung der Nebenforderungen zuvor schriftlich oder elektronisch hingewiesen worden ist.

[2]Die Beitreibung ist auch dann ohne gesonderte Festsetzung zulässig, wenn die Hauptforderung nach der Mahnung erfüllt wurde.

§ 12a
Vermögensermittlung, Datenverarbeitung und Auskunftspflichten

(1) [1]Zur Vorbereitung der Vollstreckung kann die Vollstreckungsbehörde die Einkommens- und Vermögensverhältnisse des Vollstreckungsschuldners ermitteln. [2]Die Vollstreckungsbehörde darf ihr bekannte, nach § 3 Absatz 1 Nummer 1 Buchstabe d des Sächsischen Kommunalabgabengesetzes in der Fassung der Bekanntmachung vom 9. März 2018 (SächsGVBl. S. 116), das zuletzt durch Artikel 2 des Gesetzes vom 13. Dezember 2023 (SächsGVBl. S. 876) geändert worden ist, in der jeweils geltenden Fassung, in Verbindung mit § 30 der Abgabenordnung geschützte Daten, die sie bei der Vollstreckung wegen Kommunalabgaben verwenden darf, auch bei der Vollstreckung wegen anderer Geldleistungen und Nebenleistungen, die denselben Vollstreckungsschuldner betreffen, verwenden. [3]Die Vollstreckungsbehörde darf darüber hinaus ihr bekannte, personenbezogene Daten, die sie im Rahmen der Vollstreckung eines nicht unter Satz 2 fallenden Leistungsbescheides verwenden darf, auch zu Zwecken der Vollstreckung wegen anderer Geldleistungen und Nebenleistungen, die dieselbe Vollstreckungsschuldnerin oder denselben Vollstreckungsschuldner betreffen, verwenden, soweit gesetzliche Vorschriften nicht entgegenstehen.

(2) [1]Der Vollstreckungsschuldner hat der Vollstreckungsbehörde die zur Feststellung eines für die Vollstreckung erheblichen Sachverhaltes erforderlichen Auskünfte zu erteilen. [2]Dies gilt auch für nicht rechtsfähige Vereinigungen, Vermögensmassen, Behörden und Betriebe gewerblicher Art der Körperschaften öffentlichen Rechts; § 34 sowie § 79 Absatz 1 Nummer 3 und 4 der Abgabenordnung gelten entsprechend.

(3) [1]Kommt der Vollstreckungsschuldner seiner Pflicht, eine Auskunft nach Absatz 2 zu erteilen, nicht nach oder ist bei einer Vollstreckung in die in der Auskunft nach Absatz 2 angeführten Vermögensgegenstände eine vollständige Befriedigung der Forderung, wegen der die Auskunft nach Absatz 2 verlangt wird, voraussichtlich nicht zu erwarten, so darf die Vollstreckungsbehörde

1. bei den Trägern der gesetzlichen Rentenversicherung und bei einer berufsständischen Versorgungseinrichtung im Sinne des § 6 Absatz 1 Satz 1 Nummer 1 des Sechsten Buches Sozialgesetzbuch den Namen und die Vornamen oder die Firma sowie die Anschriften der derzeitigen Arbeitgeber eines versicherungspflichtigen Beschäftigungsverhältnisses der Vollstreckungsschuldnerin oder des Vollstreckungsschuldners erheben und
2. beim Kraftfahrt-Bundesamt die Fahrzeug- und Halterdaten nach § 35 Absatz 1 Nummer 17 des Straßenverkehrsgesetzes.

[2]Nach Satz 1 erhobene Daten, die innerhalb der letzten drei Monate bei der Vollstreckungsbehörde eingegangen sind, dürfen von der Vollstreckungsbehörde auch einer weiteren Vollstreckungsbehörde übermittelt werden, wenn die Voraussetzungen für die Datenerhebung auch bei der weiteren Vollstreckungsbehörde vorliegen.

§ 13
Fälligkeit, Mahnung

(1) Die Beitreibung ist nur zulässig, soweit die beizutreibende Forderung fällig ist.

(2) Vor der Beitreibung ist der Schuldner von der Behörde, die den Verwaltungsakt erlassen hat, durch verschlossenes Schreiben zu mahnen.

(3) Bei regelmäßig wiederkehrenden Geldleistungen kann die Mahnung durch ortsübliche Bekanntmachung erfolgen.

(4) In der Mahnung ist für die Zahlung eine Frist von mindestens einer Woche zu bestimmen.

(5) Einer Mahnung bedarf es nicht, wenn dadurch der Zweck der Vollstreckung gefährdet würde oder wenn Zwangsgeld, Kosten der Vollstreckung sowie Nebenforderungen beigetrieben werden sollen.

§ 14
Beitreibung durch Vollstreckung in bewegliche Sachen

(1) [1]Die Beitreibung kann im Wege der Vollstreckung in bewegliche Sachen erfolgen. [2]Hierfür gelten die §§ 281 bis 283, § 285 Absatz 1, § 286 und die §§ 292 bis 308 der Abgabenordnung entsprechend mit der Maßgabe, dass an die Stelle des Vollziehungsbeamten die Vollstreckungsbedienstete und der Vollstreckungsbedienstete treten.

(2) [1]Die Vollstreckungsbehörden können die Gerichtsvollzieherinnen oder Gerichtsvollzieher um Beitreibung durch Vollstreckung in bewegliche Sachen ersuchen; dies gilt auch für inländische Vollstreckungsbehörden, die diesem Gesetz nicht unterliegen. [2]Wird die Beitreibung durch Gerichtsvollzieherinnen oder Gerichtsvollzieher durchgeführt, gelten die Vorschriften des Achten Buches der Zivilprozessordnung entsprechend mit der Maßgabe, dass an die Stelle der vollstreckbaren Ausfertigung des Schuldtitels das schriftliche oder elektronische Vollstreckungsersuchen der Vollstreckungsbehörde tritt und eine Zustellung des Vollstreckungsersuchens nicht erforderlich ist. [3]Für das Vollstreckungsersuchen gilt § 4 Absatz 4 entsprechend.

§ 15
Beitreibung durch Vollstreckung in sonstige Vermögensgegenstände

(1) Erfolgt die Beitreibung durch Vollstreckung in sonstige Vermögensgegenstände, so gelten folgende Vorschriften der Abgabenordnung entsprechend:

1. §§ 281 bis 283 für die Vollstreckung in das bewegliche Vermögen im allgemeinen;
2. §§ 309 bis 314, § 315 Absatz 1 und Absatz 2 Satz 1, §§ 316 bis 321 für die Vollstreckung in Forderungen und andere Vermögensrechte;
3. §§ 322 und 323 für die Vollstreckung in das unbewegliche Vermögen.

(2) [1]Wird die Vollstreckung wegen eines Zwangsgeldes einschließlich Gebühren und Auslagen betrieben, kann die Vollstreckungsbehörde den pfändbaren Teil des Arbeitseinkommens ohne Rücksicht auf die in § 850c der Zivilprozessordnung vorgesehene Beschränkung bestimmen. [2]Bei Pfändungsschutzkonten kann die Vollstreckungsbehörde von § 899 Absatz 1 und 2 sowie § 902 der Zivilprozessordnung abweichende pfändungsfreie Beträge festsetzen. [3]Der Vollstreckungsschuldnerin oder dem Vollstreckungsschuldner ist jedoch so viel zu belassen, wie sie oder er für ihren oder seinen notwendigen Unterhalt und zur Erfüllung ihrer oder seiner laufenden gesetzlichen Unterhaltspflichten bedarf.

(3) Die Vollstreckungsbehörde kann die Pfändungs- und die Einziehungsverfügung auch dann selbst erlassen und durch die Post zustellen, wenn der Vollstreckungsschuldner oder der Drittschuldner außerhalb des Freistaates Sachsen, jedoch im Inland seinen Wohnsitz, Sitz oder gewöhnlichen Aufenthaltsort hat, sofern das dort geltende Landesrecht dies zulässt.

(4) Vollstreckungsbehörden im Inland, die diesem Gesetz nicht unterliegen, können gegen Vollstreckungsschuldner und Drittschuldner, die ihren Wohnsitz, Sitz oder gewöhnlichen Aufenthalt im Freistaat Sachsen haben, selbst Pfändungs- und Einziehungsverfügungen erlassen und durch die Post zustellen.

§ 16
Sonstige Vorschriften für die Beitreibung

Im Übrigen gelten für die Beitreibung § 251 Absatz 2 Satz 2, die §§ 258, 260, 262 bis 264, 266, 267 und 324 bis 327 der Abgabenordnung entsprechend.

§ 17
Vermögensauskunft

(1) [1]Der Vollstreckungsschuldner hat der Gerichtsvollzieherin oder dem Gerichtsvollzieher eine Vermögensauskunft nach § 802c der Zivilprozessordnung zu erteilen, wenn die Vollstreckungsbehörde der Gerichtsvollzieherin oder dem Gerichtsvollzieher ein schriftliches oder elektronisches Vollstreckungsersuchen übermittelt und ihr oder ihm einen

Auftrag nach § 802a Absatz 2 Satz 1 Nummer 2 der Zivilprozessordnung erteilt hat. [2]Für das Vollstreckungsersuchen gilt § 4 Absatz 4 entsprechend.

(2) [1]Hat die Vollstreckungsbehörde die Gerichtsvollzieherin oder den Gerichtsvollzieher um die Vornahme der Pfändung beim Vollstreckungsschuldner ersucht und hat

1. der Vollstreckungsschuldner die Durchsuchung verweigert oder
2. die Pfändung nicht zu einer vollständigen Befriedigung des Gläubigers geführt,

kann die Gerichtsvollzieherin oder der Gerichtsvollzieher dem Vollstreckungsschuldner die Vermögensauskunft auf Antrag der Vollstreckungsbehörde abweichend von § 802f Absatz 1 bis 4 der Zivilprozessordnung sofort abnehmen. [2]§ 802f Absatz 5 und 6 sowie § 807 Absatz 2 der Zivilprozessordnung finden entsprechende Anwendung.

(3) Für die Handlungen nach den Absätzen 1 und 2 gelten die §§ 802c bis 802i, 802k, 802l und 807 sowie 882b bis 882e der Zivilprozessordnung entsprechend.

(4) [1]Gegen die Ablehnung des Auftrags zur Abnahme der Vermögensauskunft durch die Gerichtsvollzieherin oder den Gerichtsvollzieher kann die Vollstreckungsbehörde die Erinnerung nach § 766 der Zivilprozessordnung einlegen; das gilt ebenso, wenn der Vollstreckungsschuldner die Verpflichtung zur Abgabe der Vermögensauskunft nach Absatz 1 bestreitet. [2]Erlässt das Gericht den Haftbefehl gegen den Schuldner nach § 802g Absatz 1 Satz 1 der Zivilprozessordnung nicht, ist dagegen die sofortige Beschwerde entsprechend § 793 der Zivilprozessordnung gegeben.

(5) [1]Die Landkreise, Kreisfreien Städte und Gemeinden können, anstatt den Auftrag nach Absatz 1 Satz 1 an die Gerichtsvollzieherin oder den Gerichtsvollzieher zu erteilen, verlangen, dass der Vollstreckungsschuldner die Auskunft über sein Vermögen ihnen gegenüber erteilt. [2]Die Vermögensauskunft des Vollstreckungsschuldners gegenüber den in Satz 1 genannten Körperschaften erfolgt in entsprechender Anwendung des § 284 der Abgabenordnung. [3]Für die Versicherung an Eides statt nach § 284 Absatz 3 Satz 1 der Abgabenordnung gilt § 27 Absatz 2 des Verwaltungsverfahrensgesetzes in der Fassung der Bekanntmachung vom 23. Januar 2003 (BGBl. I S. 102), das zuletzt durch Artikel 1 des Gesetzes vom 4. Dezember 2023 (BGBl. I Nr. 344) geändert worden ist, in der jeweils geltenden Fassung, entsprechend.

§ 17a Auskunftsrechte der Vollstreckungsbehörde

(1) Kommt der Vollstreckungsschuldner seiner Pflicht, eine Vermögensauskunft nach § 17 Absatz 5 zu erteilen, nicht nach oder ist bei einer Vollstreckung in die in der Vermögensauskunft angeführten Vermögensgegenstände eine vollständige Befriedigung der Forderung voraussichtlich nicht zu erwarten, darf die nach § 17 Absatz 5 Satz 1 zuständige Vollstreckungsbehörde folgende Daten erheben:

1. bei den Trägern der gesetzlichen Rentenversicherung und bei einer berufsständischen Versorgungseinrichtung im Sinne des § 6 Absatz 1 Satz 1 Nummer 1 des Sechsten Buches Sozialgesetzbuch den Namen und die Vornamen oder die Firma sowie die Anschriften der derzeitigen Arbeitgeber eines versicherungspflichtigen Beschäftigungsverhältnisses des Vollstreckungsschuldners und
2. beim Kraftfahrt-Bundesamt die Fahrzeug- und Halterdaten nach § 35 Absatz 1 Nummer 17 des Straßenverkehrsgesetzes.

(2) Die innerhalb der letzten drei Monate erhobenen Daten darf die Vollstreckungsbehörde einer weiteren Vollstreckungsbehörde übermitteln, wenn die Voraussetzungen für die Datenerhebung auch bei dieser vorliegen.

§ 17b Vollstreckung wegen privatrechtlicher Geldforderungen

(1) Die Bestimmungen über die Vollstreckung von Leistungsbescheiden gelten entsprechend für die Vollstreckung von privatrecht-

lichen Forderungen, die entstanden sind aus Forderungsübergängen nach
1. § 7 Absatz 1 des Unterhaltsvorschussgesetzes in der Fassung der Bekanntmachung vom 17. Juli 2007 (BGBl. I S. 1446), das zuletzt durch Artikel 13 des Gesetzes vom 23. Mai 2022 (BGBl. I S. 760) geändert worden ist, in der jeweils geltenden Fassung,
2. § 33 des Zweiten Buches Sozialgesetzbuch,
3. § 95 des Achten Buches Sozialgesetzbuch,
4. § 141 des Neunten Buches Sozialgesetzbuch,
5. den §§ 115 und 116 des Zehnten Buches Sozialgesetzbuch,
6. den §§ 93 und 94 des Zwölften Buches Sozialgesetzbuch,
7. § 37 des Bundesausbildungsförderungsgesetzes in der Fassung der Bekanntmachung vom 7. Dezember 2010 (BGBl. I S. 1952; 2012 I S. 197), das zuletzt durch Artikel 3 des Gesetzes vom 21. Dezember 2022 (BGBl. I S. 2847) geändert worden ist, in der jeweils geltenden Fassung, oder
8. den §§ 27g und 27h des Bundesversorgungsgesetzes in der Fassung der Bekanntmachung vom 22. Januar 1982 (BGBl. I S. 21), das zuletzt durch Artikel 1 der Verordnung vom 21. Juni 2023 (BGBl. I Nr. 165) geändert worden ist, in der jeweils geltenden Fassung.

(2) [1]An die Stelle des Leistungsbescheids tritt die Zahlungsaufforderung. [2]Zu der Forderung gehören auch die Zinsen, die Kosten der Zahlungsaufforderung und die sonstigen Nebenforderungen.

(3) [1]Die Vollstreckung ist einzustellen, sobald der Vollstreckungsschuldner bei der Vollstreckungsbehörde gegen die Forderung als solche schriftlich, elektronisch oder zur Niederschrift Einwendungen erhebt. [2]Der Vollstreckungsschuldner ist über dieses Recht zu belehren. [3]Bereits getroffene Vollstreckungsmaßnahmen sind unverzüglich aufzuheben, wenn der Gläubiger
1. nicht binnen eines Monats nach Geltendmachung der Einwendungen wegen seiner Ansprüche vor den ordentlichen Gerichten Klage erhoben oder den Erlass eines Mahnbescheids beantragt hat oder
2. mit der Klage rechtskräftig abgewiesen worden ist.

[4]Ist die Vollstreckung eingestellt worden, kann sie nur nach Maßgabe der Zivilprozessordnung fortgesetzt werden.

§ 18
Beitreibung gegen juristische Personen des öffentlichen Rechts

(1) Die Beitreibung bedarf der Zulassung durch
1. die Staatsregierung, wenn sie sich gegen eine oberste Landesbehörde richtet,
2. die zuständige oberste Landesbehörde, wenn sie sich gegen eine andere Behörde des Freistaates Sachsen richtet,
3. die Aufsichtsbehörde, wenn sie sich gegen eine der Aufsicht des Freistaates Sachsen unterstehende Körperschaft, Anstalt oder Stiftung des öffentlichen Rechts richtet; dies gilt nicht für öffentlich-rechtliche Unternehmen, die am Wettbewerb teilnehmen.

(2) Die Zulassung hat zu erfolgen, soweit es sich nicht um Vermögensgegenstände handelt, die für die Erfüllung von Pflichtaufgaben des Schuldners unentbehrlich sind oder deren Veräußerung ein überwiegendes öffentliches Interesse entgegensteht.

(3) In der Zulassungsverfügung sind der Zeitpunkt der Beitreibung und die Vermögensgegenstände, in die vollstreckt werden darf, zu bestimmen.

DRITTER TEIL
Vollstreckung sonstiger Verwaltungsakte

1. Abschnitt
Allgemeine Vorschriften

§ 19
Zwangsmittel

(1) Verwaltungsakte, die zu einer sonstigen Handlung, einer Duldung oder einer Unterlassung verpflichten, werden mit Zwangsmitteln vollstreckt.

(2) Zwangsmittel sind
1. Zwangsgeld und Zwangshaft,
2. Ersatzvornahme und Fiktion der Abgabe einer Erklärung,
3. unmittelbarer Zwang einschließlich Zwangsräumung und Wegnahme.

(3) Kommen mehrere Zwangsmittel in Betracht, so hat die Vollstreckungsbehörde dasjenige Zwangsmittel anzuwenden, das den Vollstreckungsschuldner und die Allgemeinheit voraussichtlich am wenigsten beeinträchtigt.

(4) Durch die Anwendung eines Zwangsmittels darf kein Nachteil herbeigeführt werden, der erkennbar außer Verhältnis zum Zweck der Vollstreckung steht.

(5) [1]Zwangsmittel dürfen wiederholt und solange angewandt werden, bis der Verwaltungsakt vollzogen oder auf andere Weise erledigt ist. [2]Zur Erzwingung einer Duldung oder Unterlassung dürfen Zwangsmittel nicht mehr angewandt werden, wenn eine weitere Zuwiderhandlung nicht mehr zu befürchten ist.

§ 20
Androhung

(1) [1]Zwangsmittel sind vor ihrer Anwendung von der Vollstreckungsbehörde schriftlich anzudrohen. [2]Dem Vollstreckungsschuldner ist in der Androhung zur Erfüllung der Verpflichtung eine angemessene Frist zu bestimmen. [3]Eine Frist braucht nicht bestimmt zu werden, wenn eine Duldung oder Unterlassung erzwungen werden soll.

(2) [1]Die Androhung kann mit dem Verwaltungsakt, der vollstreckt werden soll, verbunden werden. [2]Sie soll mit ihm verbunden werden, wenn Rechtsbehelfen keine aufschiebende Wirkung zukommt.

(3) [1]Die Androhung muss sich auf bestimmte Zwangsmittel beziehen. [2]Werden mehrere Zwangsmittel angedroht, ist anzugeben, in welcher Reihenfolge sie angewandt werden sollen.

(4) Zwangsgeld ist in bestimmter Höhe anzudrohen.

(5) Wird Ersatzvornahme angedroht, so sind in der Androhung die voraussichtlichen Kosten anzugeben.

§ 21
Vollstreckung bei Gefahr im Verzug

Von § 3 Absatz 3, §§ 5, 8, 9 und 20 Absatz 1 kann abgewichen werden, soweit dies zur Verhinderung einer unmittelbar bevorstehenden Störung der öffentlichen Sicherheit oder zur Beseitigung einer bereits eingetretenen Störung erforderlich ist.

2. Abschnitt
Die einzelnen Zwangsmittel

§ 22
Zwangsgeld

(1) Die Höhe des Zwangsgeldes beträgt mindestens 5 EUR und höchstens 25 000 EUR.

(2) Das Zwangsgeld ist vor der Beitreibung schriftlich festzusetzen.

§ 23
Zwangshaft

(1) [1]Ist das Zwangsgeld uneinbringlich, so kann das Amtsgericht auf Antrag der Vollstreckungsbehörde nach Anhörung des Vollstreckungsschuldners einen Haftbefehl erlassen, wenn bei der Androhung des Zwangsgeldes oder nachträglich auf die Zulässigkeit der Zwangshaft hingewiesen worden ist. [2]In dem Haftbefehl sind der Gläubiger, der Schuldner und der Grund der Verhaftung zu bezeichnen.

(2) Die Zwangshaft beträgt mindestens einen Tag und höchstens zwei Wochen.

(3) [1]Die Zwangshaft ist auf Antrag der Vollstreckungsbehörde von der Justizverwaltung zu vollstrecken. [2]§ 802g Absatz 2 sowie die §§ 802h und 802j Absatz 2 der Zivilprozessordnung gelten entsprechend.

§ 24
Ersatzvornahme

(1) [1]Wird die Verpflichtung, eine Handlung vorzunehmen, deren Vornahme durch einen anderen möglich ist (vertretbare Handlung), nicht erfüllt, so kann die Vollstreckungsbehörde auf Kosten des Vollstreckungsschuldners einen anderen mit der Vornahme der Handlung beauftragen oder die Handlung selbst vornehmen. [2]Der Vollstreckungsschuldner sowie Personen, die Mitgewahrsam an den Räumen und beweglichen Sachen des Vollstreckungsschuldners haben, sind zur Duldung der Ersatzvornahme verpflichtet.

(2) Die Vollstreckungsbehörde kann vom Vollstreckungsschuldner die Vorauszahlung der voraussichtlichen Kosten der Ersatzvornahme verlangen.

(3) [1]Die Kosten der Ersatzvornahme und die Vorauszahlung werden von der Vollstreckungsbehörde durch Leistungsbescheid festgesetzt. [2]Der Leistungsbescheid ist sofort vollziehbar.

(4) [1]Die Kosten sind innerhalb von zwei Wochen nach Zustellung des Leistungsbescheides zu zahlen. [2]Von diesem Zeitpunkt an sind die Kosten der Ersatzvornahme zu verzinsen. [3]Die Vorauszahlung ist zu verzinsen, soweit sie die tatsächlichen Kosten der Ersatzvornahme übersteigt. [4]Der Zinssatz beträgt fünf Prozentpunkte über dem jeweiligen Basiszinssatz nach § 247 des Bürgerlichen Gesetzbuches. [5]Änderungen des Basiszinssatzes nach § 247 des Bürgerlichen Gesetzbuches sind für die Verzinsung ab dem Tag wirksam, an dem die Deutsche Bundesbank die Änderung im Bundesanzeiger bekannt gemacht hat. [6]Neben den Zinsen werden keine Säumniszuschläge erhoben.

(5) [1]Grundstücksbezogene Kosten der Ersatzvornahme ruhen als öffentliche Last auf dem Grundstück oder auf den grundstücksgleichen Rechten. [2]Der Eigentümer hat diesbezüglich die Zwangsvollstreckung in den Grundbesitz zu dulden. [3]Zugunsten der Vollstreckungsbehörde gilt als Eigentümer, wer als solcher im Grundbuch eingetragen ist. [4]Der Eigentümer kann durch einen Duldungsbescheid in Anspruch genommen werden. [5]Das Recht des nicht eingetragenen Eigentümers, die ihm gegen die öffentliche Last zustehenden Einwendungen geltend zu machen, bleibt unberührt.

§ 24a
Fiktion der Abgabe einer Erklärung

(1) [1]Ist jemand durch einen Verwaltungsakt verpflichtet, eine bestimmte Erklärung abzugeben, so gilt die Erklärung als abgegeben, sobald der Verwaltungsakt unanfechtbar geworden ist. [2]Voraussetzung ist, dass

1. der Inhalt der Erklärung in dem Verwaltungsakt festgelegt worden ist,
2. der Vollstreckungsschuldner in dem Verwaltungsakt auf die Bestimmung des Satzes 1 hingewiesen worden ist und
3. er im Zeitpunkt des Eintritts der Unanfechtbarkeit des Verwaltungsaktes die Erklärung rechtswirksam abgeben kann.

(2) [1]Die Behörde, die den Verwaltungsakt erlassen hat, teilt den Beteiligten mit, in welchem Zeitpunkt der Verwaltungsakt unanfechtbar geworden ist. [2]Sie ist berechtigt, die zur Wirksamkeit der Erklärung erforderlichen Genehmigungen und Zustimmungen einzuholen und Anträge auf Eintragung in öffentliche Bücher und Register zu stellen. [3]Bedarf die Behörde dazu einer Urkunde, die der betroffenen Person auf Antrag von einer anderen Behörde, einer Notarin oder einem Notar zu erteilen ist, kann sie die Erteilung anstelle der betroffenen Person verlangen.

§ 25
Unmittelbarer Zwang

(1) [1]Unmittelbarer Zwang ist jede Einwirkung auf Personen oder Sachen durch einfache körperliche Gewalt sowie durch Waffengebrauch oder andere Hilfsmittel der körperlichen Ge-

walt. [2]Waffengebrauch ist nur zulässig, soweit dies durch Gesetz ausdrücklich gestattet ist.
(2) Unmittelbarer Zwang darf nur angewandt werden, wenn Zwangsgeld und Ersatzvornahme nicht zum Erfolg geführt haben oder deren Anwendung untunlich ist.
(3) [1]Gegenüber Personen darf unmittelbarer Zwang nur angewandt werden, wenn der Zweck der Vollstreckung durch unmittelbaren Zwang gegen Sachen nicht erreichbar erscheint. [2]Das angewandte Mittel muss nach Art und Maß dem Alter und dem Zustand der Personen angemessen sein.

§ 26
Zwangsräumung

(1) [1]Hat der Vollstreckungsschuldner eine unbewegliche Sache, einen Raum oder ein Schiff zu räumen, zu überlassen oder herauszugeben, so können er und die Personen, die zu seinem Haushalt oder Geschäftsbetrieb gehören, aus dem Besitz gesetzt werden. [2]Der Zeitpunkt der Zwangsräumung soll dem Vollstreckungsschuldner angemessene Zeit vorher mitgeteilt werden.
(2) Bewegliche Sachen, die nicht Gegenstand der Vollstreckung sind, werden dem Vollstreckungsschuldner oder, wenn dieser nicht anwesend ist, der ihn vertretenden Person oder einer zu seinem Haushalt oder Geschäftsbetrieb gehörenden erwachsenen Person übergeben.
(3) [1]Weigert sich die empfangsberechtigte Person nach Absatz 2, die Sachen in Empfang zu nehmen, sind sie zu verwahren. [2]Der Vollstreckungsschuldner ist aufzufordern, die Sachen binnen einer bestimmen Frist abzuholen. [3]Kommt er der Aufforderung nicht nach, so kann die Vollstreckungsbehörde die Sachen verwerten. [4]Die §§ 296 bis 300 der Abgabenordnung gelten entsprechend. [5]Unverwertbare Sachen kann die Vollstreckungsbehörde auf Kosten des Vollstreckungsschuldners vernichten, wenn sie ihn auf diese Möglichkeit hingewiesen hat.

§ 27
Wegnahme

(1) Hat der Vollstreckungsschuldner eine bewegliche Sache herauszugeben oder vorzulegen, so kann die oder der Vollstreckungsbedienstete sie ihm wegnehmen.
(2) [1]Wird die Sache beim Vollstreckungsschuldner nicht vorgefunden, so hat er über ihren Verbleib Auskunft zu geben oder auf Ersuchen der Vollstreckungsbehörde gegenüber der Gerichtsvollzieherin oder dem Gerichtsvollzieher zu Protokoll an Eides statt zu versichern, dass er die Sache nicht in seinem Besitz habe und er nicht wisse, wo die Sache sich befinde. [2]Die Gerichtsvollzieherin oder der Gerichtsvollzieher kann eine der Sachlage entsprechende Änderung der eidesstattlichen Versicherung beschließen.
(3) [1]Dem Auftrag der Vollstreckungsbehörde ist eine beglaubigte Abschrift des zu vollstreckenden Verwaltungsakts beizufügen. [2]Für das Verfahren gelten § 802c Absatz 3 und § 802e der Zivilprozessordnung entsprechend. [3]Die Vorschriften der §§ 802g und 802h der Zivilprozessordnung finden entsprechende Anwendung für den Fall, dass der Vollstreckungsschuldner sich weigert, die Versicherung an Eides statt nach Absatz 2 Satz 1 zu leisten.

VIERTER TEIL
Schlussvorschriften

§ 28
Einschränkung von Grundrechten

Durch Maßnahmen aufgrund dieses Gesetzes können das Recht auf körperliche Unversehrtheit (Artikel 2 Absatz 2 Satz 1 des Grundgesetzes und Artikel 16 Absatz 1 Satz 1 der Verfassung des Freistaates Sachsen), die Freiheit der Person (Artikel 2 Absatz 2 Satz 2 des Grundgesetzes und Artikel 16 Absatz 1 Satz 2 der Verfassung des Freistaates Sachsen), die Unverletzlichkeit der Wohnung (Artikel 13 des Grundgesetzes und Artikel 30 der Verfassung des Freistaates Sachsen) und das Recht auf Datenschutz (Artikel 33 der Verfassung des Freistaates Sachsen) eingeschränkt werden.

§ 29
Übergangsvorschrift

§ 24 Absatz 5 gilt auch für Kosten von Ersatzvornahmen, die vor dem 31. Dezember 2023 festgesetzt wurden, es sei denn, der Vollstreckungsschuldner ist zu diesem Zeitpunkt kein Eigentümer des Grundstückes beziehungsweise Berechtigter des grundstücksgleichen Rechts mehr.

§ 30
(Inkrafttreten)

Gesetz
zur Regelung des Verwaltungsverfahrens- und des Verwaltungszustellungsrechts für den Freistaat Sachsen (SächsVwVfZG)[1]

Vom 19. Mai 2010 (SächsGVBl. S. 142), das zuletzt durch Artikel 8 des Gesetzes vom 31. Januar 2024 (SächsGVBl. S. 83) geändert worden ist

– Fassung ab 1. Januar 2025 –

TEIL 1
Verwaltungsverfahren

§ 1
Anwendungsbereich

[1]Für die öffentlich-rechtliche Verwaltungstätigkeit der Behörden des Freistaates Sachsen und der seiner Aufsicht unterstehenden Körperschaften, Anstalten und Stiftungen des öffentlichen Rechts gilt das Verwaltungsverfahrensgesetz (VwVfG) in der Fassung der Bekanntmachung vom 23. Januar 2003 (BGBl. I S. 102), zuletzt geändert durch Artikel 2 Abs. 1 des Gesetzes vom 14. August 2009 (BGBl. I S. 2827, 2839), in der jeweils geltenden Fassung entsprechend, soweit nichts Abweichendes geregelt ist. [2]§ 61 Abs. 2 Satz 2 und 3 VwVfG gilt auch, wenn Vertragsschließender eine Behörde im Sinne des Satzes 1 ist.

§ 2
Ausnahmen vom Anwendungsbereich

(1) Für die Tätigkeit der Schulen, Hochschulen und Volkshochschulen ist bei Versetzungs- und anderen Entscheidungen, die auf einer Leistungsbeurteilung beruhen, § 2 Absatz 3 Nummer 2 des Verwaltungsverfahrensgesetzes entsprechend anwendbar.

(2) Für Berufungsverfahren im Hochschulbereich sind die §§ 28 und 39 des Verwaltungsverfahrensgesetzes nicht anzuwenden.

(3) Für die Tätigkeit des Mitteldeutschen Rundfunks gilt das Verwaltungsverfahrensgesetz nicht.

§ 2a
Bekanntgabe von Verwaltungsakten durch Bereitstellung zum Datenabruf

Erfolgt die Bekanntgabe eines elektronischen Verwaltungsaktes durch Bereitstellung zum Abruf in einem Postfach nach § 2 Absatz 7 des Onlinezugangsgesetzes vom 14. August 2017 (BGBl. I S. 3122, 3138), das zuletzt durch Artikel 16 des Gesetzes vom 28. Juni 2021 (BGBl. I S. 2250; 2023 I Nr. 230) geändert worden ist, in der jeweils geltenden Fassung, das Bestandteil eines Nutzerkontos nach § 2 Absatz 5 des Onlinezugangsgesetzes ist, gilt § 9 Absatz 1 des Onlinezugangsgesetzes anstelle von § 41 Absatz 2a des Verwaltungsverfahrensgesetzes entsprechend.

§ 3
Verjährung

(1) [1]Die Verjährung von Ansprüchen, die sich aus landesrechtlichen Vorschriften ergeben, unterliegt den Vorschriften des Bürgerlichen

1 Erlassen als Artikel 1 des Gesetzes zur Regelung des Verwaltungsverfahrens- und des Verwaltungszustellungsrechts für den Freistaat Sachsen und zur Änderung anderer Gesetze (d. Red.)

Gesetzbuches in der jeweils geltenden Fassung, sofern nichts Abweichendes geregelt ist. ²§ 1 bleibt unberührt.

(2) Artikel 229 § 6 des Einführungsgesetzes zum Bürgerlichen Gesetzbuche in der Fassung der Bekanntmachung vom 21. September 1994 (BGBl. I S. 2494, 1997 I S. 1061), das zuletzt durch Artikel 4 Abs. 9 des Gesetzes vom 11. August 2009 (BGBl. I S. 2713, 2721) geändert worden ist, findet in der jeweils geltenden Fassung entsprechende Anwendung, sofern nichts Abweichendes geregelt ist.

(3) Für die durch das Gesetz zur Anpassung landesrechtlicher Verjährungsvorschriften vom 8. Dezember 2008 (SächsGVBl. S. 940) im

1. Sächsischen Gesetz über die Presse (SächsPresseG) vom 3. April 1992 (SächsGVBl. S. 125), zuletzt geändert durch Artikel 1 des Gesetzes vom 13. August 2009 (SächsGVBl. S. 438),
2. Polizeigesetz des Freistaates Sachsen (SächsPolG) in der Fassung der Bekanntmachung vom 13. August 1999 (SächsGVBl. S. 466), zuletzt geändert durch Artikel 4 des Gesetzes vom 8. Dezember 2008 (SächsGVBl. S. 940, 941),
3. Sächsischen Gesetz über die Hilfen und die Unterbringung bei psychischen Krankheiten (SächsPsychKG) in der Fassung der Bekanntmachung vom 10. Oktober 2007 (SächsGVBl. S. 422), zuletzt geändert durch Artikel 5 des Gesetzes vom 8. Dezember 2008 (SächsGVBl. S. 940, 941),
4. Sächsischen Wassergesetz (SächsWG) vom 12. Juli 2013 (SächsGVBl. S. 503),

geänderten Vorschriften findet Artikel 229 § 6 des Einführungsgesetzes zum Bürgerlichen Gesetzbuche mit der Maßgabe entsprechende Anwendung, dass an die Stelle des 1. Januar 2002 der 1. Januar 2009 und an die Stelle des 31. Dezember 2001 der 31. Dezember 2008 tritt.

TEIL 2
Zustellungsverfahren

§ 4
Anwendungsbereich

(1) Für das Zustellungsverfahren der Behörden des Freistaates Sachsen und der seiner Aufsicht unterstehenden Körperschaften, Anstalten und Stiftungen des öffentlichen Rechts gilt das Verwaltungszustellungsgesetz (VwZG) vom 12. August 2005 (BGBl. I S. 2354), zuletzt geändert durch Artikel 9a des Gesetzes vom 11. Dezember 2008 (BGBl. I S. 2418, 2422), in der jeweils geltenden Fassung entsprechend, soweit nichts Abweichendes geregelt ist.

(2) ¹Absatz 1 gilt nicht für Zustellungen der Gerichte bei der Erledigung von Verwaltungsangelegenheiten, die nach den Vorschriften erfolgen, die sie bei ihrer rechtsprechenden Tätigkeit anwenden. ²Satz 1 gilt entsprechend für Staatsanwaltschaften.

Sächsisches Verwaltungskostengesetz (SächsVwKG)[1]

Vom 5. April 2019 (SächsGVBl. S. 245)

– in Kraft seit 27. April 2019 –

– Auszüge –

ABSCHNITT 1 Verwaltungskosten für individuell zurechenbare öffentlich-rechtliche Leistungen

§ 1 Anwendungsbereich

(1) [1]Dieses Gesetz gilt für die Erhebung von Gebühren und Auslagen (Verwaltungskosten) für individuell zurechenbare öffentlich-rechtliche Leistungen der Behörden des Freistaates Sachsen und anderer Behörden, die derartige Leistungen zur Erfüllung von Weisungsaufgaben oder als staatliche Aufgabe erbringen und dabei der Aufsicht von Behörden des Freistaates Sachsen unterliegen. [2]Beliehene sind im Umfang ihrer Beleihung Behörden im Sinne dieses Gesetzes.

(2) Dieses Gesetz findet auf die Erhebung von Verwaltungskosten nach anderen Rechtsvorschriften einschließlich der unmittelbar geltenden Rechtsakte der Europäischen Union ergänzende Anwendung, soweit dort nichts Abweichendes bestimmt ist.

(3) Dieses Gesetz gilt nicht für den Bereich der Justizverwaltung.

§ 2 Begriffsbestimmungen

(1) Öffentlich-rechtliche Leistungen sind

1. Tätigkeiten, die eine Behörde im Sinne des § 1 Absatz 1 in Ausübung hoheitlicher Gewalt mit Außenwirkung vornimmt (Amtshandlungen); eine Amtshandlung liegt auch dann vor, wenn das Einverständnis einer Behörde, insbesondere eine Genehmigung oder eine Erlaubnis, nach Ablauf einer bestimmten Frist auf Grund einer Rechtsvorschrift als erteilt gilt,
2. sonstige Leistungen, die eine Behörde im Sinne des § 1 Absatz 1 im Rahmen einer öffentlich-rechtlichen Verwaltungstätigkeit mit Außenwirkung erbringt, insbesondere die Bereitstellung öffentlicher Einrichtungen zur Benutzung.

(2) Individuell zurechenbar ist eine Leistung, die

1. beantragt, sonst willentlich in Anspruch genommen oder zugunsten des Leistungsempfängers erbracht wird oder
2. durch einen Tatbestand ausgelöst wird, an den eine Rechtsnorm die Befugnis zum Tätigwerden der Behörde knüpft und die in einem spezifischen Bezug zum Tun, Dulden oder Unterlassen einer Person oder zu dem von einer Person zu vertretenden Zustand einer Sache steht.

§ 3 Verwaltungskostenpflicht

(1) Die Verwaltungskostenpflicht individuell zurechenbarer öffentlich-rechtlicher Leistungen von Behörden im Sinne des § 1 Absatz 1 und die Höhe der Gebühren ergeben sich grundsätzlich aus dem Kostenverzeichnis.

(2) [1]Amtshandlungen sind auch dann verwaltungskostenpflichtig, wenn sie nicht im Kostenverzeichnis enthalten sind. [2]In diesen Fällen wird eine Gebühr erhoben, die nach im

1 Erlassen als Artikel 1 des Sächsischen Verwaltungskostenrechtsneuordnungsgesetzes (d. Red.)

Kostenverzeichnis bewerteten vergleichbaren Amtshandlungen zu bemessen ist. [3]Fehlt eine vergleichbare Amtshandlung, wird eine Gebühr bis zu 50 000 Euro erhoben.

(3) Für öffentlich-rechtliche Leistungen im Sinne des § 2 Absatz 1 Nummer 2 werden Gebühren nur dann erhoben, wenn dies im Kostenverzeichnis bestimmt ist.

(4) Die Gebühr fällt für die jeweilige öffentlich-rechtliche Leistung einzeln an, auch wenn diese zusammen mit anderen vorgenommen wird.

(5) Die Gebühr fällt für die jeweilige öffentlich-rechtliche Leistung ohne Rücksicht auf die Zahl der beteiligten Personen nur einmal an.

(6) Eine Verwaltungskostenpflicht besteht auch, wenn ein auf die Vornahme einer öffentlich-rechtlichen Leistung gerichteter Antrag oder ein Rechtsbehelf zurückgenommen wird oder sich auf andere Art und Weise erledigt.

§ 4
Kostenverzeichnis, Höhe der Gebühr

(1) Das Staatsministerium der Finanzen wird ermächtigt, im Einvernehmen mit den jeweils zuständigen Staatsministerien durch Rechtsverordnung das Kostenverzeichnis zu erlassen und fortzuschreiben.

(2) [1]Die Höhe der Gebühr im Kostenverzeichnis ist nach dem Verwaltungsaufwand aller an der öffentlich-rechtlichen Leistung beteiligten Behörden und Stellen (Kostendeckungsgebot) und nach der Bedeutung der Angelegenheit für die Personen, denen nach § 2 Absatz 2 die öffentlich-rechtliche Leistung zuzurechnen ist, zu bemessen. [2]Verwaltungsaufwand sind die regelmäßig bei der Erbringung der öffentlich-rechtlichen Leistung anfallenden Aufwendungen, insbesondere Personal- und Sachaufwendungen. [3]Ausnahmen vom Kostendeckungsgebot sind nur zulässig, wenn dies aus Gründen der Billigkeit erforderlich ist. [4]Die Gebühr darf nicht in einem Missverhältnis zur öffentlich-rechtlichen Leistung stehen. [5]Die im Kostenverzeichnis festgelegte Gebühr enthält nicht die Umsatzsteuer, sofern in anderen Rechtsvorschriften nichts Abweichendes bestimmt ist.

(3) Die Gebühren sind durch feste Sätze (Festgebühren), nach dem Wert des Gegenstandes, auf den sich die öffentlich-rechtliche Leistung bezieht (Wertgebühren), nach dem Zeitaufwand für die öffentlich-rechtliche Leistung (Zeitgebühr) oder durch Rahmensätze (Rahmengebühren) zu bestimmen.

(4) Das Staatsministerium der Finanzen kann für bestimmte Arten von Fällen im Kostenverzeichnis bestimmen, dass Verwaltungskosten nicht erhoben werden, soweit ihre Erhebung unbillig wäre.

(5) Soweit in Rechtsakten der Europäischen Union inhaltlich bestimmte Gebührenregelungen enthalten sind, die von diesem Gesetz abweichen, finden diese bei der Bestimmung der Gebühren im Kostenverzeichnis Anwendung.

§ 5
Mindestgebühr

Die Mindestgebühr beträgt 10 Euro, sofern im Kostenverzeichnis nichts Abweichendes bestimmt ist oder sich dies aus § 3 Absatz 2 Satz 2 ergibt.

§ 6
Rahmengebühren

Bei Rahmengebühren hat die Festsetzungsbehörde die Gebühren gemäß § 4 Absatz 2 und 5 zu bemessen.

§ 7
Verwaltungskosten in besonderen Fällen

(1) [1]Wird ein Antrag zurückgenommen oder erledigt er sich auf andere Art und Weise, bevor die Leistung vollständig erbracht ist, ist eine Gebühr von 10 bis 75 Prozent der für die beantragte öffentlich-rechtliche Leistung festzusetzenden Gebühr je nach Fortgang der Sachbehandlung zu erheben. [2]Von der Festsetzung der Gebühr ist abzusehen, wenn durch die Zurücknahme des Antrags oder seine Erledigung auf andere Art und Weise das Verfahren besonders schnell und mit

geringem Verwaltungsaufwand abgeschlossen werden kann und dies der Billigkeit nicht widerspricht; hatte die Behörde mit der sachlichen Bearbeitung noch nicht begonnen, ist keine Gebühr zu erheben.

(2) [1]Bei der vollständigen oder teilweisen Ablehnung eines Antrags kann die für die beantragte öffentlich-rechtliche Leistung festzusetzende Gebühr bis auf 10 Prozent ermäßigt werden. [2]Wird ein Antrag wegen Unzuständigkeit abgelehnt, ist keine Gebühr zu erheben.

(3) [1]Für die Rücknahme oder den Widerruf eines Verwaltungsaktes ist eine Gebühr bis zur Höhe der für den zurückgenommenen oder widerrufenen Verwaltungsakt im Zeitpunkt der Rücknahme oder des Widerrufs festzusetzenden Gebühr zu erheben. [2]Ist für den zurückgenommenen oder widerrufenen Verwaltungsakt keine Gebühr angefallen, ist eine Gebühr bis zu 3 000 Euro zu erheben.

(4) [1]Verwaltungskosten, die bei richtiger Sachbehandlung durch die Behörde nicht entstanden wären, werden nicht erhoben. [2]Das gleiche gilt für Auslagen, die durch die Verlegung eines Termins oder durch die Vertagung einer Verhandlung entstanden sind, soweit dies nicht vom Auslagenschuldner verursacht ist.

§ 8
Verwaltungskosten im Rechtsbehelfsverfahren

(1) [1]Für die Entscheidung über einen Rechtsbehelf ist, soweit dieser erfolglos geblieben ist, eine Gebühr bis zu 150 Prozent der für den angefochtenen Verwaltungsakt festzusetzenden Gebühr zu erheben. [2]Ist für den angefochtenen Verwaltungsakt keine Gebühr angefallen oder hat ein Dritter den Rechtsbehelf eingelegt, ist eine Gebühr bis zu 5 000 Euro zu erheben. [3]Hat ein Rechtsbehelf vollen Erfolg, werden keine Verwaltungskosten erhoben.

(2) [1]Wird ein Rechtsbehelf zurückgenommen oder erledigt er sich auf andere Art und Weise bevor die Entscheidung über den Rechtsbehelf erlassen ist, beträgt die Gebühr 10 bis 75 Prozent der nach Absatz 1 Satz 1 oder Satz 2 festzusetzenden Gebühr. [2]§ 7 Absatz 1 Satz 2 gilt entsprechend.

(3) Hat ein Rechtsbehelf ganz oder teilweise Erfolg und wird auf diesen hin eine öffentlich-rechtliche Leistung vorgenommen oder ein Antrag abgelehnt, bleibt die Erhebung der dafür vorgeschriebenen Verwaltungskosten unberührt.

§ 9
Verwaltungskostenschuldner

(1) Zur Zahlung der Verwaltungskosten ist derjenige verpflichtet,

1. dem die öffentlich-rechtliche Leistung individuell zuzurechnen ist,
2. der die Verwaltungskosten durch eine vor der zuständigen Behörde abgegebene oder mitgeteilte Erklärung übernommen hat oder
3. der für die Verwaltungskostenschuld eines anderen kraft Gesetzes haftet.

(2) Mehrere Verwaltungskostenschuldner haften als Gesamtschuldner.

(3) Auslagen im Sinne des § 13, die durch unbegründete Einwendungen eines Beteiligten oder durch schuldhaftes Verhalten eines Beteiligten oder eines Dritten entstanden sind, hat dieser zu tragen.

§ 10
Verwaltungskostengläubiger

[1]Gläubiger der Verwaltungskosten für die individuell zurechenbaren öffentlich-rechtlichen Leistungen der Behörden des Freistaates Sachsen ist der Freistaat Sachsen. [2]Gläubiger der Verwaltungskosten für die individuell zurechenbaren öffentlich-rechtlichen Leistungen, die andere Behörden zur Erfüllung von Weisungsaufgaben oder als staatliche Aufgabe unter der Aufsicht des Freistaates Sachsen erbringen, ist deren jeweiliger Rechtsträger. [3]Gläubiger der Verwaltungskosten in den Fällen eines zurückgenommenen oder auf andere Art und Weise erledigten Antrags oder Rechtsbehelfs ist der Rechtsträger der Behörde, die über den Antrag oder Rechtsbehelf zu entscheiden hat.

§ 11
Sachliche Verwaltungskostenfreiheit

(1) Verwaltungskosten werden nicht erhoben für

1. Amtshandlungen der Rechts- und Fachaufsicht gegenüber Körperschaften, Anstalten und Stiftungen des öffentlichen Rechts,
2. durch Gesetz oder Rechtsverordnung geregelte Überwachungsmaßnahmen, die auf Grund eines Verdachts oder einer Beschwerde durchgeführt werden, wenn kein Verstoß gegen eine Rechtsvorschrift festgestellt wird,
3. die Rücknahme oder den Widerruf eines Verwaltungsaktes, wenn diese auf Gründen beruhen, die der Betroffene nicht zu vertreten hat,
4. die Anforderung von Verwaltungskosten, Verwaltungskostenvorschüssen, Beiträgen und die Aufforderung zur Zahlung von Säumniszuschlägen sowie die Festsetzung von Entschädigungen oder Vergütungen im Sinne des § 27 und die Festsetzung der in einem Vorverfahren nach § 68 der Verwaltungsgerichtsordnung zur zweckentsprechenden Rechtsverfolgung oder Rechtsverteidigung notwendigen Aufwendungen,
5. öffentlich-rechtliche Leistungen, die ausschließlich oder überwiegend im öffentlichen Interesse von Amts wegen vorgenommen werden; sind sie einem Beteiligten individuell zuzurechnen, sind ihm dafür die Verwaltungskosten aufzuerlegen, soweit dies der Billigkeit nicht widerspricht,
6. Auskünfte einfacher Art; dies gilt nicht für Auskünfte aus Registern oder Dateien,
7. Verfahren über die Stundung, den Erlass oder die Erstattung öffentlicher Abgaben,
8. Verfahren über Anträge auf Unterstützungen, Beihilfen, Zuschüsse, Stipendien, Freiplätze und ähnliche Vergünstigungen sowie über die Erteilung von Bescheinigungen und Zeugnissen zur Festsetzung von Ruhegehalt, Witwen- und Waisengeld und zur Bewilligung von Prozesskostenhilfe,
9. öffentlich-rechtliche Leistungen in Gnadensachen,
10. Amtshandlungen im Rahmen eines bestehenden oder früheren öffentlich-rechtlichen Dienst- oder Amtsverhältnisses einschließlich des Widerspruchsverfahrens; diese Verwaltungskostenfreiheit erstreckt sich auch auf beamtenrechtliche Prüfungen der Angehörigen der Behörden und Gerichte des Freistaates Sachsen,
11. Verfahren wegen Ablehnung eines Amtsträgers,
12. Entscheidungen über Gegenvorstellungen, Aufsichtsbeschwerden, Dienstaufsichtsbeschwerden und andere Petitionen,
13. Amtshandlungen in Angelegenheiten des Wahlrechts, des Volksantrags, des Volksbegehrens und des Volksentscheids,
14. Verfahren über die Anordnung der sofortigen Vollziehung und über die Aussetzung der Vollziehung nach den §§ 80 und 80a der Verwaltungsgerichtsordnung,
15. Amtshandlungen
    a) der Hochschulen, der Schulen im Sinne des Sächsischen Schulgesetzes in der Fassung der Bekanntmachung vom 27. September 2018 (SächsGVBl. S. 648), das durch Artikel 14 des Gesetzes vom 14. Dezember 2018 (SächsGVBl. S. 782) geändert worden ist, in der jeweils geltenden Fassung, und der Schulaufsichtsbehörden zur Begründung oder im Rahmen eines bestehenden Studien- oder Schulverhältnisses,
    b) anlässlich des Besuchs von Schulen und der Teilnahme an Lehrgängen, die der Aus- oder Weiterbildung von Angehörigen des öffentlichen Dienstes und von im Vorbereitungsdienst hierzu befindlichen Personen dienen,
16. öffentlich-rechtliche Leistungen im Sinne des § 2 Absatz 1 Nummer 2
    a) anlässlich des Besuchs von Schulen im Sinne des Sächsischen Schulgesetzes, deren Träger der Freistaat Sachsen ist, soweit andere gesetzliche

Regelungen nichts Abweichendes bestimmen,
b) anlässlich des Besuchs staatlicher Schulen, verwaltungsinterner Fachhochschulen und der Teilnahme an staatlichen Lehrgängen, die der Aus- oder Weiterbildung von Angehörigen des öffentlichen Dienstes und von im Vorbereitungsdienst hierzu befindlichen Personen dienen, wenn die Schulungs- oder Lehrgangsteilnehmer Angehörige der Behörden und Gerichte des Freistaates Sachsen sind; die Erhebung von Verwaltungskosten für die Gewährung von Unterkunft und Verpflegung sowie anderer Sonderleistungen und für Sonderveranstaltungen dieser Einrichtungen bleibt unberührt,

17. die Zulassung zu einer Prüfung, die Abnahme einer Prüfung oder die Erteilung eines Zeugnisses über eine Prüfung, sofern im Kostenverzeichnis nichts Abweichendes bestimmt ist; soweit nichts Abweichendes bestimmt ist, wird für die Zulassung zu einer Prüfung, die Abnahme dieser Prüfung und die Erteilung eines Zeugnisses darüber nur eine Gebühr erhoben.

(2) Soweit in Absatz 1 oder in anderen Rechtsvorschriften nichts Abweichendes bestimmt ist, wird das Rechtsbehelfsverfahren von der sachlichen Verwaltungskostenfreiheit nicht erfasst.

(3) Auch bei Verwaltungskostenfreiheit nach Absatz 1 sind Auslagen im Sinne des § 13, die durch unbegründete Einwendungen eines Beteiligten oder durch schuldhaftes Verhalten eines Beteiligten oder eines Dritten entstanden sind, von diesem zu tragen.

§ 12
Persönliche Gebührenfreiheit

(1) [1]Von der Zahlung der Gebühren für individuell zurechenbare öffentlich-rechtliche Leistungen sind befreit:

1. die Bundesrepublik Deutschland und die juristischen Personen des öffentlichen Rechts, deren Ausgaben auf Grund gesetzlicher Verpflichtung ganz oder überwiegend aus dem Haushalt des Bundes getragen werden;
2. der Freistaat Sachsen und die juristischen Personen des öffentlichen Rechts, deren Ausgaben auf Grund gesetzlicher Verpflichtung ganz oder überwiegend aus dem Haushalt des Freistaates Sachsen getragen werden;
3. die Gemeinden, die Landkreise und sonstigen kommunalen Körperschaften des öffentlichen Rechts, die der Rechtsaufsicht des Freistaates Sachsen unterstehen sowie die juristischen Personen des öffentlichen Rechts, deren Ausgaben auf Grund gesetzlicher Verpflichtung ganz oder überwiegend aus dem Haushalt der genannten kommunalen Körperschaften getragen werden; soweit kommunale Körperschaften des öffentlichen Rechts, die der Rechtsaufsicht des Freistaates Sachsen unterstehen, bei der Wahrnehmung von Weisungsaufgaben öffentlich-rechtliche Leistungen des Freistaates Sachsen im Sinne des § 2 Absatz 1 Nummer 2 in Anspruch nehmen, gilt diese Befreiung auch für Auslagen;
4. die anderen Länder der Bundesrepublik Deutschland, soweit Gegenseitigkeit gewährleistet ist; der Leistungsempfänger hat dazu entsprechende Angaben von Amts wegen zu machen;
5. die Kirchen und die Religionsgemeinschaften, soweit sie die Rechtsstellung einer Körperschaft des öffentlichen Rechts haben.

[2]Die Befreiung tritt nicht ein, wenn die Gebühr einem Dritten auferlegt werden kann. [3]Die in Satz 1 Genannten haben dazu entsprechende Angaben von Amts wegen zu machen.

(2) Nicht befreit sind

1. die Sondervermögen,
2. die Bundesbetriebe sowie die Staatsbetriebe und Landesbetriebe des Freistaates Sachsen und der anderen Länder der Bundesrepublik Deutschland,
3. sonstige wirtschaftliche Unternehmen der juristischen Personen des öffentlichen Rechts.

§ 13
Auslagen

(1) [1]Aufwendungen, die nicht regelmäßig im Zusammenhang mit der Erbringung der öffentlich-rechtlichen Leistung anfallen und deshalb nicht nach § 4 Absatz 2 zu dem in die Gebühr einzubeziehenden Verwaltungsaufwand gehören, werden in der tatsächlich entstandenen Höhe als Auslagen erhoben. [2]Als Auslagen können unter den Voraussetzungen von Satz 1 insbesondere erhoben werden:
1. Vergütungen und Entschädigungen, die Sachverständigen, Dolmetschern, Übersetzern, Zeugen und sonstigen Personen zustehen,
2. Aufwendungen für Post- und Telekommunikationsdienstleistungen,
3. Reisekosten im Sinne der Reisekostenvorschriften und sonstige Aufwendungen bei der Ausführung von Dienstgeschäften außerhalb der Dienststelle,
4. Aufwendungen anderer Behörden oder Personen.

(2) Abweichend von Absatz 1 kann im Kostenverzeichnis bestimmt werden, dass Auslagen pauschal, nicht oder nicht in voller Höhe erhoben werden.

(3) Inhaltlich bestimmte Auslagenregelungen in Rechtsakten der Europäischen Union, die von diesem Gesetz abweichen, sind in das Kostenverzeichnis aufzunehmen.

(4) Auslagen werden auch dann erhoben, wenn die kostenerhebende Behörde aus Gründen der Gegenseitigkeit, der Verwaltungsvereinfachung oder aus ähnlichen Gründen an die anderen Behörden, Einrichtungen oder Personen Zahlungen nicht zu leisten hat.

(5) [1]Aufwendungen für die auf besonderen Antrag erteilten Vervielfältigungen werden gesondert als Schreibauslagen erhoben. [2]Die Höhe der Schreibauslagen wird im Kostenverzeichnis bestimmt.

§ 14
Umsatzsteuer

Unterliegt die öffentlich-rechtliche Leistung der Umsatzsteuer, werden die Verwaltungskosten zuzüglich der gesetzlichen Umsatzsteuer erhoben.

§ 15
Entstehung des Verwaltungskostenanspruchs

(1) [1]Der Verwaltungskostenanspruch entsteht mit Beendigung der verwaltungskostenpflichtigen öffentlich-rechtlichen Leistung, in den Fällen des § 3 Absatz 6 mit Zurücknahme oder Erledigung des Antrags oder Rechtsbehelfs und in den Fällen des § 2 Absatz 1 Nummer 1 Halbsatz 2 zu dem Zeitpunkt, zu dem das Einverständnis als erteilt gilt. [2]Bedarf die öffentlich-rechtliche Leistung einer Zustellung, Eröffnung oder sonstigen Bekanntgabe, ist sie damit beendet.

(2) Wird die verwaltungskostenpflichtige öffentlich-rechtliche Leistung elektronisch erbracht und wird der Leistungsempfänger innerhalb des elektronischen Verfahrens zur sofortigen Zahlung aufgefordert, entsteht der Verwaltungskostenanspruch abweichend von Absatz 1 im Zeitpunkt dieser Aufforderung.

(3) Absatz 2 gilt entsprechend, wenn die Behörde vor Beendigung einer öffentlich-rechtlichen Leistung, für die nach dem Kostenverzeichnis eine Festgebühr bis zu 100 Euro zu erheben ist, zur Zahlung auffordert.

§ 16
Verwaltungskostenvorschuss

(1) [1]Die Behörde kann eine öffentlich-rechtliche Leistung, die auf Antrag vorgenommen wird, von der Zahlung eines angemessenen Vorschusses abhängig machen. [2]Dem Antragsteller ist eine angemessene Frist zur Zahlung des Vorschusses zu setzen. [3]Wird der Vorschuss nicht binnen dieser Frist eingezahlt, kann die Behörde den Antrag als zurückgenommen behandeln; darauf ist der Antragsteller bei der Anforderung des Vorschusses hinzuweisen. [4]Satz 3 gilt nicht im Rechtsbehelfsverfahren.

(2) [1]Ein Vorschuss ist nicht anzufordern, wenn dem Antragsteller oder einem Dritten dadurch ein wesentlicher Nachteil entstehen

würde oder wenn es aus sonstigen Gründen der Billigkeit entspricht. [2]Bei Personen, die außerstande sind, ohne Beeinträchtigung des für sie und ihre Familie notwendigen Unterhalts die Verwaltungskosten vorzuschießen, darf ein Vorschuss nur gefordert werden, wenn der Antrag keine hinreichende Aussicht auf Erfolg bietet.

§ 17
Verwaltungskostenfestsetzung

(1) [1]Verwaltungskosten werden von Amts wegen festgesetzt. [2]Die Festsetzung soll schriftlich oder elektronisch erfolgen. [3]Sie kann auch mündlich ergehen. [4]In diesem Fall ist sie auf Antrag schriftlich oder elektronisch zu bestätigen. [5]Die Verwaltungskostenfestsetzung soll zusammen mit der Sachentscheidung erfolgen. [6]Sie ist von Amts wegen innerhalb der Festsetzungsfrist nachzuholen, wenn sie bei der Vornahme der verwaltungskostenpflichtigen öffentlich-rechtlichen Leistung unterblieben ist.

(2) Der Verwaltungskostenschuldner ist verpflichtet, die zur Festsetzung der Verwaltungskosten erforderlichen Angaben wahrheitsgemäß und vollständig zu machen sowie die notwendigen Unterlagen in Urschrift oder beglaubigter Abschrift beizubringen.

(3) Die Verwaltungskostenfestsetzung kann zusammen mit der Sachentscheidung oder selbständig nach Maßgabe der Verwaltungsgerichtsordnung angefochten werden.

(4) Fehlerhafte Verwaltungskostenfestsetzungen können von der Verwaltungskostenfestsetzungsbehörde oder den übergeordneten Behörden innerhalb der Festsetzungsfrist geändert werden.

(5) [1]Die Festsetzung sowie ihre Aufhebung oder Änderung ist nicht mehr zulässig, wenn die Festsetzungsfrist abgelaufen ist. [2]Die Festsetzungsfrist beträgt vier Jahre. [3]Sie beginnt mit Ablauf des Kalenderjahres, in dem der Kostenanspruch entstanden ist. [4]Die Festsetzungsfrist läuft nicht ab, solange

1. über einen vor Ablauf der Frist gestellten Antrag auf Aufhebung oder Änderung der Festsetzung oder einen eingelegten Rechtsbehelf nicht unanfechtbar entschieden worden ist oder
2. der Anspruch wegen höherer Gewalt innerhalb der letzten sechs Monate der Festsetzungsfrist nicht verfolgt werden kann.

[5]Werden nach Ablauf der Festsetzungsfrist noch nicht festgesetzte Kosten im Insolvenzverfahren angemeldet, läuft die Festsetzungsfrist insoweit nicht vor Ablauf von drei Monaten nach Beendigung des Insolvenzverfahrens ab.

§ 18
Fälligkeit der Verwaltungskosten

Die Verwaltungskosten werden einen Monat nach der Bekanntgabe der Verwaltungskostenfestsetzung an den Verwaltungskostenschuldner fällig, wenn nicht die Behörde einen anderen Zeitpunkt bestimmt oder die Fälligkeit abweichend durch Vertrag geregelt ist.

§ 19
Zurückbehaltungsrecht

Bis zur Zahlung der geschuldeten Verwaltungskosten können Urkunden, sonstige Schriftstücke und andere Sachen, an denen die Behörde im Zusammenhang mit der verwaltungskostenpflichtigen öffentlich-rechtlichen Leistung Gewahrsam begründet hat, zurückbehalten werden.

§ 20
Reihenfolge der Tilgung

(1) [1]Schuldet ein Verwaltungskostenschuldner mehrere Beträge und reicht bei freiwilliger Zahlung der gezahlte Betrag nicht zur Tilgung sämtlicher Schulden aus, wird die Schuld getilgt, die der Verwaltungskostenschuldner bei der Zahlung bestimmt. [2]Trifft der Verwaltungskostenschuldner keine Bestimmung, werden zunächst die Geldbußen, sodann nacheinander die Zwangsgelder, die Gebühren, die Auslagen, die Kosten der Mahnung und der Vollstreckung, die Zinsen und die Säumniszuschläge getilgt. [3]Innerhalb die-

ser Reihenfolge sind die einzelnen Schulden nach ihrer Fälligkeit zu ordnen; bei gleichzeitig fällig gewordenen Beträgen und bei den Säumniszuschlägen bestimmt der Verwaltungskostengläubiger die Reihenfolge der Tilgung.

(2) Wird die Zahlung nach dem Verwaltungsvollstreckungsgesetz für den Freistaat Sachsen in der Fassung der Bekanntmachung vom 10. September 2003 (SächsGVBl. S. 614, 913), das zuletzt durch das Gesetz vom 6. Oktober 2013 (SächsGVBl. S. 802) geändert worden ist, in der jeweils geltenden Fassung, erzwungen und reicht der verfügbare Betrag nicht zur Tilgung aller Schulden aus, derentwegen die Vollstreckung oder die Verwertung der Sicherheiten erfolgt ist, bestimmt der Verwaltungskostengläubiger die Reihenfolge der Tilgung.

§ 21
Stundung, Niederschlagung und Erlass

[1]Für die Stundung, die Niederschlagung und den Erlass von Verwaltungskosten und Nebenleistungen gelten die Vorschriften der Sächsischen Haushaltsordnung in der Fassung der Bekanntmachung vom 10. April 2001 (SächsGVBl. S. 153), die zuletzt durch Artikel 1 des Gesetzes vom 14. Dezember 2018 (SächsGVBl. S. 782) geändert worden ist, in der jeweils geltenden Fassung. [2]In den Fällen des § 10 Satz 2 gelten die für diese Behörden verbindlichen entsprechenden Vorschriften.

§ 22
Säumniszuschläge

(1) [1]Werden Verwaltungskosten nicht bis zum Ablauf des Fälligkeitstages entrichtet, ist für jeden angefangenen Monat der Säumnis ein Säumniszuschlag von 1 Prozent des abgerundeten rückständigen Kostenbetrags zu entrichten; abzurunden ist auf den nächsten durch 50 Euro teilbaren Betrag. [2]Bei Zahlung im Lastschriftverfahren gelten die Kosten als am Fälligkeitstag entrichtet.

(2) [1]Ein Säumniszuschlag wird bei einer Säumnis von bis zu drei Tagen nicht erhoben. [2]Dies gilt nicht bei Barzahlung und bei garantierter oder mittels abstraktem Schuldversprechen abgesicherter Kartenzahlung.

(3) [1]Sind mehrere Verwaltungskostenschuldner hinsichtlich der Verwaltungskostenschuld als Gesamtschuldner in Anspruch genommen worden, entstehen Säumniszuschläge gegenüber jedem säumigen Gesamtschuldner. [2]In diesem Fall besteht auch hinsichtlich der für den gleichen Zeitraum verwirklichten Säumniszuschläge ein Gesamtschuldverhältnis. [3]Insgesamt ist kein höherer Säumniszuschlag zu entrichten, als wenn die Säumnis nur bei einem Gesamtschuldner eingetreten wäre.

(4) § 7 Absatz 4 und § 23 gelten sinngemäß.

§ 23
Zahlungsverjährung

(1) [1]Ein festgesetzter Kostenanspruch erlischt durch Verjährung. [2]Die Verjährungsfrist beträgt fünf Jahre. [3]Sie beginnt mit Ablauf des Kalenderjahres, in dem der Anspruch erstmals fällig geworden ist.

(2) Die Verjährung ist gehemmt, solange der Anspruch wegen höherer Gewalt innerhalb der letzten sechs Monate der Verjährungsfrist nicht verfolgt werden kann.

(3) Die Verjährung wird unterbrochen durch

1. Stundung, Aussetzung der Vollziehung oder Vollstreckungsaufschub,
2. Sicherheitsleistung,
3. eine Vollstreckungsmaßnahme,
4. Anmeldung im Insolvenzverfahren,
5. Eintritt des Vollstreckungsverbotes nach § 294 Absatz 1 der Insolvenzordnung,
6. Aufnahme in einen Insolvenzplan oder einen gerichtlichen Schuldenbereinigungsplan,
7. Ermittlungen der Behörde nach dem Wohnsitz oder dem Aufenthaltsort des Verwaltungskostenschuldners,
8. schriftliche Geltendmachung des Anspruchs.

(4) Die Unterbrechung der Verjährung durch eine der in Absatz 3 genannten Maßnahmen dauert fort, bis

1. die Stundung, die Aussetzung der Vollziehung oder der Vollstreckungsaufschub beendet ist,

2. zum Erlöschen der Sicherheit,
3. zum Erlöschen des Pfändungspfandrechts, der Zwangshypothek oder des sonstigen Vorzugsrechts auf Befriedigung,
4. zur Beendigung des Insolvenzverfahrens,
5. zum Wegfall des Vollstreckungsverbotes nach § 294 Absatz 1 der Insolvenzordnung,
6. der Insolvenzplan oder der gerichtliche Schuldenbereinigungsplan erfüllt ist oder hinfällig wird.

(5) Mit Ablauf des Kalenderjahres, in dem die Unterbrechung geendet hat, beginnt eine neue Verjährungsfrist.

(6) Die Verjährung wird nur in Höhe des Betrags unterbrochen, auf den sich die Unterbrechungshandlung bezieht.

§ 24
Zuwiderhandlungen

(1) Ordnungswidrig handelt, wer vorsätzlich oder leichtfertig der Verwaltungskostenfestsetzungsbehörde oder anderen Behörden über verwaltungskostenrechtlich erhebliche Tatsachen unrichtige oder unvollständige Angaben macht oder sie pflichtwidrig über verwaltungskostenrechtlich erhebliche Tatsachen in Unkenntnis lässt und dadurch Verwaltungskosten verkürzt oder für sich oder eine andere Person nicht gerechtfertigte Verwaltungskostenvorteile erlangt.

(2) Die Ordnungswidrigkeit kann mit einer Geldbuße bis zu fünfundzwanzigtausend Euro geahndet werden.

(3) Verwaltungsbehörden im Sinne des § 36 Absatz 1 Nummer 1 des Gesetzes über Ordnungswidrigkeiten für die Verfolgung und Ahndung von Ordnungswidrigkeiten nach Absatz 1 sind die Verwaltungskostenfestsetzungsbehörden.

(4) Gläubiger der Geldbuße ist der Rechtsträger der nach Absatz 3 zuständigen Verwaltungsbehörde.

ABSCHNITT 3
Sonstige Vorschriften

§ 26
Kostenverwaltung

(1) Die Kostenverwaltung steht unter der Leitung des Staatsministeriums der Finanzen.

(2) Das Staatsministerium der Finanzen erlässt im Einvernehmen mit den jeweils zuständigen Staatsministerien die Verwaltungsvorschriften zur Ausführung dieses Gesetzes.

(3) Verwaltungsvorschriften zur Anwendung einzelner Gebührentatbestände im Kostenverzeichnis erlässt das zuständige Staatsministerium im Benehmen mit dem Staatsministerium der Finanzen.

§ 27
Vergütungen und Entschädigungen

Soweit nicht besondere Vorschriften entgegenstehen, können die zuständigen Staatsministerien im Einvernehmen mit dem Staatsministerium der Finanzen Rechtsverordnungen erlassen über die angemessene Vergütung oder Entschädigung der Sachverständigen, Dolmetscher, Übersetzer, Zeugen und sonstigen Personen, die in einem Verwaltungsverfahren tätig werden.

§ 28
Übergangsvorschriften

(1) [1]Für individuell zurechenbare öffentlich-rechtliche Leistungen, die vor dem 27. April 2019 beendet wurden, ist das Verwaltungskostengesetz des Freistaates Sachsen in der bis zum 26. April 2019 geltenden Fassung weiter anzuwenden. [2]In den Fällen des § 3 Absatz 6 ist anstelle auf den Zeitpunkt der Beendigung der öffentlich-rechtlichen Leistung auf den Zeitpunkt der Rücknahme oder der anderweitigen Erledigung abzustellen.

(2) Bis zum 1. Oktober 2021 ist § 27 Absatz 1 Satz 1 und 2 des Verwaltungskostengesetzes des Freistaates Sachsen in der bis zum 26. April 2019 geltenden Fassung für die in Artikel 3 Absatz 1, 2 und 5 bis 9 des Sächsischen Verwaltungskostenrechtsneuordnungsgesetzes

vom 5. April 2019 (SächsGVBl. S. 245) aufgeführten Benutzungsgebührenregelungen weiterhin anzuwenden.

(3) Bis zum 1. Oktober 2021 ist § 11 Absatz 1 Nummer 17 für die in Artikel 3 Absatz 5 bis 9 des Sächsischen Verwaltungskostenrechtsneuordnungsgesetzes aufgeführten Benutzungsgebührenregelungen nicht anzuwenden.

Zehnte Verordnung
des Sächsischen Staatsministeriums der Finanzen über die Bestimmung der Verwaltungsgebühren und Auslagen (Zehntes Sächsisches Kostenverzeichnis – 10. SächsKVZ – *Auszug* –)

Vom 16. August 2021 (SächsGVBl. S. 898), das zuletzt durch Artikel 4 des Gesetzes vom 28. November 2023 (SächsGVBl. S. 870) geändert worden ist

– Fassung ab 31. Dezember 2023 –

Auf Grund des § 4 Absatz 1 in Verbindung mit § 3 Absatz 3, § 4 Absatz 2 bis 4, § 5, § 11 Absatz 1 Nummer 17 sowie § 13 Absatz 2, 3 und 5 Satz 2 des Sächsischen Verwaltungskostengesetzes vom 5. April 2019 (SächsGVBl. S. 245) verordnet das Staatsministerium der Finanzen im Einvernehmen mit der Staatskanzlei, dem Staatsministerium des Innern, dem Staatsministerium der Justiz und für Demokratie, Europa und Gleichstellung, dem Staatsministerium für Kultus, dem Staatsministerium für Wissenschaft, Kultur und Tourismus, dem Staatsministerium für Wirtschaft, Arbeit und Verkehr, dem Staatsministerium für Soziales und Gesellschaftlichen Zusammenhalt, dem Staatsministerium für Energie, Klimaschutz, Umwelt und Landwirtschaft sowie dem Staatsministerium für Regionalentwicklung:

§ 1
Anwendungsbereich

Die Anlagen 1 bis 6 regeln

1. die Höhe der Verwaltungsgebühren gemäß § 3 Absatz 1 des Sächsischen Verwaltungskostengesetzes,
2. die Kostenpflichtigkeit von öffentlich-rechtlichen Leistungen im Sinne von § 2 Absatz 1 Nummer 2 des Sächsischen Verwaltungskostengesetzes gemäß § 3 Absatz 3 des Sächsischen Verwaltungskostengesetzes und von Zulassungen zu einer Prüfung, Abnahmen einer Prüfung sowie Erteilungen eines Zeugnisses über eine Prüfung gemäß § 11 Absatz 1 Nummer 17 des Sächsischen Verwaltungskostengesetzes,
3. Fälle der Nichterhebung von Kosten gemäß § 4 Absatz 4 des Sächsischen Verwaltungskostengesetzes,
4. die besonderen Auslagenregelungen gemäß § 13 Absatz 2 und 3 des Sächsischen Verwaltungskostengesetzes und
5. die Höhe der Schreibauslagen gemäß § 13 Absatz 5 des Sächsischen Verwaltungskostengesetzes.

§ 2
Rahmengebühren bei Genehmigungen im Sinne der Richtlinie 2006/123/EG

[1]Bei der Ermittlung der folgenden Gebühren innerhalb der Gebührenrahmen nach Anlage 1 sind die Maßstäbe des Artikels 13 Absatz 2 Satz 2 der Richtlinie 2006/123/EG des Europäischen Parlaments und des Rates vom 12. Dezember 2006 über Dienstleistungen im Binnenmarkt (ABl. L 376 vom 27.12.2006, S. 36) und des § 4 Absatz 2 Satz 1 bis 4 des Sächsischen Verwaltungskostengesetzes anzuwenden:

1. laufende Nummer 16 Tarifstellen 6.1 bis 6.3,
2. laufende Nummer 17 Tarifstellen 7.1.3 bis 7.1.7,
3. laufende Nummer 18 Tarifstelle 5.1,
4. laufende Nummer 24 Tarifstellen 1, 6 bis 9.2,
5. laufende Nummer 26 Tarifstelle 4,
6. laufende Nummer 33 Tarifstellen 1 bis 4,
7. laufende Nummer 34 Tarifstelle 1,
8. laufende Nummer 42 Tarifstelle 8,

9. laufende Nummer 43 Tarifstellen 1, 2, 4 und 8,
10. laufende Nummer 45 Tarifstelle 23,
11. laufende Nummer 46 Tarifstellen 2, 6, 17 bis 22, 24, 25.1, 30 bis 32, 34.1, 35, 36.2 bis 42, 48, 49, 52 und 54,
12. laufende Nummer 53 Tarifstellen 2 und 5,
13. laufende Nummer 54 Tarifstellen 1.23, 1.28 und 5.6,
14. laufende Nummer 63 Tarifstelle 3.1,
15. laufende Nummer 64 Tarifstelle 3.1,
16. laufende Nummer 73 Tarifstelle 9,
17. laufende Nummer 87 Tarifstellen 1.2 bis 1.9, 1.11 bis 1.14, 1.17, 1.19, 1.21, 1.35 bis 1.37, 2.1, 2.2.1, 2.2.2.2, 2.2.3.2, 2.2.4, 2.3.1 bis 2.3.3, 2.3.6, 2.3.8, 2.3.12 bis 2.3.14, 2.4.1, 2.4.2, 2.4.5.2, 2.4.6, 2.4.7.2, 2.5.1 bis 2.5.4, 2.5.7, 2.5.8, 2.6.2, 2.7 sowie
18. laufende Nummer 99 Tarifstellen 3.1 und 3.2.

[2]Satz 1 gilt nicht für die Gebühren nach Anlage 1 laufende Nummer 46 Tarifstellen 30 bis 32 und laufende Nummer 63 Tarifstelle 3.1, soweit sich die Gestattung oder Beleihung nicht auf eine Dienstleistung im Sinne der Richtlinie 2006/123/EG bezieht.

§ 3
Übergangsregelungen

(1) Für Kosten, die vor Inkrafttreten dieser Verordnung entstanden sind, ist das Neunte Sächsische Kostenverzeichnis vom 21. September 2011 (SächsGVBl. S. 410), das zuletzt durch Artikel 2 des Gesetzes vom 20. August 2020 (SächsGVBl. S. 486) geändert worden ist, weiter anzuwenden.

(2) Für Kosten, die bis zum 31. Dezember 2021 entstanden sind, ist Tarifstelle 1.4 Satz 4 der laufenden Nummer 17 der Anlage 1 des Neunten Sächsischen Kostenverzeichnisses in der bis zum 30. September 2021 geltenden Fassung weiter anzuwenden.

§ 4
Inkrafttreten, Außerkrafttreten

(1) [1]Diese Verordnung tritt am 1. Oktober 2021 in Kraft. [2]Gleichzeitig tritt das Neunte Sächsische Kostenverzeichnis vom 21. September 2011 (SächsGVBl. S. 410), das zuletzt durch Artikel 2 des Gesetzes vom 20. August 2020 (SächsGVBl. S. 486) geändert worden ist, außer Kraft.

(2) Tarifstelle 1.4 Satz 6 und 7 der laufenden Nummer 17 der Anlage 1 tritt am 1. Januar 2022 in Kraft.

lfd. Nr. 1 Tarifstelle 8.7 sowie lfd. Nr. 77 der Anlage 1
(zu § 1)

Lfd. Nr.	Tarifstelle	Gegenstand	Gebühren EUR	Schlicht-hoheit-liche Leistung
1		**Allgemeine Amtshandlungen**		
		Verwaltungsvollstreckungsgesetz für den Freistaat Sachsen (SächsVwVG)		
		Haager Übereinkommen zur Befreiung ausländischer öffentlicher Urkunden von der Legalisation (Haager Übereinkommen)		
		Verordnung (EU) 2016/679 (Datenschutz-Grundverordnung)		
		VwVfG auch in Verbindung mit § 1 Abs. 1 Satz 1 des Gesetzes zur Regelung des Verwaltungsverfahrens- und des Verwaltungszustellungsrechts für den Freistaat Sachsen (SächsVwVfZG)		
	8.7	Anwendung der Zwangsmittel Ersatzvornahme oder unmittelbarer Zwang nach § 24 Abs. 1 Satz 1 oder § 25 SächsVwVG	100 bis 1 000	

Lfd. Nr.	Tarifstelle	Gegenstand	Gebühren EUR	Schlicht-hoheit-liche Leistung
77		**Polizeirecht**		
		Sächsisches Polizeivollzugsdienstgesetz (SächsPVDG)		
		Sächsisches Polizeibehördengesetz (SächsPBG)		
		Sächsische Kampfmittelverordnung (SächsKMVO)		
	1.	Unmittelbare Ausführung einer Maßnahme nach § 8 Abs. 2 SächsPVDG oder § 16 Abs. 2 SächsPBG		
	1.1	Einsatz von Polizeifahrzeugen	73 je angefangene halbe Stunde für jedes eingesetzte Fahrzeug einschließlich Besatzung bis zu zwei Bediensteten	
	1.2	Einsatz von Polizeibediensteten	28 je angefangene halbe Stunde für jeden eingesetzten Bediensteten	
	1.3	Auslagen Die an Dritte gezahlten Kosten sind in tatsächlich entstandener Höhe als Auslage zu erheben.		
	1.4	Transport von Fahrzeugen und anderen Sachen mit Polizeifahrzeugen Anmerkung: Die Tarifstelle findet keine Anwendung im Zusammenhang mit Sicherstellungen.	37 bis 400	
	2.	Polizeiliche Begleitung von (1) Schwer- und Großraumtransporten, (2) gefährlichen Transporten, (3) gefährdeten Transporten nach § 12 Abs. 1 in Verbindung mit § 2 Abs. 1 SächsPVDG einschließlich in der Sondernutzungserlaubnis der Straßenverkehrsbehörde über die polizeiliche Begleitung hinaus ausgewiesener oder beauftragter zusätzlicher Verkehrsregelungsmaßnahmen	Anmerkung: Wird eine beantragte Begleitung aus Gründen, die das Transportunternehmen zu vertreten hat, nicht durchgeführt (zum Beispiel wegen Antragsrücknahme oder unerfüllter Auflagen aus dem Genehmigungsbescheid), wird unter Berücksichtigung des § 7 Abs. 1 SächsVwKG eine Gebühr von 10 bis 75 Prozent der für die Begleitung festzusetzenden Verwaltungsgebühr erhoben.	

Lfd. Nr.	Tarifstelle	Gegenstand	Gebühren EUR	Schlicht-hoheit-liche Leistung
noch 77	2.1	Polizeiliche Begleitung		
	2.1.1	Einsatz von Polizeifahrzeugen	7,45 je angefangenen Kilometer für jedes eingesetzte Fahrzeug	
	2.1.2	Einsatz von Polizeikrafträdern	3,75 je angefangenen Kilometer für jedes eingesetzte Kraftrad	
	2.1.3	Einsatz von Begleitbooten	100 je angefangene halbe Betriebsstunde für jedes eingesetzte Begleitboot einschließlich Besatzung	
	2.2	Ordnungsbehördlich angewiesene oder beauflagte Verkehrsregelungsmaßnahmen		
	2.2.1	Einsatz von Polizeifahrzeugen	73 je angefangene halbe Stunde für jedes eingesetzte Fahrzeug einschließlich Besatzung bis zu zwei Bediensteten	
	2.2.2	Einsatz von Polizeikrafträdern	28 je angefangene halbe Stunde für jedes eingesetzte Kraftrad einschließlich Besatzung mit einem Bediensteten	
	2.2.3	Einsatz von Polizeibediensteten	28 je angefangene halbe Stunde für jeden eingesetzten Bediensteten	
	3.	Polizeieinsatz aufgrund Suche, Rettung und/oder Bergung (1) von Personen aufgrund einer konkreten Gefahr oder einer vorgetäuschten Straftat oder Notlage, (2) von vermissten Personen, (3) von Sachen aufgrund einer konkreten Gefahr beziehungsweise einer vorgetäuschten Straftat, (4) von Tieren aufgrund einer konkreten Gefahr beziehungsweise einer vorgetäuschten Straftat, nach § 12 Abs. 1 in Verbindung mit § 2 Abs. 1 SächsPVDG oder § 12 Abs. 1 in Verbindung mit § 2 Abs. 1 SächsPBG		
			Anmerkung zu Tarifstelle 3 Abs. 1 bis 3 des Gegenstandes: Die Kosten werden nur dann erhoben, wenn die konkrete Gefahr vorsätzlich oder grob fahrlässig herbeigeführt oder die Straftat oder Notlage vorsätzlich oder grob fahrlässig vorgetäuscht wurde.	

Lfd. Nr.	Tarifstelle	Gegenstand	Gebühren EUR	Schlicht-hoheitliche Leistung
noch 77	3.1	Einsatz von Polizeifahrzeugen	73 je angefangene halbe Stunde für jedes eingesetzte Fahrzeug einschließlich Besatzung bis zu zwei Bediensteten	
	3.2	Einsatz von Polizeidiensthunden	35 je angefangene halbe Stunde Einsatzzeit einschließlich Diensthundeführer	
	3.3	Einsatz von Polizeibediensteten	28 je angefangene halbe Stunde Einsatzzeit	
	3.4	Auslagen Die an Dritte gezahlten Kosten sind in tatsächlich entstandener Höhe als Auslage zu erheben.		
	4.	Bergung von Wasserfahrzeugen bei von Bootsführern vorsätzlich oder grob fahrlässig herbeigeführten Notfällen nach § 12 Abs. 1 in Verbindung mit § 2 Abs. 1 SächsPVDG		
	4.1	Bergung einer Jolle oder eines vergleichbaren Bootes	285	
	4.2	Bergung eines Motorbootes oder einer Segeljacht	385	
	5.	Polizeieinsatz bei hilflosen, nicht vorläufig festgenommenen Personen nach § 12 Abs. 1 in Verbindung mit § 2 Abs. 1 SächsPVDG oder § 12 Abs. 1 in Verbindung mit § 2 Abs. 1 SächsPBG, insbesondere bei Personen, die unter Einwirkung von Alkohol oder anderen berauschenden Mitteln stehen und nicht einer Gewahrsamseinrichtung zugeführt werden (z. B. Transport nach Hause)		
	5.1	Einsatz von Polizeifahrzeugen	73 je angefangene halbe Stunde für jedes eingesetzte Fahrzeug einschließlich Besatzung bis zu zwei Bediensteten	
	5.2	Einsatz von Polizeibediensteten	28 je angefangene halbe Stunde für jeden eingesetzten Bediensteten	
	6.	Polizeieinsatz aufgrund (1) missbräuchlicher Alarmierung (Vortäuschung einer Notlage) oder (2) falscher Alarmgebung einer Überfall-/Einbruchsmeldeanlage (Fehlalarm) nach § 12 Abs. 1 in Verbindung mit § 2 Abs. 1 SächsPVDG		
			Anmerkung zu Tarifstelle 6 Abs. 1 des Gegenstandes: Die Kosten werden nur dann erhoben, wenn die Notlage vorsätzlich oder grob fahrlässig vorgetäuscht wurde.	

Lfd. Nr.	Tarifstelle	Gegenstand	Gebühren EUR	Schlicht-hoheit-liche Leistung
noch 77			Anmerkungen zu Tarifstelle 6 Abs. 2 des Gegenstandes: (1) Bei Fehlalarm werden die Gebühren nicht erhoben, wenn Anhaltspunkte für eine Straftat vorliegen. (2) Bei Fehlalarm beträgt die Höchstgebühr 300.	
	6.1	Einsatz von Polizeifahrzeugen	73 je angefangene halbe Stunde für jedes eingesetzte Fahrzeug einschließlich Besatzung bis zu zwei Bediensteten	
	6.2	Einsatz von Polizeibediensteten	28 je angefangene halbe Stunde für jeden eingesetzten Bediensteten	
	7.	Polizeieinsatz bei Ruhestörungen oder Streitigkeiten nach § 12 Abs. 1 in Verbindung mit § 2 Abs. 1 SächsPVDG oder § 12 Abs. 1 in Verbindung mit § 2 Abs. 1 SächsPBG		
	7.1	Einsatz von Polizeifahrzeugen	73 je angefangene halbe Stunde für jedes eingesetzte Fahrzeug einschließlich Besatzung bis zu zwei Bediensteten	
	7.2	Einsatz von Polizeibediensteten	28 je angefangene halbe Stunde für jeden eingesetzten Bediensteten	
	8.	Polizeiliche Absperr- und Sicherungsmaßnahmen bei privaten Veranstaltungen nach § 12 Abs. 1 in Verbindung mit § 2 Abs. 1 SächsPVDG oder § 12 Abs. 1 in Verbindung mit § 2 Abs. 1 SächsPBG, wenn die Sicherungsmaßnahmen dem Verantwortlichen als eigene Ordnungsaufgaben obliegen		
	8.1	Einsatz von Polizeifahrzeugen	73 je angefangene halbe Stunde für jedes eingesetzte Fahrzeug einschließlich Besatzung bis zu zwei Bediensteten	
	8.2	Einsatz von Polizeibediensteten	45 je angefangene halbe Stunde für jeden eingesetzten Bediensteten	
	8.3	Auslagen Die an Dritte gezahlten Kosten für sicherheitsrelevante Ausstattung (z. B. Absperrgitter) sind in tatsächlich entstandener Höhe als Auslage zu erheben		
	8.4	aus Anlass für Amateur-Sportveranstaltungen, die zur Körperertüchtigung durchgeführt werden und bei denen öffentlicher Verkehrsgrund in Anspruch genommen wird sowie aus Anlass von ortsüblichen Umzügen	kostenfrei	

Lfd. Nr.	Tarifstelle	Gegenstand	Gebühren EUR	Schlicht-hoheit-liche Leistung
noch 77	9.	Ingewahrsamnahme von Personen nach § 22 Abs. 1 SächsPVDG	Anmerkung: Hinsichtlich des Schutzgewahrsams nach § 22 Abs. 1 SächsPVDG bei Personen, die sich erkennbar in einem die freie Willensbildung ausschließenden Zustand oder sonst in einer hilflosen Lage befinden, werden Kosten nur dann erhoben, wenn der Zustand auf Alkohol- oder Drogenkonsum beruht.	
	9.1	Transport mit Polizeifahrzeug einschließlich unmittelbar vorausgehender Tätigkeiten	73 je angefangene halbe Stunde für jedes eingesetzte Fahrzeug einschließlich Besatzung bis zu zwei Bediensteten	
	9.2	Aufenthalt in Gewahrsamseinrichtungen	42 je angefangene 24 Stunden Anmerkung: In der Gebühr ist der allgemeine Aufwand für die Benutzung der Gewahrsamseinrichtung eingeschlossen.	
	9.3	Auslagen Als Auslagen werden folgende an Dritte gezahlte oder der Polizei zusätzlich entstandene Kosten in tatsächlich entstandener Höhe erhoben: (1) Aufwendungen für die Verpflegung während des Gewahrsams (2) Aufwendungen für die ärztliche Untersuchung auf die Gewahrsamsfähigkeit (3) Mehraufwendungen für die Reinigung von Räumen, Fahrzeugen, Bekleidungsstücken oder sonstigen Gegenständen		
	10.	Sicherstellung, Verwahrung, Verwertung, Unbrauchbarmachung oder Vernichtung von Fahrzeugen und anderen Sachen nach § 34 Abs. 3 in Verbindung mit §§ 31 bis 33 SächsPVDG oder § 28 Abs. 3 in Verbindung mit §§ 25 bis 27 SächsPBG		
	10.1	Sicherstellung von Fahrzeugen oder anderen Sachen		
	10.1.1	Grundgebühr	71	
	10.1.2	Transport sichergestellter Fahrzeuge oder anderer Sachen mit Polizeifahrzeugen	37 bis 400	
	10.2	Verwahrung sichergestellter Fahrzeuge oder anderer Sachen		
	10.2.1	Grundgebühr	45 bis 240	

Lfd. Nr.	Tarifstelle	Gegenstand	Gebühren EUR	Schlicht-hoheit-liche Leistung
noch 77			Anmerkung: Die Grundgebühr umfasst alle mit der Verwahrung im engeren Zusammenhang stehenden Tätigkeiten, wie die Ausstellung von Bescheinigungen beziehungsweise die Fertigung von Niederschriften, Anhörungen, Aufforderungen, die Sache abzuholen, sowie die Herausgabe der Sache.	
	10.2.2	Zusatzgebühr	Anmerkungen: (1) Werden Fahrzeuge in geschlossenen Räumen verwahrt, ist die doppelte Gebühr zu erheben. (2) Für die Verwahrung einer gestohlenen oder sonst abhanden gekommenen Sache ist neben der Grundgebühr eine Zusatzgebühr nur zu entrichten: a) bis zur Verlustanzeige bei einer Polizeidienststelle, b) ab dem fünften Tag nach Absenden der Aufforderung zur Abholung.	
	10.2.2.1	je Fahrrad auch mit Hilfsmotor, Moped	3,40 je angefangene 24 Stunden	
	10.2.2.2	je Kraftrad	5,20 je angefangene 24 Stunden	
	10.2.2.3	je PKW mit einem zulässigen Gesamtgewicht bis zu 3,5 t, Zugmaschinen und andere Fahrzeuge einschließlich Boote entsprechender Größe	7,80 je angefangene 24 Stunden	
	10.2.2.4	je LKW mit einem zulässigen Gesamtgewicht über 3,5 t, Anhänger und anderer Fahrzeuge einschließlich Boote entsprechender Größe	10 je angefangene 24 Stunden	
	10.2.2.5	andere Sachen je nach Größe und Verwahrdauer	20 bis 180	
	10.3	Verwertung	65 bis 360	
	10.4	Unbrauchbarmachung oder Vernichtung	30 bis 180	

Lfd. Nr.	Tarifstelle	Gegenstand	Gebühren EUR	Schlicht-hoheitliche Leistung
noch 77	10.5	Auslagen Die an Dritte gezahlten Kosten sind in tatsächlich entstandener Höhe als Auslage zu erheben.		
	11.	Anwendung unmittelbaren Zwangs zur Durchsetzung eines vorangegangenen Verwaltungsaktes nach § 39 Abs. 1 SächsPVDG oder § 9 Abs. 1 Satz 2 SächsPBG in Verbindung mit § 39 Abs. 1 SächsPVDG	Anmerkung: Für unmittelbaren Zwang, der lediglich einfache körperliche Gewalt beinhaltet und keinen bedeutsamen polizeilichen Mehraufwand verursacht, werden keine Kosten erhoben.	
	11.1	Einsatz von Polizeifahrzeugen	73 je angefangene halbe Stunde für jedes eingesetzte Fahrzeug einschließlich Besatzung bis zu zwei Bediensteten	
	11.2	Einsatz von Polizeibediensteten	28 je angefangene halbe Stunde für jeden eingesetzten Bediensteten	
	12.	Polizeieinsatz zur Beseitigung von Kampfmitteln nach § 12 Abs. 1 in Verbindung mit § 2 Abs. 1 SächsPVDG und der Polizeiverordnung des Sächsischen Staatsministeriums des Innern zur Verhütung von Schäden durch Kampfmittel (Sächsische Kampfmittelverordnung)		
	12.1	Bergung, Abtransport und Vernichtung von Kampfmitteln zur Beseitigung einer unmittelbaren Gefahr für Leben und Gesundheit von Menschen, soweit nicht Tarifstelle 12.2 anzuwenden ist	kostenfrei	
	12.2	Bergung, Abtransport und Vernichtung von Kampfmitteln zur Beseitigung einer unmittelbaren Gefahr für Leben und Gesundheit von Menschen, sofern von den Kampfmitteln ehemals bundeseigene oder ehemals landeseigene Liegenschaften oder Grundstücke betroffen sind, bei denen der Freistaat Sachsen oder die Bundesrepublik Deutschland bei deren Veräußerung den Haftungsausschluss für das Vorhandensein militärischer Altlasten erklärt haben Anmerkung: Eine unmittelbare Gefahr liegt vor, wenn sie entweder gegenwärtig ist oder nicht vorhergesehen werden kann, zu welchem konkreten Zeitpunkt die Schädigung eintreten kann.		
	12.2.1	Einsatz von Polizeifahrzeugen	76 je angefangene halbe Stunde für jedes eingesetzte Fahrzeug einschließlich Besatzung bis zu zwei Bediensteten	

Lfd. Nr.	Tarifstelle	Gegenstand	Gebühren EUR	Schlicht-hoheitliche Leistung
noch 77	12.2.2	Einsatz von Polizeibediensteten	28 je angefangene halbe Stunde für jeden eingesetzten Bediensteten.	
	12.2.3	Vernichtung von Kampfmitteln in der Kampfmittelzerlegungseinrichtung	11,50 je kg Bruttomasse des Kampfmittels Anmerkung: Mit der Gebühr sind alle Amtshandlungen abgegolten, die mit der Vernichtung von Kampfmitteln in der Kampfmittelzerlegungseinrichtung im Zusammenhang stehen, insbesondere die Lagerung, Aufbereitung und Vernichtung der Kampfmittel sowie die fachkundige Entsorgung der Sonderabfälle und Reststoffe.	
	12.2.4	Auslagen Die an Dritte gezahlten Kosten sind in tatsächlich entstandener Höhe als Auslage zu erheben.		

Entscheidung
des Verfassungsgerichtshofs des Freistaates Sachsen
Vom 25. Januar 2024 (SächsGVBl. S. 277)

Aus dem Urteil des Verfassungsgerichtshofs des Freistaates Sachsen – Vf. 91-II-19 – vom 25. Januar 2024 in dem Verfahren zur verfassungsrechtlichen Prüfung einzelner Vorschriften des Sächsischen Polizeivollzugsdienstgesetzes, des Sächsischen Polizeibehördengesetzes und des Sächsischen Datenschutz-Umsetzungsgesetzes wird gemäß § 14 Absatz 3 des Sächsischen Verfassungsgerichtshofsgesetzes vom 18. Februar 1993 (SächsGVBl. S. 177, 495), das zuletzt durch Artikel 11 des Gesetzes vom 6. Juli 2023 (SächsGVBl. S. 467) geändert worden ist, nachfolgend der Entscheidungssatz veröffentlicht:

1. § 63 Absatz 2 Satz 1 Nummer 2 und 3, § 64 Absatz 1, § 66 Absatz 1 Satz 2 Nummer 2 und 3, § 67 Absatz 1 Satz 1 und Absatz 2 Satz 1 sowie § 68 Absatz 1 des Gesetzes über die Aufgaben, Befugnisse, Datenverarbeitung und Organisation des Polizeivollzugsdienstes im Freistaat Sachsen (Sächsisches Polizeivollzugsdienstgesetz – SächsPVDG) in der Fassung des Gesetzes zur Neustrukturierung des Polizeirechtes des Freistaates Sachsen vom 11. Mai 2019 (SächsGVBl. S. 358) verstoßen gegen Artikel 27 Absatz 1 und Artikel 33 SächsVerf und sind nicht mit der Sächsischen Verfassung vereinbar, soweit die in den Vorschriften in Bezug genommenen Straftatbestände Vorbereitungshandlungen und bloße Rechtsgutsgefährdungen erfassen. Im Übrigen sind die Vorschriften mit der Sächsischen Verfassung vereinbar.
2. § 74 Absatz 3 Satz 1 Nummer 3 SächsPVDG verstößt gegen Artikel 38 Satz 1 SächsVerf sowie gegen die von der Datenerhebung betroffenen Grundrechte und ist nicht mit der Sächsischen Verfassung vereinbar, soweit die weitere Verwendung des Verdeckten Ermittlers und der V-Person zur Verhinderung von strafbaren Vorbereitungshandlungen und bloßen Rechtsgutsgefährdungen erfolgt. Im Übrigen ist die Vorschrift mit der Sächsischen Verfassung vereinbar.
3. § 60 Absatz 2 Nummer 1 und 2 sowie Absatz 3 Nummer 1 und 2 SächsPVDG verstößt gegen Artikel 33 SächsVerf und ist nicht mit der Sächsischen Verfassung vereinbar, soweit die in der Vorschrift in Bezug genommenen Straftatbestände Vorbereitungshandlungen und bloße Rechtsgutsgefährdungen erfassen. Im Übrigen ist die Vorschrift mit der Sächsischen Verfassung vereinbar.
4. § 15 Absatz 1 Nummer 2 bis 5 und 7, § 87 Absatz 1 Satz 3 in Verbindung mit § 15 Absatz 1 Nummer 2 bis 5 und 7 sowie § 58 Absatz 1 Nummer 4 und Absatz 3 Satz 5 Alternative 2 SächsPVDG sind mit der Sächsischen Verfassung vereinbar.
5. § 30 Absatz 1 Nummer 1 und Absatz 2 des Gesetzes über die Aufgaben, Organisation, Befugnisse und Datenverarbeitung der Polizeibehörden im Freistaat Sachsen (Sächsisches Polizeibehördengesetz – SächsPBG) in der Fassung des Gesetzes zur Neustrukturierung des Polizeirechtes des Freistaates Sachsen vom 11. Mai 2019 (SächsGVBl. S. 358) ist mit der Sächsischen Verfassung vereinbar. § 30 Absatz 1 Nummer 2 SächsPBG verstößt gegen Artikel 33 SächsVerf und ist nicht mit der Sächsischen Verfassung vereinbar.
6. § 80 Absatz 1 in Verbindung mit § 79 SächsPVDG ist mit der Sächsischen Verfassung vereinbar. § 80 Absatz 2 SächsPVDG verstößt gegen Artikel 27 Absatz 1 und Artikel 33 SächsVerf und ist nicht mit der Sächsischen Verfassung vereinbar.
7. § 17 Absatz 4 des Sächsischen Gesetzes zur Umsetzung der Richtlinie (EU) 2016/680 (Sächsisches Datenschutz-Umsetzungsgesetz – SächsDSUG) in der Fassung des Gesetzes zur Neustrukturierung des Polizeirechtes des Freistaates

Sachsen vom 11. Mai 2019 (SächsGVBl. S. 358) ist mit der Sächsischen Verfassung vereinbar.

8. § 21 Absatz 2 Alternative 1 SächsPVDG (Aufenthaltsgebot) verstößt gegen Artikel 16 Absatz 1 Satz 2 SächsVerf, § 21 Absatz 2 Alternative 2 SächsPVDG (Aufenthaltsverbot) gegen Artikel 15 SächsVerf und § 21 Absatz 3 SächsPVDG gegen Artikel 15 in Verbindung mit Artikel 14 Absatz 1 Satz 1 SächsVerf. Diese Vorschriften sind nicht mit der Sächsischen Verfassung vereinbar, soweit die in ihnen in Bezug genommenen Straftatbestände Vorbereitungshandlungen und bloße Rechtsgutsgefährdungen erfassen.
9. § 61 Absatz 1 und 2 sowie Absatz 3 Satz 1 Alternative 1 und Satz 7 Nummer 1 SächsPVDG verstößt gegen Artikel 15 in Verbindung mit Artikel 14 Absatz 1 Satz 1 und Artikel 33 SächsVerf und ist nicht mit der Sächsischen Verfassung vereinbar, soweit die in der Vorschrift in Bezug genommenen Straftatbestände Vorbereitungshandlungen und bloße Rechtsgutsgefährdungen erfassen.
10. § 40 Absatz 4 Satz 3 und § 46 SächsPVDG sind mit der Sächsischen Verfassung vereinbar.

[...]

12. Bis zu einer Neuregelung, längstens jedoch bis zum 30. Juni 2026, gelten die für mit der Sächsischen Verfassung für unvereinbar erklärten Vorschriften mit den folgenden Maßgaben fort:
    § 63 Absatz 2 Satz 1 Nummer 2 und 3, § 64 Absatz 1, § 66 Absatz 1 Satz 2 Nummer 2 und 3, § 67 Absatz 1 Satz 1 und Absatz 2 Satz 1 sowie § 68 Absatz 1 SächsPVDG dürfen nur dann zur Verhinderung der Verwirklichung von Straftatbeständen, die Vorbereitungshandlungen oder bloße Rechtsgutsgefährdungen erfassen, angewendet werden, wenn ein bedeutendes Rechtsgut im Sinne der jeweiligen Vorschrift zumindest konkretisiert gefährdet ist.
    Die Benachrichtigung darf nach § 74 Absatz 3 Satz 1 Nummer 3 SächsPVDG nur dann zur Verhinderung der Verwirklichung von Straftatbeständen, die Vorbereitungshandlungen oder bloße Rechtsgutsgefährdungen erfassen, zurückgestellt werden, wenn zum Zeitpunkt der Entscheidung über die Zurückstellung ein bedeutendes Rechtsgut im Sinne von § 64 Absatz 1 in Verbindung mit § 63 Absatz 2 Satz 1 Nummer 2 und 3 SächsPVDG zumindest konkretisiert gefährdet ist.
    § 60 Absatz 2 Nummer 1 und 2 sowie Absatz 3 Nummer 1 und 2 SächsPVDG darf nur dann zur Verhinderung der Verwirklichung von Straftatbeständen, die Vorbereitungshandlungen oder bloße Rechtsgutsgefährdungen erfassen, angewendet werden, wenn ein bedeutendes Rechtsgut im Sinne der Vorschrift zumindest konkretisiert gefährdet ist.
    Die Datenerhebung nach § 30 Absatz 1 Nummer 2 SächsPBG darf nur an oder in Objekten im Sinne des § 15 Absatz 1 Nummer 3 SächsPVDG oder in deren unmittelbaren Nähe vorgenommen werden, soweit Tatsachen die Annahme rechtfertigen, dass dort künftig Straftaten oder Ordnungswidrigkeiten begangen werden, durch die Personen, Sach- oder Vermögenswerte gefährdet werden.
    Die Weiterverarbeitung personenbezogener Daten nach § 80 Absatz 2 SächsPVDG darf nur nach Maßgabe des § 79 Absatz 2 bis 5 SächsPVDG erfolgen.
    § 21 Absatz 2 und 3 sowie § 61 Absatz 1, Absatz 2 und Absatz 3 Satz 1 Alternative 1 und Satz 7 Nummer 1 SächsPVDG dürfen nur dann zur Verhinderung der Verwirklichung von Straftatbeständen, die Vorbereitungshandlungen oder bloße Rechtsgutsgefährdungen erfassen, angewendet werden, wenn ein bedeutendes Rechtsgut im Sinne der jeweiligen Vorschrift zumindest konkretisiert gefährdet ist.

Der vorstehende Entscheidungssatz hat gemäß § 14 Absatz 2 Satz 1 des Sächsischen Verfassungsgerichtshofsgesetzes Gesetzeskraft.